MÉLANGES OFFERTS À JURAJ ANDRASSY

JURAJ ANDRASSY

MÉLANGES

OFFERTS À

JURAJ ANDRASSY

Essays in International Law in Honour of Juraj Andrassy
Festschrift für Juraj Andrassy

Texte rêdigé

par

VLADIMIR IBLER
Professor à l'Université de Zagreb

MARTINUS NIJHOFF / LA HAYE / 1968

ISBN 978-94-015-4248-7 ISBN 978-94-015-5602-6 (eBook)
DOI 10.1007/978-94-015-5602-6

TABLE DES MATIÈRES

Vladimir Ibler	*La vie et l'oeuvre du Professeur Juraj Andrassy*	VII
Milan Bartoš	*Transformation des principes généraux en règles positives du droit international*	1
Suzanne Bastid	*Remarques sur l'interdiction d'intervention*	13
Cezary Berezowski	*Les problèmes de la subjectivité internationale*	31
Remigiusz Bierzanek	*Le statut juridique des partisans et des mouvements de résistance armée: évolution historique et aspects actuels*	54
R. I. Bindschedler	*Die Vereinigten Nationen und das Kriegsrecht*	78
Hilding Eek	*International Freedom of Information. New Dimensions*	88
André Gros	*Observations sur une enquête internationale: L'affaire du „Tavignano"*	99
Paul Guggenheim	*La souveraineté dans l'histoire du droit des gens. De Vitoria à Vattel*	111
Edvard Hambro	*Norwegian Attitude to International and Foreign Judgments. Recent Developments*	122
C. Wilfred Jenks	*The Evolution of Space Law Continues*	135
Vladimir Koutikov	*Contribution à l'étude des rapports entre*	

	le droit international public et le droit international privé	143
A. N. Makarov	*Betrachtungen zum Europäischen Niederlassungabkommen vom 13. Dezember 1955*	165
Adolfo Miaja de la Muela	*Le rôle de la condition des mains propres de la personne lésée dans les réclamations devant les tribunaux internationaux*	189
Fritz Münch	*Unverbindliche Abmachungen im zwischenstaatlichen Bereich*	214
Miloš Radojković	*La non-reconnaissance des actes contraires au droit*	225
Paul Reuter	*La motivation et la révision des sentences arbitrales à la Conférence de la paix de la Haye (1899) et le conflit frontalier entre le Royaume-Uni et le Vénézuéla*	237
Krzysztof Skubiszewski	*The Problem of the Application of Military Measures by the General Assembly of the United Nations*	248
Petko Stainov	*Politique et droit dans les Balkans. Etude d'histoire de la diplomatie et du droit international*	269
Hamed Sultan	*The Special Function of the Principle of Restrictive Interpretation*	294
István Szászy	*La règle juridique, le droit subjectif et le sujet de droit en droit international. Essai d'une nouvelle théorie*	307
Stephan Verosta	*Der Primat des Völkerrechts und die Vereinten Nationen*	351

Bibliographie des travaux scientifiques de Juraj Andrassy 358

La vie et l'oeuvre du professeur Juraj Andrassy

Juraj Andrassy est né le 12 août 1896 à Zagreb, dans la Vieille ville, la partie la plus ancienne de la capitale de la Croatie.

Il est issu d'une famille où la tradition juriste a toujours été cultivée. Son père a enseigné le Droit romain dans cette même Faculté, au développement et à la promotion de laquelle Juraj Andrassy allait vouer sa vie. Ses deux grands-pères étaient juges, de même qu'un arrière-grand-père. Cette tradition continue à vivre dans la famille d'Andrassy.

Juraj Andrassy a fait toutes ses études dans sa ville natale. C'est au lycée classique qu'il a acquis les bases d'une bonne formation humaniste. En 1919, ses études de droit sont couronnées par un doctorat, à Zagreb.

Dès sa jeunesse, à l'époque où il poursuivait ses études, Juraj Andrassy montre un intérêt particulier pour les sciences de la politique et du droit. Ses activités de juge, d'avocat et de fonctionnaire, qui ne représentent qu'une étape dans sa vie laborieuse, ne l'ont pas empêché de se consacrer avec ardeur et tenacité aux recherches scientifiques. Dispensé pendant quelque temps de ses obligations professionnelles, il passe les années 1922/1923 à Paris, pour s'y vouer librement à son travail de scientifique. Juraj Andrassy réussit parfaitement à mettre à profit ce séjour parisien. Dès cette époque il s'est particulièrement intéressé au Droit international public. Ses premiers travaux dans ce domaine sont publiés à la même époque. Pourtant alors qu'il est encore lycéen, on discerne chez lui un talent d'écrivain. Il a commencé à publier immédiatement après la Première guerre mondiale. Déjà dans ces premières années d'après guerre, l'intérêt de Juraj Andrassy pour les problèmes sociaux est manifeste, de même que son penchant pour la réflexion théorique. Ajoutons-y son intelligence, son talent et son application, autant de qualités qui assurent le succès.

En 1928, Juraj Andrassy est nommé maître de conférences à la Faculté de Droit de Zagreb. Son activité d'enseignant s'étale depuis sur presque quatre décennies et ne se termine qu'avec l'année universitaire 1965/66. En 1932, il est promu professeur agrégé, et en 1937 il devient professeur titulaire du Droit international. En sa qualité de professeur et de membre du Conseil de la Faculté il a fait preuve, dans son travail, de beaucoup de dévouement et a apporté une contribution considérable aux progrès et à l'affirmation de la Faculté. Il a assuré différentes fonctions, toujours avec succès. A deux reprises il a été élu doyen de la Faculté.

Pour ce qui est de sa spécialité, il faut remarquer que Juraj Andrassy a été, dans l'histoire de la Faculté, le premier professeur chargé d'enseigner seulement le Droit international public. Avant lui, les professeurs de Droit constitutionnel dispensaient également l'enseignement du Droit international public. En effet, Juraj Andrassy a été le premier à centrer son effort et ses capacités sur le domaine du Droit international public. A la question de savoir comment Juraj Andrassy s'est acquitté de cette tâche, son œuvre donne une réponse assez éloquente. On peut dire qu'il a pleinement satisfait au rôle qui lui a été assigné dans la promotion et le développement de l'enseignement du Droit en Croatie. Il est, en effet, le fondateur de la science moderne du Droit international public en Croatie. Une place de choix lui est également réservée dans la même branche à l'échelle yougoslave.

Juraj Andrassy a été parmi les premiers à insister sur la nécessité d'organiser un cycle d'études supérieures pour les disciplines internationalistes, et lorsque les circonstances l'ont permis, il a organisé les études de troisième cycle embrassant le Droit international public, le Droit international privé, l'Histoire diplomatique et Les relations internationales. Juraj Andrassy continue toujours à assurer l'enseignement et le perfectionnement de ces branches en vue d'une formation plus approfondie des spécialistes du droit international.

En plus de son travail à la Faculté à laquelle il a beaucoup donné et donne encore toujours, Juraj Andrassy a déployé une intense activité de conférencier et d'enseignant tant en Yougoslavie qu'à l'étranger. Dans tous les centres universitaires de Yougoslavie, il a travaillé à la diffusion des connaissances du Droit international public. Il a fait la même chose dans beaucoup d'universités à l'étranger (Paris, Strasbourg, Helsinki, Florence, Athènes, Salonique, Graz, etc.). En 1937 déjà, Juraj Andrassy est pout la première fois invité à faire des conférences à l'Académie de Droit international de la Haye, sur le thème *La souveraineté et la Société des Nations*; en 1951 il est de nouveau à la Haye pour donner des conférences sur le thème *Les relations internationales de voisinage.* Dans l'année universitaire 1963/64, toujours à la Haye, Andrassy est conférencier au séminaire „Dag Hammarskjöld" qui a été organisé sous les auspices des Nations Unies pour les internationalistes et diplomates africains. A trois reprises, Juraj Andrassy a pris part, en qualité de conférencier, au séminaire de doctorat à la Faculté de Droit au Caire (dans les années 1960/61, 1961/62, 1966/67).

Avant de conclure ce résumé tout à fait sommaire de ses activités de conférencier et d'enseignant, nous tenons à souligner l'importance de l'aide qu'il a généreusement donnée aux facultés des sciences humaines nouvellement instituées, après la guerre, en particulier à celles de Split et de Rijeka.

En ce qui concerne son travail scientifique, Juraj Andrassy s'est jusqu'à présent acquitté de deux tâches: il a contribué au développement du Droit international public en Yougoslavie; ces apports dans le développement de la même branche sont considérables à l'échelle internationale.

1. En Yougoslavie les apports de Juraj Andrassy dans cette discipline de droit sont de première importance; par leur extension et par leur qualité ils n'ont pas jusqu'ici été dépassés. Son travail scrupuleux lui a permis de traiter la matière de ses recherches d'une manière exhaustive, sans en laisser de côté aucun aspect. Comme il ressort de la bibliographie de ses œuvres – et surtout lorsqu'on les connaît de près – Juraj Andrassy réussit à donner une synthèse du Droit international public, une vue totale du système de cette branche. Il n'est pas possible, dans ce bref exposé, de mentionner, encore moins d'analyser tous ces travaux répandus pour la plupart dans les revues et périodiques yougoslaves et étrangers. Signalons pourtant, en tout premier lieu, *Le Droit international*, manuel qui a eu jusqu'ici quatre éditions. Les qualités de ce livre, qui donne en fait un système bien réfléchi du Droit international, sont caractéristiques de l'œuvre entier de Juraj Andrassy. Chaque donnée et chaque prise de position dans ce livre est le résultat d'une profonde conviction acquise au cours d'un travail de longues années. Cette œuvre d'Andrassy n'est pas due à la connaissance de plusieurs autres livres sur le même sujet, elle est, au contraire, le résultat de recherches approfondies qui s'échelonnent sur vingt ans au moins (la première édition est de 1949), et qui se poursuivent avec

persévérance; les nouvelles éditions en témoignent. Ses théories, celles par exemple sur le monisme et le dualisme, sur la nature du droit international et autres, ne sont pas des options pour des théories déjà connues, ce sont des connaissances acquises et confirmées par le travail. Ces connaissances constituent dans leur ensemble un système cohérent sur le Droit international et qui ne se prête pas aux contradictions. Si l'auteur a pu soutenir avec succès ses thèses fondées sur le travail et le talent, c'est parce qu'elles lui appartiennent en propre. En effet, le plus grand éloge et que Juraj Andrassy mérite incontestablement, c'est son honnêteté scientifique. Il ne recherche pas l'originalité à tout prix, mais il n'adopte jamais des opinions préétablies sans les examiner.

Une autre caractéristique qui ressort de son Droit international ainsi que de tous ses travaux, c'est une extraordinaire concision dans l'exposition qui a pour effet d'eliminer tout ce qui est superflu et par trop extensif. *Multa paucis*, comme devise de tout vrai savant, se trouve pleinement vérifiée dans les œuvres d'Andrassy. Cela explique comment un volume de 400 pages à peine peut être plus qu'un manuel, un système serré, précis et substantieux du Droit international, un outil précieux.

Les autres travaux, à côté des caractéristiques déjà mentionnées, témoignent d'une autre qualité d'Andrassy, spécialiste de la doctrine du Droit international, à savoir son actualité et son efficience.

En tant qu'auteur, très attentif au courant de la vie et des relations internationales, il réagit immédiatement à tout événement. A peine la Cour internationale eut-elle commencé à siéger, après la Deuxième guerre mondiale, que Juraj Andrassy fit paraître en 1948 une monographie très appréciée: *La Jurisprudence internationale.* De même, l'Institution du Plateau continental n'avait pas encore été admise dans le Droit international au moment où il publia son travail sur le Plateau continental qui constituait, à cette époque, l'ouvrage le plus exhaustif sur la question. C'est compréhensible, vu l'intérêt qu'il a toujours porté à la vie internationale, aux processus en cours, aux développements de la communauté internationale. Comme preuve de l'efficience de l'activité d'Andrassy il sera bon de citer ses travaux sur les relations de voisinage et aussi ceux sur l'utilisation des eaux internationales non maritimes, ensuite la Résolution de l'Institut de Droit international qui est l'œuvre du professeur Andrassy. Nous entendons par là la Résolution de Salzburg datant du 11 septembre 1961 qui a un intérêt très pratique et applicable dans toutes les questions concernant les relations interétatiques. Andrassy n'a jamais avancé de solutions nonréalistes ou impraticables. Il sait tenir compte du côté économique de chaque situation et de la véritable nature des relations interétatiques qui ne peut être ni dissimulée ni ignorée, encore moins modifiée rapidement.

Quand il donne la bibliographie de références dans ses travaux, dans son Droit international public, par exemple, Juraj Andrassy applique une méthode qui est de la plus grande utilité pour le lecteur. Il ne prétend jamais donner la bibliographie complète qui dans son abondance n'est pas toujours accessible ni facilement assimilable. Les bibliographies prétendues complètes présentent souvent l'inconvénient d'être vieillies et insuffisamment scientifiques. Juraj Andrassy, au contraire, cite une littérature rigoureusement sélectionnée, la plus récente et digne de foi. Dans son Droit international public, il la met constamment à jour, en opérant un choix basé sur la qualité et l'actualité. Cette méthode exige un travail important dont l'effet est, certes, de diminuer le nombre de pages, mais l'utilité du livre ne s'en trouve qu'augmentée. C'est là justement une des caractéristiques essentielles du travail d'Andrassy.

2. La contribution de Juraj Andrassy à la théorie et à la pratique du Droit international public est considérable à l'échelle internationale. En effet, de nombreux travaux publiés en français, en allemand et en anglais, constituent des apports précieux aux réflexions théoriques dans le domaine de cette discipline, apports d'autant plus précieux qu'ils sont accessibles à un vaste public de spécialistes et de savants. Ces travaux constituent en outre une solide affirmation, dans les cadres internationaux, à la fois de leur auteur, de la Faculté de Droit de Zagreb, ainsi que de la science juriste croate et yougoslave. Par leurs qualités ces apports témoignent du haut degré que cette branche de droit a atteint dans son développement et de sa longue tradition à laquelle nous devons une des premières codifications privées du Droit international (Alfonz Domin Petruševečki: Précis d'un code du droit international, Zagreb, 1861). Dans ce groupe d'écrits nous tenons à signaler en premier lieu deux travaux qui figurent dans le *Recueil des cours de l'Académie de droit international de la Haye*, ainsi que les rapports que Juraj Andrassy a présentés en qualité de rapporteur de l'Institut de Droit international, ensuite les écrits dans les Mélanges Spiropoulos, Schätzel, Verdross, dans les périodiques américains, français, allemands, indiens, grecs, etc.

Malgré sa modestie, le professeur Andrassy s'est vu conférer de nombreuses distinctions, tant en Yougoslavie qu'à l'étranger. En 1955, il est élu membre correspondant de l'Académie yougoslave des sciences et des arts, en 1965 il devient académicien. En 1952, l'association des spécialistes en droit international, dont la renommée est très grande et qui n'admet qu'un nombre de membres très restreint, à savoir l'Institut de Droit international, a élu le professeur Andrassy correspondant, et en 1961 membre de leur association. Le professeur Andrassy est actuellement vice-président de l'Institut de Droit international.

Entre autres, il est membre d'honneur de l'Association des Auditeurs et Anciens Auditeurs de l'Académie de Droit international de la Haye, ainsi que de l'International Law Association. Depuis plusieurs années, le professeur Andrassy fait également partie de Matica Hrvatska.

En qualité de membre de l'Association yougoslave de Droit international, le professeur Andrassy a fait preuve d'une activité remarquable. Actuellement, il en est le président.

C'est un rare privilège que d'être en contact et de collaborer avec un homme tel que Juraj Andrassy. En effet, la personnalité de cet éminent savant réunit les qualités profondément humaines qui inspirent le respect non seulement pour ses capacités intellectuelles, mais avant tout pour son honnêteté et sa droiture. S'il est sévère envers lui-même, rien de cette austerité qui, quoique non manifeste, ne fait pourtant pas de doute, ne subsiste dans ses rapports avec les autres, et c'est précisément ce qui rend Juraj Andrassy tellement sympathique et, disons-le, généreusement indulgent. Plein de compréhension pour son entourage, en particulier pour ses amis et collaborateurs, il juge avec bienveillance le travail et le comportement des autres. Lorsqu'il faut prêter son aide, Juraj Andrassy agit promptement et efficacement. Tel est et tel restera Juraj Andrassy dans sa vie et dans son travail, car il ne saurait ni ne pourrait agir autrement. A l'occasion de son soixante et onzième anniversaire ses amis s'unissent pour lui souhaiter sincèrement beaucoup de succès et de satisfactions dans ses futurs travaux.

MILAN BARTOŠ
Membre de la Commission du Droit international

Transformation des principes généraux en règles positives du droit international

Lors de l'élaboration des textes de droit international public il se pose très souvent la question si les institutions du droit interne et de la théorie générale du droit peuvent être incluses, simplement ou par voie d'analogie, parmi les règles positives du droit international. Il y a, à ce sujet, deux points de vue dont chacun a pour soi une pleine justification et chacun d'eux, en effet, est transposé, d'une manière ou de l'autre, dans les textes de droit international, car les rédacteurs de ceux-ci cherchent le moyen d'exprimer leurs idées en termes juridiques. En constatant ceci, il faut bien se rendre compte qu'un des textes les plus importants du droit international public, Statuts de la Cour de justice internationale, qui fait partie de la Charte des Nations Unies, renvoie, parmi les sources que la Cour applique dans les différends internationaux, aux „principes généraux de droit reconnus par les nations civilisées" (article 38, par. 1, c).

Ceux qui se rattachent à la conception qu'il est permis de considérer ces principes comme partie du droit international positif, prennent comme point de départ que ces principes, y compris aussi les institutions générales de droit, sont en soi la partie intégrante du droit international. De là, s'ils sont inclus par les rédacteurs dans les textes positifs du droit international public, ils ne changent pas le contenu du droit international mais l'enrichissent uniquement d'une nouvelle forme. Une des meilleures études sur les principes généraux en tant que règles du droit international est l'œuvre remarquable du juge de la Cour de justice internationale Vladimir Korecki, relative à cette question.

A l'opposé de cette conception dans la solution de ce problème il y a celle des auteurs dits positivistes. Une suite d'écrivains et de juristes pratiques observent avec scepticisme le processus de l'introduction des principes généraux, et particulièrement des institutions générales et des solutions généralement connues du droit interne comparé dans le droit international. Leur argument principal est l'analyse de l'objectif des dispositions dans un système juridique. Si l'on utilise les thèses géniales de François Gény que toute règle de droit résulte d'une série de conditions-causes (données) qui ne sont toujours identiques ni comme causes ni comme désirs de produire des conséquences, il est très difficile d'arriver à la conclusion que nous réalisons, au moyen d'une règle déterminée, les mêmes résultats sur le plan international que dans les milieux nationaux déterminés. On n'atteint pas ce but même si ces règles ou institutions sont appliquées dans une suite de législations nationales et, par conséquent, remplissent la condition de la Charte d'être „reconnues par les nations civilisées". Ou plutôt, par un grand nombre de nations, car nous ne divisons plus, à l'heure actuelle, les nations en nations civilisées et celles qui ne le sont pas. Ce terme est un anachronisme dans les Statuts de la Cour, car, selon la conception actuelle, tous les peuples sont civilisés et possèdent un droit égal d'influer sur l'élaboration du droit international. Comme il n'y a point ou qu'il y a bien rarement des principes et institutions du droit interne qui soient universellement reconnus par toutes les nations, il devient nécessaire de faire apprécier toute notion de ce genre séparément par les experts et spécialistes, lors de son insertion dans la rédaction de la règle internationale et de faire, de cette façon, sa transformation du droit interne comparé en droit international. D'un côté, ce qui a été introduit dans les textes internationaux n'est plus, du moins en ce qui concerne ces textes, une partie du droit interne comparé, mais devient partie intégrante du droit international. De l'autre côté, ces parties qui ont été introduites dans les textes internationaux ne sont plus des sources complémentaires du droit international public comme principes généraux, mais elles sont des parties composantes directes du droit international positif. Dans l'avenir elles partageront entièrement le sort du système de droit international. Cela veut dire que, même si la plupart des Etats changeaient leurs attitudes envers les principes dits généraux et les institutions juridiques dites générales en dehors du droit international, ces mêmes principes, renfermés dans ces règles, resteraient en vigueur comme règles de droit international.

Ce qui paraît essentiel dans cette transformation, c'est l'élément de la conformité des volontés d'Etats en tant que créateurs du droit international. Tant que ces principes et instructions juridiques ne seront pas intégrés dans le système du droit international, il existe la présomption de leur reconnaissance, mais non pas de leur adoption par les nations civilisées et cette reconnaissance est un fait qui peut disparaître avec le temps par la voie de fait. Inversement, à partir du moment où un tel principe ou une telle institution ont été introduits dans un texte de droit international, ils deviennent partie du droit international laquelle a obtenu, aussi par la voie formelle, la force de droit et, en tant que source conventionnelle, ne peut la perdre que par la voie formelle. Si ces principes généraux perdent la reconnaissance dans la vie des nations civilisées, ils ne la perdront pas s'ils ont été introduits effectivement dans les textes de droit international, de sorte qu'ils ne partagent plus le sort des règles qu'ont les principes généraux, mais pour estimer leur force de droit on se sert de méthodes utilisées pour l'évaluation de la validité des dispositions conventionnelles. En d'autres termes, cette nouvelle règle du droit international devient une convention internationale dont la force de loi est estimée selon les règles relatives à la validité des conventions internationales.

Au premier coup d'œil, il n'y a aucune différence essentielle entre ces deux conceptions. La première prend pour point de départ la doctrine sur la force de loi internationale des principes généraux et des institutions de droit générales laquelle existe en vertu de l'observation de fait comment les peuples civilisés se rapportent à ces principes et institutions. Cela veut dire que même l'Etat intéressé peut prendre une attitude négative envers un tel principe ou une telle institution et que, nonobstant ce fait, ils représentent pour lui une règle juridique obligatoire, car ce caractère obligatoire est indiqué par le fait historique de reconnaissance sociale quasi-universelle des nations dans le sein de la communauté internationale. Par contre, selon la deuxième conception, bien qu'un tel principe ou une telle institution aient été introduits dans un texte international et transformés en une règle conventionnelle du droit international public, il faut que cette règle soit adoptée entre ces Etats dans le différend desquels elle devrait être appliquée. Cependant, cette différence indique une autre distinction. Si une règle à laquelle on attribue le caractère de principe général selon l'art. 38 des Statuts de la Cour de justice internationale est insérée dans un texte quelconque de droit international, il peut se produire qu'il y ait une différence entre le contenu qu'on attribue à ce principe général qui n'est pas capté, c.à d. au principe libre et le contenu de cette règle qui a été introduite dans le texte international. Ce qui est certain, c'est que, pour les parties contractantes, liées par ce texte international, sont obligatoires ce contenu et cette conception de ce principe qui sont exprimés dans le texte.

S'il existe une différence, la question se pose entre les parties contractantes, liées par le texte conventionnel si la disposition du texte est plus large et plus complète que la conception quasi-universellement attribuée au principe général que l'on peut considérer comme source de la règle introduite dans le texte. Les parties contractantes ne peuvent pas exiger que leurs obligations soient estimées selon cette conception quasi-universelle du principe général et non pas selon le texte formulé. Cependant, les Etats tiers, dans leur rapport envers les parties contractantes, ne peuvent pas exiger qu'on applique à leurs rapports juridiques avec les parties contractantes le texte ainsi formulé qui est pour eux *res inter alios acta*. Ils doivent se contenter et se limiter à l'application de la conception générale sur l'importance et la portée du principe général tel qu'il est conçu indépendamment de la captation.

La situation est plus compliquée si les parties, lors de la transformation de la conception générale d'un principe général reconnu, ont restreint son contenu et sa conception en n'introduisant dans le texte international q'une partie ou le contenu incomplet de celui-ci. La question se pose de savoir si dans ce cas-là les parties contractantes peuvent exiger que la partie transformée en une règle juridique écrite soit appliqué comme règle conventionnelle et cette autre partie qui n'a pas été insérée dans une disposition écrite de ce genre comme règle générale prévue par l'article 38, par. 1, c des Statuts de la Cour de justice internationale, car cette partie-ci serait appliquée entre les parties contractantes même s'il n'y avait pas de règle écrite de caractère conventionnel. D'un autre côté, on considère que les parties contractantes, en n'adoptant qu'une partie relative à l'importance et à la portée du principe général, ont décidé de se concerter sur son interprétation et que, par conséquent tout ce qu'elles n'ont pas adopté doit être considéré comme rejeté.

La question se pose, aussi bien théoriquement que pratiquement, de savoir si les parties contractantes pouvaient rejeter ce qui n'est pas adopté et formulé dans le texte conventionnel uniquement dans leurs rapports mutuels ou en général, comme leur conception sur l'importance du principe général. Il arrive en pratique que les parties contractantes prétendent d'avoir pu rejeter tout ce qu'elles n'adoptent pas en Etats souverains. A cette conception on objecte que les parties contractantes ne peuvent pas rejeter les règles générales du droit international qui sont obligatoires et que la Cour applique sans égard à la conformité des volontés des parties en litige. Par conséquent, une partie de ces principes, celle qui a été confirmée par une convention et introduite dans un texte de droit international obtient la force juridique obligatoire, tandis que l'autre partie ne possède pas une telle force, mais il lui reste la force d'une règle non-conventionnelle de droit international. La question s'y pose également de savoir quel sera le rapport des parties contractantes ayant adopté le texte de droit international envers les Etats qui n'ont pas pris part à l'élaboration d'un texte pareil.

Il est hors de doute que les parties contractantes ne pouvaient pas, de leur propre volonté, modifier le contenu et l'importance du principe général envers les Etats tiers, car le texte adopté représente pour ces derniers *res inter alios acta*. Ils ne sont pas liés par la signification et la portée du principe général tels qu'ils ont été déterminés par les parties ayant pris part à l'adoption du texte accepté. Cependant, il reste ouverte, ce nonobstant, une nouvelle question. Il est certain que la Cour, en jugeant la cause, devra s'occuper de la question comment il faut comprendre le principe général même dans son essence et ce que signifie sa reconnaissance de la part des nations civilisées. La Cour examine, dans ce cas, les circonstances dans lesquelles se manifeste le principe général et résout cette question comme une *quaestio facti* en déduisant d'elle une règle de droit qui, ainsi déduite, devient *quaestio iuris*. Pourtant, afin d'établir le contenu d'une telle règle de droit, il faut établir aussi dans quelle mesure et avec quelle signification la quasi-majorité des Etats membres de la communauté internationale accepte, c.à d. reconnaît un tel principe général. En faisant cela, la Cour sera indubitablement obligée de prendre en considération aussi les conceptions des Etats cocontractants du texte international adopté, mais elle ne doit pas se limiter uniquement à celles-ci. La Cour devra se placer sur une base plus large. Elle comparera la conception des autres Etats avec ces conceptions et nous croyons qu'elle donnera la prépondérance aux conceptions qui représentent l'estimation quasi-universelle des principes généraux universellement acceptés. La Cour s'en tiendra ici également à la règle qu'un ou plusieurs Etats ne peuvent pas se libérer, même par un accord conventionnel, des obligations qui résultent pour eux des principes généraux universellement reconnus, adoptés de la part des nations civilisées.

Le rapport envers les principes généraux et les institutions générales du droit comparé devint aigu lors de l'élaboration des règles sur le droit conventionnel dans la Commission des Nations Unies du droit international. Au cours de 18 années de son activité à ce projet, la Commission avait rencontré une suite de notions juridiques qu'elle désirait introduire dans les règles sur les conventions internationales, mais qui avaient leur signification déterminée soit dans le droit interne comparé quasi-universel soit dans la doctrine générale de la théorie du droit. Cependant, au cours de la discussion relative aux règles proposées, la Commission n'a pas toujours réussi à trouver des termes pour le droit international, différents de ceux qui sont d'un usage commun dans le droit. Mais la Commission ne pouvait pas, non plus, se permettre de susciter des doutes que ces termes, employés dans les règles sur les conventions internationales, avaient toujours la même signification qu'ils ont dans le droit interne et qu'ils sont fondés, dans les deux cas, sur le même contenu d'idées. Ceci même dans le cas où ces termes seraient généralement adoptés ou du moins acceptés presque à l'unanimité par les nations-membres des Etats Unies, comme termes désignant les phénomènes du droit interne.

Si l'on considérait que ces termes sont simplement transposés du droit interne dans le droit international, on pourrait alors, d'après les conceptions mises en avant au sein de la Commission, transposer dans le droit international public le problème grave de la *théorie de la qualification*, la principale pierre d'achoppement dans le droit international privé et la principale cause des malentendus dans le droit comparé. C'est pourquoi il a fallu préciser, au sujet des règles du droit international public, que les termes qui y sont introduits ont leur propre signification et que les interprétations de cette signification ne peuvent et ne doivent pas être déduits des conceptions que les Etats particuliers apportent du droit interne. La Commission a jugé nécessaire d'établir dans le Projet des Articles de Droit des traités pour certains termes leur contenu dans les définitions (expressions employées – Article 2), mais elle en tenait compte bien davantage chez les termes particuliers, désireuse d'exclure toute analogie avec l'emploi d'un terme semblable en dehors du droit international public. Ce fut particulièrement important de faire là où à un terme se rattachait la conception vive de la pratique que le contenu de ce terme était lié à un principe général ou à une institution juridique générale déterminés soit de la théorie générale du droit soit du droit interne privé ou public, comparé ou régional. Dans ces cas la Commission avait donné des explications nécessaires du terme employé mettant en relief que le lexique du Projet de la convention devrait être considéré à travers le prisme des intentions de la Commission en tant que rédacteur du texte, et non selon l'usage général et la signification ordinaire des termes introduits dans le texte.

Un de ces termes est la signature *ad referendum*. Toute une série de remarques dans le Commentaire de l'article 10 du Projet indiquent que la signature *ad referendum* d'une convention internationale ne doit être identifiée à la signature des contrats dans le droit civil sous la condition d'*ad referendum* au maître de l'affaire. Comme la pratique diplomatique se servait des termes du droit civil comparé, il a fallu indiquer clairement ce que ce terme signifiait dans le droit conventionnel international. De cette façon, la Commission a fait ses réserves contre toute analogie avec les conceptions du droit comparé.

La *ratification* elle-même comme notion tire certainement son origine du droit privé. Mais la ratification d'une convention internationale n'est pas la ratification du droit interne où elle possède une importance stable comme institution générale. Dans le droit privé cette notion est restée presque identique du temps des Institutions de Gaius jusqu'à nos jours. Dans le droit interne public le terme de ratification a obtenu sa signification par l'introduction du droit du parlement d'approuver les conventions internationales ou de donner son agrément à leur conclusion. La ratification dans le droit conventionnel international est une notion à part. Elle est congénère, mais elle n'est pas identique aux notions de ratification dans le droit privé ou dans le droit constitutionnel. La Commission a considéré comme particulièrement important de le souligner afin d'éviter toute possibilité de raisonnement sur cette notion par voie d'analogie du droit interne (Article 11 du Projet).

De même les notions d'*acceptation*, d'*approbation* et d'*adhésion* sont depuis longtemps en usage dans la théorie générale du droit conventionnel et il est certain qu'ils ont été transposées de là dans le lexique du droit international public. Cependant, par leur transfert dans ce nouveau domaine, le contenu de ces notions fut changé. Bien que la racine de la signification fût restée la même, la fleur éclose sur cette racine a obtenu une signification spéciale et la transformation de la notion y a eu simultanément lieu avec le transfert du mot. La Commission a considéré comme important de signaler à ceux qui s'adressent à son projet que ces termes, dans le droit conventionnel international, ont une signification particulière qui a obtenu son explication dans les commentaires de articles 11, 12 et 13 du Projet des Articles sur le Droit des traités.

La Commission a considéré de son devoir d'introduire comme une règle spéciale du droit des traités *pacta sunt servanda*. Cependant, la Commission a exprimé son appréhension que cette règle ne fût considérée comme quelque chose qui a été emprunté au droit privé d'obligations. Elle a particulièrement mis en relief que ce principe avait son caractère propre et autonome dans le droit international public (Commentaire de l'art. 24 du Projet).

Dans la Commission il se manifesta la crainte de l'analogie avec le droit interne aussi lors de l'élaboration des règles relatives à l'*interprétation* des traités. Dans la règle générale sur l'interprétation déjà on a souligné que l'interprétation se limitait aux sources et aux règles juridiques du droit international, appréhendant qu'on n'introduisît dans la pratique de l'interprétation les règles du droit interne relatives à l'interprétation, bien qu'on puisse établir du premier coup d'œil que l'interprétation est une institution juridique générale et que l'action d'interprétation exige des règles communes aussi bien dans le droit international que dans le droit interne. La liberté d'action des sujets dans le droit interne et des Etats et d'autres sujets dans le droit international, ne permet pas l'identification des situations et, par conséquent, ni l'analogie par l'application et le transfert des règles relatives à l'interprétation des conventions du droit interne dans le droit international.

Si nous comparons les règles générales sur les *amendements* et *modifications* des conventions dans le droit interne avec la Partie IV du Projet (articles 35–38) nous verrons qu'il n'y a aucune ressemblance entre les règles, valables pour cette matière, dans le droit interne d'obligations et celles qui sont prévues dans le Projet. La vie des citoyens dans le cadre d'un Etat et les relations internationales ne peuvent pas être identifiées et pour cette raison la Commission tâchait d'éliminer toute possibilité de s'en référer aux principes dits généraux du droit interne comparé. Elle prenait soin à introduire d'une façon aussi détaillée que possible les prescriptions correspondantes dans le Projet, des Articles sur le Droit des traités. Ceci s'avérait nécessaire afin d'éliminer dans cette matière l'analogie entre le droit interne et le droit international, comme moyen pour combler des lacunes.

La Commission a éprouvé une difficulté particulière lors de l'examen s'il était possible d'introduire, dans le droit des traités, la conception du principe juridique général anglo-saxon régional, relatif à l'institution d'*estoppel*. La Commission avait adopté le point de vue que l'estoppel ne pouvait pas avoir la même signification dans le droit interne privé et administratif qu'il devrait avoir dans le droit international.

La Commission s'est également heurtée à la difficulté résultant de l'appréhension qu'on ne transposât, par l'identification et l'analogie, dans le droit international les règles relatives à la validité des conventions et les causes de la nullité des conventions qui sont valables dans le droit interne. Compte tenu de ce fait, la Commission fut obligée de donner ses propres définitions de ces causes, bien que ce soient, au premier coup d'œil, les notions avec lesquelles on opère dans le droit conventionnel interne. La majorité de membres de la Commission ont résolument adopté le point de vue qu'il existait des circonstances et conditions particulières qui influent sur la manifestation de la volonté des Etats sur le plan international. Pour cette raison, il est impossible de transposer par analogie les règles et les conceptions qui sont, sous ce rapport, en vigueur pour la validité de la manifestation de volonté des Etats dans le droit interne et, par conséquent, la Commission a prévu des règles spéciales pour l'évaluation de ces questions. Nous mettons en relief, sous ce rapport, qu'il n'est pas permis, par exemple, de transférer dans le droit international, la présomption de manifestation tacite de la volonté des Etats, laquelle présomption existe dans le droit privé et le droit administratif de presque tous les Etats. Dans le droit interne cette présomption est fondée sur la nécessité de protéger les intérêts des citoyens envers l'Etat, tandis que dans le droit international il apparaît la crainte qu'une telle présomption dans les rapports entre les Etats pourrait créer des obligations indésirables à la charge de cet Etat envers lequel elle agirait.

Cette difficulté s'est particulièrement manifestée au sujet de deux institutions anciennes du droit comparé que la Commission croyait devoir insérer aussi dans le droit des traités. Le danger que présentait l'emploi de ces institutions s'est montré également au cours de la discussion dans la VIe Commission de l'Assemblée Générale. Ce sont l'introduction de la conception sur la hiérarchie des normes dans le droit international, selon laquelle au sommet du système du droit international se trouve *ius cogens* auquel les autres règles du droit international ne doivent pas contredire, ainsi que la création de la doctrine *rebus sic stantibus* dans le domaine du droit international.

D'un côté, la Commission du droit international a considéré qu'il est impossible de maintenir dans le droit des traités comme règle universelle que les Etats, en tant que souverains, peuvent manifester, d'une façon illimitée, leur volonté conventionnelle et conclure des traités dont le contenu est également illimité. La Commission a, par contre, adopté le point de vue que les Etats doivent se soumettre à la nécessité d'observer les normes impératives du droit international général et se mouvoir à l'intérieur de leurs limites. De cette façon on a adopté l'idée qu'un ordre normatif supérieur est en train d'être créé dans le droit international et la Commission l'a nommé *ius cogens*. Ce *ius cogens*, par la nature des choses même, est un système juridique particulier dans la communauté internationale qui ne peut en aucune façon être identifié à l'*ordre public interne.* Par cela même, il n'y a aucune possibilité d'une analogie quelconque entre l'ordre public dans les systèmes juridiques internes et les normes impératives de l'ordre public supérieur dans le droit international général. Ce sont des situations qui se présentent sous différentes conditions et qui, par conséquent, doivent avoir des bases différentes. De là, on peut dire décidément qu'il s'y agit des systèmes qui ont obtenu le même nom, *ius cogens*, mais qui n'ont et ne peuvent pas avoir le même contenu. La Commission s'efforçait, quoiqu'elle n'y ait pas peut-être réussi, de présenter la substance de cette conception internationale de *ius cogens*, en usant de tous les moyens possibles pour faire observer qu'il n'y s'agissait pas de *ius cogens* du droit interne. Peut-être était-il une erreur d'employer, ne soit-ce qu'entre parenthèses, le même terme qui donnerait lieu à la confusion des notions, mais nous ne sommes pas certains qu'il en résulterait nécessairement n'importe quelle référence pratique ou théorique à l'analogie avec le droit interne.

L'autre institution générale de ce genre est l'introduction de la règle *rebus sic stantibus* dans le droit des traités. En examinant le problème ce que signifient les changements essentiels des conditions dans le droit international, la Commission a adopté le point de vue qu'il serait très erroné d'introduire la théorie *rebus sic stantibus* de l'époque de jurisprudence hanséatique dans la conception qui pourrait être utile pour le maintien des relations internationales régulières. La Commission considérait que *rebus sic stantibus*, en tant que doctrine dans le droit conventionnel international, ne pouvait pas être fondée sur les même critères qui servent de base à cette institution dans le droit conventionnel interne comparé et s'applique aux conventions privées ou sur la *théorie de l'imprévisibilité* qui a obtenu sa signification particulière en ce qui concerne le droit à la révision des contrats administratifs. *Rebus sic stantibus* dans le droit des traités doit servir une autre fin. Dans le droit d'obligations, le but de cette clause est de libérer une partie contractante de subir une charge disproportionnée qui se serait produite sans sa propre faute, en conséquence d'un changement des circonstances essentielles pour l'existence et l'exécution du contrat. Dans le droit administratif interne, selon la *théorie de l'imprévisibilité* il faut maintenir le fonctionnement régulier de l'administration, en libérant le cocontractant de l'Etat des charges exagérées qui résulteraient d'un changement des conditions essentielles qui ont une influence sur le contrat conclu. Par contre, la doctrine *rebus sic stantibus* dans le droit des traités a, selon l'avis de la Commission, un but entièrement différent. La Commission a reconnu que l'interprétation statique et littéraire des traités ne correspond pas au développement historique des relations internationales. La communauté internationale ne gagne rien à ce qu'on abstrait la création de nouvelles situations résultant du changement des conditions essentielles pertinentes aux rapports conventionnels entre les Etats. Il est nécessaire de montrer de l'élasticité et de donner la préférence à la réalité et non pas à la lettre de la convention. De là, pour l'application de cette doctrine dans le droit international il y a d'autres critères que ceux qui sont reconnus actuellement par les droits commerciaux modernes ou ceux qu'a établis à travers sa doctrine sur la *théorie de l'imprévisibilité* le Conseil d'Etat français. Par cela même, c'est une institution sur le plan international qui n'est pas identique et qui n'est pas en substance analogue aux règles du droit interne comparé. Bien qu'il y ait une controverse sur la question de savoir si *rebus sic stantibus* est un principe général, la Commission a modifié de propos délibéré son contenu dans le Projet des articles de Droit des traités.

Par conséquent, à un contenu ainsi modifié, dans l'un et l'autre de ces cas, il est impossible de greffer par analogie des règles résultant des principes généraux, reconnus par les nations civilisées, comme règles générales soit en ce qui concerne *ius cogens* soit en ce qui concerne *rebus sic stantibus*. Ce sont des institutions nouvelles dans le droit des traités qui s'appuient sur le nom ancien du droit interne, mais qui n'ont pas introduit dans le droit international aussi leur contenu ancien. Il faut chercher leur genèse, en tant que règles du droit international, dans la création de la Commission, dans son action pour le développement progressif du droit international et non pas dans la simple codification mécanique de l'existant.

Nous sommes convaincus que les principes généraux et les institutions juridiques générales, reconnus par les nations civilisées, exercent une grande influence sur la codification du droit international. Les rédacteurs des textes du droit international sont sous la pressions et sous l'influence de ces règles et de ces idées. Mais cette influence n'est pas mécanique. L'emploi de ces notions passe chez les rédacteurs et les codificateurs du droit international à travers le prisme d'évaluation de leur convenance de faire partie du droit international. Lors de leur transformation en règles de droit international, elles sont sujettes à leur propre transformation selon le contenu. De cette façon, leur introduction dans le système du droit international signifie une rupture plus ou moins grande avec la notion génétique du droit interne, mais il serait erroné de considérer que cette rupture est toujours entièrement radicale. Le processus dialectique de la transposition de ces principes généraux dans le futur processus de la création du droit international dépend des circonstances dans lesquelles ce processus s'effectue et, en règle générale, dans ce processus est changée leur *ratio legis*. Par conséquent, toute conception en vue d'interpréter ou de compléter ces nouvelles règles internationales au moyen des conceptions empruntées au droit interne est très dangereuse, dans la plupart des cas nuisible et, par conséquent, à notre avis, insoutenable. Ainsi, le même principe ou la même institution peuvent avoir un contenu différent et représenter différentes notions dans le droit interne et dans le droit international, indépendamment du fait que les rédacteurs des règles internationales ont trouvé leur inspiration dans le droit interne et qu'ils ont gardé le même terme.

SUZANNE BASTID
Professeur à la Faculté de droit et des sciences économiques de Paris
Secrétaire général de l'Institut de droit international

Remarques sur l'interdiction d'intervention

I

Un effort assez remarquable a été entrepris depuis quelque temps pour préciser ce qu'il faut entendre par l'interdiction d'intervention, après que le principe même ait été proclamé dans de nombreux documents diplomatiques, où son expression prend une allure quasi rituelle, sans que sa portée soit vraiment définie.

Il s'agit, d'une part, de la Résolution 2131 (XX) de l'Assemblée générale des Nations Unies intitulée *Déclaration sur l'inadmissibilité de l'intervention dans les affaires intérieures des Etats et la protection de leur indépendance et de leur souveraineté,* votée sans opposition[1] à la suite des vives réactions provoquées par l'affaire de la République dominicaine. Il s'agit, d'autre part, des travaux entrepris par le Comité spécial des principes du droit international touchant les relations amicales et la coopération entre Etats. Sans doute, ni à Mexico en 1963, ni à New York en 1966, l'accord général n'a pu se faire sur des propositions mais les points de divergence ont été plus complètement définis. La résolution 2181 (XXI) a prié le Comité spécial „d'examiner *toutes propositions* relatives au principe concernant le devoir de ne pas intervenir dans les affaires relevant de la compétence nationale conformément à la Charte, en vue d'élargir la portée de l'accord déjà exprimé dans la résolution 2131 (XX)".

Les règles relatives à la non-intervention doivent être comprises dans le rapport complet que le Comité soumettra à l'Assemblée, ainsi que dans le projet de déclaration sur sept principes *„qui marquerait une étape dans le développement progressif et la codification"* de ces principes.

---

[1] Le vote sur la proposition de la Première Commission a donné 109 voix pour, une abstention (Royaume-Uni). Les délégations de l'Albanie, du Cambodge, de la Gambie, du Honduras, du Portugal et de l'Afrique du Sud étaient absentes. La délégation de Malte n'a pas participé au vote donnant pour raison que le déclaration était ouvertement violée par plusieurs des Etats qui l'avaient votée à la Première Commission et qu'il semblait peu probable que ces Etats modifieraient leur politique conformément à la déclaration. *O.N.U., Chronique mensuelle,* janvier 1966, p. 26.

Ainsi un effort va être poursuivi dans ce domaine difficile. Comme pour tout le programme du Comité spécial, il s'agit de formuler des règles répondant à un équilibre social nouveau et précaire sans doute, mais un équilibre social qui ne peut s'affermir qu'en tenant compte des réalités contemporaines et en utilisant les moyens actuels de la société internationale.

La déclaration de 1965 dont le titre même lie l'inadmissibilité de l'intervention à la protection de l'indépendance et de la souveraineté des Etats marque bien que la question est essentielle si l'on a la volonté d'assurer la survie comme entités politiques distinctes d'Etats, anciens ou nouveaux, dont les moyens d'action sont réduits, la vulnérabilité politique, économique, certaine. L'interdiction d'intervention apparait donc *a priori* comme une règle protectrice du *statu quo* politique ou plus exactement de l'exercice réel de la souveraineté, en tant qu'elle signifie pouvoir autonome de décision et d'action.

L'Assemblée générale a encore abordé le problème, sous son aspect le plus délicat sans doute, dans la Résolution 2160 (XXI), votée sans renvoi à une grande commission et intitulée „*Stricte observation de l'interdiction de recourir à la menace ou à l'emploi de la force dans les relations internationales et du droit des peuples à l'autodétermination*".

Dans les motifs il est déclaré que „les peuples soumis à l'oppression coloniale ont le droit de rechercher et de recevoir dans leur lutte tout l'appui qui est conforme aux buts et principes de la Charte". Mais le dispositif a une portée beaucoup plus générale: condamnant l'appel à la contrainte, directe ou indirecte, qui prive „les peuples soumis à la domination étrangère" de leur droit à l'autodétermination, il ajoute: „En conséquence l'emploi de la force pour priver les peuples de leur identité nationale" interdit par la Résolution 2131 (XX) „constitue une violation de leurs droits inaliénables et *du principe de la non-intervention*". Il a été prévu que cette résolution et les débats qui l'ont précédée devaient être inclus „dans la documentation" en vue de l'étude des principes du droit international dont est chargé le Comité spécial.[1] Ainsi l'Assemblée générale a nettement indiqué que le principe de non-intervention devait protéger non seulement l'Etat en tant que personne souveraine mais aussi „les peuples soumis à l'oppression coloniale" et même – ce qui est une notion beaucoup plus large – „les peuples soumis à la domination étrangère".

[1] La résolution a été adoptée par 98 voix contre 2 (Portugal et Royaume-Uni) et 8 abstentions (Australie, Belgique, Chine, Italie, Luxembourg, Pays-Bas, Nouvelle Zélande, Afrique du Sud). *O.N.U., Chronique mensuelle*, décembre 1966, p. 61.

Le problème est donc aujourd'hui posé avec une ampleur sans précédent.

Avant d'examiner la manière dont il a été abordé par la résolution 2131 (XX) et dont il se présente devant le Comité spécial, il convient de rappeler la position prise par le juge dans ce domaine et les conditions dans lesquelles la question se pose dans la vie internationale.

II

La Cour internationale de Justice s'est prononcée dans deux arrêts sur l'intervention. Dans l'affaire du détroit de Corfou il s'agissait de l'opération de dragage de mines dans les eaux territoriales albanaises, opérée par la marine britannique à la suite des explosions de mines qui avaient atteint des bâtiments britanniques lors de leur passage par le détroit.

Le Royaume-Uni avait soutenu qu'il y avait „une application particulière et nouvelle de la théorie de l'intervention par laquelle l'Etat intervenant s'assurerait la possession de moyens de preuve dans le territoire d'un autre Etat pour les soumettre à la justice internationale et faciliter ainsi sa tâche". La Cour a déclaré ne pouvoir admettre un tel système de défense: *„Le prétendu droit d'intervention* ne peut être envisagé par elle que comme la manifestation d'une politique de force, politique qui dans le passé, a donné lieu aux abus les plus graves et qui ne saurait, quelles que soient les déficiences présentes de l'organisation internationale, *trouver aucune place dans le droit international.* L'intervention est peut-être moins acceptable encore dans la forme particulière qu'elle présenterait ici, puisque réservée par la nature des choses aux Etats les plus puissants, elle pourrait aisément conduire à fausser l'administration de la justice internationale elle-même".[1]

Il faut relever que cette vigoureuse prise de position concerne une action opérée par la marine de guerre dans les eaux territoriales.

Dans l'affaire du droit d'asile la position de la Cour est plus nuancée: „La décision d'octroyer l'asile diplomatique comporte une dérogation à la souveraineté de l'Etat" dans lequel le réfugié a commis le délit. Elle soustrait le délinquant à la justice de celui-ci et constitue une *intervention dans un domaine* qui relève exclusivement de la compétence de l'Etat territorial. Une telle dérogation à la souveraineté territoriale ne saurait être admise, a moins que le *fondement juridique n'en soit établi dans chaque cas particulier*".[2]

---

[1] *Recueil C.I.J.*, 1949, p. 35, Arrêt du 9 avril 1949.
[2] *Recueil C.I.J.*, 1950, p. 274, Arrêt du 20 novembre 1950.

La Cour admet donc qu'une action qualifiée par elle „intervention" puisse être licite dans certaines conditions.

Cependant en présence de la prétention de la Colombie que l'asile serait justifié par le danger inhérent à une justice politique subordonnée aux injonctions de l'exécutif, la Cour a déclaré que la Convention de La Havane sur l'asile ne pouvait garantir aux nationaux, accusés de crime politique, le privilège d'échapper à la juridiction nationale. „Une telle conception se heurterait, au surplus, à l'une des traditions les mieux établies dans l'Amérique latine, celle de la non-intervention". „Il serait difficile de concevoir que ces mêmes Etats eussent consenti en ce même moment à se soumettre à l'intervention sous sa forme la moins acceptable, celle qui implique immixtion de l'étranger dans le fonctionnement de la justice interne et qui ne saurait guère se manifester sans jeter quelque soupçon sur l'impartialité de celle-ci".[1]

La complexité des situations dans lesquelles se pose la question de l'intervention a été marquée dans le célèbre rapport de Max Huber concernant les réclamations britanniques dans la zone espagnole du Maroc. Le problème de l'intervention dans le cas de dommages subis par des étrangers y a été soigneusement examiné.

Max Huber reconnaît que les théories doctrinales tendant à restreindre la responsabilité de l'Etat „ont souvent une inspiration politique et représentent une réaction naturelle contre des interventions non justifiées dans les affaires de certaines nations." (Rapport sur les responsabilités de l'Etat dans les situations visées par les réclamations britanniques 1er mai 1925. *Recueil des Sentences arbitrales*, II, p. 640). Partant du principe que „tout droit a pour but d'assurer la coexistence d'intérêts dignes de protection légale", il dispose: „les intérêts contradictoires en présence pour ce qui est du problème de l'indemnisation des étrangers sont, d'une part, l'intérêt de l'Etat d'*exercer sa puissance publique dans son propre territoire sans ingérence et contrôle aucun des Etats étrangers*, et d'autre part, l'intérêt de l'Etat de voir respecter et protéger *effectivement* les droits de ses ressortissants établis en pays étranger".

„Le caractère territorial de la souveraineté est un trait si essentiel du droit public moderne, que l'intervention étrangère dans les rapports entre l'Etat territorial et les individus soumis à sa souveraineté ne peut être admise qu'à titre exceptionnel.

„L'indépendance du pouvoir judiciaire n'est qu'une de ces institu-

[1] *Ibid.* p. 285.

tions de l'Etat moderne qui rendent si délicate toute intervention" (*ibid.*, p. 641).

Mais, ceci dit, Max Huber va admettre un certain droit d'intervention: „D'autre part, il est incontestable qu'à un certain point l'intérêt d'un Etat de pouvoir protéger ses ressortissants et leurs biens, doit *primer le respect de la souveraineté territoriale*, et cela même en l'absence d'obligations conventionnelles. *Ce droit d'intervention a été revendiqué par tous les Etats*: ses limites seules peuvent être discutées. En le niant, on arriverait à des conséquences inadmissibles: on désarmerait le droit international vis-à-vis d'injustices équivalant à la négation de la personnalité humaine; car c'est à cela que revient tout déni de justice" (*ibid.*, p. 641).

A propos des dommages causés par les émeutes populaires, les révoltes et les guerres, Max Huber reconnaît que l'Etat n'en est pas responsable même s'il est possible de faire la preuve d'erreurs du gouvernement: „Le principe de l'indépendance des Etats exclut que leur politique intérieure ou extérieure fasse dans le doute l'objet de l'activité d'une juridiction internationale". Mais l'Etat peut être responsable de ce que les autorités font ou ne font pas pour parer, dans la mesure du possible, aux suites des événements. „Le principe de la non-intervention dans les rapports entre un Etat et les étrangers établis sur son territoire présuppose non seulement *des conditions normales d'administration et de justice*, mais aussi *la volonté de l'Etat de réaliser son but primordial: le maintien de la paix intérieure et de l'ordre social*" (*ibid.* p. 642).

Ainsi le rapporteur admet que l'Etat lésé, dans certaines circonstances, ne pourra „rester indifférent".

Recherchant enfin les obligations qui peuvent incomber du fait d'actes de brigandages, Max Huber préconise le principe de la „*diligentia quam in suis*". Il ajoute „cette règle, conforme au principe primordial de l'indépendence des Etats dans leurs affaires intérieures, offre en fait aux Etats, pour leurs ressortissants, le degré de sécurité auxquels ils peuvent raisonnablement s'attendre" (*ibid.* p. 644).

On notera que le problème en question concerne cette forme d'intervention qu'est *l'intervention diplomatique*, c'est-à-dire la démarche directe tendant à obtenir un certain comportement du gouvernement étranger. Dans son rapport Max Huber rappelle que par suite de l'état d'insécurité qui a souvent prévalu dans l'Empiré chérifien les interventions diplomatiques de ce chef ont été fréquentes et „caractérisées par une tendance à pousser l'étendue de la responsabilité peut-être au-délà des limites tracées par le droit international" (*ibid.* p. 648).

On a longuement cité ce célèbre rapport, car il fait bien apparaître la complexité des intérêts en présence dans une hypothèse que les affaires du Congo et de la République dominicaine ont rendue d'actualité. Un point est certain: Max Huber admet la légitimité de l'intervention diplomatique dans certaines circonstances, mais il n'aborde pas le problème devant lequel la Cour s'est trouvée placée dans l'affaire du détroit de Corfou: le cas où l'action de l'Etat intervenant se situe *sur* le territoire de l'Etat étranger. Cependant rien dans son rapport n'exclut la possibilité d'autres techniques d'intervention que l'intervention diplomatique, techniques qui ont été effectivement pratiquées dans des cas analogues à ceux sur lesquels porte son examen.

La complexité de la matière vient de ce que l'on a toujours admis – comme il ressort de cette jurisprudence – et que l'on admet encore aujourd'hui, la licéité de certaines interventions – quitte à discuter dans un cas concret, si les conditions de licéité sont remplies. Les idées ont évolué s'agissant des motifs légitimes d'intervention et l'accord est loin d'être réalisé à leur sujet.

III

L'existence des organisations internationales à compétence générale introduit dans cette matière une nouvelle complication. Les Etats membres y acceptent des principes qui intéressent leur structure interne, les organes possèdent à l'égard de ces Etats une compétence étendue. Dans la mesure où l'organisation internationale tend à faire régner un certain ordre politique, économique et social elle est amenée à „intervenir", mais le souci de limiter cette intervention a conduit à insérer dans le Pacte de la Société des Nations l'article 15§8 concernant la nature des différends et dans la Charte l'article 2§7 dont la portée est beaucoup plus générale.

A la lecture de l'article 2§7: „Aucune disposition de la présente Charte n'autorise les Nations Unies à intervenir dans les affaires qui relèvent essentiellement de la compétence nationale d'un Etat, ni n'oblige les Membres à soumettre des affaires de ce genre à une procédure de règlement aux termes de la présente Charte", on peut se demander si cette disposition concerne seulement la délimitation de compétence de l'Organisation par rapport aux Etats membres ou si elle concerne également les rapports entre Etats membres, formulant ainsi à leur usage le principe de non-intervention.

La première interprétation paraît sans doute mieux fondée car la formule „Nations Unies" vise généralement dans la Charte l'Organisation et les paragraphes précédents emploient l'expression „les Membres de l'Organisation" pour viser les Etats *ut singuli*. Le texte des articles 55 et 56 corrobore cette manière de voir. La résolution 2131 (XX) qui concerne les rapports entre Etats ne se réfère pas à l'article 2§7. Il paraît donc qu'il y a lieu de distinguer d'une part, la prohibition d'intervention dans les rapports entre Etats, d'autre part, la limitation établie par l'article 2§7 au droit des Nations Unies d'intervenir dans les affaires des Etats.

C'est au premier problème auquel semble s'attacher le Comité spécial après l'Assemblée générale.[1] Il s'agit, en effet, du „devoir de ne pas intervenir dans les affaires relevant de la compétence nationale d'un Etat, conformément à la Charte". Cette dernière référence paraît seulement marquer qu'il y a lieu de tenir compte de la condition propre aux Etats membres des Nations Unies et des obligations juridiques qui découlent de leur participation à la Charte.

IV

La définition précise de l'obligation de non-intervention suppose, comme l'a justement indiqué Max Huber, que soit assurée la coexistence d'intérêts dignes de protection légale. Il s'agit de garantir d'un côté „l'intérêt de l'Etat d'exercer sa puissance publique dans son propre territoire sans ingérence et contrôle d'aucun des Etats étrangers", mais également l'intérêt de l'Etat de conduire ses relations extérieures suivant ses propres conceptions et ses propres possibilités.

D'autre part, la réglementation de la non-intervention doit tenir compte des intérêts des Etats étrangers, intérêts qui en fait, ont été invoqués pour justifier leur intervention et qui se situent sur des plans divers.

Ils se sont manifestés essentiellement dans quatre situations qu'il convient de rappeler sommairement:

(1) *L'intervention dite d'humanité*: elle vise à influencer, à contrôler les actes d'un gouvernement étranger qui paraissent contraires aux lois de l'humanité et qui concernent soit les propres nationaux de l'Etat incriminé, soit les ressortissants de plusieurs autres puissances. L'intervenant demande l'annulation d'actes de puissance publique, s'emploie

---

[1] Le point a d'ailleurs été mentionné au cours des débats.

à en empêcher le renouvellement, cherche à suppléer à l'inaction gouvernementale par des mesures conservatoires urgentes.

Les interventions d'humanité au profit des chrétiens de l'Empire ottoman ont parfois donné lieu à des opérations combinées de plusieurs Puissances. C'est également une opération comportant la participation de plusieurs Etats et motivée par le sort fait à des étrangers de plusieurs nationalités qui a été menée au Congo en novembre 1964.

Lors de l'insurrection du Comité national de Libération, dont les chefs étaient souvent dépassés par leurs troupes, 1600 étrangers, de 10 nationalités différentes et principalement belges et américains, furent retenus comme otages, contrairement aux dispositions de la Convention de Genève de 1949 sur la protection des personnes civiles, applicable en temps de guerre civile. Aucune démarche pour assurer leur évacuation n'ayant abouti, les Etats-Unis et la Belgique ont procédé le 24 novembre 1964 au parachutage de forces belges à bord d'appareils américains à Stanleyville et à Paulis et ont assuré l'évacuation des civils. Le Royaume-Uni avait donné son accord pour que soient utilisées, en vue de l'opération, les installations de l'ile d'Ascension. Le premier ministre congolais avait autorisé l'opération qui s'est effectuée dans une zone échappant à son autorité. Le ministre des Affaires étrangères de Belgique a qualifié, le 26 novembre, les opérations de „secours rapide et limité sur deux points précis où un grand nombre d'européens étaient concentrés: en un mot une mission *humanitaire*".[1]

Devant le Conseil de sécurité saisi par l'Algérie et divers autres Etats le discours de M. Bouattoura contient une subtile analyse de la suite des événements. Sans contester qu'une intervention d'humanité puisse être licite, il affirme que tel n'a pas été le cas dans l'espèce: contestation de la représentativité du gouvernement congolais, contestation de la valeur d'un accord donné par ce gouvernement sans qu'il ait formulé une requête, pas de saisine du Conseil de sécurité, négociations en cours dans le cadre de l'O.U.A., contestation des risques courus et de l'urgence, etc.[2] M. Seydoux, parlant au nom de la France, a apprécié de

[1] *Chronique de politique étrangère*, 1965, numéro 5–6. Déclaration de M. Spaak p. 485. Lettre adressée le 24 novembre 1964 au Secrétaire général par le premier ministre de la République démocratique du Congo, M. Tshombé: „J'ai autorisé le gouvernement belge et le gouvernement des Etats-Unis à apporter à mon gouvernement l'assistance nécessaire à l'organisation d'une mission humanitaire destinée à permettre l'évacuation de ces otages étrangers", *ibid.* p. 513.

[2] *Ibid.*, p. 528 et s. Tout en soutenant que les conditions d'une intervention d'humanité n'étaient pas remplies le grief essentiel a été tiré de l'appui qui aurait été donné au gouvernement de Léopoldville du fait de l'opération.

façon différente la situation dans le cas concret: menaces actuelles contre des individus traités comme otages, pas d'action prématurée des gouvernements belge et amêricain, autorisation par le gouvernement légal, caractère limité de l'opération, résultat obtenu avec le minimum de dommage.[1]

Sous réserve du problème difficile de l'appréciation des conditions dans un cas concret il semble bien qu'au cours de ce débat le principe même de l'intervention d'humanité n'ait pas été contesté. De ce point de vue la position des représentants des Etats de l'Amérique latine, traditionnellement attachés au principe de non-intervention doit être spécialement relevée. Le délégué du Brésil a déclaré que l'action humanitaire pour sauver la vie d'otages était légitime quant à ses motifs et aux moyens employés. Tel a été aussi l'avis du représentant de la Bolivie qui a admis que le gouvernement légitime d'une nation souveraine peut autoriser la venue sur son territoire d'une force militaire étrangère limitée pour accomplir une brève mission ayant pour but la libération de plus de 1000 otages de nationalités diverses menacés de mort.[2]

(2) *L'intervention fondée sur le consentement de l'Etat directement intéressé.*

Dans ce cas le fondement de l'interférence de l'Etat étranger se trouve dans les dispositions d'un traité, ou dans un accord spécial, qui en détermine aussi les objectifs et les modalités.

Très souvent il s'agit d'assister un gouvernement menacé par un mouvement intérieur qui peut aussi être aidé de l'étranger. Du point de vue des rebelles et aussi de ceux qui les aident, l'intervention étrangère s'oppose à la manifestation de la volonté populaire, assure le maintien d'un gouvernement fantoche etc. Il est clair que ce qui est en cause c'est la détermination de ceux qui sont en droit d'exprimer la volonté de l'Etat.

Le fameux amendement Platt incorporé dans l'article 3 du traité entre les Etats-Unis et Cuba conclu en 1903 prévoyait un droit d'intervention, non seulement pour préserver l'indépendance de Cuba, mais aussi pour que soit maintenu un gouvernement susceptible de donner certaines garanties énoncées dans le traité.

L'intervention armée tendant dans ces dernières années à assurer l'existence d'un certain gouvernement en Hongrie, au Liban, au Gabon, au Sud-Vietnam a été justifiée par les dispositions d'un traité et l'appel

[1] *Ibid.* p. 604.

[2] *Ibid.* p. 221, 635.

adressé par ce même gouvernement contre des mouvements populaires.

Au Gabon a été appliqué l'accord de défense du 17 août 1960, art. 3 qui prévoit la possibilité de faire appel aux forces françaises pour contribuer au rétablissement de l'ordre public. C'est ainsi qu'a été rétabli le 1er février 1964 l'autorité du gouvernement de M. Léon Mba tombé au pouvoir d'un commando militaire insurgé.

Le ministre des Affaires étrangères devait préciser que „la mission des forces françaises est limitée à une aide apportée au gouvernement gabonais pour le maintien de l'ordre public. Elles n'ont ni compétence ni responsabilité dans les affaires qui relèvent de la souveraineté intérieure de la République du Gabon.[1]

(3) *L'intervention pour assurer le respect du droit.*

L'intervention a pu être justifiée par les défaillances dont un Etat témoigne dans l'exercice de ses fonctions d'Etat, notamment à l'égard des ressortissants étrangers. C'est le cas, on l'a vu, où un juriste aussi prudent et aussi sûr que Max Huber admet que l'intervention soit justifiée au moins sous la forme d'une intervention diplomatique.

C'est le motif qui fut invoqué au début de l'opération des Etats-Unis à Saint-Domingue en avril 1965 et qui devait comporter le débarquement de 30.000 hommes: le chef de la junte militaire aurait fait savoir à l'ambassadeur des Etats-Unis qu'il n'était pas en mesure d'assurer la protection des ressortissants américains.

Le Président Johnson a le 28 avril 1965 justifié l'opération par la nécessité de protéger des vies américaines, mais, dès le 2 mai, un autre motif fut mis en avant: la défense politique du continent.

Dans l'affaire de Suez la France et le Royaume-Uni ont jugé opportun pour justifier leur action militaire en Egypte, d'invoquer la nécessité en présence des hostilités d'assurer la liberté de navigation par le canal de Suez: „cette intervention vise à protéger le canal, à mettre fin aux hostilités et à séparer les combattants". Une autre idée a été présentée par ceux qui parlaient au nom du Royaume-Uni: il s'agit d'une opération de police subsidiaire destinée à remédier aux carences des Nations Unies. Cette idée, habilement reprise et exploitée, devait conduire à la constitution de la force d'urgence.[2]

Dans son ouvrage *Crisis Diplomacy A History of U.S. intervention policies and practices*, D. A. Graber[3] a relevé de nombreuses affaires ou

[1] Réponse à une question de M. Cornut-Gentille (Q.E. n° 8522. J.O.A.N. 22 mai 1964, p. 1330).

[2] S. Bastid, „L'action militaire franco-britannique en Egypte et le droit des Nations Unies", *Mélanges Gidel*, p. 66.

[3] Washington 1959.

une intervention armée ou non a été motivée par la volonté d'obtenir le redressement d'une situation contraire au droit et il faut bien constater que faute d'admettre cette possibilité l'Etat lésé peut être dans une situation difficile si aucun autre recours ne lui est ouvert.

(4) *L'intervention pour maintenir ou promouvoir un certain ordre politique dans la société internationale.*

A tire principal, à visage ouvert pourrait-on dire, l'objectif de nombre d'interventions a été la réalisation d'une certaine politique. Souvent cette idée est sous-jacente même quand l'intervention a invoqué les motifs rappelés plus haut. Les dirigeants de certains Etats ont la volonté d'assurer un certain ordre international qui correspond à une doctrine politique plus ou moins explicitement formulée, doctrine qui correspond sans doute aux intérêts de l'Etat tels que le conçoivent ses dirigeants, mais qui généralement les dépasse. Une telle attitude a été le fait soit d'un Etat disposant de moyens d'action: puissance militaire, économique, idéologique, soit d'un groupe d'Etats associés dans cette politique.

Telle a été la base des interventions des Etats-Unis fondées sur la doctrine de Monroe.

Le message du Président au Congrès, le 2 décembre 1923 affirmait l'intention de considérer comme un acte inamical à l'égard des Etats-Unis toute intervention d'un pouvoir européen à l'égard des gouvernements américains ayant déclaré leur indépendance et l'intention de ne pas rester „spectateur indifférent" devant une intervention européenne.

La conséquence en fut l'attitude des Etats-Unis à l'égard des Etats de l'Amérique latine et les faits d'intervention notamment pour prévenir l'intervention des Etats européens: intervention de police, intervention d'ordre financier et entraînant des mesures diverses (contrôle des douanes, occupation militaire, etc.).

La politique tendant à soustraire les Etats américains à une influence eurpoéenne a été affirmée à l'égard des puissances de l'axe (communication du 19 juin 1940). Elle a été plus récemment un des facteurs de la position des Etats-Unis à l'égard de Cuba après l'affirmation de l'adhésion du gouvernement cubain au marxisme. La même préoccupation de défense politique du continent américain s'est manifestée dès le 2 mai 1965 dans l'affaire de la République dominicaine.

La doctrine de Monroe sert alors de base à la lutte contre l'installation de systèmes communistes sur le continent américain. Une préoccupation analogue inspire la doctrine Truman énoncée le 12 mars 1947: les Etats-Unis se déclarent prêts à soutenir les peuples libres qui résistent aux tentatives d'asservissement exercées contre eux par des minorités armées ou par des pressions extérieures. Elle vise alors la Grèce et la Turquie et a pour but d'éviter l'extension du communisme en Europe orientale.

La doctrine Eisenhower, exprimée dans la loi du 9 mars 1957, tend à lutter contre l'expansion du communisme dans le Moyen-Orient, notamment par l'assistance militaire, mais elle prévoit expressément que la nation en cause „*réclame* l'aide contre une agression armée manifeste provenant de toute nation dominée par le communisme international".

Ainsi en cas de troubles la politique des Etats-Unis conduit à l'intervention s'ils estiment qu'existe un risque de triomphe d'un régime communiste.

Cette attitude entend répondre à la politique suivie par l'U.R.S.S. Celle-ci a sa propre doctrine d'intervention fondée sur la théorie marxiste, même si les procédés mis en œuvre sont différents. Elle part de la conviction que les conditions objectives pour la révolution dans l'ensemble des pays à l'économie capitaliste sont réunies et par ailleurs de l'idée que les mouvements d'indépendance doivent être encouragés et assistés. La révolution russe victorieuse doit avoir l'appui des prolétaires des autres pays, mais elle est aussi le pionnier qui appuie par tous les moyens la lutte menée par eux.

En vue d'une transformation générale de la structure juridique du monde une intervention permanente dans les affaires des autres Etats est organisée grâce à l'action des partis communistes qui reçoivent leur impulsion et leur discipline de Moscou (constitution en 1919 de la 3ème internationale et dissolution en 1943; constitution en 1947 du Kominform dont l'activité cessera en 1956).

La doctrine de la coexistence pacifique n'élimine pas la croyance dans le caractère inéluctable de la transformation de l'ordre politique mais affirme la volonté de ne pas imposer le socialisme par les armes et de ne pas „exporter" la révolution. Les techniques d'intervention pourront changer, l'intérêt porté aux transformations politiques permettant l'accès au pouvoir du prolétariat, aux mouvements de libération nationale ne disparaît pas.

La doctrine de la coexistence pacifique va laisser subsister un motif d'intervention: l'autodétermination des peuples ou plutôt la doctrine de libération des peuples colonisés.

C'est une doctrine collective tout comme l'était la doctrine du traité du 20 novembre 1815 prévoyant une action en commun au cas où „les principes révolutionnaires" viendraient à „déchirer la Franceè et à menacer „le repos d'autres Etats", doctrine qui servit de fondement aux interventions pratiquées à Naples et en Espagne. Cette doctrine tendait au *statu quo* de 1815 donc à résister aux mouvements de transformation. La doctrine de l'autodétermination tend à établir un nouvel ordre politique: l'intervention pour y parvenir est légitime et toute résistance à l'autodétermination est, par contre, considérée comme une intervention prohibée.

Comme en 1815 l'intervention est le moyen d'assurer un certain ordre politique. Aujourd'hui il s'agit d'un ordre politique d'où aura disparu la domination coloniale, par conséquent un ordre politique comportant transformation de la structure territoriale d'un certain nombre d'Etats.

Deux observations doivent être faites s'agissant de ce cas nouveau qui justifierait l'intervention: sans doute cette attitude prétend-elle s'appuyer sur la Charte qui mentionne „le droit des peuples à disposer d'eux-mêmes" dans l'article 1er comme dans l'article 55, mais elle dépasse incontestablement ce qui a été convenu à San Francisco puisque des textes particuliers, les articles 73 et s., ont été consacrés aux territoires coloniaux. Au surplus, on ne prétend pas légitimer l'intervention comme moyen d'assurer l'application de l'ensemble des règles de la Charte mais seulement de l'autodétermination.

Il faut, par ailleurs, distinguer la doctrine qui prétend qu'une intervention est licite quand est en question la libération du colonialisme et la doctrine interprétant le droit des peuples à disposer d'eux-mêmes comme devant conduire à la libération des peuples coloniaux. Affirmer la nécessité de cette évolution, exercer une pression politique générale en ce sens est une chose. Intervenir c'est autre chose car c'est se substituer ou prétendre se substituer à l'Etat compétent suivant le droit international dans un cas concret, agir directement pour provoquer un changement dans les affaires qui le concernent.[1]

L'intervention pour maintenir ou promouvoir un certain ordre politique est une réalité de la vie internationale on ne peut l'ignorer dans toute tentative concertée pour définir le principe de non-intervention.

V

Ce rappel sommaire des motifs d'intervention permet de mesurer l'importance de la résolution adoptée le 21 décembre 1965 par l'Assemblée générale. C'est la première fois qu'un texte aussi précis et détaillé

[1] Sur l'affaire de Goa, voir Maurice Flory, A.F.D.I. 1962, p. 478. Sur le problème de l'intervention pendant la guerre d'Algérie, voir les chroniques de Jean Charpentier: *Pratique française en matière de droit international.*

a été élaboré. Son adoption par 109 délégations montre qu'il a été le résultat d'une réelle volonté de trouver des formules acceptables pour des Etats qui ont dans ce domaine des expériences diverses et des craintes dissemblables, qui se sont manifestées dans les diverses propositions destinées à se substituer ou à amender le texte initial dû à l'U.R.S.S.

Dans le long préambule on peut distinguer quatre élements:
1) le rappel des documents multilatéraux dans lesquels a été affirmé le principe de non-intervention;
2) le rattachement du principe au système de la Charte et aux interprétations qui en ont été données, qu'il s'agisse du statut de l'Etat souverain, qu'il s'agisse du „droit inaliénable des peuples à la pleine liberté, à l'exercice de leur souveraineté et à l'intégrité de leur territoire national," qu'il s'agisse de l'interdiction d'agression;
3) La mention des diverses formes d'intervention: intervention directe, subversion et toutes les formes d'intervention indirecte;
4) enfin l'idée que certains pays sont particulièrement vulnérables à l'intervention et qu'il y a une „nécessité impérieuse de créer des conditions appropriées qui permettent à tous les Etats et en particulier aux pays en voie de développement de choisir sans contrainte et coercition leurs propres institutions politiques, économiques et sociales."

Ce dernier point doit être souligné car il introduit dans la résolution l'idée capitale de la nécessité d'aborder le vrai problème par une autre voie que celle des interdictions dont l'effet reste relatif.

Le dispositif se présente sous la forme d'une *déclaration solennelle* de l'Assemblée générale. Elle contient l'énoncé de droits appartenant et d'obligations incombant avant tout aux „Etats", tout en précisant que par „Etats" on entend aussi bien les Etats pris individuellement que les groupes d'Etats, cependant elle réserve formellement l'application des dispositions de la Charte relatives au maintien de la paix et de la sécurité et vise expressément les chapitres VI, VII et VIII ce qui laisse entendre que les compétences des organisations régionales, conformes à la Charte, ne sont pas concernées.

L'Assemblée a procédé par interdictions et condamnations: „Aucun Etat n'a le droit d'intervenir directement ou indirectement pour quelque raison que ce soit, dans les affaires intérieures ou extérieures d'un autre Etat". Les procédés divers des interventions sont condamnés et prohibés: intervention armée, toutes formes d'ingérence, de menace, mesures de contrainte diverses en vue d'obtenir action ou abstention, toutes formes d'aide et d'encouragement aux activités armées subversives pour changer la forme du gouvernement, mais aussi toute intervention dans les luttes intestines d'un autre Etat.

Le texte marque un effort remarquable pour prévoir tout ce que l'histoire revèle d'objectifs divers et de techniques. Il manifeste la vigilance attentive des délégations profondément émues par l'affaire de la République dominicaine et soucieuses sans doute de créer les meilleures conditions pour que s'affermisse la situation des jeunes Etats.

Mais dans cette répudiation générale des pratiques dont les Etats ont eu presque tous à subir les effets apparaît par un biais une exception qui tend en fait à légaliser une cause d'intervention: „L'usage de la force pour priver les peuples de leur identité nationale constitue une violation de leurs droits inaliénables et du principe de non-intervention". Ce texte est emprunté presque textuellement à un projet soumis le 7 décembre 1965 par la R.A.U. et appuyé par 25 délégations. Il doit se lire en liaison avec les paragraphes du préambule qui se réfèrent à la résolution 1514 (XV), Déclaration sur l'octroi de l'indépendance aux pays et peuples coloniaux et à la Déclaration universelle des droits de l'homme.

Ici la préoccupation dépasse le plan des relations interétatiques: il s'agit d'affirmer une norme destinée à atteindre chaque Etat aux prises à des difficultés avec une fraction de la population qui peut être identifiée comme un „peuple". L'impératif de non-violence est posé, tout au moins quand est en cause „l'identité nationale". Mais les auteurs de la déclaration ont cherché à aller plus loin et ils ont abouti à un texte curieux qui ayant posé l'obligation pour chaque Etat de respecter le droit des peuples et des nations à l'autodétermination et à l'indépendance, ajoute „ce droit sera exercé librement *en dehors de toute pression extérieure* et dans le respect absolu des droits humains et des libertés fondamentales".

En conséquence, „*tous* les Etats doivent *contribuer* à l'élimination complète de la discrimination raciale et du colonialisme sous toutes ses formes et dans toutes ses manifestations".

Le texte est curieux car tout en paraissant demander à chaque Etat une politique favorisant l'autodétermination, il invite les intéressés à agir de façon indépendante et spontanée et se termine enfin par un

---

[1] Proposition présentée par l'Australie, le Canada, les Etats-Unis, la France, l'Italie et le Royaume-Uni, (A/AC.125/L. 15).

Une proposition présentée par l'Australie et l'Italie (A/AC.125/L. 36) ne vise que le cas d'intervention ne prenant pas la forme d'une attaque armée et ne se réfère pas à l'article 5.

encouragement à une action de *tous* les Etats, alors que, beaucoup ne connaissent, en ce qui les concerne directement, ni colonialisme ni discrimination.

On peut sans doute voir là le souci de réaffirmer la doctrine d'intervention à laquelle il était fait allusion plus haut, en s'efforçant de rassurer les inquiétudes de nouveaux Etats contre l'utilisation éventuelle à leur détriment du principe de „la lutte légitime des peuples pour leur indépendance et leur liberté nationale".

Au fond il s'agit d'arriver à un délicat équilibre politique entre des impératifs antagonistes qui, à l'étape actuelle de la décolonisation, se révèlent plus clairement que par le passé. Mais en remettant en cause les compétences de l'Etat sur son territoire dans une vue politique bien définie, une définition de l'interdiction d'intervention ne peut manquer d'être singulièrement compliquée et, pour tout dire, empreinte d'une contradiction fondamentale.

VI

Si partant de la déclaration votée en 1965 on arrive à la résolution 2160 (XXI) le rappel de l'interdiction d'intervention ne concerne que l'autodétermination „des peuples soumis à l'oppression coloniale". Pour eux existe le droit à „l'appui" conforme aux buts de la Charte. Mais le dispositif, en affirmant pour „les peuples soumis à la domination étrangère" le droit à l'autodétermination, introduit une idée d'une portée plus générale dont la force logique ne manquera pas de frapper le Comité spécial lorsqu'il reprendra sa tâche et s'attaquera au principe de non-intervention.

Lorsque celui-ci en mars-avril 1966 a considéré le principe de non-intervention, la proposition faite par la Tchécoslovaquie d'incorporer purement et simplement la déclaration de l'Assemblée générale élaborée en décembre 1965 a donné lieu à de longs débats. Cependant le Comité a fini par examiner des propositions sur le principe de non-intervention sans parvenir à un *consensus* permettant sur ce principe de fournir des propositions à l'Assemblée générale. Le même problème a encore occupé la 6ème Commission au cours de la XXIème session: la question de la place d'une déclaration politique dans le cadre d'une déclaration „qui marquerait une étape dans le développement progressif et la codification" de principes qualifiés de „principes du droit international", soulève des questions délicates car on se trouve en présence d'un processus nouveau pour établir du droit international. Quoi qu'il en soit la résolution 2181 (XXI) adoptée à la fin de ce débat a prié le Comité spécial d'examiner *toutes propositions* concernant le principe de non-intervention „en vue *d'élargir* la portée de l'accord" exprimé dans la déclaration de 1965.

Ainsi le fond de la matière pourra être considéré par le Comité spécial.

Les propositions qui ont été présentées pendant la session de 1966 contiennent certaines suggestions qui méritent d'être signalées: notamment pour prévoir le droit des Etats de se défendre par des mesures appropriées contre l'intervention en tant qu'élément fondamental du droit naturel de légitime défense. Les occidentaux ont eu par ailleurs le souci de réserver „la faculté généralement reconnue aux Etats de chercher à influencer la politique et l'action des autres Etats conformément au droit international et à la pratique internationale établie, et d'une manière compatible avec le principe de l'égalité souveraine des Etats et le devoir de coopérer conformément à la Charte".[1]

Mais le texte de beaucoup le plus important est contenu dans une proposition qui a été soutenue par l'Algérie, le Liban, la R.A.U., La Syrie et la Yougoslavie, appuyée par le Ghana[2].

„Le fait de porter aide et assistance aux peuples soumis à toute forme de domination coloniale ne constitue pas une intervention".

Ce texte est dans la logique du système exposé plus haut et qui tend à incorporer dans un document consacré à définir les droits et devoirs des Etats une disposition qui se situe sur un plan différend c'est-à-dire sur le plan de la légitimité même de l'existence de l'autorité étatique établie. Il a le mérite de poser le problème de façon très claire. Mais, eu égard aux termes de la résolution 2160 (XXI), on peut se demander si cette proposition ne concerne pas en fait „les peuples soumis à la domination étrangère"[3] et si l'introduction d'une telle exception à l'interdiction d'intervention ne dépasse pas largement ce que ses promoteurs ont à l'esprit et ne risque pas de ruiner les efforts très sérieux qui ont été faits pour exprimer dans un texte de synthèse ce que l'on désire prohiber de la vie internationale. La décolonisation est une affaire politique, la pression politique peut jouer son rôle dans ce processus, et il est normal qu'elle s'exerce dans le cadre des Nations Unies. Mais, nous l'avons vu, le but des travaux du Comité spécial est

---

[1] Cf. propositions citées à la note 1, p. 27

[2] A/AC.125/L. 12 et Rev. 1; A/AC.125/L. 18.

[3] La proposition primitive de l'Algérie etc. visait „le fait de porter aide et assistance aux peuples subjugués par toute forme de domination étrangère".

de définir le droit dans les rapports entre Etats. Admettre dans ces conditions la liberté d'intervenir pour assister un peuple soumis à une forme „quelconque" de domination considérée comme coloniale, c'est signer un chèque en blanc à toutes les manœuvres et à toutes les ambitions.

CEZARY BEREZOWSKI
Professeur à la Faculté de Droit de Varsovie

Les problèmes de la subjectivité internationale

1. Les problèmes de la subjectivité internationale sont des problèmes, sinon principaux, mais bien controversés en doctrine du droit international. Il est incontestable que le développement de la science juridique, et spécialement le développement de la doctrine concernant les aspects juridiques des relations internationales a fait un progrès immense. Ce n'est pas seulement la quantité des études sur le droit international, mais aussi leur profondeur et leur progrès scientifique qui marquent constamment le chemin poursuivi par divers auteurs.

2. Le problème de la subjectivité internationale dépend de la façon dont on envisage les différentes institutions internationales.[1] On peut, p.ex., choisir la souveraineté, ou – sous le régime des Nations Unies – l'égalité souveraine, et, en plus, le rapport entre le droit international et le droit national.

Disons d'abord quelques mots à propos de l'égalité souveraine. Si l'on tient cet élément comme integral et toujours indispensable dans toutes les relations internationales, ces relations nous apparaîssent comme des relations interétatiques, les sujets uniques du droit international étant par suite les Etats. Mais si, au contraire, on n'aperçoit pas dans chaque relation internationale une égalité souveraine, on n'est point retenu par l'idée de l'unique subjectivité internationale des Etats et on se penche vers une conception extensive en ce qui concerne le problème étudié.

Si on passe maintenant au problème du rapport qui existe entre le droit international et le droit national, cette question ne reste pas sans influence sur l'admission de la subjectivité internationale des individus. En admettant la théorie de la transformation, selon laquelle une règle internationale, pour devenir obligatoire à l'intérieur d'un Etat, doit être transformée en règle nationale par celui-ci, on doit rejeter la

[1] Cf. C. Berezowski, „Les sujets non souverains du droit international", Académie de Droit International: *Recueil des Cours*, t. 65, pp. 5 et suiv.

possibilité d'une subjectivité internationale chez des particuliers: les individus ne seront liés que par le droit national, qui seul fixera leurs droits et leurs devoirs. Mais si, d'autre part, on soutient la thèse, selon laquelle les règles internationales, conservant leur nature, ne subissent pas un processus de transformation pour être applicables à l'intérieur d'un Etat, mais ne sont qu'adaptées au système juridique national d'un Etat déterminé, – on peut admettre une subjectivité internationale chez les individus.

3. Les catégories des sujets du droit international et leur nombre varient selon les relations internationales existantes et les règles juridiques de ces relations.

On doit toujours voir le droit international dans son ensemble et en voie de développement. D'après cette conception dynamique de ce droit on doit constater que le droit international ne connaît pas de limites quant à ses sujets.[1]

Et on peut dire que maintenant, au point de vue de ce droit, on doit constater le nombre toujours croissant de nouveaux Etats et de nouvelles organisations internationales et, en plus, que le droit international se dirige quelquefois d'une façon directe vers ses destinataires – les individus.

D'autre côté, le droit international est influencé par ses propres sujets. Les règles concernant les relations entre les sujets permanents, comme les Etats ou les organisations internationales, possèdent elles-mêmes des éléments de stabilité. Mais les règles destinées à gouverner les rapports entre les Etats et les sujets non permanents, comme les insurgés ou la partie belligérante, possèdent encore beaucoup d'éléments provisoires.

Vu ces phénomènes, on ne peut pas dire qu'en général telles ou autres entités sont sujets du droit international; une telle construction serait fausse, puisqu'elle limiterait le nombre de ces sujets. Pour être d'accord avec les considérations précédentes, il faut dire: de nos jours, le droit international connaît de tels ou autres sujets.

Si on fait une comparaison entre le droit international et le droit

---

[1] D'après l'avis consultatif du 11 avril 1949 rendu par la Cour Internationale de Justice et concernant la réparation des dommages subis au service des Nations Unies „Les sujets de droit, dans un système juridique, ne sont pas nécessairement identiques quant à leur nature ou à l'étendue de leurs droits; et leur nature dépend des besoins de la communauté. Le développement du droit international, au cours de son histoire, a été influencé par les exigences de la vie internationale, et l'accroissement progressif des activités collectives des Etats a déjà fait surgir des exemples d'action exercée sur le plan international par certaines entités qui ne sont pas des Etats" (C.I.J. *Recueil* 1949, p. 178).

national, p.ex., avec le droit civil, une distinction très nette, avec laquelle chacun de ces droits traite ses sujets, est bien évidente.

Le droit national dispose souvent, qui est son sujet, qui est personne de ce droit (p.ex., dans le droit commercial, qui est commerçant) ou qui possède la capacité juridique.[1] Dans le domaine du droit international cette précision n'existe pas. Le droit lui-même, l'ordre juridique international, ne connaît pas de règle fixant les éléments de la subjectivité de ce droit. Et, si on peut dire qu'en droit national c'est le droit lui-même qui définit ses sujets, au contraire, le dıoit international, en règle, ne crée pas ses sujets, mais, au contraire, le droit est créé par ses sujets. Il est difficile de dire que le rôle des dispositions définissant les sujets de droit soit accompli par les dispositions de la Charte ayant trait aux conditions qui doivent être accomplies pour qu'un Etat puisse devenir membre des Nations Unies[2] ou autres dispositions sur le même sujet lorsqu'il s'agit des institutions spécialisées ou autres organisations internationales.[3]

4. Pour déterminer quelle est, en général, la conception du sujet de droit international, il convient, avant tout, de mentionner les divers points de vue de la doctrine. Or, on appelle sujets du droit international ceux auxquels les règles de ce droit sont adressées,[4] ou bien ceux qui sont destinataires de ces règles,[5] ou bien encore les destinataires des droits et des devoirs fondés sur le droit international.[6] On soutient aussi que sont sujets du droit international tous ceux dont l'activité, ou, en d'autres termes, la faculté d'agir, est réglée par un ordre juridique compétant.[7]

La définition du sujet de droit international doit contenir deux éléments, à savoir: l'élément de la nature du droit obligatoire pour les relations entre ses sujets et l'élément opposant le sujet à l'objet de ce droit.

---

[1] Cf. l'article 8 du code civil polonais, selon lequel possède la capacité juridique chaque personne dès sa naissance.

[2] Article 4.

[3] Comme le font p.ex. les articles 92 et 93 de la convention relative à l'aviation civile internationale, signée à Chicago le 7 décembre 1944, Nations Unies: *Recueil des Traités*, v. 15, pp. 295 et suiv.

[4] Cf. A. von Verdross, *Die Verfassung der Völkerrechtsgemeinschaft*, Vienne-Berlin 1926, p. 115.

[5] J. Spiropoulos, *Théorie générale du droit international*, Paris 1930, p. 115. G. Balladore Pallieri, *Diritto internazionale publico*, Milan 1937, p. 167.

[6] Cf. L. Hamburger, „Die Theorie von den Subjekten und Mitgliedern der Völkerrechtsordnung und die Internationale Arbeitsorganisation", *Niemeyer's Zeitschrift für Internationales Recht*, 1926, pp. 122 et 132.

[7] Verdross, partant du point de vue de l'existence d'une communauté internationale, distingue les membres de plein droit, en qualité de sujet actif ou passif, des simples sujets: *Recueil des Cours*, t. 30 pp. 321 et 347.

Quant au premier de ces deux éléments, il est clair que les relations entre sujets du droit international reposent sur le droit international et pas sur le droit national. Il faut donc trouver une conception du sujet de ce droit, et non d'un autre droit ou d'un autre ordre juridique existant indépendamment de l'ordre juridique international.

L'élément opposant le sujet à l'objet du droit international découle de ce fait que dans le domaine du droit international on est très souvent en présence de situations où il est difficile de constater s'il s'agit d'un sujet de ce droit ou bien seulement de son objet. Prenons p.ex. l'individu: c'est très souvent qu'on peut se demander, si dans un cas déterminé l'individu se présente comme un sujet ou comme un objet du droit international.

L'élément de la nature du droit est d'ordre essentiel, car il ne saurait y avoir de sujets du droit international en dehors de l'existence de cette catégorie du droit. L'élément opposant le sujet à l'objet du droit est de nature additionnelle, car il ne décide de la subjectivité qu'en présence du premier élément.

L'élément opposant le sujet du droit international à son objet se réalise dans la possibilité de défendre ses droits subjectifs devant une instance internationale.

Si on veut donner une définition de sujet du droit international, il faut se rendre compte qu'une telle définition peut être construitesur une base objective ou bien sur une base subjective. En définissant les sujets du droit international comme ceux dont les relations mutuelles sont régies par le droit international, – nous envisageons l'élément objectif. Une telle notion de sujet du droit international exclut de *pleno* la subjectivité internationale des individus, puisque leurs relations ne sont pas soumises au droit international. Mais si, par contre, on envisage la subjectivité au point de vue des droits subjectifs, on entend par sujet du droit celui qui, d'après l'ordre juridique objectif, peut posséder des droits subjectifs.[1]

D'après la conception subjective des sujets du droit international, on doit demander que leurs droits subjectifs puissent être réalisés d'après le droit international. Autrement dit, une telle conception n'exclut pas la possibilité de chercher les éléments d'une subjectivité internationale chez les individus, pourvu qu'on leur donne la compétence de se prévaloir de leurs droits par voie de réclamation inter-

---

[1] Comme le soutenait pour chaque ordre juridique W. Kaufmann, *Die Rechtskraft aes Internationalen Rechtes und das Verhältnis der Staatsgesetzgebungen und der Staatsorgane*, Stuttgart 1899, p. 1.

nationale.[1] Au cas contraire, les individus seraient dépourvus de tout élément de subjectivité internationale. Ces quelques remarques n'empêchent pas de faire des objections à la thèse soutenue jadis par *Nicolas Politis* „qu'à l'heure actuelle le droit international est dans une période de transition: il n'est pas exclusivement le droit des Etats, il n'est pas encore complètement celui des hommes".[2]

On peut donc comprendre par sujets du droit international tous ceux qui sont destinataires de ce droit et possèdent leur propre compétence devant une juridiction internationale.

5. On peut se demander quelle est la relation entre une conception du sujet de droit international et la définition de ce droit. En définissant le droit international comme un ensemble des règles reconnues par les Etats et concernant leurs relations extérieures[3] on n'exclut pas la possibilité de soumettre aux règles de ce droit ni les relations entre les Etats et autres sujets, ni, en se référant à l'analogie, les relations entre autres sujets du droit international.

Les relations internationales peuvent être des relations bilatérales ou des relations multilatérales. Ce n'est pas une règle que de deux côtés d'une relation internationale se présentent les mêmes sujets: si deux Etats signent une convention sur l'aide judiciaire – on est en présence seulement de deux Etats; si plusieures Etats concluent un traité multilatéral créant une organisation internationale commune – on n'aperçoit toujours que les Etats comme sujets du droit international; et si l'ONU est en train de conclure avec une autre organisation internationale un accord concernant leurs relations mutuelles – ce sont toujours les mêmes sujets du droit international.

Mais si, p.ex., les Nations Unies signent avec les Etats-Unis une convention concernant le siège de l'Organisation – ce sont deux différents sujets qui apparaissent: un Etat et une organisation internationale; et si un Etat reconnaît les insurgés ou la partie belligérante – la subjectivité y est différente: un Etat et un sujet non permanent qui cessera d'exister dès que la lutte sera terminée.

6. La subjectivité internationale des Etats diffère de celle d'autres sujets. Si on cherche les éléments de cette différence, on peut dire que l'un

---

[1] C'est à peu près dans ce sens que c'est prononcé l'Institut Américain de Droit International en 1925 en parlant des droits qui peuvent être invoqués aussi dans des cas expressément prévus par les conventions internationales: *American Journal of International Law*, Supplement spécial, 1926, p. 304; il manque dans cette formule une indication de la juridiction internationale.

[2] *Les nouvelles tendances du droit international*, Paris, 1927, p. 91.

[3] Cf. C. Berezowski, *Prawo międzynarodowe publiczne*, I, p. 11.

de ses éléments est l'égalité souveraine, puisque ce sont seulement les Etats qui sont souverains. L'élément d'organisation possédé par les Etats n'existe pas chez la nation, qui n'a pas encore créé ses propre organes de lutte. Selon l'élément territorial les Etats diffèrent des organisations internationales.

Les Etats sont des sujets principaux, originaires d'après leur nature, et possèdent tous les trois éléments sus-mentionnées. Leur subjectivité existe toujours, sans qu'il soit nécessaire de la démontrer. Tous les autres sujets du droit international sont des sujets dérivés et leur subjectivité doit être démontrée. Par exemple, les Nations Unies possèdent une subjectivité internationale, puisqu'elles exercent leur *ius contrahendi* par rapport aux Etats et autres organisations internationales et, comme le reconnaît la jurisprudence internationale, peuvent se prévaloir de leurs droits.[1]

Il faut constater que la réalité internationale en matière de la subjectivité internationale était bien aperçue par le Secrétaire général de l'ONU, qui dans son Memorandum du 10 février 1949 sur le droit international existant et le travail de la Commission du Droit International a constaté que les Etats souverains et indépendants sont des sujets principaux, mais non exclusifs, du droit international.[2]

L'élément de l'égalité souveraine nous permet de faire une distinction entre les sujets souverains et les sujets non souverains.

L'élément de l'organisation nous conduit à faire une différence entre les sujets organisés et les sujets non organisés (les individus).

L'élément du territoire fait une distinction entre les sujets étant des organisations territoriales, comme les Etats, et les sujets ne possédant pas de propre territoire, comme le Saint-Siège.

7. En se rendant compte du dynamisme des relations internationales entre deux guerres mondiales et du droit concernant ces relations, – on pouvait dire, il y a presque trente ans, que dans ce temps on comptait parmi les sujets du droit international: les Etats, les insurgés et la

[1] C'est dans le même avis consultatif que la Cour Internationale de Justice a constaté ce qui suit: „...la Cour arrive à la conclusion que l'Organisation est une personne internationale. Ceci n'équivaut pas à dire que l'Organisation soit un Etat, ce qu'elle n'est certainement pas, ou que sa personnalité juridique, ses droits et ses devoirs soient les mêmes que ceux d'un Etat. Encore moins cela équivaut-il à dire que l'Organisation soit un „super-Etat", quel que soit le sens de cette expression. Cela n'indique même pas que tous les droits et devoirs de l'Organisation doivent se trouver sur le plan international, pas plus que les droits et devoirs d'un Etat ne doivent s'y trouver placés. Cela signifie que l'Organisation est un sujet de droit international, qu'elle a capacité d'être titulaire des droits et devoirs internationaux et qu'elle a capacité de se prévaloir de ses droits par voie de réclamation internationale": *C.I.J. Recueil* 1949, p. 179.

[2] A/CN.4/1/Rev.1, p. 24.

partie belligérante, la Ville libre de Dantzig, la Cité du Vatican, les dominions et les colonies qui se gouvernent librement, le Saint-Siège, la Société des Nations et les organes internationaux. Cet ancien catalogue était déjà bien riche.[1]

De nos jours ce catalogue a subi quelques modifications, ce qui permet de dire que maintenant sont sujets du droit international:

les Etats[2]

les sujets dérivant des Etats, comme les organisations internationales[3], la nation, les insurgés, la partie belligérante avec le gouvernement de fait

autres sujets non souverains, comme le Saint-Siège, le Vatican[4]

les individus (subjectivité exceptionnelle et en voie de création).[5]

La doctrine traditionaliste, attachée fidèlement à la conception de la souveraineté étatique et mettant pendant des années un trait d'union entre cette conception et la conception de la subjectivité internationale – mais étant, en même temps, une doctrine fondée sur les réalités internationales, c'est-à-dire, la doctrine soviétique, ne défend plus la conception de la subjectivité exclusive des Etats, mais se penche vers une telle subjectivité chez d'autres entités.

A partir de 1956 on soutient, dans cette doctrine, le principe de la subjectivité des Etats et des nations[6] et, en même temps, la subjectivité

---

[1] Cf. C. Berezowski, *Les sujets*, p. 11.

[2] On trouve encore quelquefois une opinion selon laquelle seulement les Etats seraient investis de la subjectivité internationale; en Pologne une telle exclusivité est soutenue par A. Klafkowski, *Prawo międzynarodowe publiczne*, Varsovie 1966, pp. 59 et suiv.

[3] Ce qui est admis par la plupart des auteurs, p.ex. par P. Reuter, *Droit international public*, Paris 1963, p. 7. De la subjectivité des organisations internationales il a été question au point 6.

[4] Le Saint-Siège, ne possédant pas de propre territoire, exerce quelques manifestations de sa subjectivité internationale: il conduit des relations diplomatiques avec un grand nombre d'Etats et exerce son propre *ius contrahendi* sous forme de concordats et quelquefois le Saint-Siège est partie contractante aux conventions multilatérales, comme les conventions de Genève de 1949 sur les victimes de la guerre, la convention sur la haute mer, faite à Genève le 29 avril 1958 (Nations Unies: *Recueil des Traités*, v. 450, pp. 81 et suiv.) et la convention de Vienne sur les relations diplomatiques, faite le 18 avril 1961 (*o.c.*, v. 500, pp. 95 et s.).

Quant à la personnalité internationale de la Cité du Vatican (*Città del Vaticano*) elle a été créée par le traité de Latran du 11 février 1929, conclu par l'Italie avec le Saint-Siège (cf. mon étude sur les sujets non souverains, pp. 67 et suiv.). Le Vatican exerce son propre *ius contrahendi*: il est, p.ex., signataire des conventions postales et de télécommunication.

De la subjectivité du Saint-Siège traite J. L. Kunz, „The Status of the Holy See in International Law", *A.J.I.L.*, 1952, p. 308–314.

[5] Cf. aussi P. Reuter, *l.c.*

[6] *Iuridiczeskij Slowar'*. Moscou 1956, I, p. 563. L. A. Modżorian: Subiekty mieżdunarodnowo prawa. Moscou 1958, pp. 7 et 8. G. P. Kalużnaja dans le traité collectif, *Mieżdunarodnoje prawo*. Moscou 1964, p. 96. F. I. Kożewnikow dans le traité collectif sous sa rédaction, *Mieżdunarodnoje prawo*. Moscou 1964, p. p37 et suiv. *Enciklopedicze-*

des organisations internationales n'est pas reconnue par tous les auteurs.[1] En règle, les auteurs soviétiques n'admettent pas la subjectivité internationale chez les individus.

8. En étudiant le problème de la subjectivité internationale il faut être prudent de ne pas parler des fictions. On ne peut pas traiter „l'Ordre Souverain de Malte" comme un sujet du droit international, puisque cette entité n'exerce aucune activité selon le droit international et même le Saint-Siège la traite depuis 1953 aussi comme un ordre réligieux soumis au droit canon et au Saint-Siège.[2] Et c'est une construction fictive qui a été donnée par la Cour de cassation d'Italie qui a décidé le 14 juillet 1953 qui l'Ordre est un sujet du droit international reconnu par d'autres membres de la communauté internationale.[3]

9. En traitant le problème de la subjectivité internationale, on ne peut pas passer sous silence la question de la reconnaissance internationale, une institution qui apparaît dans les réalités et dans la doctrine comme étant strictement liée, quant à son origine et son développement, avec l'existence des sujets du droit international.

Beaucoup de problèmes résultant des relations internationales et soumis aux règles régissant ces relations peuvent être discutés sous l'aspect de ce qu'on appelle „reconnaissance internationale" ou tout simplement „reconnaissance". Il est évident que, pour fonder les relations réciproques et pour les développer, il ne suffit pas se „connaître", il faut aussi se „reconnaître" mutuellement.[4]

La reconnaissance est une activité étatique qui décide de l'existence et de l'étendue des relations internationales.

Quelle est la nature juridique de la reconnaissance? Elle désigne l'ensemble des relations réciproques de ceux qui se reconnaissent mutuellement, mais, en même temps, aussi l'ensemble des relations réciproques conduites d'après les règles acceptées comme étant des règles de droit.

---

skij słowar' prawowych znanij. Moscou 1965, p. 221. Dernièrement en 1966 N. A. Uszakow, „Subiekty sowriemiennowo mieżdunarodnowo prawa", *Sowietskij Jeżegodnik Miezdunarodnowo Prawa*, 1964–1965, p. 60.

[1] D'une part on admet cette personnalité internationale, comme le font, *Dipłomaticzeskij Słowar'*, v. III, 1964, p. 325; Kożewnikow, *o.c.*, p. 38; Enciklopediczeskij Slowar' Prawowych Znanij, *l.c.*; Uszakow, *o.c.*, p. 68, mais on rencontre aussi des opinions contraires, p.ex., Modżorian, *o.c.*, pp. 31 et 39.

[2] Ce que constate le rapport des cardinaux présenté au Pape au mois de mars 1953; cf. C. d'O.Farran, „The Sovereign Order of Malta in International Law," *The International and Comparative Law Quarterly*, 1954, v. 3, partie 2, p. 231.

[3] *Revue Critique de Droit International Privé*, 1955, fasc. 1, pp. 159 et suiv.

[4] C. Berezowski, „La reconnaissance internationale des différents régimes de propriété," *Revue Générale de Droit International Public*, 1961, pp. 701 et suiv.

En ce qui concerne le problème des sujets qui accordent leur reconnaissance, la pratique internationale démontre qu'il s'agit là des Etats, la reconnaissance étant une manifestation de la compétence étatique. En manifestant leur reconnaissance les Etats peuvent agir directement ou indirectement. Lorsqu'un Etat existant notifie au gouvernement d'un nouvel Etat son intention de reconnaître la nouvelle organisation étatique, on est en présence d'une reconnaissance directe. Mais, d'autre part, on peut parler d'une reconnaissance indirecte dans le cas où l'Etat qui reconnaît agit non d'une façon individuelle, mais au sein d'une organisation internationale, ce qui est quelquefois appelé reconnaissance collective. Tel est le cas de l'admission des nouveaux Etats au sein de l'Organisation des Nations Unies ou des institutions spécialisées. Et dans nos temps on peut dire, qu'en général, la naissance et l'existence des nouveaux Etats est liée strictement avec l'activité des Nations Unies.[1]

Quoique du point de vue formel on peut dire que c'est l'organisation internationale elle-même qui, en admettant comme membre un nouvel Etat, reconnaît une nouvelle organisation étatique, il semble qu'au fond ce sont les Etats appartenant à une organisation déterminée qui décident de leurs relations internationales avec un nouveau membre dans les limites de l'activité développée par cette organisation.

Le problème de l'objet de la reconnaissance exige aussi quelques explications. Dans la doctrine on n'envisage habituellement que la reconnaissance des sujets du droit international. Mais même si l'on accepte l'idée que la subjectivité internationale en matière de reconnaissance constitue le problème fondamental, on ne peut passer sous silence le fait que le développement moderne du droit et des relations internationales justifie une extension du problème.

10. Dans la doctrine on pose souvent la question de savoir si la reconnaissance possède un caractère attributif, créateur, constitutif ou bien seulement un caractère déclaratif. A vrai dire, il s'agit là plutôt des effets de la reconnaissance, c'est-à-dire, de la question de savoir si un sujet de droit est créé par un acte de reconnaissance ou si, au contraire, son existence est indépendante de sa reconnaissance.

La doctrine extensive de l'objet de la reconnaissance trouve une justification partielle dans la jurisprudence et dans la doctrine anglo-saxonne en matière de règles de conflits. Dès lors que, sur le terrain du droit international privé, les tribunaux anglo-saxons envisagent une

[1] C. Berezowski, *Prawo...*, I, p. 94 *in fine*.

règle juridique étrangère comme étant un simple fait, on peut dire que, dans le domaine du droit international public, la même idée sera en quelque sorte reprise si la reconnaissance est sensée être étendue à telles ou telles situations étrangères.

On peut fonder la doctrine extensive de la reconnaissance sur la pratique internationale consistant dans une non reconnaissance des situations étrangères déterminées. Laissant de côté l'origine et l'idée de la doctrine américaine de la non reconnaissance, appelée „doctrine Stimson", on peut déduire d'autres actes de portée internationale, qu'a *contrario*, dans des cas déterminés, la reconnaissances s'étend non seulement aux sujets du droit international. Prenons la résolution de l'Assemblée de la Société des Nations, adoptée le 11 mars 1932 lors de la session extraordinaire convoquée en vertu de l'article 15 du Pacte sur la demande du Gouvernement chinois menacé par l'agression japonaise. L'Assemblée déclara que „les membres de la S.D.N. sont tenus de ne reconnaître aucune situation, aucun traité et aucun accord qui pourraient être obtenus par des moyens contraires au Pacte de la S.D.N. ou au pacte de Paris du 27 août 1928".[1]

En interprétant cette résolution, on doit constater qu'elle répond à la pratique contemporaine internationale dans ce sens que le problème de l'objet de la reconnaissance n'est plus exclusivement le problème des Etats et des gouvernements. On mentionne les situations de fait et les conventions internationales, en les traitant comme objet de la reconnaissance (ou de la non reconnaissance). On peut en déduire qu'a *contrario*, les membres de la S.D.N. étaient en droit d'étendre leur reconnaissance aux situations de fait, aux traités et aux accords, pourvu que ceux-ci fussent obtenus par des moyens conformes aux règles juridiques.

En acceptant une telle théorie extensive de la reconnaissance on compte parmi ses objets: les Etats, les entités autres que les Etats mais qui possèdent une subjectivité internationale, les principes généraux du droit,[2] les règles juridiques internationales, les règles juridiques nationales, les droits individuels des Etats, les droits individuels d'autres collectivités humaines et les droits de l'homme.

---

[1] Société des Nations: *Journal Officiel*, Supplément spécial N° 101. Actes de la session extraordinaire de l'Assemblée convoquée en vertu de l'article 15 du Pacte sur la demande du Gouvernement chinois, t. I, pp. 87 et suiv.

[2] C'est bien d'après le Statut de la Cour Internationale de Justice (article 38, al.c) que la Cour, ainsi que sa devancière, est appelée à appliquer les principes généraux du droit, sous condition qu'ils soient reconnus par les „nations civilisées". Une excellente étude sur cette matière a été presentée par G. Ripert, „Les règles du droit civil applicables aux rapports internationaux", *Recueil des Cours*, t. 44, pp. 569–663.

Il nous semble que sous l'aspect de la théorie extensive de la reconnaissance on pourrait défendre l'idée selon laquelle la reconnaissance internationale possède un double effet: elle est en même temps constitutive et déclarative. Il faut également se rendre compte que les effets de la reconnaissance ne peuvent être limités à son objet même et qu'il convient aussi de considérer sa nature juridique, laquelle consiste dans l'aménagement des relations internationales ou dans leur extension. Il y a donc lieu d'apprécier les effets de la reconnaissance non seulement par rapport à l'objet reconnu, mais aussi par rapport au sujet reconnaissant. Dans ces conditions, quant à son objet, la reconnaissance a un effet déclaratif, car l'existence même d'un sujet du droit international, d'une règle juridique ou d'un droit individuel ne dépend pas du point de savoir si et par qui la reconnaissance a été accordée.

Et c'est dans ce sens que s'est prononcée la Charte de l'Organisation des Etats Américains, signée à Bogota le 30 avril 1948,[1] en statuant que l'existence d'un Etat ne dépend pas de sa reconnaissance par d'autres Etats et, en ce qui concerne l'exercice des droits fondamentaux des Etats, que, même avant d'être reconnu, l'Etat a le droit de défendre son intégrité et son indépendance, d'assurer sa conservation et sa prospérité, et, par suite, de s'organiser le mieux qu'il l'entend, de légiférer sur ses intérêts, d'administrer des services et se déterminer la juridiction et la compétence de ses tribunaux, et que l'exercice de ces droits n'a d'autre limite que l'exercice des droits des autres Etats conformément au droit international (article 9); donc, les droits fondamentaux d'un Etat sont exercés indépendamment de sa reconnaissance internationale.

D'autre part, celui qui reconnaît un sujet du droit, une règle juridique ou un droit individuel, le fait en vue d'entre-prendre ou d'élargir ses relations internationales, donc le fait en un sens pour lui et pour les dites relations, c'est-à-dire, avec un caractère constitutif.[2]

Il nous semble donc, que même par rapport à la subjectivité internationale, l'opposition entre les deux théories – celle de la reconnaissance constitutive et celle de la reconnaissance déclarative – n'est, à vrai dire, qu'une opposition apparente.

11. La reconnaissance de la subjectivité internationale peut être accordée de différentes façons: elle peut être expresse ou implicite.

---

[1] Nations Unies: *Recueil des Traités*, v. 119, pp. 3 et suiv.

[2] A. Verdross, en traitant la reconnaissance des Etats, écrit que la reconnaissance elle-même est déclarative mais que l'accord tendant à entreprendre des relations internationales est lui-même constitutif: *Völkerrecht*, Vienne, 1964, pp. 246 et s.

Dans le cas où un Etat déclare reconnaître l'Etat nouveau né, un nouveau gouvernement ou une partie belligérante – il s'agit d'une reconnaissance expresse. Par exemple, dans sa déclaration du 3 juillet 1962 le Président de la République Française a déclaré que la France reconnaît solennellement l'indépendance de l'Algérie à partir du 1 juillet 1962 quand le peuple algérien, après le scrutin d'autodétermination, s'est prononcé pour l'indépendance de l'Algérie.[1]

La reconnaissance est implicite quand il est question d'une activité déterminée de l'Etat reconnaissant, de laquelle s'ensuit une présomption que cet Etat a établi avec l'objet de la reconnaissance des relations internationales. En règle, on est en présence d'une reconnaissance implicite lorsqu'il s'agit des relations diplomatiques, consulaires ou autres, p.ex. commerciales. C'est en établissant des relations diplomatiques que l'U.R.S.S. a reconnu en 1948 le Pakistan et en établissant des relations diplomatiques et consulaires – l'Union Birmane.

La reconnaissance des insurgés ou d'une partie belligérante peut être aussi expresse ou implicite. Lorsqu'en 1869 le Pérou reconnut les insurgés cubains par une notification diplomatique et de la même façon en 1891 la Bolivie – les insurgés chiliens – il s'agissait des reconnaissances expresses. Une reconnaissance implicite peut résulter d'une déclarарion de neutralité issue par l'Etat reconnaissant, comme le firent l'Angleterre et la France en 1861 par rapport aux Etats américains du Sud; il en est de même au cas d'un blocus, comme le fit dans cette même guerre la métropole, c'est-à-dire les Etats-Unis, en établissant par les proclamations du président Lincoln en 1861 le blocus des ports des Etats du Sud.

12. La reconnaissance internationale ne peut jamais être envisagée comme une obligation pour les sujets entrant en relations avec les sujets jusqu'alors non reconnus. On chercherait en vain des règles du droit international, prévoyant une obligation pour l'Etat existant de reconnaître un autre sujet du droit international, dès que des conditions déterminées sont remplies par ce sujet.

Le sujet reconnaissant est libre d'accorder une reconnaissance s'il le juge util et opportun, mais il est aussi en droit de refuser de reconnaître un nouveau sujet; cela est de la compétence exclusive des Etats reconnaissants. Ce sont donc des motifs de politique internationale, et non de droit international, qui influencent l'accord ou le refus de reconnaissance, et c'est en invoquant leur compétence exclusive que les Etats-Unis refusèrent de reconnaître la Cuba en 1875.

[1] *Recueil des Documents*, Varsovie 1962, pp. 873 et suiv.

Un nouvel Etat ne peut pas être reconnu sans reconnaissance de son gouvernement. On peut reconnaître un Etat nouveau né, ce qui veut aussi dire qu'on reconnaît son gouvernement. Et on peut aussi reconnaître le gouvernement d'un tel Etat, ce qui est équivalent à la reconnaissance de l'Etat.

La reconnaissance d'un Etat est la reconnaissance *de pleno* de sa personnalité. A ce propos on peut invoquer la Charte de Bogota du 30 avril 1948 qui dispose que la reconnaissance implique l'acceptation, par l'Etat qui l'accorde, de la personnalité du nouvel Etat avec tous les droits et devoirs fixés, pour l'un et l'autre, par le droit international (article 10).

Depuis le temps de la S.D.N. et jusqu'à nos jours on est très souvent en présence de la reconnaissance des nouveaux Etats par l'intermédiaire d'une organisation internationale. Et ce qui marque cette façon de reconnaissance, c'est la rapidité avec laquelle l'organisation réagit à la demande d'admission adressée par les organes du nouvel Etat. On peut rappeler que dernièrement, quand le premier ministre de la Guyane dans sa lettre du 4 juin 1966, adressée au Secrétaire général a sollicité l'admission de son pays aux Nations Unies, le Conseil de sécurité déjà le 21 du même mois a adopté à l'unanimité une résolution recommandant à l'Assemblée générale l'admission de la Guyane[1]; donnant suite à cet acte, l'Assemblée générale a admis, lors de la première séance de sa session, le 20 septembre 1966 par acclamation la Guyane à l'ONU comme son 119 membre.[2]

Un caractère spécial possède la reconnaissance d'un nouvel Etat accordée par sa métropole. Une telle reconnaissance peut être envisagée comme une renonciation aux droits et aux titres possédés par rapport au territoire qui est devenu le territoire du nouvel Etat.

Avant la naissance d'un nouvel Etat sa métropole peut reconnaître les différents stades du mouvement d'émancipation. Comme exemple on peut citer les déclarations gouvernementales du 19 mars 1962 (Evian), relatives à l'Algérie, qui disposaient que le gouvernement français estime avec le F.L.N. que la solutions de l'indépendance de l'Algérie en coopération avec la France est celle qui correspond à la situation existante.[3]

13. La reconnaissance internationale des insurgés et de la partie belligérante peut être envisagée comme une reconnaissance indirecte de

---

[1] ONU *Chronique Mensuelle*, 1966, n° 7, pp. 11 et suiv.
[2] *O.c.*, 1966, n° 9, pp. 7 et suiv.
[3] *Recueil des Documents*, Varsovie, 1962, pp. 692 et suiv.

la nation qui menant une lutte avec sa métropole, une lutte vers l'indépendance – exerce son activité par l'intermédiaire des insurgés ou de la partie belligérante. Mais les relations internationales et le droit international, dans leur développement depuis un demi-siècle, connaissent une autre pratique, qui consiste à reconnaître une nation déterminée d'une façon directe, en passant sous silence les modes de la lutte vers l'indépendance.

C'est pendant la guerre de 1914–1918 que les principales puissances alliées et associées accordèrent leur reconnaissance comme nation à la nation polonaise et à la nation tchécoslovaque.[1]

Pendant la guerre de 1939–1945 on reconnaissait de telle façon la nation, laquelle menait une lutte contre l'envahisseur – aussie bien en dehors de son territoire que, sous forme du mouvement de résistance, sur son propre territoire. C'est ainsi que la Grande Bretagne a reconnu le 28 juin 1940 le général de Gaulle comme chef de tous les Français libres qui ont créé le 24 septembre 1941 leur propre organe – Comité National Français; après quoi le même Etat a reconnu en 1942 le mouvement français sous la dénomination de France Combattante et le Comité comme son organe directeur. Le 28 septembre 1942 ce Comité a été reconnu par l'U.R.S.S. comme gouvernement „réel" de la France. Et quand le 3 janvier 1943 fut créé sur le territoire français en Afrique le Comité Français de la Libération Nationale – il a été reconnu le 27 août 1943 par la Grande Bretagne, les Etats-Unis et l'U.R.S.S.

Il nous semble que la pratique d'accorder la reconnaissance à une nation qui est en mouvement de résistance nationale est maintenant bien fondée en droit. Et c'est aussi que le mouvement algérien de résistance a été reconnu par 25 pays depuis 1958 jusqu'à 1961. En principe, ces actes de reconnaissance se référaient explicitement au Gouvernement Provisoire et à la République Algérienne, qui ont été proclamés le 19 septembre 1958 dans le territoire, où les insurgés menaient la lutte contre l'armée française, et en dehors ce territoire. Le mouvement de résistance était dirigé par les autorités algériennes se trouvant à l'étranger et les insurgés ne possédaient ni un territoire déterminé ni une propre administration.

En reconnaissant la personnalité internationale d'une nation qui de l'étranger dirige sa lutte et qui n'exerce pas de compétence territoriale – on est en train de créer une pratique différente de celle qui exigeait

---

[1] C. Berezowski, *Powstanie państwa polskiego w swietle prawa narodów*, Varsovie, 1934, pp. 188 et suiv.

l'exercice d'une compétence territoriale par les insurgés ou par la partie belligérante.

La subjectivité internationale des nations est largement reconnue sur le terrain des Nations Unies, et ceci sous deux aspects: ou bien il s'agit d'une nation déterminée qui conduit une lutte avec sa métropole, ou bien lorsqu'il est question du principe de l'autodétermination des peuples.

Prenons l'exemple de la lutte menée contre la domination coloniale portugaise. L'Assemblée générale par sa résolution du 3 décembre 1963 concernant les territoires sous administration portugaise a insisté sur la mise en œuvre de la résolution du Conseil de sécurité du 31 juillet 1963 qui a invité le Portugal à reconnaître le droit des peuples de ces territoires à disposer d'eux-mêmes et à accéder à l'indépendance.[1] Les organes des Nations Unies, ayant ainsi reconnu la subjectivité internationale du peuple des territoires sous domination coloniale portugaise – ont depuis lors, confirmé leur attitude et fait des efforts en vue de réaliser l'indépendance de la nation déterminée. C'est ainsi que le 23 novembre 1965 le Conseil de sécurité a adopté une résolution, dans laquelle il déplore la carence du gouvernement portugais qui ne se conforme pas aux résolutions antérieures du Conseil et de l'Assemblée et ne reconnaît pas le droit des peuples qu'il administre à l'autodétermination et à l'indépendance, et, en même temps, réaffirme l'invitation urgente qu'il a adressée au Portugal de reconnaître immédiatement ce droit et de cesser immédiatement tout acte de répression et retirer toutes les forces militaires et autres qu'il emploie actuellement à cette fin, et d'engager des négociations, sur la base de la reconnaissance du droit à l'autodétermination, avec les représentant qualifiés des parties politiques existant à l'intérieur ou à l'extérieur des territoires en vue du transfert des pouvoirs à des institutions politiques librement élues et représentatives des populations, et d'accorder l'indépendance à tous les territoires qu'il administre, conformément aux aspirations des populations. Le Conseil a, en même temps, invité tous les Etats à appliquer des sanctions de nature commerciale, notamment de s'abstenir immédiatement d'offrir au gouvernement portugais une assistance quelconque qui le met en mesure de poursuivre la répression, ainsi que de prendre toutes les mesures nécessaires pour empêcher la vente et la fourniture au gouvernement portugais d'armes et d'équipements militaires qui pourraient servir à cette fin.

---

[1] Résolution 1913 (XVIII).

Et, enfin il faut mentionner la résolution de l'Assemblée générale du 21 décembre 1965, dans laquelle l'Assemblée a condamné la politique portugaise, en priant tous les Etats de s'opposer aux activités de leurs ressortissants, qui constituent un obstacle à la réalisation des droits de la population, – et les membres de l'ONU à rompre les relations diplomatiques et consulaires avec le gouvernement portugais ou s'abstenir d'établir de telles relations, les communications maritimes et aériennes et à boycotter tous les échanges commerciaux avec le Portugal.[1]

La subjectivité internationale de toutes les nations n'ayant pas encore atteint leur indépendance est pleinement reconnue au sein des Nations Unies. Sur le principe d'autodétermination des peuples sont basées les relations amicales internationales et le même principe est envisågé comme une mesure pour affermir la paix universelle (article 2 para. 2 de la Charte). Donc, toute activité tendant à supprimer ou à affaiblir l'exercice de ce droit doit être traitée comme contraire à la paix mondiale, à ce but principal de l'ONU.

Diverses résolutions adoptées par l'Assemblée générale reconnaissent la subjectivité internationale des nations et concernent sa réalisation. La déclaration du 14 décembre 1960 sur l'octroi de l'indépendance aux pays et aux peuples coloniaux souligne encore une fois que tous les peuples ont le droit de libre détermination et, en vertu de ce droit, ils déterminent librement leur statut politique et poursuivent librement leur développement économique, social et culturel, et que des mesures immédiates seront prises dans les territoires sous tutelle, les territoires non autonomes et tous autres territoires qui n'ont pas encore accédé à l'indépendance, pour leur transférer tous les pouvoirs.[2] Cette résolution a été réaffirmée par la résolution du 20 décembre 1965 qui souligne le fait que la persistance du régime colonial constitue une menace à la paix et à la sécurité internationales et un crime contre l'humanité.[3]

14. L'homme, l'individu, le particulier est toujours le but final de toute règle internationale.[4] Cette thèse ne demande pas de démonstration spéciale dans les cas, où les individus nous apparaissent comme sujets du droit international. Mais dans tous les autres cas de la subjectivité internationale c'est toujours l'homme qui est le facteur actif. Et, c'est souvent que les grands actes de la communauté internationale substituent à la notion de l'Etat celle de l'ensemble des êtres humains

[1] Résolution 2107 (XX).
[2] Résolution 1514 (XV).
[3] Résolution 2105 (XX).
C. Berezowski, *Les sujets...*, pp. 78 et suiv.

– la nation. L'organisation politique générale créée après la guerre de 1914–1918 s'appelait Société des Nations et non Société des Etats; maintenant nous vivons dans le temps des Nations Unies, et non des Etats Unies. Et le célèbre article 38 du statut de la Cour Internationale de Justice, comme le faisait le statut de la Cour permanente de Justice internationale, – permet de statuer selon les principes généraux du droit reconnus par les nations civilisées, et non par les organisations (*sc.* Etats) qui personnifient ces nations.

Hominum causa omne ius constitutum est. Cette thèse est le fondement de tout ordre juridique: aussi bien de celui qui est formé par des règles nationales, que de celui qui se compose des règles internationales.[1]

Dans les idées s'occupant de la subjectivité internationale on trouve des doctrines qui admettent comme sujet unique de ce droit l'individu, le particulier, l'homme. De telles idées exceptionnelles découlaient des pensées de Léon Duguit, lequel, inspiré par l'idée de la réalisation d'une solidarité internationale, nous apprenait que les normes du droit international s'adressent seulement aux individus membres des Etats.[2] Cette thèse de la subjectivité exclusive des individus a été développée par Georges Scelle qui admettait comme seuls sujets du droit international – les individus,[3] „investis du pouvoir social de créer des situations juridiques."[4] Le même chemin a été suivi par Hans Kelsen.[5]

Il s'ensuit de cette théorie, plutôt sociologique que juridique, que les règles du droit international liant les Etats ne font autre chose que

---

[1] Ce qui est généralement admis par tous ceux qui s'occupent de la subjectivité internationale, comme, p.ex.: Ch. de Visscher: *Théories et réalités en droit international public*, Paris, 1955, p. 156. G. Sperduti, „La personne humaine et le droit international", *Annuaire Français de Droit International*, 1961, p. 141. Il faut noter que J. Andrassy écrit: „Malgré l'ancien adage qui dit *„Omne ius hominum causa constitutum"*, la position, dans le domaine du droit international, de l'homme, de l'individu a été reléguée au second plan... La protection internationale des droits de l'homme, la responsabilité pénale des criminels de guerre, la répression du crime du génocide, la codification des principes de Nuremberg, autant des pas en avant en faveur de l'individu. C'est dans ce même ordre d'idées que la protection de l'individu en droit international humanitaire mérite quelque intérêt." „L'individu en droit international humanitaire" dans le livre: *Grundprobleme des Internationalen Rechts. Festschrift für Jean Spiropoulos.* Bonn, 1957, p. 1.

[2] *Traité de droit constitutionnel*, 1921, I, pp. 560 et suiv.

[3] *Précis de droit des gens*, I, Paris 1932, p. 42.

[4] „Règles générales du droit de la paix", *Recueil des Cours*, t. 46, pp. 366 et suiv.

[5] „Théorie de droit international", *Recueil des Cours*, t. 84, pp. 93 et suiv. Cf. aussi P. Guggenheim, „Les principes de droit international public", *Recueil*, t. 116 et suiv. et son *Lehrbuch des Völkerrechts*, I, pp. 201 et suiv. M. Sørensen est d'avis que l'évolution vers la subjectivité internationale des individus conduit, en même temps, à l'affaiblissement du pouvoir étatique. („Principes de droit international, Cours Général", *Recueil*, t 101, p. 144).

de lier les individus agissant comme organes des Etats. Ainsi cette théorie possède une tendance tout-à-fait nette: supprimer la notion d'Etat dans les relations internationales, qui désormais devraient être conduites par des individus, agissant comme organes de leurs Etats respectifs.

Ce n'est pas seulement un cosmopolitisme qu'on peut imputer à cette théorie extrémiste. C'est aussi au point de vue juridique que de telles conceptions ne trouvent pas de justification dans le droit international en vigueur.

C'est en vain qu'on chercherait des arguments dans la théorie générale de droit pour défendre la conception d'un principe de la subjectivité non exclusive des individus. De telles idées ont été défendues au commencement de ce siècle comme une réaction contre les idées de G. Jellinek n'admettant aucune possibilité des droits internationaux subjectifs chez les individus.[1] Parmi ceux qui critiquaient les théories de Jellinek on trouvait W. Kaufmann, qui considérait les hommes comme des sujets du droit international et traitait d'injuste la théorie de la subjectivité exclusive des Etats.[2] Du temps de la S.D.N. cette conception trouvait des défenseurs[3]; et maintenant on rencontre souvent de telles idées.[4]

On peut objecter à ces idées qu'en principe le droit international ne traite pas les individus comme ses sujets même s'il exige une sauvegarde des droits de l'homme et des libertés. Ce droit contient des obligations pour les Etats envers d'autres Etats, mais non des obligations des Etats par rapport aux individus qui seraient autorisés de défendre leurs droits directement devant une juridiction internationals.

Et une telle subjectivité ne peut être conçue sur la base des règles internationales qui se rapportent à la suppression de la circulation des publications obscènes, à l'abolition de la traité des esclaves et d'autres êtres humains, qui ont pout bur la sauvegarde de la santé, s'occupent de la prévention et de répression du crime de génocide et ont créé une institution spécialisée – l'UNESCO.

---

[1] *System der subjektiven öffentlichen Rechte*, Fribourg, 1892, p. 312.

[2] *Die Rechtskraft des internationalen Rechts und das Verhältnis der Staatsgezetsgebungen und der Staatsorgane*, Stuttgart, 1899, pp. 1 et suiv.

[3] N. Politis, „Les problèmes des limitations de la souveraineté", *Recueil des Cours*, t. 6, p. 10; *Les nouvelles tendances du droit international*, Paris, 1927, pp. 57 et suiv. et 76; J. Spiropoulos, „L'individu et le droit international", *Recueil*, t. 30, p. 197; ses idées ont influencé les travaux de l'Institut de Droit International, qui a voté en 1929 une Déclaration des droits internationaux de l'homme et une Résolution concernant le problème de l'accès des particuliers à des juridictions internationales (*Annuaire de l'Institut de Droit International*, 1929, pp. 298 et 311). Ces idées furent développées par Sériades, „Le problème de l'accès des particuliers à des juridictions internationales," *Recueil*, t. 51, pp. 5 et suiv.

[4] Comme P. Reuter, „Principes de droit international public", *Recueil*, t. 103, pp. 502 et suiv.

Pour apercevoir quelques éléments de la subjectivité internationale chez les individus il faut se demander si l'individu est autorisé à défendre directement, c'est-à-dire non dans le cas lorsque c'est l'Etat qui défende les intérêts de ses nationaux – son droit devant une juridiction internationale.

On ne peut pas passer sous silence la déclaration adoptée par l'Institut de Droit International à Lausanne le 9 août 1947 et relative aux droits fondamentaux de l'homme, base d'une restauration de Droit International[1]; d'après cette déclaration, un ordre juridique efficace entre Etats est inséparable du respect de la personne humaine dans l'ordre interne de chaque Etat (III), et affirmer le respect des droits de la personne humaine sans en assurer l'efficacité et le controle est insuffisant aussi bien dans l'ordre international que dans l'ordre interne (IV).

Un projet plus récent, un projet américain, c'est-à-dire le projet de Convention sur la responsabilité internationale des Etats pour dommages causés aux étrangers[2] prévoit que l'individu peut présenter sa réclamation directement à un tribunal international si l'Etat sensé être responsable a reconnu une telle juridiction (article 22).

On peut trouver quelques éléments de la subjectivité internationale chez les individus sous le régime de la Convention de sauvegarde des droits de l'homme et des libertés fondamentales, signée à Rome le 4 novembre 1950,[3] laquelle invoque dans son préambule la Déclaration universelle des Droits de l'homme, proclamée par l'Assemblée générale des Nations Unies le 10 décembre 1948, en considérant qu'elle tend à assurer la reconnaissance et l'application universelle et effective des droits qui y sont énoncés, et nous apprend que les gouvernements des Etats européens sont résolus à prendre les premières mesures propres à assurer la garantie collective de certains des droits énoncés dans la Déclaration Universelle. La Convention reconnaît le recours devant une instance nationale à toute personne dont les droits et libertés reconnus dans la Convention ont été violés même par des personnes agissant dans l'exercice de leurs fonctions universelles (article 13). Afin d'assurer le respect des engagements résultant pour les Etats contractants, la Convention institue une Commission européenne des Droits de l'homme et une Cour européenne des Droits de l'homme (article 19).

---

[1] *Annuaire de l'Institut de Droit International*, 1947, pp. 258.

[2] *Draft Convention on the International Responsability of States for Injuries to Aliens*, Harvard Law School, 1960.

[3] Cf. Berezowski, *Prawo...*, I, pp. 126 et suiv.

La Commission développe une activité conciliatrice resposant, en principe, sur le droit possédé par l'Etat contractant de saisir la Commission, par l'intermédiaire du Secrétaire Général du Conseil de l'Europe, de tout manquement aux dispositions conventionnelles qu'il croira pouvoir être imputé à un autre Etat contractant (article 24). En plus, la Commission peut être saisie d'une requête adressée au même Secrétaire par toute personne physique, toute organisation non gouvernementale ou tout groupe de particuliers, qui se prétend victime d'une violation par l'un des Etats contractants des droits reconnus dans la Convention. Une telle activité de la Commission n'existe que dans le cas où l'Etat contractant mis en cause a déclaré reconnaître la compétence de la Commission dans cette matière (article 25). Parmi les 15 Etats ayant ratifié la Convention ce n'est que 11 qui ont fait une telle déclaration. On peut donc admettre que pour les relations mutuelles de ces Etats l'individu possède un élément de la subjectivité internationale. Il faut ajouter que l'individu ou les individus peuvent adresser leur requête à la Commission seulement après l'épuisement des voies de recours internes (cette condition est valable aussi pour les requêtes des Etats) (article 26).

Quant à la Cour, seuls les Etats contractants et la Commission ont qualité pour se présenter devant elle (article 44). L'individu n'est pas autorisé à présenter ses requêtes à l'instance judiciaire.

Mais il faut ajouter que la Commission s'est prononcée pour la sauvegarde du rôle de l'individu si l'affaire intentée a été portée par la Commission en vertu de l'article 25 devant la Cour. C'est en 1960 que la Commission a introduit un nouvel article dans son règlement qui dispose que lorsqu'une affaire portée devant la Commission en vertu de l'art. 25 de la Convention est déférée ensuite à la Cour, le Secrétaire de la Commission en avise immédiatemenet le requérant. Sauf décision de la Commission en sens contraire, il lui communique également le rapport de la Commission, en l'informant qu'il a la faculté de présenter à la Commission ses observations écrites; la Commission décide de la suite à donner à ces observations.[1] En statuant dans son premier arrêt, dans l'arrêt rendu dans l'affaire Lawless, la Cour, considérant que le requérant, G. R. Lawless, bien qu'il ne soit pas habilité à saisir la Cour, à comparaître juridiquement devant elle, est directement intéressé à la procédure qui se déroule devant la Cour, que le requérant est l'initiateur de l'instance engagée devant la Commission et que, dans

---

[1] *Annuaire Français de Droit International*, 1960, p. 466.

le cas, où la Cour reconnaîtrait le bien-fondé de ses griefs, il pourraît être directement affecté par toute décision que la Cour serait amenée à prendre.[1]

Récemment on peut noter une autre exception à la règle générale du manque de la subjectivité internationale chez les individus. Il s'agit de la Convention internationale sur l'élimination de toutes les formes de discrimination raciale, adoptée unanimement par l'Assemblée générale des Nations Unies le 21 décembre 1955.[2]

Cette Convention, qui n'est pas encore entrée en vigueur, invoque dans son préambule la Déclaration universelle des droits de l'homme ainsi que la Déclaration des Nations Unies sur l'élimination de toutes les formes de discrimination raciale du 20 novembre 1963.[3]

Les dispositions de la Convention ne traitent pas l'individu comme étant,. en général, un destinataire du droit international, puisque d'après l'article 6, les Etats contractants ne sont obligés d'assurer à toute personne soumise à leur juridiction une protection et une voie de recours effectives, que devant les tribunaux nationaux et autres organismes étatiques compétents – contre tous les actes de discrimination raciale, ainsi que le droit de demander à ces tribunaux satisfaction ou réparation juste et adéquate pour tout dommage dont elle pourrait être victime par suite d'une telle discrimination; c'est donc le droit national, qui, d'après le droit international, doit accorder aux individus le droit de recours devant les organes nationaux.

Pour garantir, sur le terrain international, la sauvegarde des obligations contenues dans la Convention on prévoit la création d'un Comité pour l'élimination de la discrimination raciale, dénommé „le Comité" composé de 18 experts, élus compte tenu d'une répartition géographique équitable et de la représentation des différentes formes de civilisation ainsi que des principaux systèmes juridiques (article 8 al. 1).

Ce Comité joue le rôle d'une commission d'enquête et la procédure à suivre devant cet organe se réalise en deux stades. D'après l'article 11, si un Etat contractant estime qu'un autre Etat contractant n'applique pas les dispositions de la Convention, il peut appeler l'attention du Comité sur la question; le Comité transmet la communication à l'Etat intéressé, lequel est tenu dans le délai de 3 mois de présenter ses explications ou déclarations écrites, en indiquant, le cas échéant, les mesures tendant à remédier à la situation; dans les 6 mois suivants la question

---

[1] *O.c.*, pp. 491 et suiv.
[2] Résolution 2106 (XX) A, B.
[3] Résolution 1904 (XVIII).

devrait être réglée par voie de négotiation bilatérale ou par toute autre procédure appropriée, c'est le premier stade. En plus, si la question n'est pas réglée de la manière sus-mentionnée, chaque Etat peut la soumettre à nouveau au Comité en adressant une notification au Comité ainsi qu'à l'autre Etat intéressé.

Dans les deux cas le Comité ne peut connaître d'une affaire qu'après s'être assuré que tous les recours internes disponibles ont été utilisés ou épuisés, conformément aux principes de droit international généralement reconnus (article 11 al. 3).

Si l'affaire se trouve devant le Comité dans le deuxième stade procédural, le règlement du différend devient une tâche d'une Commission de conciliation *ad hoc*. D'après l'article 12 de la Convention, cette Commission se compose de 5 personnes désignées par le président du Comité. Ces membres de la Commission (?) mettent leurs bons offices à la disposition des Etats afin de parvenir à une solution amiable de la question.

Après avoir étudié la question la Commission prépare un rapport contenant ses conclusions et les recommandations qu'elle juge opportunes en vue de parvenir à un règlement amiable du différend (article 13 al. 1).

Le rapport de la Commission étant le dernier acte de la procédure conciliatrice et ne possédant aucune force obligatoire, – les Etats parties au différend font savoir au président du Comité dans un délai de 3 mois s'ils acceptent, ou non, les recommandations contenues dans le rapport de la Commission (al. 2).

Le Comité peut recevoir et examiner les communications émanant de personnes ou de groupes de personnes qui se plaignent d'être victimes d'une violation des droits énoncés dans la Convention (article 14 al. 1). Le Comité n'a compétence pour s'acquitter de telles fonctions que si au moins 10 Etats parties sont liés par des déclarations reconnaissant une telle compétence du Comité (al. 9).

La personne ou un groupe de personnes doivent épuiser tous les recours internes disponibles, avant de présenter leurs communications au Comité. Cette condition vise non seulement l'épuissement du recours interne disponible devant les instances judiciaires ou administratives régulières, mais aussi la procédure devant un organe spécial appelé par la Convention à recevoir et examiner les pétitions émanant des personnes qui ont épuisé les autres recours locaux disponibles (article 14 al. 2), – si un tel organisme a été créé ou désigné par l'Etat compétent. Il faut donc en conclure que si un tel organe n'a pas été créé ou désigné l'individu peut s'adresser au Comité après avoir épuisé la voie normale de recours interne.

Le Comité ne reçoit pas de communications anonymes (art. 14 al. 6a).

La procédure suivie par le Comité à la suite d'une communication émanant de personnes ou de groupes de personnes diffère de celle instituée pour le cas où l'attention du Comité a été appelée par un Etat – dans ce sens que dans le premier cas la procédure devant la Commission de conciliation n'est pas prévue. Le Comité porte donc toute communication qui lui est adressée à l'attention de l'Etat partie qui a prétendument violé la disposition de la Convention. On peut faire des objections à la disposition conventionnelle, d'après laquelle la communication du Comité est faite à titre confidentiel et prévoit en outre que l'identité de la personne ou des groupes de personnes intéressées ne peut être révélée sans le consentement exprès de ladite personne ou desdits groupes de personnes (art. 14 al. 9a/).
Le Comité offre, à-vrai-dire, de bons offices puisqu'il n'est appelé qu'à adresser ses suggestions et recommandations à l'Etat intéressé et au pétitionnaire (al. 7 b/).

En comparant les éléments de la subjectivité internationale des individus résultant de la Convention européenne de 1950[1] avec ceux découlant de la Convention universelle de 1965 – il faut en conclure que la Convention de portée générale est beaucoup plus fidèle à la conception traditionnelle de la souveraineté que le droit conventionnel de l'Europe occidentale qui n'est pas opposé aux restrictions du pouvoir étatique.

Quel est l'avenir du droit international dans ce domaine? Il me semble que l'idée exprimée au sein des Nations Unies marquera encore pour longtemps le chemin à suivre par la Communauté universelle.

---

[1] C. Th. Eustathiades est peut-être trop optimiste lorsqu'il écrit que „le droit de recours individuel constitue un des progrès les plus sensibles du droit international et une nouvelle expérience des plus importantes" (*o.c.*, p. 134) et ajoute que „l'individu tient à sa disposition une procédure du contrôle international qui ... est destinée à mettre une fin à l'arbitraire des gouvernements et à fournir un sentiment de sécurité juridique accrue par l'individu qui se voit directement rattaché à l'ordre juridique international" (*o.c.*, p. 137).

Cf. aussi les dispositions du Protocol facultatif se rapportant aux Pacte international relatif aux droits civils et politiques (Résolution de l'Assemblée générale 2200 (XXI)).

REMIGIUSZ BIERZANEK

Le status juridique des partisans et des mouvements de résistance armée: évolution historique et aspects actuels

1. Observations préliminaires

Le status juridique des partisans et des mouvements de résistance armée présente depuis longtemps dans la doctrine de droit international une des questions extrêmement difficiles et délicates.[1] Cela s'explique par les traits caractéristiques de cette forme de conduite de la guerre, les traits juridiques aussi bien que ceux de fait.

Du point de vue juridique, la question est en rapport étroit avec la distinction fondamentale du droit de la guerre en vigueur et notamment la distinction entre les membres des forces armées et le reste de la population, entre les personnes participant activement à la guerre, armes en mains ou en qualité de personnel assistant (les combattants et les non combattants) d'une part et la population civile de l'autre. Cette distinction s'appuie sur la doctrine bien connue, qu'évoque les noms de Rousseau et Portalis, selon laquelle „les particuliers ne sont ennemis qu'accidentellement non point comme hommes, ni même comme citoyens, mais comme soldats."[2] Les mouvements de résistance armée ainsi que la levée en masse constituent des formes de la participation active de la population dans la guerre. La question se pose donc de savoir quel est le rapport entre les formes susmentionnées de combattre l'ennemi et la doctrine qui revêt la formule „soit les soldats réguliers soit la population paisible" et quels sont les critères de la distinction à faire entre les personnes appartenant aux catégories susmentionnées.

Les difficultés qu'il y a de réglementer la question d'une manière claire et satisfaisante résultent, dans une forte mesure, de ce que les guerres

[1] Cf. le rapport de J. P. A. François dans *L'Annuaire de l'Institut de Droit International,* 1957 II. p. 353. C'est en 1899 déjà que la Conférence de la Paix considéra le sujet comme „le plus délicat" et, pour cette raison, lui réserva la place à la fin des discussions (cf. *Conférence Internationale de la Paix, La Haye 18 mai – 29 juillet 1899,* 1907, p. 34). Selon M. Huber la question des partisans constitue „le point explosif" du système des conventions sur le droit de la guerre (cf. J. H. Schmid, *Die völkerrechtliche Stellung der Partisanen im Kriege,* 1956, p. 58).

[2] J. J. Rousseau, *Contrat social,* livre I. ch. 4.

modernes ont souvent le caractère dissymétrique, en ce sens qu'une partie belligérante ayant une nette prépondérance technique envahit un pays ennemi, tandis que l'autre partie, soutenue par la population du pays envahi, est décidée de résister en organisant les corps de partisans. En règle générale c'est l'une seulement des deux parties en conflit qui se sert de corps de partisans.[1] La dissymétrie en question rend certainement plus difficile la réglementation juridique de la guerre, étant donné que les règles de droit international font valoir le principe de réciprocité. Mais, c'est pour cette raison justement que cette dissymétrie devrait être prise en considération dans l'appréciation du droit de la guerre, car autrement on risque de faire perdre à ce droit beaucoup de son efficacité du fait que celle-ci réside en premier lieu dans la réciprocité.

Du point de vue militaire, les mouvements de résistance armée présentent un large éventail des situations de fait comprenant des attaques intermittentes entreprises par des unités petites, suivies de retraite immédiate dans les forêts ou dans les montagnes, aussi bien que les hostilités régulières avec utilisation des armes les plus lourdes, menées par les divisions de partisans. La résistance armée a lieu à différentes phases de la guerre: pendant l'invasion où des corps de partisans se forment parmi la population, dans les territoires sous l'occupation militaire, face au front régulier pour pénétrer aux arrières de l'ennemi, et enfin après la cessation des hostilités et même après la conclusion de la paix ou la déclaration de l'annexion, si les corps de partisans refusent de déposer les armes.

Du point de vue humanitaire, la question de savoir quelles règles juridiques doit-on appliquer aux membres des mouvements de résistance est d'une importance primordiale. Etant donné que le statut juridique des forces armées conformément au droit conventionnel en vigueur est bien différent de celui de la population civile, l'interprétation des dispositions conventionnelles pose dans beaucoup de cas l'alternative suivante: doit-on attribuer aux personnes participant à la résistance armée, après les avoir fait prisonniers, le status des prisonniers de guerre, ou relèvent-elles de la législation criminelle prévoyant,

---

[1] Les considérations sur l'inégalité de situations des parties en conflit à cet égard ont amené certains auteurs même jusqu'à contester l'utilité de la distinction que fait le droit de la guerre entre les belligérants et la population civile par rapport aux guerres modernes. Cf. G. Glenn, *The army and the law*, New York 1943, p. 95 et L. Nurick, „The distinction between combatant and noncombatant in the Law of War," *AJIL* 1945/4, p. 680 et s.

en règle générale, pour les „rebelles" et les „brigands" en temps de guerre la peine capitale.

Il nous semble utile de présenter le problème dans ses aspects historiques et cela pour deux raisons. Premièrement, le Règlement de La Haye de 1899/1907 et les Conventions de 1949 ne constituent pas la seule source du droit concernant le status juridique des partisans et des mouvements de résistance. Conformément au préambule de la IVe Convention de La Haye „dans les cas non compris dans les dispositions réglementaires... les populations et les belligérants restent sous la sauvegarde et sous l'empire des principes du droit des gens, tels qu'ils résultent des usages établis entre les nations civilisées, les lois de l'humanité et des exigences de la conscience publique." C'est pourquoi il importe d'établir le contenu des usages ainsi que des principes de droit et de l'humanité tels qu'ils se dégagent de la pratique et de la conscience juridique au cours de l'histoire. Deuxièmement, il importe de tracer les tendances de l'évolution du droit et de la pratique à cet égard, compte tenu de l'évolution de la technique de guerre ainsi que des aspects politiques des guerres aux différentes époques historiques.

2. *La période précédant la codification de La Haye*

La guerre de partisans et la guerilla étaient les moyens licites de guerre conformément aux coutumes des XVIIe et XVIIIe siècles. Au résultat final de la majorité des guerres à ces époques contribuaient non seulement les batailles des armées régulières, mais aussi l'action de petits corps irréguliers, en liaison bien lâche sinon nulle avec le commandement de l'armée régulière. La guerilla avait, à cette époque, une longue histoire: c'est au Moyen Age que remonte la pratique des monarques d'autoriser des particuliers à prendre la butin sur l'ennemi dans la guerre sur mer et sur terre. Bien que la pratique de guerre au cours des siècles passés, et particulièrement au XVIe siècle ait certainement été loin d'être satisfaisante, lorsqu'on l'apprécie du point de vue humanitaire, elle n'en faisait pas moins aucune discrimination entre les belligérants réguliers et irréguliers. Les coutumes de la guerre n'étaient pas trop sévères pour qualifier la guerilla de moyen légal de conduire la guerre: il suffisait que ce fût *bellum publicum* et que les belligérants fussent autorisés par le pouvoir compétent. Vattel formule le principe d'après lequel tous les sujets d'une nation belligréante sont ennemis de tous les sujets de l'autre[1]: la guerre doit être publique, mais „les sujets

[1] E. Vattel, *Le droit des gens*, III, V § 70.

peuvent présumer raisonnablement la volonté de leur souverain et agir en conséquence de son commandement tacite."[1] D'après Vattel, la règle générale interdit de tuer les ennemis qui ont cessé de se défendre: il n'y a qu'une exception à la règle susmentionnée et notamment dans le cas d'un „attentat énorme contre le Droit des Gens." Néanmoins, le même auteur constate la pratique contraire dans les cas des révoltes des paysans.[2] F. G. Martens dit expressément qu'en ce qui concerne la petite guerre faite „par de petits pelotons de troupes, soit détachés des régiments réglés, soit surtout formés des compagnies franches, l'ordre de leur chef suffit pour les rendre légitimes."[3]

D'autre part il y avait des opinions comme celle de J. J. Moser, selon laquelle les sujets qui, même sans autorisation du souverain, luttaient pour la défense de la patrie ou pour leur propre défense, ne pouvaient être traités plus durement que les combattants réguliers.[4]

Une autre condition de la légitimité de la guerilla consistait en ce que les corps militaires ne fussent trop petits. Des accords furent parfois conclus à cette époque pour établir le nombre minimum[5]: en règle générale on fixait ce nombre à 15 cavaliers ou 19 fantassins.

Les mêmes opinions sur le status juridique de la guerilla dominaient aux temps des guerres napoléoniennes. Une ordonnance du roi de Prusse Frédéric Guillaume III de 1813 recommandait aux membres du *Landsturm* de ne pas porter de signe distinctif ni uniforme pour qu'il soit plus difficile à l'ennemi de les reconnaître. Conformément à l'opinion de Saalfeld le droit de conduire la guerre peut être délégué par le souverain aux corporations et même aux particuliers, qui devraient être traités, le cas échéant, comme „rechtliche Feinde." Le même auteur oppose aux soldats-brigands (*Freibeuter*) les partisans (*Partheigänger*) qu'il définit comme suit: „einzelne feindliche Trupps, welche von dem Hauptkorps entfernt, vielleicht im Rücken des Gegners anbefohlene Feindseligkeiten üben"; les partisans devraient être considérés comme „rechtliche Feinde," même si la troupe est peu nombreuse.[6] Schmalz ne pose qu'une condition de la légitimité des partisans: les hostilités devraient être entreprises par l'ordre du souverain ou par son autorisation.[7] Klüber exige des corps de partisans qu'ils soient

---

[1] *Ibid.*, III, XV § 228.

[2] *Ibid.*, III, VIII § 141 et XV § 226.

[3] G. F. Martens, *Précis de droit des gens modernes*, 1789, p. 360.

[4] Cf. E. Nys, *Le droit international*, 1906, III p. 171.

[5] Martens (*ibid.* p. 361) était cependant d'avis que „la loi naturelle ne peut rien fixer touchant le nombre dont ils devraient être composés."

[6] Saalfeld, *Handbuch des positiven Völkerrechts*, 1833, p. 193–194.

[7] Schmalz, *Das europäische Völkerrecht*, 1817, p. 227.

„munis d'un ordre du général en chef, donné par écrit" et qu'ils „se conforment à la loi de la guerre."

C'est au temps de la Sainte Alliance qu'on observe des tendances à discriminer la guerilla. Les gouvernements des grandes puissances, intéressés à étouffer les révolutions démocratiques soutiennent la thèse selon laquelle seuls les membres des armées régulières ont le droit des belligérants légitimes. La doctrine dite de Metternich proclamait que les insurgés grecs étant „rebelles" ne pouvaient pas jouir des mêmes droits que les autres belligérants.

La pratique américaine du XIXe siècle n'était pas uniforme à cet égard. Pendant la guerre avec le Mexique le commandement américain ordonna de condamner à mort les „*guerilleros*" mexicains, mais en justifiant cet ordre par les cruautés commises par ceux-ci.[3] Au temps de la guerre civile au Mexique, le prince Maximilien fut condamné à mort par la cour martiale pour avoir donné en 1865 l'ordre de condamner à mort tout „rebelle" et pour avoir causé ainsi la mort d'un nombre considérable des insurgés.[2] Conformément aux instructions militaires de 1863 (General Orders Nr. 100) des Etats du Nord c'est seulement les „partisans... armed and wearing the uniform of their army but belonging to a corps which acts detached from the main body for the purpose of making inroads into the territory occupied by the enemy" sont „public enemies" et ont droit aux „privileges of the prisoners of war."

Dans la guerre entre la Prusse et la France les Prussiens entreprirent des efforts tendant à priver les mouvements de résistance armée de caractère de combattant légitime. Le commandement prussien ne crut cependant pas possible à cette epoque de refuser purement et simplement le caractère de belligérants légitimes aux combattants irréguliers et d'agir ainsi ouvertement contre les coutumes de la guerre[3]: c'est pourquoi il se servit d'une interprétation abusive de la théorie d'autorisation. En ce qui concerne les franc-tireurs français on émit une déclaration, selon laquelle ne serait considéré comme belligérant légitime que celui qui peut „über seine Eigenschaft als französischer Soldat durch eine von der gesetzlichen Behörde erlassene und an seine Person gerichtete Ordre den Nachweis zu führen, dass er zur Fahne einberufen und in die Liste eines durch die Französische Regierung militärisch

[3] Klüber, *Droit des gens moderne de l'Europe*, éd. 1861, p. 338.
[4] Cf. Nurick et Barrett, „Legality of guerilla forces under the laws of war," *AJIL* 1946, p. 570.
[2] *Ibid.* p. 571.

organisierten Korps eingetragen ist." En règle générale, le franc-tireur fait prisonnier n'était pas en possibilité de produire la preuve de cette sorte: c'est ainsi que périrent de nombreux franc-tireurs. En outre, les troupes prussiennes terrorisaient la population civile soupçonnée d'avoir assisté les franc-tireurs; on entourait les villages, on enlevait la population, on fusillait les coupables réels ou présumés et l'on brûlait les villages.[1]

La doctrine continue à cette époque à attribuer aux corps de résistants les droits de belligérants légitimes. Et même les auteurs allemands sont à cet égard unanimes. Heffter exclue de la catégorie des belligérants illégitimes „welche einen Krieg auf eigene Hand mitmachen" les *Freikorps* „welche sich mit Erlaubnis eines Kriegsherrn an den Feindseligkeiten betheiligen und darüber durch schriftliche Orders ausweisen können." Selon le même auteur – „die legitimen Bestandteile der Wehrmacht" comprennent non seulement l'armée régulière, mais aussi „die irreguläre Land- und Seemacht, welche ausserordentlich aufgeboten und in Disposition genommen ist"; en outre „natürlich und wird, wenn der Feind selbst einen Vernichtungskrieg erklärt oder factisch führt, oder wenn einzelne Glieder des feindlichen Staates sich nicht nach Kriegssitte betragen jedem Einzelnen auch das Recht des activen Widerstandes gegeben."[2]

Bluntschli dit que l'unité armée qui n'est pas autorisée par les pouvoirs étatiques existants devrait quand même être traitée comme „Kriegspartei, als sie als selbständige Kriegsmacht organisirt ist und an States statt in gutem Glauben für öffentliches Recht streitet."[3] H. B. Oppenheim, bien qu'il constate que les *Freikorps* commettent souvent des actes de violence et de brigandage comme les corsaires affirme néanmoins qu'ils restent „unter Kriegsbrauch und Kriegssitte."[4]

Lueder explique qu'aucun Etat n'est limité à se servir dans la guerre de cette partie de la population qui n'appartient pas à l'armée: cela ne dépend que de sa souveraine décision ainsi que de l'étendue du danger. Il conclut sur la base de cette explication: „Deshalb sind an sich alle

---

[1] Cf. Ch. Meurer, *Die Haager Friedenskonferenz*, II, 1907, p. 77.

[2] Cf. K. Strupp, *Das internationale Landkriegsrecht*, 1914, p. 38; L. Nurick et R. Barrett, *Legality*, p. 574; J. P. Trainin, „Questions of guerilla warfare in the law of war," *AJIL* 1946, p. 539.
A. W. Heffter, *Das europäische Völkerrecht der Gegenwart*, Berlin 1861, p. 220–221.

[3] J. C. Bluntschli, *Das moderne Kriegsrecht der civilisierten Staaten als Rechtsbuch dargestellt*, 1866, p. 1. Dans un autre livre (*Das moderne Völkerrecht*, 1868 p. 228). Bluntschli cite les exemples des corps de partisans allemands de Schill et italiens de Garibaldi.

[4] H. B. Oppenheim, *System des Völkerrechts*, 1866, p. 238.

Freischaren, Freischützenkorps u.s.w., welche der Staat zur Kriegsführung heranzieht oder zulässt, wenn auch irreguläre, so doch rechtmässige Combattanten mit allen deren Rechte und Pflichten."[1]

Vers la fin du XIXe siècle, sous l'influence des grandes puissances militaires, les tendances à limiter les droits des partisans augmentent. Les efforts tendant à codifier le droit de la guerre étaient accompagnés des efforts tendant à assurer le statut juridique privilégié aux armées régulières. A la conférence de Bruxelles de 1874 une divergence d'opinions sur les principes se manifesta entre les délégués de petits Etats et ceux des grandes puissances disposant de fortes armées sur terre. Tandis que les premiers étaient d'avis que la reconnaissance de la levée en masse ne devrait être soumise qu'à une seule condition, et notamment l'observation des lois et coutumes de la guerre, les derniers prétendaient que les armées régulières seulement avaient les droits de belligérants légitimes.[3] Ils alléguaient que l'extension de ces droits à la population civile conduirait à l'anarchie, à *bellum omnium contra omnes* et signifierait le retour à l'époque barbare. Ils étaient d'avis que le projet de déclaration en discussion a fait le maximum de concessions qu'il pourrait faire à cet égard en étendant la protection du droit de guerre aux milices et aux corps de volontaires répondant aux quatre conditions (les mêmes qui ont été énumérées dans l'article 1 du règlement de 1907) et à la population prenant les armes spontanément à l'approche de l'ennemi. Les délégués des petits Etats ne trouvèrent pas ces concession suffisantes et ils demandaient que toute la population des territoires occupés, et pas seulement au moment de l'invasion, eût les droits de belligérants. Le délégué de la Belgique observa même que les citoyens qui prennent les armes pour défendre la patrie et qu'on était libre de

---

[1] *Handbuch des Völkerrechts sous la rédaction de Holtzendorff*, IV 1889, p. 376.

[2] Il est symptomatique que la Convention de la Croix Rouge de 1864 ne fait aucune distinction entre les belligérants en disposant dans l'article 6 que „les militaires blessés ou malades seront recueillis et soignés à quelques nations qu'ils appartiennent." Schmid (*Die völkerrechtliche Stellung der Partisanen im Kriege*, 1956 p. 34) dit que: „diese Klausel ist nicht restrictiven Charakters, in dem Sinne, dass sie verwundete illegale Kämpfer von der Pflege ausschliessen wollte: analog den entsprechenden Bestimmungen späterer Abkommen hat sie deklaratorische Wirkung, d.h. sie bekräftigt im Rahmen des Vertragswerkes den universal geltenden humanitären Grundsatz, dass jeder Verwundete zu pflegen ist."

[3] Le développement numérique des armées régulières dans la seconde moitié du XIXe siècle ainsi que les influences militaristes sur la politique ont beaucoup contribué à augmenter les tendances susmentionnées. „L'histoire des guerres laisse apparaître que le haut commandement des armées régulières a toujours été enclin à traiter avec défiance les groupes irréguliers de l'ennemi et à leur appliquer les lois de la guerre avec une sévérité particulière. Ce préjugé défavorable est fondé sur ce que le défaut d'éducation militaire et de forte discipline des irréguliers les entraine facilement à la transgression et l'inobservation des lois de guerre." (Cf. Nys, *op. cit.*, III p. 171).

fusiller sur place – conformément au projet de déclaration-pourraient bien croire que leur gouvernement, en signant la convention, les condamne à mort. Le délégué des Pays-Bas demanda expressément la reconnaissance du droit de l'insurrection.[1]

On souleva le même sujet à la Ière Conférence de La Haye en 1899 dans la discussion concernant le projet basé sur la déclaration de Bruxelles. Le délégué de la Grande Bretagne, Sir John Ardagh, proposa d'ajouter au projet la clause soulignant que „rien dans ce chapitre ne doit être considéré comme tendant à amoindrir ou à supprimer le droit qui appartient à la population d'un pays envahi de remplir son devoir d'opposer aux envahisseurs par tous les moyens licites la résistance patriotique la plus énergique."[2] Le délégué de la Russie Martens expliqua que la Conférence n'a pas pour but de limiter „le droit sacré de la défense" ni de faire obstacles au patriotisme, mais tend à créer la base légale pour ceux qui participent au combat et à protéger la vie et la propriété de la population non armée. Le délégué suisse, le colonel Künzli, appuya la proposition du délégué anglais et demanda d'améliorer les usages de la guerre ainsi que d'étendre la protection conventionnelle à la population qui se lève en masse pour défendre son sol. Künzli dit dans son intervention: „Ne punissez pas l'amour de la patrie, ne prenez pas de mesures rigoureuses contre les peuples qui se lèvent en masse pour la défense de leur sol." Après avoir rappelé les luttes glorieuses des Pays-Bas pour l'indépendance ainsi que les levées en masse au cours de l'histoire suisse ou „non seulement les hommes dans la force de l'âge, mais encore les vieillards, les enfants et les femmes prenaient part aux combats" – le délégué suisse termina son intervention comme suit: „Vous direz que c'étaient là des excès du patriotisme, mais des excès qui réjouissent le coeur et qui peuvent se produire de nouveau; vous comprenez que nous ne pourrions pas souscrire à une convention qui soumettrait une partie de la population à la loi martiale et aux conseils de guerre: nous sommes d'avis que l'amour de la patrie est une vertu qu'il faut cultiver et non pas supprimer."[3]

Les délégués des autres petits Etats déclaraient qu'ils ne donneraient leur consentement à aucune limitation de la défense nationale. Le délégué belge Bernaert défendit les intérêts des petits pays „qui par la nature des choses ne peuvent être envahisseurs, mais sont exposés à se voir envahis." Il s'opposait à ce qu'on imposât aux habitants des terri-

---

[1] *Actes de la Conférence de Bruxelles*, p. 134 et ss.

[2] *Conférence internationale de la Paix*, La Haye 1807, I, p. 37 et III, p. 122.

[3] *Ibid.*, III p. 122–123.

toires occupés le rôle de simples spectateurs. „Le premier devoir du citoyen, dit-il, est de défendre son pays: nous devons les plus belles pages de notre histoire nationale à l'accomplissement de ce devoir." Pour un pays le droit de se défendre est absolu et ce n'est pas seulement un droit mais un devoir, même un devoir impérieux. Les droits du vainqueur, loin d'être illimités demain et aujourd'hui, seront restreints par les lois de la conscience universelle et pas un général n'oserait les enfreindre, puisque ce serait se mettre au ban des nations civilisées." D'après Bernaert, les petits pays surtout ont besoin de pouvoir compléter les éléments de leur défense en disposant de toutes leurs ressources et il ne serait pas possible de dire aux citoyens de ne pas se mêler aux luttes, où le sort de leur pays est engagé. Le délégué belge exprima l'opinion qu'il aimerait mieux le maintien de la situation actuelle que le péril des incertitudes qui résultent des dispositions conventionnelles proposées.[1]

Le délégué allemand, le colonel de Schwarzhoff, adopta une attitude complètement différente. Il s'opposa décidément à toutes les propositions tendant à reconnaître le droit des territoires occupés à la résistance. Le Junker prussien justifia sa thèse par les argument suivants:

„Et puisqu'on parle tant d'humanité ... il est temps de rappeler que les soldats, eux aussi, sont des hommes et ont le droit à être traités avec humanité. Les soldats, qui épuisés de fatigue, après de longues marches ou après des combats, viennent se reposer dans un village, doivent être sûrs que les habitants paisibles ne se changent pas soudain en ennemis acharnés."

De Schwarzhoff était d'avis que même la disposition de l'article 2 était superflue, compte tenu du fait que l'article 1 ne subordonne la reconnaissance de la qualité de belligérant qu'à des conditions fort simples à remplir, qu'il avait voté néanmoins cet article par esprit de conciliation: mais ici ses concessions s'arrêtent et il lui est „absolument impossible de faire un pas de plus et de suivre ceux qui proclament une liberté absolue pour la défense."[2]

Les délégués de la France et de la Russie entreprirent des efforts pour aboutir à un compromis. Martens souligna qu'il ne s'agissait pas de contester aux populations le droit sacré de la défense bien que – pour diminuer les maux et les calamités de la guerre – il faut, surtout dans notre temps, que les forces de la défense soient organisées et discipli-

---

[1] *Ibid.*, III p. 89–90 et 120–121.
[2] *Ibid.*, I p. 37 et III p. 123.

nées.[1] On décida que l'interprétation de Martens devrait trouver son expression non seulement dans le procès verbal mais aussi dans le préambule. Finalement on adopta le préambule avec mention expresse de l'article 1 et 2 du règlement.[2] Il est généralement admis que la clause de préambule dite la clause de Martens permit de gagner le consentement des petits Etats aux articles 1 et 2 du Règlement.[3] C'est pourquoi – à la lumière des travaux préparatoires – il faut rejeter les opinions selon lesquelles le préambule à la IV Convention de La Haye n'a d'importance juridique[4] ainsi que les opinions selon lesquelles il est nécessaire d'interpréter la disposition de l'article 2 d'une façon limitative comme exception au principe proclamé à l'article 1 et que c'est seulement les personnes réunissant toutes les conditions de l'article 1 qui ont les droits de belligérants.[5] Il n'est pas justifié d'interpréter les articles 1 et 2 du Réglement de La Haye dans le sens que les personnes non comprises par les dispositions de ces articles échappent à la protection du droit des gens,[6] car – conformément au principe contenu dans le

---

[1] La Conférence, *op. cit.*, p. 120.

[2] Le préambule de la IV Convention de La Haye concernant les lois et coutumes de la guerre sur terre:

... En attendant qu'un Code plus complet des lois de la guerre puisse être édicté, les Hautes Parties Contractantes jugent opportun de constater que, dans les cas non compris dans les dispositions réglementaires adoptées par alles, les populations et les belligérants restent sous la sauve-garde et sous l'empire des principes du droit des gens, tels qu'ils résultent des usages établis entre nations civilisées des lois de l'humanité et des exigences de la conscience publique. Elles déclarent que c'est dans ce sens que doivent s'entendre notamment les articles 1 et 2 du Règlement adopté..."

L'article 1 du Règlement:

„Les lois, les droits et les devoirs de la guerre ne s'appliquent pas seulement à l'armée, mais encore aux milices et aux corps de volontaires réunissant les conditions suivantes:
1. d'avoir à leur tete une personne responsable pour ses subordonnés,
2. d'avoir un signe distinctif fixe et reconnaissable à distance,
3. de porter les armes ouvertement et
4. de se conformer dans leurs opérations aux lois et coutumes de la guerre.

Dans les pays où les milices ou des corps de volontaires constituent l'armée ou en font partie, ils sont compris sous la dénomination d',,armée."

L'article 2. La population d'un territoire non occupé qui, à l'approche de l'ennemi, prend spontanément les armes pour combattre les troupes d'invasion sans avoir eu le temps de s'organiser conformément à l'article premier, sera considéré comme belligérante si elle porte les armes ouvertement et si elle respecte les lois et coutumes de la guerre."

[3] Cf. Strupp, *op. cit.*, p. 39. Wolgast (*Völkerrecht*, 1934, p. 947) dit à cet égard: „Darüber hinaus aber hat eine Interessendivergenz zwischen grossen und kleinen Staaten weitere Interessenkonvergenz verhindert und nur einen wenig klaren Kompromiss ermöglicht." La solution acceptée à Bruxelles en 1874 et à La Haye en 1899 signifie l'abandon de l'ancienne théorie de l'autorisation en faveur de la théorie de l'organisation (Cf. Meurer, *op. cit.*, p. 83; Oppenheim, *International Law*, II, 1906, p. 90, G. Werner, „Les prisonniers de guerre," *RCADI*, 1928 I p. 26).

[4] Cf. Zorn (*Das Kriegsrecht zu Lande*, 1906, p. 61) qui dit expressément que le préambule „einen juristisch bestimmbaren Wert nicht hat."

[5] Cf. Zorn, *op. cit.*, p. 60.

[6] Cf. G. Werner, „Les prisonniers de guerre," *RCADI* 1928, I, p. 27.

préambule de la IVe Convention de La Haye – elles „restent sous la sauvegarde et sous l'empire des principes du droit des gens tels qu'ils résultent des usages établis entre les nations civilisées." Les usages susmentionnés, tels qu'ils se dégagent de la pratique et de la doctrine des XVII, XVIIIe et XIXe siècles, étaient loin, comme cela vient d'être présenté, de discriminer les partisans parmi des belligérants.

3. De la réglementation de La Haye à la conclusion des Conventions de Genève en 1949

Au XXe siècle les mouvements de résistance n'ont pas cessé d'être un des moyens importants de conduire la guerre et continuent certainement d'avoir une importance vitale pour la défense nationale d'un grand nombre de pays. Les corps de partisans ont joué un grand rôle dans la guerre des Boers, dans les guerres coloniales, ainsi que dans la Première et surtout dans la Seconde Guerre Mondiale. Les dimensions que la guerilla a pris au cours et après la Seconde Guerre Mondiale en Yougoslavie, en Pologne, en URSS, en France, en Grèce, en Indonésie, à Cuba, en Algérie et récemment au Viet-nam, justifient la thèse sur la renaissance de ce moyen de guerre. La portée de l'action partisane a été pour la première fois dans l'histoire expressément reconnue dans le traité de paix avec l'Italie; dans le préambule les parties contractantes prennent en considération „que, après ledit armistice, des forces armées italiennes, celles du Gouvernement aussi bien que celles de la Résistance, ont pris une part active à la guerre contre l'Allemagne."

Il est bien connu qu'à cette époque les cruautés commises sur les partisans et sur la population suspectée d'aider les partisans ont atteint les dimensions inconnues jusqu'alors dans l'histoire. C'est déjà dans les premières années du siècle, au cours de la guerre de Boers que les troupes anglaises brûlaient les fermes, dont les propriétaires participaient à la guerilla.[1] Pendant la Ière guerre mondiale, la condamnation à mort des partisans et l'incendie des villages dont la population était suspectée d'aider les partisans étaient la pratique courante des Allemands. Au cours de la Seconde Guerre Mondiale les méthodes de combattre la guerilla sont devenues bien plus cruelles. La pratique des troupes allemandes était à cet égard la suivante: on ne considérait les partisans comme belligérants[2] mais comme „bandits," ce qui signifiait que, en cas

[1] Cf. Nurick et Barrett, *loc. cit.*, p. 578.

[2] Les pouvoirs allemands justifiaient leur pratique par les arguments suivants:
a) les partisans comme mouvement n'observent pas les lois et coutumes de la guerre et

de capture, ils étaient mis à mort, souvent après avoir été torturés. C'est seulement dans les cas, où l'on voulait assurer la protection aux soldats allemands tombés entre les mains des partisans qu'on reconnaissait les partisans comme combattants légitimes.[1] On a développé un système de répressions dans les régions où les partisans apparaissaient; on brûlait les villages, on tuait les civils – hommes et même les femmes et les enfants, on impliquait comme peine collective les contributions. Une méthode très répandue consistait à prendre les otages et de les fusiller au cas où les partisans ont tué ou blessé un Allemand. C'est ainsi que l'ancienne pratique barbare de prendre et de tuer les otages qui déjà au Moyen Age était vivement critiquée[2] et qui abandonnée dans les temps modernes[3] au point que l'on trouvait superflu de l'interdire expressément dans le règlement de La Haye,[4] a vécu sa renaissance

c'est pourquoi les autorités allemandes sont libres de traiter chaque membre du mouvement comme belligérant illégitime;
b) les partisans ne luttent au nom du gouvernemnt reconnu par l'Allemagne. (Cf. W. Wengler, *Völkerrecht*, 1964, II p. 1408–1409: l'auteur trouve injuste la position prise par les pouvoirs allemands). Cf. aussi à cet égard l'appel du Comité International de la Croix Rouge adressé le 17 août 1944 aux Gouvernements des Etats belligérants au sujet des actes de guerre commis par et contre des formations de combattants auxquels l'adversaire n'a pas reconnu la qualité de belligérants ou qui sont regardés comme partisans. Il a y été dit dans l'appel que „les principes fondamentaux du droit international et de l'humanité doivent être également appliqués quand surgissent, au cours de la guerre, des situations qui ne sont pas explicitement mentionnées dans les conventions internationales" et que „tous les combattants, quelle que soit l'autorité de laquelle ils se réclament, doivent – pour autant qu'ils se conforment aux lois et coutumes de guerre, et notamment qu'ils aient à leur tête une personne responsable, qu'ils arborent un signe distinctif et qu'ils portent les armes ouvertement – bénéficier des garanties réservées aux prisonniers de guerre, s'ils tombent aux mains de l'adversaire" (*Annuaire suisse de droit international*, 1945, p. 295).

[1] Cf. la relation de Dedijer (*On military conventions*, 1961 p. 110): „The occupation forces in conformity with Hitler's decision on the subjugation of Yougoslavia considered every act of armed resistance against the occupational forces as an act of rebellion, as a war crime. The members of the partisan units were not given the status of belligerency and accordingly, the captured or wounded partisans were, usually, executed on the spot... As consequence of the growth of the partisan movement and in order to protect their own soldiers who were captured the commanders of the occupying units began to change their attitude toward the members of the partisan movement."

[2] Cf. E. Nys, *Le droit de guerre et les précurseurs de Grotius*, 1822 p. 16 et A. Vanderpol, *La doctrine scolastique du droit de guerre*, Paris, 1919, p. 351.

[3] On croyait que l'interdiction de prendre et de tuer les otages résulte de la disposition générale de l'article 50 du Règlement interdisant toutes les peines collectives édictées contre la population à raison de faits individuels.

[4] Cf. l'opinion de Rolin-Jaequemyns (*Revue de droit international et lég. comp.*, 1870, p. 670) qui dit que „L'emploi des ôtages est presque abandonné" et „est considéré par certains auteurs comme radicalement illégitime" et l'opinion de Oppenheim (*International Law*, II 1906, p. 271) selon laquelle la pratique de prendre et de tuer les otages „has totally disappeared and will hardly be revived": il est intéressant de noter que dans les éditions postérieures du manual Oppenheim's International Law – après l'expérience de la première guerre mondiale on a ajouté une remarque: „is a matter urgently demanding regulation" (IV ed. II p. 420).

au XXe siècle.[1] On constate dans le développement des usages de guerre au cours du XXe siècle le mouvement régressif et le retour aux pratiques barbares des temps reculés.[2]

La doctrine du droit international à la fin du XIXe et au XXe siècle n'était malheureusement pas unanime et claire en matière de status juridique des partisans. Oppenheim répond par la négative à la question de savoir si la guerilla dans les territoires occupés est une guerre à la lumière du droit international, bien que „guerilla war is not a real war... in strict law the victor need no longer treat the guerilla bands as a belligerent Power and their captured members as soldiers," néanmoins selon le même auteur „it is however, advisable that he should do so, so long as they are under responsible commanders and observe the laws and usages of war."[3]

Funck Brentano et Sorel, bien qu'ils soient d'avis que le refus des droits des belligérants aux partisans constituent une violation „du principe général des coutumes de guerre," soulignent en même temps que ce refus résulte souvent des nécessités de guerre.[4] Pradier Fodéré constate l'inutilité des corps de partisans dans la guerre moderne.[5] Lauterpacht exprime une opinion surprenante par l'excès de son optimisme en disant que la situation de fait conduit automatiquement à appliquer le droit de guerre aux partisans si l'insurrection a pris des dimensions considérables; chacune des parties en question, si elle désire de transformer les hostilités en une guerre légitime „creates *suo vigore* a condition in which the rules of warfare become operative." Le même auteur est par contre pessimiste en ce qui concerne la possibilité d'assurer la protection juridique aux partisans avant que les parties, sur la

[1] Il importe de souligner que la pratique à cet égard au cours de la Seconde Guerre Mondiale n'était pas dûe tellement à la cruauté et à l'arbitraire des commandants particuliers mais plutôt aux ordres reçus des pouvoirs suprêmes. C'est ainsi que l'ordonnance du maréchal Keitel du 23 juillet 1941 dit que „conpte tenu des grandes dimensions des territoires occupés à l'Est les forces armées en disposition dans ces territoires dans le but de sécurité ne seront suffisantes qu'au cas où toute résistance sera punie non dans la voie de poursuite en justice du coupable, mais dans la voie de créer par les forces armées une telle terreur, qui pourrait étouffer parmi la population toute volonté de résister... Les commandants devraient trouver les moyens de maintenir l'ordre en utilisant les mesures draconiennes." L'ordonnance du maréchal Keitel du 16 septembre 1941 établit les proportions concernant les exécutions capitales pour la population des territoires occupés: de 50 à 100 personnes pour un Allemand (Cf. *Trial of the Major War Criminals*, 1947 I p. 234 et 290).

[2] J. Kunz („The laws of war," *AJIL* 2/1956 p. 313) dit que „after 1914, however, a new retrogressive movement set in which reached its present climax in the terrible conduct of the second World War, threatening a new advance to barbarism... we have arrived where we started in the sixteenth century, at the threat of a total, lawless war.

[3] L. Oppenheim, 4 ed. II p. 127

[4] T. Funck-Brentano and A. Sorel, *Précis du droit des gens*, 1900, p. 266.

[5] P. Pradier-Fodéré, *Traité de droit international public*, 1894, IV p. 797.

base de réciprocité, ne décident d'appliquer les lois de la guerre aux partisans: „until matters have reached that stage there is nothing save considerations of humanity to limit the lawful government's freedom of action."[1]

En interprétant les articles 1 et 2 du Règlement de La Haye un certain nombre de juristes a employé l'argumentation *a contrario*. On arguait que „Völkerrecht ist ein Verbotsrecht" et que tout ce qui n'est pas interdit est permis; c'est pourquoi les catégories de personnes non comprises par les dispositions des articles susmentionnés ne sont pas belligérants légitimes et en conséquence, elles sont privées de toute protection juridique: s'il existe des obligations quelconques à cet égard ce sont les obligations de caractère moral et non juridique. L'interprétation de cette sorte qui a été suivie dans beaucoup d'instructions militaires[2] méconnaît la clause dite de Martens qui place les personnes en question „sous la sauvegarde et sous l'empire des principes du droit des gens tels qu'ils résultent des usages établis entre nations civilisées," aussi bien qu'elle méconnait le fait qu'en 1899 la clause de Martens était le prix pour lequel on a réussi de gagner le consentement des petits Etats participant à la Conférence de La Haye aux articles 1 et 2 du Règlement.[3]

L'interprétation *a contrario* a influencé la juridiction des tribunaux. Dans l'affaire de Wilhelm List et autres militaires allemands[4] le tribunal militaire américain à Nurnberg constate que certains corps de partisans en Yougoslavie et en Grèce, bien qu'ils fussent désignés de la manière répondant à l'organisation militaire et soumis au commandement militaire central „ne portaient pas les mêmes uniformes mais souvent les vêtements civils avec les parties des uniformes allemands, italiens et serbes, si l'on en pouvait obtenir." Le tribunal constate ensuite que

---

[1] H. Lauterpacht, *Recognition in international law*, Cambridge 1947 p. 245.

[2] Cf. à cet égard Rules of Land Warfare § 348 des Etats-Unis: „Persons who take up arms and commit hostilities without having compiled with the conditions prescribed by the laws of war for recognition as belligerents, are, when captured by the injured party, liable to punishment as war criminals" (Hackworth, *Digest of International Law*, VI p. 172).

[3] Conformément au rapport présenté à la Conférence de 1899 (Conférence Internationale de la Paix, *op. cit.*, p. 37) – après que de Martens a donné lecture du projet de la déclaration qui a été ensuite incluse au préambule de la IVe Convention „le premier délégué de Belgique M. Bernaert, qui avait précédemment formulé des objections au sujet de l'adoption des articles 9 et 10 en question (un et deux du Projet nouveau) a annoncé sur le champ qu'il pourrait les voter à raison de cette Déclaration."

[4] Official transcript of the American Military Tribunal in the matter of the USA against Wilhelm List et al. defendants, sitting at Nuremberg, Germany, on 19 February 1948. Cf. aussi G. Sawicki, „Châtiment ou encouragement," *Revue Internationale de droit international, des sciences diplomatiques et politiques*, 1948 p. 240 et s.

„l'étoile soviétique était portée habituellement, mais la procédure n'a pas pu trouver que ce signe distinctif était reconnaissable de distance et les partisans ne portaient les armes ouvertement que dans les cas où cela était utile." C'est sur la base de cette constatation que le tribunal américain a conclu que „les membres de ces groupements illégaux n'avaient pas le droit à être traités comme prisonniers de guerre, il n'est donc pas possible de charger les accusés de la faute de tuer de tels prisonniers" et il a comparé le status juridique de cette catégorie de prisonniers à celui des espions. Il faut ajouter que dans certains pays la pratique judiciaire admet – même après la guerre – la poursuite des partisans comme des criminels pour les actes d'hostilité commis en temps de guerre.[1]

4. La période contemporaine

Les Conventions de Genève de 1949 ont indubitablement contribué à améliorer la situation juridique des partisans et des mouvements de résistance. Il suffit de rappeler que la situation des membres des mouvements de résistance organisés a été assimilée à celle des corps de volontaires à condition pourtant de remplir les quatre conditions de l'article 1 du Règlement de La Haye (l'article 4 de la IIIe Convention), que les Parties contractantes ont renoncé à toutes mesures de nature à causer soit des souffrances physiques soit l'extermination de la population des territoires occupés (l'article 32 de la IVe Convention), que la prise d'otages ainsi que les peines collectives ont été expressément interdites (articles 33 et 34) et que les dispositions conventionnelles ont considérablement limité le nombre des cas où la peine de mort pourrait être prononcée par les tribunaux (les articles 64–70). Cela constitue certainement une amélioration du status juridique de la population suspectée d'aider les partisans qui, jusqu'à présent, était souvent soumise aux cruautés de la part de l'occupant.

Néanmoins le status juridique des partisans et des mouvements de résistance après 1949 continue à n'être pas satisfaisant. Ses défauts et insuffisances apparaissent aussi bien à la lumière des interprétations données après 1949 aux dispositions conventionnelles particulières que du développement de la réalité politique et militaire au cours des années récentes. Les hautes appréciations de l'œuvre de Genève de 1949 exprimées à cet égard, comme celle de Schmid qui a terminé ses considéra-

[3] Cf. le cas du capitaine Lazo Vracarič détenu en Allemagne de l'Ouest en 1961 conformément au mandat d'arrêt lancé par les autorités allemandes en Yougoslavie en 1941.

tions détaillées sur ce sujet par la conclusion que „Den Partisanen ist Recht geworden"[1] – sont à la fois exagérées et superficielles.[2]

Dans la doctrine on continue de se servir de l'argumentation *a contrario*, ce qui conduit à laisser à l'arbitraire de la Puissance occupante le sort des partisans et des membres des mouvements de résistance tombés entre les mains de l'ennemi. Les opinions à cet égard sont souvent les mêmes ou presque les mêmes qu'avant la conclusion des Conventions de Genève: on refuse la protection juridique quelconque aux personnes ne remplissant pas toutes les conditions prévues à l'article 1er du Règlement ou, tout au plus, on recommande de les traiter conformément aux principes d'humanité sans faire aucune mention des obligations du caractère juridique contenues dans le préambule à la IVe Convention de La Haye. C'est ainsi que von der Heydte a fait en 1960 une distinction entre „vom Völkerrecht anerkannte Partisanenbewegung" et „nicht anerkannte Partisanenbewegung." Les membres de cette dernière catégorie „der Okkupant kann ... wegen ihrer Teilnahme an Kampfhandlungen nach den im besetzten Gebiet für die Zivilbevölkerung geltenden Gesetzen zur Verantwortung ziehen und jede Unterstützung einer solchen Partisanenbewegung als Unterstützung einer verbrecherischen Handlung werten und ahnden; andererseits können die Angehörigen einer vom Völkerrecht nicht anerkannten Partisanenbewegung sich nach einer ausdrücklichen Bestimmung der Genfer Konvention zum Schutz der Zivilbevölkerung von 1949 nicht auf die durch dieses Abkommen eingeräumten Rechte und Privilegien berufen, die, würden sie zu ihren Gunsten angewandt, der Sicherheit der Besatzungsmacht abträglich wären."[3] Et la situation juridique des membres de la „vom Völkerrecht anerkannten Partisanenbewegung" semble, selon l'opinion du même auteur bien incertaine du fait que „so schwer ist in der Praxis festzustellen, ob eine organisierte Widerstandsbewegung die Bedingungen erfüllt, die das Völkerrecht an ihre Anerkennung stellt."[4] Fenwick en présentant en 1952 le cas de l'insurrec-

[1] Cf. Schmid, *op. cit.*, p. 196.

[2] D'autre part il faut souligner que les opinions contraires à celle de Schmid ne manquent pas. J. P. A. François (*L'Annuaire de l'I.D.P.*, 1957 II p. 355) dans son rapport fait la conclusion suivante: „La Convention de 1949 ... ne donne aucune solution." Selon Baxter (So-called unprivileged belligerency: spies, guerillas and saboteurs, *BYIL* 1951, p. 327) les conventions de 1949 „have, however, instead of clarifying the status of these individuals, destroyed what little certainty existed in law... the Conventions are at their weakest in delineating the various categories of persons who benefit from the protection of each." Jakovljevic („La révision du droit de la guerre," *Jugoslov. Revija za Med. Pravo*, 1/1962 p. 85) dit que „la révision du droit de la guerre est par là bien partie, mais on s'est arrêté à mi-chemin."

[3] A. von der Heydte, *Völkerrecht*, 1960 II p. 349.

[4] *Ibid.*, p. 350.

tion de Varsovie en 1944 observe que „the status of the forces of resistance would have been difficult to determine even if the invader had had concern for the legality of his acts" et fait une remarque générale inspirée par le scepticisme: „The irony of "laws of war" was illustrated here as in other phases of the war where the judgment of individual commanders determined what was lawful and unlawful."[1] Et même dans le commentaire à la Ière Convention de Genève publié sous la direction de J. S. Pictet on trouve les vestiges de l'argumentation *a contrario*: l'individu n'appartenant pas à l'une des catégories énumérées à l'art. 4 de la IIIe Convention et capturé après avoir commis des actes d'hostilité „pourrait se voir refuser le droit de traitement des prisonniers de guerre, sans parler des sanctions dont il pourrait être objet."[2]

La pratique de la Seconde Guerre Mondiale aussi bien que celle des guerres de libération en Asie et en Afrique dans les années d'après guerre ont démontré la vitalité des mouvements de résistance et des partisans. A l'heure actuelle on ne peut considérer ce moyen de conduire la guerre comme un anachronisme, de la même manière qu'on parle, par exemple, depuis longtemps de la course dans la guerre maritime. Du point de vue militaire, les guerres de la moitié du XXe siècle deviennent de plus en plus des guerres mobiles et non celles de position, ce qui rend le théâtre de guerre bien plus étendu et augmente considérablement les possibilités de développer la guerilla. C'est dans une grande mesure le résultat nécessaire du développement de l'aviation, des blindés ainsi que de la motorisation des armées ce qui rend possible la concentration énorme du feu sur les places fortifiées.

Sous l'influence des facteurs militaires susmentionnés on observe même une tendance à rendre les formes de combat des armées régulières semblables à celles de partisans: l'emploi des petites unités militaires aéroportées, des commandos, de „la cavalerie de l'air." Et la clandestinité qu'on reproche aux partisans et aux résistants caractérise dans une certaine mesure la forme de combat des armeés régulières qui, dans la guerre moderne, sont obligées de se camoufler. Il devient donc de plus en plus difficile du point de vue militaire de refuser le caractère de belligèrant légitime aux partisans et en même temps de prétendre que les petites unités des armées régulières agissant de façon semblable jouissent d'un statut juridique privilégié.

L'importance militaire des partisans est à l'heure actuelle générale-

[1] C. G. Fenwick, *International Law*, ed. 1952 p. 556.

[2] La Convention de Genève pour l'amélioration du sort des blessés et des malades dans les forces armées en campagne, Genève 1952, p. 159.

ment reconnue[1] et l'on exprime même souvent les opinions selon lesquelles le rôle des mouvements de résistance et des partisans augmentera encore dans l'avenir.[2] C'est presque exclusivement dans la partie de la doctrine du droit international qu'on peut encore rencontrer les opinions qui refusent obstinément de reconnaître l'importance militaire quelquonque à l'activité des partisans pour justifier ainsi la discrimination de cette forme des hostilités.[3]

On se nourrit parfois d'illusion que le refus de traiter les partisans comme belligérants légitimes contribue à rendre les guerres moins longues et, par conséquent, moins sanglantes.[4] Une autre illusion c'est de croire qu'on puisse, par maintien des dispositions juridiques discriminatoires, décourager les tendances manifestées parmi les populations des territoires occupés à participer dans la lutte sous forme de mouvement de résistance ou de partisans.

Les facteurs politiques et militaires qui déterminent les formes de combat ainsi que l'étendue des personnes participant aux hostilités sont certainement trop puissants pour qu'on puisse opposer efficacement aux tendances susmentionnées une norme juridique décourageant la population de participer aux mouvements de résistance. Au cours

---

[1] On constate que „unconventional warfare is the effective weapon of the weaker adversary", qu'elle est dangereuse aussi bien pour les grandes puissances que pour les petits Etats et que c'est „an extremely cheap weapon, at least – monetarily." (*Problems of national strategy*, edited by H. Kissinger, 1965, p. 334). Selon Baxter (*loc. cit.*, p. 334) – „resistance activities were an important instrument in the defeat of the Axis during the Second World War, and it is hardly possible to name an armed conflict which has taken place since the conclusion of those hostilities in which guerillas have not played an important and often a decisive role. Only a rigid legal formalism could lead to the characterisation of the resistance conducted against Germany, Italy and Japan as a violation of International Law. Patriotism, nationalism, allegiance to some sort of political authority have replaced the desire for loot, which has traditionally been attributed to the guerilla, in motivating civilians to take part in warfare... In both occupied and unoccupied areas, resistance activities, guerrilla warfare, and sabotage by private persons may be expected to continue on at least as widespread a basis in future warfare as they have in the past."

[2] „De nombreux techniciens militaires – comme l'a constaté Ch. de Rousseau, (*L'Annuaire de l'IDP*, 1957 II p. 428) – voient dans les activités des guérillas et des mouvements de résistance l'une des formes les plus vraisemblables de la guerre future."

[3] Cf. l'opinion de W. Schätzel: „en général, l'importance de ces mouvements ne sera pas trop grande, surtout dans les pays d'une population industrielle dense, d'un réseau intact de routes et de chemins de fer et occupés par une armée forte et bien organisée. Le contraire est possible dans des cas exceptionnels... On devra donc conseiller à la population de renoncer à toute rébellion inutile. Un héroisme patriotique sans aucune chance ne sert à rien" (*L'Annuaire de l'IDP*, *op. cit.* p. 471°).

[4] C'est J. Andrassy qui s'est opposé vivement à l'opinion selon laquelle l'humanisation de la guerre entraîne sa prolongation ce qui rend la guerre plus cruelle. Il a souligné que la guerre cruelle ne sera pas moins longue en raison de sa cruauté et que les „Blitzkriege" – ce qui est prouvé par l'expérience – durent des années (*L'Annuaire*, *op. cit.*, p. 300). Cf. à cet égard aussi l'opinion de A. Sauvy (*Mythologie de notre temps*, 1965 p. 12) qui range parmi les „mythes" des prédictions sur la courte guerre.

de la discussion à l'Institut de Droit International sur la question de savoir si les tendances à prendre part aux luttes contre l'occupant sous la forme des mouvements de résistance et des partisans doivent être découragées à cause de leur répercussion défavorable sur la protection de la population civile, plusieurs membres de l'Institut ont exprimé leurs doutes quant à la possibilité même de provoquer un tel découragement à l'époque actuelle. Jessup a constaté brèvement qu'il ne croit pas que ce soit possible.[1] Selon Castren et Rousseau – il serait difficile d'arrêter le développement et il faut prévoir une activité des mouvements de résistance et des partisans dans l'avenir.[2] Ruegger était d'avis qu'il sera souvent presque impossible de freiner l'esprit patriotique dans les territoires occupés.[3] Andrassy a observé que la question avait été mal posée: il est superflu et même dangereux d'insérer dans les résolutions de l'Institut une formule qui tend à déconseiller l'emploi de cette forme de lutte, étant donné que les mouvements de résistance sont reconnus comme formes légitimes de conduite de la guerre et que cette forme sera employée si jamais guerre il y a. Dans le cadre des travaux de l'Institut „il faut se demander, si les règles du droit existant répondent aux conditions spéciales de la guerre de partisans et des mouvements de résistance et si ces conditions spéciales demandent une adaptation nouvelle desdites règles."[4]

Selon Scelle le nouveau droit des gens doit mettre en œuvre tous les obstacles susceptibles d'être dressés contre l'agression „et en particulier les mouvements de résistance ou de partisans trop naturels de la part d'une population d'un territoire envahi; ce peut être la seule ressource d'un gouvernement surpris par l'agression, obligé à l'exil, et pour un peuple la seule façon de défendre son existence et son droit à disposer de lui-même." Le même professeur croyait que „le questionnaire s'écarte de la conception profonde de la Charte, du Droit des Gens nouveau et même de la morale juridique"; par conséquent il a recommandé d'étudier les modalités de la levée en masse.[5]

Il y a des opinions exprimées aussi bien par les historiens que par les juristes, selon lesquelles les guerres avec la participation des mouvements de résistance sont particulièrement cruelles et qu'il y a dans les guerres de cette sorte une tendance à méconnaître les règles du droit de la guerre, ce qui est dû au manque de discipline militaire dans les corps

[1] Cf. *L'Annuaire de l'IDP, op. cit.*, p. 426.
[2] *Ibid.*, p. 410, 428 et 510.
[3] *Ibid.*, p. 443.
[4] *Ibid.*, p. 590–592.
[5] *Ibid.*, p. 557–558.

de partisans ainsi qu'aux défauts d'organisation. Il y a donc une tendance naturelle à ce que la guerre dégénère en brigandage ainsi qu'en anarchie déchaînant les passions et réveillant les mauvais instincts. Ces arguments sont souvent invoqués pour démontrer le caractère sanglant et inhumain de ce moyen de conduire la guerre aussi bien que pour justifier la pratique consistant à tuer les partisans capturés.

On peut opposer à cette argumentation que les partisans bien souvent observent avec un souci particulier les lois de la guerre pour démontrer ainsi le caractère militaire de leur organisation.[1] D'autre part le caractère inhumain de nombreuses guerillas est le résultat d'un tragique *circulus vitiosus*. Tandis que la partie combattant des partisans justifie ses propres cruautés commises sur les partisans et sur la population civile par les cruautés perpetrées par les partisans qui se voient refusé le statut de belligérants légitimes, ceux-ci regardent l'observation de lois de guerre qui n'imposent des obligations qu'à l'une des parties comme un devoir manifestement injuste. La disposition du règlement de La Haye faisont une distinction parmiles belligérants entre ceux dont la situation juridique est établie dans le Règlement et ceux qui „restent sous la sauvegarde des principes du droit des gens, tels qu'ils résultent des usages établis entre les nations civilisées" et faisant dépendre l'appartenance à une ou l'autre catégorie des critères formels pas faciles à observer et à constater dans les conditions de la guerre moderne comme celle d'avoir un signe distinctif reconnaissable à distance, elle a contribué ainsi à aggraver le *circulus vitiosus* et a favorisé ainsi la transformation des guerres en guerres sanglantes où toutes les cruautés sont commises, soit à ce titre qu'on lutte avec „criminels" et non belligérants légitimes, soit à titre de représailles.

Et même on peut espérer que le progrès de la technique militaire aura pour résultat l'aggravation de la situation à cet égard; si les avions de la partie disposant de la supériorité dans les airs brûlent et bombardent systématiquement les villages suspectés d'aider les partisans – ne faisant autre chose que de tuer les personnes innocentes de tout âge[2] –

[1] Cf. à cet égard l'ordre du commandement de l'Armée Nationale de Libération et des Corps de Partisans en Yougoslavie du 8 novembre 1941, où il a été interdit „sous la peine de mort de répondre à crimes commis par les forces de l'occupant en employant les mesures analogues qui ne sont pas permis aux corps de partisans" (cité par Dedijer, *op. cit.*, p. 109–110).

[2] Cf. à cet égard l'opinion de Spetzler (*Luftkrieg und Menschlichkeit*, 1952 p. 232–233). L'auteur emploie, comme beaucoup d'autres auteurs allemands, l'argumentation *a contrario* par rapport aux dispositions du Règlement de La Haye. Il reproche aux partisans polonais de 1939 de n'avoir pas observé les lois et coutumes de guerre, de n'avoir pas un signe distinctif suffisant et par conséquent il conclut: „Die deutsche Gegenmassnahmen hätten daher sogar das Kriegsrecht ausser Acht lassen dürfen (Repressalie,

il est difficile d'espérer que les partisans tiendront à respecter les lois de la guerre en faveur des ennemis tombés entre leurs mains et particulièrement en faveur des aviateurs participant à l',,action pacificatrice."

5. Conclusions

Les considérations qui viennent d'être exposées permettent de conclure comme suit:

1. La thèse selon laquelle la guerilla et les corps de partisans seraient le moyen illicite de faire la guerre ne trouve aucune justification dans le droit international en vigueur. Le Règlement de La Haye constitue la base juridique du moyen susmentionné par rapport aux partisans répondant aux exigences de l'art' 1 et de l'art. 2 du même Règlement et „les principes du droit des gens tels qu'ils résultent des usages" conformément au préambule à la IVe Convention de La Haye – par rapport aux autres partisans. „Les principes" ainsi que „les usages" susmentionnés n'interdisent pas de conduire la guerre par les corps de partisans; jusqu'à la moitié du XIXe siècle le statut juridique des partisans était le même que celui des autres troupes et il n'y avait de belligérants ni privilégiés ni discriminés. C'est au milieu de ce siècle – par suite du développement des armées régulières et sous l'influence de l'idéologie de la Sainte Alliance – qu'apparaissent les tendances à refuser aux partisans le caractère de belligérants légitimes. Les dispositions de la Déclaration de Bruxelles ainsi que celles de la IVe Convention de La Haye ont été formulées sous l'influence des tendances susmentionnées, d'où leur caractère indécis et compromissoire.
2. La possibilité d'éliminer la lutte de partisans des moyens de guerre semble à l'heure actuelle moins réelle que jamais dans le passé. La guerre moderne, aussi bien par son caractère politique qu'à la suite de la disproportion du potentiel militaire technique, fait pour beaucoup de pays des corps de partisans un seul moyen effectif de la résistance à l'envahisseur.
3. Les conventions de Genève de 1949 bien qu'elles aient contribué à

---

teils auch keine stehende Rechtsbindung) ... Die deutsche Waffenanwendung gegen die Partisanen war jedoch rechtsmässig, da sie mit ihrer Tätigkeit nicht als friedliche Zivilbevölkerung anzusehen war." Les conclusions de Spetzler concernant la guerre aérienne sont parfaitement claires: „Daher wären die Luftangriffe gegen Bandenschlupfwinkel zulässig gewesen... Die Alliierten, im Urteil darüber noch lange nach dem Kriege sehr einseitig, zeigten inzwischen seit den eigenen Erfahrungen in Korea, Kenia, Indochina, Marokko usw. mehr Verständnis für die deutschen Massnahmen."

améliorer le status juridique des mouvements de résistance ainsi que de la population civile qu'on rendait traditionnellement responsable des activités des partisans – ne constituent certainement pas une solution satisfaisante; en particulier, elles n'ont pas éliminé définitivement la possibilité d'interprérer *a contrario* les articles 1 et 2 du Règlement de La Haye et de traiter les partisans et les membres des mouvements de résistance comme criminels. Il importe – dans l'intérêt de l'humanité ainsi que dans celui de l'application effective du droit de guerre, dont la condition nécessaire est d'éviter l'inégalité dans le status juridique des belligérants de deux parties en conflit – d'assurer aux partisans et aux membres des mouvements de résistance un minimum de protection juridique sous contrôle des puissances protectrices par les dispositions conventionnelles en établissant d'une façon précise et concrète les obligations résultant pour les Etats de l'acceptation de la clause de Martens.[1]

4. Dans la discussion sur l'amélioration du status juridique des mouvements de résistance et des partisans on a souvent lié les possibilités d'améliorer ce status à la solution des problèmes fondamentaux du droit de la guerre, comme celui de la réforme générale du droit de la guerre ou celui de la distinction fondamentale entre les status juridiques respectifs des belligérants et de la population civile pacifique. Cette approche du problème ne pouvait conduire qu'à la conclusion qu'il faudrait attendre avec l'amélioration du sort des partisans et des résistants jusqu'à la réforme générale du droit de la guerre. Il nous semble que l'approche humanitaire offre plus de chance que l'idée de la réforme globale du droit de guerre[2] d'aboutir à un résultat pratique. Sans préjudice des principes du droit de la guerre en vigueur on peut certainement rendre les obligations des Etats dans le cadre du droit humanitaire plus étendues et les dispositions du Règlement de La Haye plus claires. Les conventions de Genève de 1949 en constituent une preuve convaincante.

5. Les efforts tendant à améliorer la situation des mouvements de résistance et des partisans devraient aller dans deux directions:

---

[1] Les propositions tendant à établir un status international des belligérants jusqu'à présent discriminés sont discutées au sein des associations des anciens résistants et combattants. Cf. les résolutions du Congrès de la Fédération Internationale des Résistants du 13 décembre 1964 ainsi que les travaux préparatoires au sein de la Fédération Mondiale des Anciens Combattants.

[2] Dr. B. Jakovljević („La révision du droit de la guerre," *Jugoslov. Revija za Medunarodno Pravo*, 1/1962 p. 85) se prononce dans le même sens en disant que „il ne faut pas rechercher la codification générale du droit de la guerre, mais de régler certaines questions cruciales, actuelles d'une façon pratique et réelle."

(a) limiter le nombre des conditions dressées par le Règlement de La Haye par rapport aux partisans qui devraient être considérés comme belligérants soumis aux dispositions du Règlement. A la lumière de l'expérience récente il n'y a que deux conditions essentielles témoignant d'un véritable mouvement de résistance: l'organisation de type militaire et l'observation des lois et coutumes de la guerre.[1] Et même les effets juridiques de la non-observation des lois et coutumes de la guerre par les membres particuliers des mouvements de résistance ne peuvent pas constituer une justification suffisante pour refuser à tout mouvement de résistance le caractère du belligérant légitime.[2]

(b) assurer aux partisans et membres des mouvements de résistance armée ainsi qu'à la population suspectée de les aider la protection efficace sous le contrôle des puissances protectrices consistant à n'être pas traités comme criminels et à répondre devant les tribunaux pour les actes de violence commis par la personne en question. Il nous semble que le postulat d'un minimum de protection à cet égard dans les territoires occupés sous le contrôle effectif international se dégage nécessairement des principes généraux du droit

---

[1] C'est depuis longtemps que la doctrine souligne que les défauts dans les uniformes ne peuvent servir de prétexte pour refuser aux partisans le caractère des belligérants légitimes. J. E. Edmonds et L. Oppenheim (*Landwarfare*, 1912 p. 19) étaient d'avis que „less than complete uniform will suffice." A la Conférence Diplomatique de Genève en 1949 le délégué danois a proposé de n'exiger le port du signe distinctif par les partisans qu'au cours de leur participation aux hostilités. Cf. *Actes*, p. 433.

On a exprimé l'opinion qu'à l'heure actuelle on ne devrait pas exiger des partisans d'avoir le signe distinctif et de porter les armes ouvertement, étant donné que dans les conditions de la guerre moderne les armées régulières se servent dans une grande mesure du camouflage des troupes et des armes. Cf. F. I. Kozewnikow, *Droit International* (en russe), 1957, p. 410; P. Kleut, „Guerre de partisans et droit international," *Jugoslovenska Revija za Medunarodno Pravo*, 1/1956, p. 96 et s.

L'avant-projet de résolution préparé par le groupe de travail de la F.I.R. en 1964 propose „que soient adoptés les éléments suivants comme essentiels et constitutifs de la notion et de la définition du résistant:

a) qu'il lutte pour la libération nationale contre l'agresseur étranger,
b) qu'il appartienne à un groupe organisé ayant à sa tête une personne responsable,
c) qu'il respecte les lois et les coutumes de guerre."

[2] C'est seulement les membres du mouvement de résistance coupables de la violation des lois et coutumes de guerre – dans la même étendue que les membres de l'armée régulière – qui perdent leur droit à la protection assurée par les lois et coutumes en question et peuvent être soumis à la juridiction des tribunaux comme criminels de guerre. (Cf. à cet égard *Dictionnaire Diplomatique* (en russe), Moscou, 1961, II, p. 496), où il a été dit que la condition concernant l'observation des lois et coutumes de guerre „devrait être appréciée par rapport au partisan particulier." Il nous semble utile de rappeler que le Manuel d'Oxford adopté par l'Institut de Droit International en 1880 a imposé les mêmes devoirs à cet égard aux armées régulières et aux combattants irréguliers en disant dans l'article 3 que „toute force armée belligérante est tenue de se conformer aux lois de la guerre."

international contemporain.[1] Si les Etats sont obligés à respecter l'intégrité de tous les autres Etats on est justifié de postuler le contrôle international dans tous les cas où les Etats s'écartent des obligations à cet égard – et tel est le cas de l'occupation militaire.

L'année des Droits de l'Homme, proclamée par l'Assemblée Générale de l'ONU – conformément à la résolution 1961/XVIII du 12 décembre 1961, qui annonce les efforts intensifiés dans le domaine des droits de l'homme en 1968 – présente une opportunité particulièrement favorable pour faire progresser les travaux tendant à assurer les droits fondamentaux à ceux qui, par leur patriotisme et dévouement, méritent certainement plus que les autres hommes de voir leurs droits reconnus et respectés.

[1] Le professeur Andrassy (*Annuaire de l'IDI, op. cit.*, p. 399) s'est prononcé en faveur du principe, selon lequel on devrait „constituer un désavantage pour l'agresseur dans la plupart des cas en imposant plus de restrictions à l'occupant et en donnant plus de garanties à la population du pays occupé." Une telle solution serait certainement en conformité avec les obligations assumées par les Etats Membres dans la Charte de l'O.N.U. aussi bien qu'avec la résolution de l'Assemblée Générale de 1950 (378 – V) confirmant le principe de la Charte, selon lequel la force ne devrait pas être employée contre l'intégrité territoriale et l'indépendance politique d'un autre Etat. Le professeur Scelle a exprimé une opinion semblable en disant que – l'agression étant le premier crime contre l'humanité – „le nouveau Droit des Gens doit mettre en œuvre tous les obstacles susceptibles d'être dressés contre elle, et en particulier les mouvements de résistance ou de partisans." (*Ibid.*, p. 590).

R. L. BINDSCHEDLER

Die Vereinigten Nationen und das Kriegsrecht

I

(1). Am 11. September 1963 hat das Institut de Droit international auf seiner Session in Brüssel folgende Resolution angenommen:

L'égalité d'application des règles du droit de la guerre aux parties à un conflit armé

L'Institut de Droit international,

estimant, d'une part, que les obligations ayant pour but de restreindre les horreurs de la guerre et imposées aux belligérants pour des motifs humanitaires par les Conventions en vigueur, par les principes généraux du droit et par les règles du droit coutumier, sont toujours en vigueur pour les parties dans toutes catégories de conflits armés et s'étendent également aux actions entreprises par les Nations Unies;

d'avis, d'autre part, que, sous cette réserve, il ne peut y avoir complète égalité dans l'application des règles du droit de la guerre lorsque l'organe compétent des Nations Unies a constaté qu'un des belligérants a recouru à la force armée en violation des règles du droit des gens consacrées par la Charte des Nations Unies;

invite la quatrième Commission à poursuivre l'étude de la question de savoir dans quelle mesure et sous quelles conditions cette inégalité devrait être acceptée.[1]

Damit soll den Vereinigten Nationen als Verteidigern des Rechts eine privilegierte Rechtsstellung eingeräumt und der Angreifer, der die Charta verletzt hat, diskriminiert werden. Für die Streitkräfte der Organisation und diejenigen ihres Gegners würden nicht mehr die gleichen Rechtsnormen gelten.

Als Begründung wird der Grundsatz *„ex iniuria ius non oritur"* angeführt. Wer das Völkerrecht und die Charta verletzt hat, soll daraus nicht Rechte ableiten dürfen und in seiner Rechtsstellung gegenüber dem Verteidiger des Rechts benachteiligt sein. Eine Gleichbehandlung von Angreifer und Verteidiger des Rechts stünde mit der Rechtsidee

[1] *Annuaire de l'Institut de Droit international* 50 II (1963), S. 368.

in Widerspruch. Da die Charta in Art. 2 Ziff. 4 jede Anwendung von Gewalt untersagt, kann es keinen Krieg im Sinne des klassischen Völkerrechts mehr geben. Es wird gesagt, „enforcement measures" seien kein Krieg, da sie einen anderen, höheren Zweck verfolgten. Deshalb werde auch dem auf der Gleichberechtigung der Kriegführenden beruhenden Kriegsrecht der Boden entzogen. Eine andere Ueberlegung geht dahin, dass die Verletzung der Charta durch den Angreifer die Organisation und die hinter ihr stehenden Staaten zu Repressalien und damit zur Diskriminierung des Rechtsbrechers ermächtige. Nach der Auffassung des Berichterstatters des Institut, Prof. François, würde die Beibehaltung des Grundsatzes der Gleichheit die weitere Entwicklung der Organisation der Staatengemeinschaft kompromittieren.[1]

Das Institut ist diesen Argumenten allerdings nicht konsequent gefolgt und hat weiterhin die gleichmässige Anwendung derjenigen Rechtsnormen postuliert, deren Ziel in der Einschränkung der Schrecken des Krieges liegt und die den Kriegführenden aus humanitären Erwägungen auferlegt wurden. Es wird damit eine Zweiteilung des Kriegsrechts vorgenommen in das humanitäre und das nicht-humanitäre Recht.

(2). Trotz dieser Einschränkung ist die in der Resolution zum Ausdruck kommende Rechtsauffassung kaum haltbar und würde in der Anwendung zu gefährlichen Folgen führen. Sie steht sowohl mit dem Grundsatz des Kriegsrechts der Reziprozität und der Gleichheit im Widerspruch, wie auch mit den politischen Gegebenheiten der heutigen Staatenwelt. Trotz Bestehens der Weltorganisation hat sich diese nicht grundsätzlich geändert[2]; die Resolution nimmt eine wünschbare Zukunft vorweg.

---

[1] *Annuaire*, 50 I, S. 113. Vgl. dazu die Berichte von J. P. A. François, L'égalité d'application des règles du droit de la guerre aux parties à un conflit armé, und die schriftliche und mündliche Diskussion, *Annuaire* 50 I, S. 5–127, II, S. 306–356. Die Auseinandersetzung entbehrte allerdings weitgehend eines grundsätzlichen Charakters und bezog sich vor allem auf die Formulierungen der Resolution.

Im übrigen sei auf die umfassende Darstellung des Problems bei D. W. Bowett, *United Nations Forces*, London 1964, S. 488–499, und die dort zitierte Literatur verwiesen; vgl. auch Tucker, *The Law of War and Neutrality at Sea*, Washington 1957, S. 4–11, 15–25, und L. Kotzsch, *The Concept of War in Contemporary History and International Law*, Genf 1960, S. 269–296.

Für eine Diskriminierung Bowett, S. 491, 506; wohl auch Verdross, *Völkerrecht*, 5. Aufl., Wien 1964, S. 655; Guggenheim, *Traité de Droit international public*, II, Genf 1954, S. 312, 314/15; G. Schwarzenberger, *Legal Effects of Illegal War, Festschrift Verdross*, Wien 1960, S. 245, 247, 251/52; Kotzsch, a.a.O., S. 292–296.

[2] Worauf auch Guggenheim, a.a.O., S. 241/2, hinweist.

II

(3). Die Vereinigten Nationen sind zwar ein Völkerrechtssubjekt, jedoch kein Superstaat und kein Bundesstaat. Die Gründerstaaten haben das letztere auf der Konferenz von San Francisco ausdrücklich nicht gewollt, was der Internationale Gerichtshof später bestätigt hat.[1] Die Charta selbst stellt in Art. 2 Ziff. 1 fest, dass die Organisation auf der souveränen Gleichheit aller Mitgliedstaaten begründet sei. Dieser Grundsatz enthält den Vorbehalt der staatlichen Souveränität. Wir haben es mit einer zwischenstaatlichen, internationalen Organisation zu tun, beruhend auf einem völkerrechtlichen Vertrag, nicht mit einem Ueberstaat.

(4). Die UN verfügen ferner über keine eigenen Streitkräfte. Art. 43–45 der Charta sehen vielmehr vor, dass die Mitgliedstaaten dem Sicherheitsrat solche zur Verfügung stellen. Das geht besonders aus Art. 45 hervor, der von kombinierten internationalen Zwangsmassnahmen spricht. In die gleiche Richtung weist Art. 48, wonach die vom Sicherheitsrat beschlossenen Massnahmen von allen oder einigen Mitgliedstaaten vollzogen werden sollen. Nach Art. 49 haben sich die Mitgliedstaaten in Ausführung der beschlossenen Massnahmen gegenseitig Hilfe zu gewähren. Die Organisation handelt also entweder, indem sie Mitgliedstaaten mit der Durchführung beauftragt oder von diesen zur Verfügung gestellte Truppenkontingente einsetzt. Das entspricht auch der bisherigen Praxis, allerdings nicht in Ausführung von Kap. VII.[2]

Ob die UN befugt wären, eine eigene Armee aufzustellen, ist umstritten. Auch wenn man die Frage bejaht, würde sich am Charakter der Organisation und ihrer Aktionen nichts ändern.

(5). Entscheidend fällt ins Gewicht, dass die UN sich bei einer Zwangsaktion gemäss Kapitel VII der Charta in eine militärische Allianz umwandeln würden. Es würde sich um einen eigentlichen *Krieg* der der Aktion zustimmenden Mitgliedstaaten gegen einen andern Staat oder eine Staatengruppe handeln.[3] Daran würde auch die Tat-

---

[1] Avis consultatif vom 11. April 1949 über die Wiedergutmachung von im Dienste der Vereinigten Nationen erlittenen Schäden, *CIJ Recueil* 1949, S. 179.

Ueber den Charakter der UN ausführlich Bindschedler, „La délimitation des compétences des Nations Unies," *Recueil des Cours* de l'Académie de Droit international à La Haye, 108 (1963), S. 312–424, vor allem S. 388 ff.

[2] Dazu Oppenheim-Lauterpacht, *International Law*, 7. Aufl., London 1952, II, S. 169–171.

[3] So auch Generalsekretär U Thant in seiner Ansprache in Cambridge, Mass., vom 13. Juni 1963: „The idea that conventional military methods – or, to put it bluntly, war – can be used by or on behalf of the United Nations to counter aggression and secure the peace, seems now to be rather impractical," *Toward World Peace, Adresses*

sache der Leitung der Operation durch den Sicherheitsrat, das militärische Stabskomitee der UN oder einen von ihnen ernannten Oberbefehlshaber nichts ändern. Die neuere Geschichte hat mehrmals gezeigt, dass gewöhnliche Allianzen ihre militärischen Operationen durch einen gemeinsamen Oberbefehlshaber oder andere gemeinsame Organe leiten lassen können. Die Gleichsetzung einer Zwangsaktion der UN mit dem Vorgehen der Polizei im Innern des Staates geht fehl; weder sind die UN ein Staat, noch der Staat, gegen den sich ihre Massnahmen richten, ein Individuum oder eine private Menschenvereinigung. Die Organisation verfügt, wie gesagt, nicht über eigene Streitkräfte und stellt nur eine lose Vereinigung von Staaten dar.[1] Schliesslich fehlt der Organisation die überwältigende Uebermacht der Polizei gegenüber dem Rechtsbrecher, was gerade die Polizeigewalt charakterisiert.[2]

Auch wenn man es als wünschbar erachtet, die kollektive Erzwingung der Charta nicht als „Krieg" zu bezeichnen, wegen der verschiedenen Zielsetzung,[3] vermag das die Tatsachen nicht zu ändern.

(6). Infolge der Schwierigkeit, den Begriff des Krieges zu definieren, und um Lücken zu schliessen, ist die Entwicklung dahin gegangen, auf den Kriegsbegriff überhaupt zu verzichten und die Anwendung des Kriegsrechtes auf *alle* gewaltsamen internationalen Auseinandersetzungen sicherzustellen. Man spricht von Krieg im materiellen Sinne oder allgemein von bewaffneten Konflikten.[4] Während der Völkerbundspakt noch von Kriegen sprach, untersagt die Charta in Art. 2 Ziff. 4 die Drohung mit oder den Gebrauch von Gewalt. Die Genfer

---

and Public Statements, New York und London 1964, S. 274. Gleich Guggenheim, a.a.O., S. 317: „De leur côté, les *organisations internationales* chargées de régler les différends politiques entre leurs membres peuvent, en vertu de leur acte constitutionnel – et non en vertu du droit international coutumier – prendre contre l'agresseur ou l'Etat qui menace la paix des mesures d'exécution forcée susceptibles d'entraîner une guerre au sens matériel. La contre-guerre faite par l'Etat contre lequel sont prises les sanctions ne se dirige pas en premier lieu contre l'organisation internationale comme telle, mais contre les Etats membres exécutant les sanctions. Il s'agit alors d'une guerre au sens formel"; Bowett, a.a.O., S. 500; Kelsen, Collective Security under International Law, Washington 1957, S. 110; Kunz, „Kriegsbegriff," im *Wörterbuch des Völkerrechts*, 2. Aufl. Berlin 1961, II, S. 332; Kotzsch, a.a.O., S. 288/89; F. Berber, *Lehrbuch des Völkerrechts*, München 1962, II, S. 6.

[1] „It is an „as if" international community, which leaves the basic character of the world system unchanged and in which decisions are still made by states," St. Hoffmann, *The State of War*, New York 1965, S. 113.

[2] Man könnte höchstens von einem polizeilichen *Ziel*, einer Polizei*funktion* sprechen, insofern als es darum geht, ohne Rücksicht auf die Rechtslage zuerst einmal den Frieden wiederherzustellen. Vgl. Wehberg, „Kriegsverbot," in *Wörterbuch des Völkerrechts*, 2. Aufl., S. 372.

[3] Wie z.B. Oppenheim-Lauterpacht, a.a.O., S. 175, 224; vgl. auch Bowett, a.a.O., S. 53/54, 497. Die Staaten betrachteten die Aktion in Korea nicht als Krieg.

[4] Guggenheim, a.a.O., S. 312; Bowett, a.a.O., S. 498, 508; Kunz, *Kriegsbegriff*, S. 332; Tucker, a.a.O., S. 23–25.

Abkommen vom 12. August 1949 sind nach Art. 2 in allen Fällen eines erklärten Krieges oder jedes andern bewaffneten Konfliktes anzuwenden und zwar auch dann, wenn der Kriegszustand von einer dieser Parteien nicht anerkannt wird, sowie bei Besetzung des Gebietes einer Vertragspartei, selbst wenn diese Besetzung auf keinen bewaffneten Widerstand stösst. Art. 1 verpflichtet die Vertragsparteien, die Abkommen „unter allen Umständen" einzuhalten und durchzusetzen. Die Resolution des Institut selbst bejaht die Anwendung des humanitären Kriegsrechts „dans toutes catégories de conflits armés."

Unter die Kategorie „bewaffnete Konflikte" fallen zweifellos auch militärische Aktionen der UN.

(7). Es besteht keine Garantie, dass das Recht auf der Seite der Vereinigten Nationen steht und ein Beschluss auf Ergreifung von Zwangsmassnahmen materiell legal ist. Der Sicherheitsrat ist ein politisches Organ *par excellence* und lässt sich in erster Linie von politischen Ueberlegungen leiten. Nach Art. 39 der Charta ist er völlig frei, über das Bestehen eines Friedensbruchs oder eines Angriffes und über die Verantwortlichkeit hierfür zu entscheiden. Die Charta enthält keine Definitionen des Angriffs. In vielen Fällen wird es zweifelhaft erscheinen, ob überhaupt eine Verletzung des Völkerrechts vorliegt und wenn ja, auf welcher Seite. Die Geschichte hat gezeigt, dass in den meisten Fällen die Frage der Kriegsschuld umstritten ist und die Meinungen darüber weit auseinander gehen. Es ist selten, dass die Verantwortung eindeutig feststeht, wie das im Jahre 1939 für das nationalsozialistische Deutschland der Fall war. Es steht denn auch im freien Belieben des Sicherheitsrates, zu bestimmen, gegen wen Zwangsmassnahmen zu ergreifen sind. So sehr diese Lösung angesichts der geschilderten Schwierigkeiten verständlich erscheint, so kann sie zu rechtlich ungerechtfertigten Entscheiden führen. Die Charta beschränkt die politische Opportunität in keiner Weise. Zwangsmassnahmen werden somit nicht immer Sanktionen im Rechtssinne, sondern reine politische Aktionen sein.[1]

(8). Das Kriegsrecht gilt auch für denjenigen Staat, der Feindseligkeiten in Verletzung des Völkerrechts begonnen hat, für den rechtswidrigen Angreifer. Sein Sinn liegt im Krieg selbst und in der Notwendigkeit, die Anwendung von Gewalt zu regeln und einzuschränken. Wenn es einmal zu militärischen Aktionen gekommen ist, so besteht diese überwältigende Notwendigkeit ganz unabhängig davon, ob eine Partei legal oder illegal zu den Waffen gegriffen hat. Es hat zum Zweck,

[1] Darüber Guggenheim, a.a.O., S. 264.

einen bestimmten Sachverhalt zu normieren, ohne Rücksicht auf dessen Entstehungsgründe und dessen Legalität. Rechte und Pflichten des Kriegsrechts treten aktuell in Kraft, wenn der rechtlich umschriebene Tatbestand „gewaltsame Auseinandersetzung" vorliegt, einzig und allein auf Grund dieser Voraussetzung. Zwischen dem *ius ad bellum* und dem *ius in bello* ist strikte zu unterscheiden.[1]

Es handelt sich übrigens nicht um eine neue Problematik, die erst seit Inkrafttreten des Kellogg-Paktes oder der Charta entstanden ist. Die integrale Anwendung des Kriegsrechts erwies sich schon in einer Zeit als notwendig, in der noch die Lehre von *bellum iustum* vertreten wurde; bereits Grotius hat das erkannt.[2]

Zu untersuchen, welche Rechtsfolgen den Angreifer nach Beendigung der Feindseligkeiten treffen, ist müssig. Hierüber entscheiden der Ausgang der bewaffneten Auseinandersetzung und die sich daraus ergebende Regelung. Es steht – leider – keineswegs fest, dass die UN als Sieger hervorgehen werden, wie der Feldzug in Korea gezeigt hat.[3]

III

(9). Das Kriegsrecht beruht auf dem Grundsatz der gleichen Rechte und Pflichten für alle beteiligten Parteien und der Reziprozität.[4] Dieser Grundsatz ergibt sich einmal aus der Gleichberechtigung der Staaten. Diese stehen sich auf gleichem Fuss gegenüber – im Gegensatz zur Stellung der staatlichen Polizei gegenüber dem einzelnen Bürger. Auch die Vereinigten Nationen geniessen diese Stellung nicht, weil sie keinen Ueberstaat darstellen, sondern lediglich eine internationale Organisation, und ihnen die Uebermacht gegenüber dem Rechtsbrecher fehlt. Die Charta selbst erklärt in Art. 2 Ziff. 1, dass die Organisation auf dem Grundsatz der souveränen Gleichheit aller ihrer Mitglieder beruhe.

Entscheidend ist aber, dass der Grundsatz der Reziprozität im Kriegsrecht sich zwangsläufig aus der Natur der Sache ergibt. In einer

---

[1] So Guggenheim, a.a.O., S. 304/05; Oppenheim-Lauterpacht, a.a.O., S. 218, 220; Bowett, a.a.O., S. 495/96, 498; Verdross, a.a.O., S. 442; Castren, *The present Law of War and Neutrality*, Helsinki 1954, S. 58; Kunz, *Kriegsbegriff*, S. 332; Tucker, a.a.O., S. 9–11, 21/22; die Urteile von Nürnberg und Tokio und anderer Gerichtshöfe in Verfahren gegen Kriegsverbrecher (zit. bei Bowett und Schwarzenberger, a.a.O., S. 247–251).

[2] Tucker, a.a.O., S. 10/11.

[3] Worauf Kotzsch, a.a.O., S. 295, Anm. 86, ehrlicherweise hinweist. Vgl. über die Diskriminierung des Angreifers nach den Feindseligkeiten Oppenheim-Lauterpacht, a.a.O., S. 219/20.

[4] R. A. Falk, „The Shimoda Case," *AJIL* 59 (1965), S. 786; Kunz, „Kriegsrecht im allgemeinen," *Wörterbuch des Völkerrechts*, 2. Aufl., Berlin 1961, II, S. 358; Schwarzenberger, a.a.O., S. 246; Berber, a.a.O., S. 59, 66.

Auseinandersetzung auf Leben und Tod werden einschränkende Normen nur befolgt, wenn sie beide Seiten gleichmässig in ihrer Handlungsfreiheit hemmen oder begünstigen und nicht eine Partei zum Nachteil der andern bevorzugen. Würden die Vereinigten Nationen in einer militärischen Aktion mehr Rechte für sich in Anspruch nehmen und gewisse Normen für sich nicht gelten lassen, so würde der Gegner sofort dasselbe tun. Dieser wird nie von vorneherein eine Benachteiligung und damit ein erhöhtes Risiko seiner Niederlage in Kauf nehmen.

(10). Eine Differenzierung des Kriegsrechts in dem Sinne, dass ein Teil – die sogenannten humanitären Normen – weiterhin gleichmässig angewandt werden sollen, während für den andern die Reziprozität nicht mehr gelten würde, steht ebenfalls im Widerspruch zum geltenden Recht und erscheint als undurchführbar. Es kann keine klare Unterscheidung zwischen humanitären und nicht-humanitären Normen des Kriegsrechts gemacht werden. Alle Regeln verdanken ihre Entstehung humanitären Erwägungen, allerdings in mehr oder weniger grossem Ausmasse. Es geht immer um die Einschränkung der Gewalt und um den Schutz des Menschen, sei dieser nun eine Zivilperson oder ein Angehöriger der bewaffneten Kräfte. Das gilt vor allem auch für die Normen, die gewisse Kriegsmittel überhaupt verbieten und den Gebrauch an und für sich erlaubter Waffen einschränken. In dieser Beziehung besteht kein Unterschied zwischen dem Genfer- und dem Haager-Recht.[1]

Ähnlich verhält es sich aber auch mit den Normen über den Wirtschaftskrieg und solchen, die die Verhältnisse von Zivilpersonen und ihres Vermögens regeln. Die Anhänger der Diskriminierungstheorie haben vor allem diesen Rechtskomplex im Auge, wenn sie einem Gegner der UN gewisse Rechte absprechen und die Organisation von bestimmten Verpflichtungen entbinden wollen. Gewiss ermächtigt das Kriegsrecht die Kriegführenden hier zu einschneidenden Massnahmen. Diesen Kompetenzen stehen aber gewisse Garantien der Rechte der betroffenen Personen gegenüber. So verfügt der Okkupant zwar über zahlreiche Rechte im besetzten Gebiet; das gleiche Okkupationsrecht gewährt aber auch der Bevölkerung wichtige Rechtsgarantien.[2] Das eine lässt sich nicht vom andern trennen. In ähnlicher Weise ermächtigt das Seekriegsrecht die Kriegführenden zur Ausübung des Seebeuterechts, enthält aber zugleich Regeln zum Schutze der hievon betroffenen Personen (Schiffsbesatzungen, Passagiere, Eigentümer von Waren). Gerade das Verfahren vor Prisengericht zeigt diesen Gedanken; der

---

[1] So auch Kunz, *Kriegsrecht*, S. 358.

[2] Worauf Oppenheim-Lauterpacht hinweisen, a.a.O., S. 218; Bowett, a.a.O., S. 490.

Schiffs- oder Wareneigentümer soll nicht dem Kriegführenden völlig wehrlos gegenüberstehen.

In diesem Zusammenhang sei noch erwähnt, dass auch schon vorgeschlagen wurde, den Vereinigten Nationen allein das Recht auf Einsatz von Nuklearwaffen einzuräumen. Eine Anregung des Berichterstatters des Institut zielte in dieser Richtung.[1] Ein völkerrechtswidriger Einsatz von Nuklearwaffen durch die UN würde unverzüglich auf gleiche Art beantwortet, sofern der Gegner über die gleichen Mittel verfügt. Ist dies nicht der Fall, so besteht für die Organisation überhaupt keine Notwendigkeit, zu solchen Waffen oder gar zu deren völkerrechtswidriger Verwendung zu greifen. Im übrigen erklärt die Resolution 1653 (XVI) der Generalversammlung in Ziff. 1 lit a, der Gebrauch von Nuklear- und Thermonuklearwaffen sei „contraire à l'esprit, à la lettre et au but de la Charte des Nations Unies et constitue, en tant que tel, une violation directe de la Charte." Die Charta gilt doch wohl und gerade für die Organisation selbst.

Bowett hat mit Recht erwähnt, dass, wenn man schon eine diskriminierende Anwendung des Kriegsrechts annehme, eine solche auch zu Lasten der UN erfolgen müsse. Mit der Charta und dem Sinn und Zweck einer Zwangsmassnahme gemäss Kapitel VII wäre unvereinbar, dass die Truppe der UN alle Rechte eines Kriegführenden in Anspruch nehmen würde. So könnte eine Zwangsmassnahme nicht bis zur endgültigen Vernichtung des Gegners fortgesetzt werden. Die Vereinigten Nationen dürfen nur einen „beschränkten" Krieg führen, mit dem Ziel, dem Angreifer Widerstand zu leisten und Frieden und Sicherheit wieder herzustellen.[2]

(11). Der Grundsatz der Reziprozität entspricht dem geltenden Recht. Eine Aenderung des Kriegsrechts mit dem Ziele einer Begünstigung der Vereinigten Nationen wäre undurchführbar, weil mit der Struktur der Staatengemeinschaft unvereinbar. Eine solche Diskriminierung würde sich der Gegner nicht gefallen lassen; er würde zu Repressalien schreiten. Das Ergebnis wäre lediglich die Aufhebung des an und für sich schon gefährdeten Kriegsrechts und die schrankenlose Gewaltanwendung auf beiden Seiten, die Rückkehr zur Barbarei. Das Gleichgewicht von Rechten und Pflichten und damit die Reziprozität würde sich wiederum durchsetzen, allerdings auf einer tieferen Stufe. Mit Recht hat man von „negativer" Reziprozität gesprochen.[3]

---

[1] Allerdings negativ formuliert: dem Angreifer soll der Gebrauch solcher Waffen verboten sein. *Annuaire* 50 I (1963), S. 122.

[2] a.a.O., S. 54/55, 500.

[3] Bowett, a.a.O., S. 55, 512; Schwarzenberger, a.a.O., S. 246/47; Berber, a.a.O., S. 59.

IV

(12). Aus allen diesen Gründen ergibt sich, dass das Kriegsrecht und der ihm inhärente Grundsatz der Reziprozität auch für die Vereinigten Nationen gelten und auf von ihnen beschlossene und durchgeführte Zwangsmassnahmen Anwendung finden. Dass das Kriegsrecht auch für die UN gilt, ist heute herrschende Auffassung.[1] Divergenzen bestehen lediglich noch in Bezug auf die Frage, ob das für das gesamte Kriegsrecht zutrifft. Es wurde gezeigt, dass eine Zweiteilung in Normen, die uneingeschränkt und gleichmässig zur Anwendung gelangen sollen, und in solche, bei deren Anwendung zu Gunsten der UN diskriminiert werden sollte, undurchführbar ist.[2]

Zwar sind bis jetzt keine Zwangsmassnahmen gemäss Kap. VII durchgeführt worden; die UN haben aber sowohl bei der Aktion in Korea wie bei verschiedenen „peacekeeping operations" die Geltung des Kriegsrechts anerkannt und sich daran gehalten.[3]

Sofern eine Aktion mit Truppenkontingenten der Mitgliedstaaten durchgeführt wird, sei es, dass die Organisation selbst den Oberbefehl führt oder mit diesem einen bestimmten Staat beauftragt, ergeben sich keine theoretischen Schwierigkeiten. Die Mitgliedstaaten bleiben an das Kriegsrecht gebunden. Sofern die UN über eine eigene Armee verfügen würden, wäre diese zwar ein subsidiäres Organ der Organisation selbst im Sinne von Art. 29 der Charta (eventuell Art. 22, sofern man eine Zuständigkeit der Generalversammlung bejaht). Es ändert dies aber nichts an der Tatsache, dass das Kriegsrecht für alle internationalen bewaffneten Konflikte gilt und dass eine Zwangsaktion gegen einen oder mehrere Staaten die UN faktisch in eine Allianz umwandeln

---

[1] Bowett, a.a.O., S. 496, 498, 500–510; J. Stone, *Legal Controls of International Conflict*, London 1954, S. 315/16; Kelsen, a.a.O., S. 110; Castren, a.a.O., S. 90; Kunz, *Kriegsbegriff*, S. 332, und *Kriegsrecht*, S. 358; Tucker, a.a.O., S. 13–23, vor allem S. 22; Akademie der Wissenschaften der *USSR*, *Völkerrecht*, Hamburg 1960, S. 421; Berber, a.a.O., S. 6, 59/60.

[2] Für eine gleichmässige Anwendung auf beide Seiten ausdrücklich Kunz, *Kriegsrecht*, S. 358, und Tucker, a.a.O., S. 15, 21.

[3] Die Weisungen des Generalsekretärs für die UNEF, Ziff. 44, und die ONUC, Ziff. 43, lauten: „The Force shall observe the principles and spirit of the general international Conventions applicable to the conduct of military personnel."

Vgl. über die Praxis Bowett, a.a.O., S. 55/56, 121, 222–224, 509/10; Stone, a.a.O., S. 316; über die Verantwortlichkeit der UN für Verletzungen des Kriegsrechts im Kongo Salmon, Les accords Spaak–U Thant du 20 février 1965, *Annuaire français de Droit international* 1965, S. 479–483.

Das amerikanische „Law of Land Warfare" vom Juli 1956, S. 7, das „Law of Naval Warfare" von 1955, Art. 200, und das „British Manual of Military Law" von 1958, Part III par. 7, schreiben die Anwendung des Kriegsrechts auf Zwangsmassnahmen der UN vor; Bowett, S. 504.

würde. Eine solche Aktion wäre ein Krieg unter Staaten im materiellen Sinne und eine internationale bewaffnete Auseinandersetzung. Dem Umstand, dass die UN nicht Vertragspartei der kriegsrechtlichen Konventionen sind, kommt somit keine entscheidende Bedeutung zu. Zum grossen Teil sind diese Abkommen allgemeines Gewohnheitsrecht geworden und sie finden auf alle bewaffneten Konflikte Anwendung.[1]

Hingegen muss unterschieden werden zwischen Zwangsmassnahmen und Friedensoperationen. Die von der Praxis entwickelten „peacekeeping actions" bezwecken nicht in erster Linie die militärische Durchsetzung des Friedens oder anderer Ziele, auch wenn sie von bewaffneten Kräften durchgeführt werden. Das Recht zum Waffengebrauch besteht hier nur für den Fall der Selbstverteidigung gegen Angriffe oder unter Umständen für die Aufrechterhaltung von Ruhe und Ordnung (wie das im Kongo der Fall war). Daraus ergibt sich, dass das Kriegsrecht nur bei der Selbstverteidigung der Friedensstreitkräfte Anwendung findet. Im übrigen gelten für sie in erster Linie die Verträge der UN mit dem Staate, auf dessen Gebiet die Operationen durchgeführt werden, und mit denjenigen Staaten, die Truppen hiefür zur Verfügung stellen, im weitern die Anweisungen der zuständigen Organe der UN und das Friedensvölkerrecht.[2]

---

[1] Vgl. hierüber Bowett, a.a.O., S. 487/88, 503–516.
[2] Bowett, a.a.O., S. 485–487, 499–503.

HILDING EEK

International Freedom of Information. New Dimensions

I

During the present century, and particularly during the period of time when Professor Juraj Andrassy has contributed in such an eminent way to the development of the doctrine of international law, this law has undergone many changes, brought about by state practice and agreements between states and by fundamental innovations in society itself. Four phenomena seem to have been of particular significance.

Firstly, the individual human being has acquired an independent position in public international law.[1] This was accomplished in some measure when the peace treaties after the First World War brought into being a system of international rules aimed at the protection of minorities. The Charter of the United Nations, adopted after the Second World War, states that one of its purposes is to achieve international co-operation in promoting and encouraging respect for human rights and for fundamental freedoms. Some results have already been achieved in this field, but much remains to be done. Full-scale implementation of the United Nations human rights programme would involve far-going changes in the rules and the functioning of international law. Secondly, in our century and particularly after the end of the Second World War, the intergovernmental organization has come to play a more and more prominent role as an agent for all or several states in carrying out functions looked upon, to an increasing degree, as multinational in kind. The number of organizations is increasing and their activities open steadily into new fields of intergovernmental co-operation. Thirdly, many new states have appeared in Africa, Asia and America during recent decades. Structural changes in the world community had already occurred at the end of the First World War when the German and Austrian Empires ceased to exist and Russia was

[1] Cf. Andrassy, „L'individu en droit international humanitaire," *Grundprobleme des internationalen Rechts. Festschrift für Jean Spiropoulos*, Bonn 1957, pp. 1 ff.

transformed by the revolution in 1917 into a society characterized by an entirely new economic and social system. It was, however, not until recently that international lawyers all over the world started to study seriously and objectively the specific problem of how to achieve fruitful and peaceful co-operation under international law between nations which differ widely with respect to their social and economic structure and their philosophy. This problem is very much the same in nature whatever the existing structural differences. The new states in Africa and Asia can co-exist and co-operate with the rich and highly industrialized countries only if, on both sides, the mutual needs, interests and capacities are assessed on the basis of variations in the internal economic and social structure of the states. The fourth phenomenon of this century which we wish to single out here relates to the enormous and to the layman scarcely comprehensible developments in the field of natural sciences which have, among other things, made it possible for man to enter upon the conquest of outer space. Thus the peoples of our planet find themselves bound by a community tie of a new kind: the necessity to promote by joint efforts interests in the Universe which belong to our planet as a whole.[1] At the same time, science has made possible the creation of new instruments of destruction which make international control, under new rules of law, a prerequisite for the survival of mankind.[2]

In this paper we intend to draw attention to some legal problems relating to the use of communications satellites. The four phenomena we have singled out above as formative elements in the process of development of international law in the twentieth century are all relevant when the specific legal problems relating to the use of communications satellites are approached.

II

At its first session the General Assembly of the United Nations declared freedom of information „a fundamental right," „the touchstone of all the freedoms to which the United Nations is consecrated," and "an essential factor in any serious effort to promote the peace and progress of the world." The United Nations Conference on Freedom of

---

[1] Note that Valladao has suggested that space craft „devront porter un nouveau pavillon, celui de la Terre". See *Internationalrechtliche und staatsrechtliche Abhandlungen. Festschrift für Walther Schätzel.* Düsseldorf 1960, p. 489.

[2] Cf. Fenwick, „International Law: The Old and the New," 60 *American Journal of International Law* (1966), pp. 475 ff.

Information convened in Geneva on 23 March 1948 and proposed a series of conventions in the field of freedom of information. The Universal Declaration of Human Rights, adopted by the General Assembly on 10 December 1948, in Article 19, contains the following principle: "Everyone has the right to freedom of opinion and expression; this right includes freedom to hold opinions without interference and to seek, receive and impart information and ideas through any media and regardless of frontiers." However, the achievements of the United Nations since 1948 in the field of freedom of information have not been significant.[1] Political dissonances and conflicting ideologies have made it impossible so far to reach agreement within the United Nations on the duties and responsibilities to which the exercise of freedom of information must be subject. This concerns particularly possible international measures designed to combat the dissemination of false or distorted reports likely to injure friendly relations between states. The Draft Convention on Freedom of Information, aimed at laying down standards to be applied under the national legislation of states, is highly controversial because some states wish to reserve their right to include in their domestic legislation sanctions against the diffusion of war propaganda or false and distorted reports.[2] Difficulties in interpreting such terms as "false" and "distorted" remain obstacles to agreement. It might also be assumed that no state would accept rules and measures suggested by some writers, aiming at general "ideological disarmament,"[3] which might prevent a free worldwide discussion of political, social and economic matters deemed as necessary and desirable in order to promote change and progress. It should also be remembered that the 1936 Geneva Convention Concerning the Use of Broadcasting in the Cause of Peace, which is still legally in force, lacks machinery for implementation.[4] Thus the international law relating to freedom of information remains in a state of arrested development. A reasonable and generally acceptable balance has not been found between the traditional concept of freedom of information as one of

---

[1] Cf. Eek, *Freedom of Information as a Project of International legislation*. A Study of International Law in Making, Uppsala 1953 pp. 10 f. Since that book was published not much has changed. At the twentieth session of the General Assembly in 1965 it was decided to postpone the consideration of the Draft Convention on Freedom of Information and the Draft Declaration on Freedom of Information to the twenty-first session in 1966. In 1966, the matter was postponed to the session in 1967. These questions were previously postponed at the eighteenth session in 1963 and could not be dealt with in 1964.

[2] See Eek, *op. cit.*, pp. 77 ff.

[3] See Whitton & Larson, *Propaganda. Disarmament in the War of Words*, New York 1963.

[4] Eek, *op. cit.*, pp. 130 ff. Cf. Whitton & Larson, *op. cit.*, pp. 159 ff.

wholly or nearly unrestrained liberty and the demands for effective remedies against abuse of this liberty which constitutes a threat to the security of the world community of today. Nevertheless, organs of the United Nations have repeatedly described the spreading of false or distorted reports and war propaganda as contrary to the purposes of the United Nations and as a problem of the first importance calling for urgent corrective action on the national and international planes.[1]

III

In the preceding sections we have been concerned with the activities of various communications media, including radio and television, carried on within the frontiers of a state (leaving aside the relatively insignificant problem relating to so-called pirate broadcasting from the high seas) and subject to control by its governmental agencies in accordance with its domestic legislation. Rapid progress in the field of astronautics is, however, making the control of the operation of mass media a matter of international concern.

The first satellite – Sputnik I – was launched on 4 October 1947 by the Soviet Union. In July 1962 the United States launched Telstar, a communications satellite by means of which live television programmes were for the first time relayed between continents. The world's first operational commercial satellite was Early Bird, launched on 6 April 1965 by the American Communications Satellite Corporation (COMSAT) created under the authority of an Act of the United States Congress as "a private corporation, subject to governmental regulation." The technological advances must sooner or later be accompanied by the creation of an international satellite system, but it is difficult to predict its type. "Nevertheless, a considerable body of opinion foresees three phases of satellite development by the end of this century. In the first phase, a global system of low-powered satellites would be established, serving ground stations which in general would be of a high-powered sophisticated type, linked to conventional distribution networks. This system would provide telephone and telegraph services of the same quality as the best now available, and facilities for the relay of sound and visual broadcasting. In the second phase a system of high-powered satellites and lower-powered, less sophisticated ground stations would furnish direct communications between cities and perhaps direct

[1] Eek, *op. cit.*, pp. 136 ff.

broadcasts to homes. In the third phase, a comprehensive system of manned satellites would link cities, countries and continents directly."[1]

Space communication will inevitably have great importance for the development of telecommunications in general for many purposes such as telephone and telegraph services, the transmittal of maritime and air traffic signals, and the co-operation between mass media. However, in the first of the three phases foreseen above, space communication, while providing a better service to mass media than the conventional communication system, would not interfere with the content of the information which reaches the public. This would continue to be determined by the receiving newspapers and broadcasting systems. The same would be the case with respect to the transmission of complete radio and television programmes from satellites in outer space as long as the satellites were used only for the relay of sound and visual broadcasting by national services; these services are free to select the programmes they want to make available to their public. The situation will be different, however, when unrelayed programmes can be received in the homes of the peoples of the world wherever they are located. Then, the prevailing national and international principles and legal rules relating to freedom of information must be reconsidered.

But before we return to that problem a few words must be said about the present status of space law with respect to the use of communications satellites.[2] The basic principles of space law laid down in the United Nations "Declaration of Legal Principles governing the Activities of States in the Exploration and Use of Outer Space" of 13 December 1963, as well as in the resolutions by the General Assembly in 1957, 1961, 1962 and 1965 have little to say on our subject, that is the freedom of information aspect of the use of communications satellites. It may be noted that private enterprise in space is not prohibited by the principles laid down by the United Nations, but it should also be recalled that resolution 1802 (XVII) of 14 December 1962 emphasized "the importance of international co-operation to achieve satellite communications which will be available on a world-wide basis." It must also be taken for granted that space telecommunications must be conducted in accordance with the International Telecommunication Union (ITU) regulations.[3]

---

[1] Space Communication and the Mass Media. A Unesco report on the occasion of the 1963 Space Communications Conference, UNESCO, Paris 1963, p. 5.

[2] On space law see the recent work by G. Wilfrd Jenks, *Space Law*, London 1965, which contains a survey of legal developments and legal literature up to the end of 1964.

[3] Cf. Jenks, *op. cit.*, p. 251 ff.

Resolution 1721 (XVI) of 20 December 1961 commended to states for their guidance in the exploration and use of outer space, *inter alia*, the principle that "international law, including the Charter of the United Nations, applies to outer space and celestial bodies." The broad reference to international law has little to say as, up to the present, questions relating to outer space have not been subject of either firmly established and clearly elaborated state practice or of judicial decisions or conventions of a general nature.[1] The somewhat nebulous reference to the Charter in the 1961 resolution was clarified by the 1963 Declaration in several respects, one of which will be mentioned here. The Declaration refers in its preamble to the general Assembly resolution 110(II) of 3 November 1947 in the following terms: "Recalling its resolution 110(II) of November 3, 1947, which condemned propaganda designed or likely to provoke or encourage any threat to the peace, breach of the peace, or act of agression, and considering that the aforementioned resolution is applicable to outer space." Such propaganda is to be regarded as contrary to the purposes of the Charter.[2] However, the General Assembly resolutions on propaganda remain only recommendations to Member States, and no remedy against the use of mass media in a manner contrary to the recommendations has been created. Moreover, any interference with a communications satellite without the concurrence of the launching or operating state would be inconsistent with the Declaration, which says that "the State on whose registry an object launched into outer space is carried shall retain jurisdiction and control over such object," and would be contrary to general rules of international law as well.[3]

IV

Several international bodies especially concerned with communications satellites have already been set up or are projected. It should also be recalled that some of the previously existing intergovernmental organizations, in the first place ITU, but also others, have responsibilities with respect to the development and use of a comprehensive satellite system.

[1] There are, of course, in existence several bilateral and regional agreements and arrangements on various matters relating to outer space, and the 1963 Moscow Test Ban Treaty prohibits nuclear tests in outer space. This paper was prepared before the adaptation on January 27, 1967 of the Treaty on Principles Governing the Activities of States in the Exploration and the Use of Outer Space.

[2] Cf. above p. 90.

[3] Cf. Jenks, *op. cit.*, pp. 257 f.

The most important international organization concerned with communication satellites is non-governmental, namely COSPAR (the Committee on Space Research of the International Council of Scientific Unions), which provides for co-operation between scientists in different countries and has become the center for international interchange of data concerning rockets, satellites, and space probes. Two intergovernmental organizations in Western Europe are engaged in space activities for purposes which follow from the names of the two organizations, "European Space Research Organization" (ESRO) and "European Launching Development Organization" (ELDO). They are not concerned with the use of communication satellites. In addition, France, Western Germany, United Kingdom and the three Benelux countries have created an organization, EUROCONTROL, which exercises joint control of air traffic services in the upper air space of the participating countries and consequently may be concerned with questions relating to the launching of satellites.

On 20 August 1964 two interrelated Agreements on Interim Arrangements for a Global Commercial Communications Satellite System were signed in Washington. One of them was signed only by governments, the other by governments or communications entities designated by them. By the end of 1966 the agreements had become effective between more than 50 states. The possibility of establishing a permanent international organization is to be reconsidered when the system becomes operational. Definite arrangements, scheduled to come into force not later than 1 January 1970, are to be open to all states belonging to the ITU or to their designated entities and are to be such that all parties will have an opportunity of contributing to the determination of general policy. Under the Washington agreements the United States Communications Satellite Corporation (COMSAT) is to act as the executive of the system, owned by the signatories; COMSAT is to "act as the manager in the design, development, construction, establishment, operation and maintenance of the space segment" (article VIII).[1] The system seems to be intended only to furnish channels of communication for hire and not, at least at the present stage, to be concerned with the content of communications.

---

[1] According to article I of the first Washington agreement the term „space segment" comprises „the communications satellites and the tracking, control, command and related facilities and equipment required to support the operation of the communications satellites."

V

The fourth of the phenomena mentioned at the beginning of this paper as decisive in the development of international law in our days was the emergence of the many new states, particularly by the winding up of the colonial systems. The new states are inclined to look upon the "old" international law as contrary to their interests and as a body of rules mainly created to safeguard the position of the countries in Europe and North America as the *beati possidentes* of this world.[1] While this controversy with respect to the content of a true law of nations goes on, it seems clearly evident that the "rich" nations have come to understand that their own future depends on the evolution of a world economy where the now underdeveloped countries will participate as equal partners. Therefore, there is agreement in principle on the need for the elaboration of what a French jurist recently has called "un droit international de développement."[2] In a "development law," it seems, rules safeguarding the effective use of communications satellites for educational purposes should be given a central place. It may very well be argued that the misery still prevailing in many new states has its root in the lack of educational facilities, and, from the individual point of view, the right to education is a human right to which everyone is entitled.[3]

There are already in existence world-wide educational programmes which have been established under the auspices of UNESCO for the economically underdeveloped areas in various continents of the world. The communication satellite in a later phase of development, that is when direct broadcasts to schools and homes from outer space have

---

[1] Cf. Röling, *International Law in an Expanded World*, Amsterdam 1960. See also Eek, „International Law: The First Encounter," in *Acta scandinavia juris gentium* 1965, pp. 81 ff.

[2] Virally, „Vers un droit international du développement," *Annuaire français de droit international* 1965, pp. 3 ff. See also *Proceedings of the American Society of International Law at its Sixtieth Annual Meeting*, Washington, D.C., 1966.

[3] Article 26 of the Universal Declaration of Human Rights reads as follows:

1) Everyone has the right to education. Education shall be free, at least in the elementary and fundamental stages. Elementary education shall be compulsory. Technical and professional education shall be made generally available and higher education shall be equally accessible to all on the basis of merit.

2) Education shall be directed to the full development of the human personality and to the strengthening of respect for human rights and fundamental freedoms. It shall promote understanding, tolerance and friendship among all nations, racial or religious groups, and shall further the activities of the United Nations for the maintenance of peace.

3) Parents have a prior right to choose the kind of education that shall be given to their children.

become feasible, can be of utmost importance as a speedy and economical means for the execution both of the existing plans in the field of primary and secondary school education and of other international programmes, as, for instance, those relating to the eradication of illiteracy, adult education, etc. The combat against ignorance in general and the promotion of international understanding in a world full of conflicting interests, misunderstandings and unsettled ideological disputes would also be greatly helped by outer space communication as it "brings a new dimension to all the great media of mass communication, offering them a potential extension of range and scope which could permit them to play a greater role than ever before."[1]

VI

Let us now return to the problem of freedom of information in a situation characterized by the imminence of high-powered communications satellites which could and should be used for radio and television broadcasting from outer space to the world as a whole, including the schools of all or at least a great number of countries. Sound and visual programmes containing news as well as opinion would have enormous possibilities of influencing public opinion in matters of all kinds: political, religious, cultural, etc. The educational programmes from outer space would become the basic sources of knowledge for young people who prepare for their future. If only a few countries or some group of allied countries happened to have the capacity of launching and running high-powered communications satellites, they would have in their hands a means of thought control which, if used or suspected of being used for that purpose, could create serious international tension.

Let us now recall that outer space is, under the United Nations resolutions, free for use by all states. It is true that is has been agreed that the sending of objects through outer space shall be exclusively for peaceful and scientific purposes.[2] But no international remedies exist under the present rules of law which hinder the use of space communication in a manner contrary to the cause of peace. Moreover, no international organization exists for the overall inspection of the uses of outer space or for dealing with the special problems relating to the

[1] Unesco report, mentioned above in footnote 1 (p. 92).

[2] In General Assembly resolution 1148 (XII) of 14 November 1957 it was stated in paragraph (f) that a forthcoming disarmament agreement should provide for „the joint study of an inspection system designed to ensure that the sending of objects through outer space shall be exclusively for peaceful and scientific purposes."

programming of space communication. The conclusion would be that new rules and one or more new international organization must be created.[1]

Rules for the programme activities of satellites owned and operated by states or national enterprises, public or private, could be laid down by a general convention. It seems to us doubtful, however, whether this procedure alone would be effective. Speaking of satellites launched for national political purposes, including propaganda attacks, Jessup and Taubenfeld remark that "without more comprehensive international control" (than could be elaborated by ITU) "an offended nation presumably will be left to take such action in outer space or on Eart has it can to relieve itself of the menace."[2] International control could be established by the creation of an intergovernmental organization with the task of preparing and broadcasting all programmes.[3] In other words, the responsibility for the content of radio and television programmes sent by high-powered satellites and directly receivable all over the world could be given to an international organization where all states were represented.

This solution involves a deviation from the idea that governments should not commercially engage in information activities, at least not n a monopolistic manner. The strongest protagonist of this view, the United States, however, at least partly, gave up this position when the status of COSMAT was decided upon. In most of the world, moreover,

---

[1] Cf. the Space Law Committee Report to the Helsinki Conference of the International Law Association in 1966, the report of the Meeting of Experts on the Use of Space Communication by the Mass Media, December 1965 (UNESCO/MC/52) and UNESCO document 14C/25 (23 September 1966).

[2] Jessup & Taubenfeld, *Controls for Outer Space and the Antarctic Analogy*, New York 1959, p. 240.

[3] The suggestion in the text does not preclude the possibility of the use of a separate global satellite system in charge of furnishing and running channels of space communication. It has been discussed, however, whether private enterprise should at all be permitted in space. (Cf. Jenks, *op. cit.*, pp. 87 ff.) Criticism has also been raised against the system created by the 1964 Washington agreements as unequal and as a debatable form of international co-operation as the system is dominated by a private enterprise from one country and involves a commercial exploitation of public services. (See Francine Batailler in *Annuaire français de droit international* 1965, pp. 145 ff.) The Washington agreements are, however, provisional and the United States seems at the present time to be the only nation which can provide what is needed for an international global communication satellite system. – At the 1966 International Law Association Conference in Helsinki a resolution was adopted which requested the Space Law Committee of the Association *inter alia* „especially to coinsider the usefulness that questions relating to the establishment and operation of telecommunication system (or systems) by satellites should be dealt with through an international organ, although it is not possible without further study, to recommend that such organ should be (1) either a new independent international organization or (2) a department or section of an existing or new international organization."

broadcasting services are governmental or government-controlled in one way or another.[1] As the new international organization would have to formulate rules to apply to programming and thereby to exercise a kind of censorhsip, another traditional "Western" principle of freedom of information would be set aside. However, the production of programmes in the educational field must correspond to the needs and the educational systems of receiving countries, and they must be internationally planned and adjusted to existing international projects. It would further seem unobjectionable to apply to broadcasts to schools from outer space the principle applied to textbooks by international organizations, including the Council of Europe, of removing through scrutiny by joint governmental efforts statements which distort historical facts or otherwise promote tension and misunderstanding between nations. With respect also to communication from outer space outside the educational field it would seem to be wise not to insist on unlimited freedom of information. Instead, at least during the period in history when space communication on a global scale is coming into being it would seem desirable for the nations to adopt a careful, pragmatic approach to the question of the rules for its use. This approach would not interfere with different national policies regarding mass media in general and the terrestrial right to freedom of opinion and information. But it would prevent the risks of an outbreak of a propaganda war directed from outer space.

---

[1] See Eek, *op. cit.*, pp. 51 ff.

ANDRÉ GROS
Juge à la Cour Internationale de Justice
Membre de l'Institut de Droit International

Observations sur une enquête internationale: L'affaire du „Tavignano"

Pendant la guerre italo-turque un incident qui opposa en 1912 la France et l'Italie a été moins commenté que les affaires du *Carthage* et du *Manouba* parce que le rapport de la Commission d'enquête qui en fut saisie ne fut pas publié; les archives de 1912 étant aujourd'hui ouvertes il est possible de mieux connaître l'histoire du *Tavignano*.

Le 25 janvier 1912 le vapeur *Tavignano*, de la Compagnie de navigation mixte, quittait le port de Zarzis pour les Bibans. En vertu d'un contrat entre le gouvernement tunisien et la société en date du 27 mars 1911, la société était chargée de transports maritimes entre la Tunisie et les Bibans et subventionnée par le gouvernement tunisien pour assurer un service postal. Le *Tavignano* était arrêté et saisi le 25 janvier 1912 et deux mahonnes tunisiennes étaient arrêtées, visitées puis relâchées le même jour par des navires de guerre italiens.

Il est intéressant de noter que cet incident se produisait au moment même où les deux gouvernements français et italien s'étaient mis d'accord pour une procédure de règlement arbitral des affaires du *Manouba* et du *Carthage*, en vertu de la convention d'arbitrage franco-italienne du 25 décembre 1903 renouvelée le 24 décembre 1908. L'incident était malencontreux car l'accord sur l'arbitrage comportait une promesse du gouvernement italien de recommander à ses services la prudence et la modération; le gouvernement français qui venait d'annoncer à la tribune de la Chambre le succès de sa négociation pour les deux navires se montra soucieux de régler immédiatement la nouvelle affaire.

Le navire fut retenu deux heures à Tripoli pour la visite et relâché le 26 janvier à 11 heures du soir. La thèse italienne était alors que „le capitaine du *Tavignano* était responsable de l'incident par suite des procédés contraires au droit maritime international qu'il avait employés" (lettre du 27 janvier du commandant des navires italiens en

Tripolitaine au ministère italien de la Marine; archives du ministère français des Affaires étrangères, Correspondance politique. – Guerre italo-turque. – Incidents franco-italiens, t. III n° 2).

Les mahonnes, suspectées de contrebande avec le *Tavignano*, furent poursuivies par le contre-torpilleur italien *Fulmine* et canonnées (15 coups de canon – 1 voile déchirée); elles s'arrêtèrent, furent visitées et relâchées par un torpilleur. Elles étaient chargées, l'une de 100 sacs d'orge, l'autre de 209 sacs expédiés de Gabès à El Biban par des ressortissants français à d'autres ressortissants français.

Le gouvernement italien déclare le 27 janvier à l'ambassadeur de France, donc le lendemain de l'incident, que le *Tavignano* était suspecté depuis longtemps de contrebande, qu'il a été arrêté en haute mer, qu'il a refusé de se laisser visiter et qu'il a été emmené pour visite à Tripoli. Mais le jour même, l'ambassadeur reçoit une réponse du Département à la transmission de cette information qui montre l'intérêt porté à l'ensemble de ces incidents de mer puisqu'il lui est ordonné de faire immédiatement les plus expresses réserves sur la thèse italienne, tant sur le lieu de l'arrestation que sur la présomption de contrebande, en y ajoutant que Tripoli n'est pas "reconnu par l'Europe comme port italien" et ne comporte pas de tribunal des prises. Le 30 janvier l'ambassadeur est invité à accentuer ses réserves, le rapport de mer du capitaine du *Tavignano* impliquant que l'arrêt du navire a été fait dans les eaux territoriales. Dès le 1er février le ministère français télégraphiait à l'ambassade à Rome en envisageant l'arbitrage.

Les autorités françaises préparent le dossier et recueillent les témoignages de passagers du *Tavignano* sur ce même parcours durant les trois derniers mois, le livre de bord, le carnet des machines, les déclarations du capitaine sur l'incident, la liste des marchandises embarquées et des passagers, la liste d'équipage, les éléments route et vitesse des machines servant à contrôler le point d'arrêt du navire.

Le 3 février le Département télégraphiait ses instructions à l'ambassade:

... proposez l'adoption de la formule suivante:

„Les gouvernements français et italien décident de soumettre à une commission internationale d'enquête les questions de fait soulevées

1. au sujet de la saisie du vapeur français *Tavignano* par le torpilleur italien *Fulmine*, le 25 janvier 1912 dans les parages de Raz-Zira.

2. au sujet des coups de canon tirés, par le même torpilleur, le même jour et dans les mêmes parages, sur deux mahonnes tunisiennes.

S'il est reconnu que ses faits se sont produits dans les eaux territoriales de la Tunisie, le gouvernement italien s'engage à exprimer ses regrets au gouvernement français." (Doc. 51, tome IV correspondance politique, *op. cit.*)

Le 4 février l'ambassade répond que le gouvernement italien est disposé à accepter l'arbitrage pour le *Tavignano* mais, auparavant, souhaiterait éclaircir les questions de fait par la négociation; il communiquera un rapport du ministre italien de la Marine, avec carte.

Cette réponse provoque une note de M. Louis Renault, jurisconsulte du Département, regrettant le refus:

L'espèce aurait pu être citée comme application type de la procédure d'une commission d'enquête internationale. Il s'agit d'un *point de fait* à préciser, ce qui sera fait beaucoup mieux sur place par des marins que par des arbitres après la production des mémoires. J'ajoute que la procédure pourrait être très rapide et que l'on serait d'autant mieux éclairé que la scène de la visite serait plus promptement reconstituée, les souvenirs des témoins étant plus frais. La vue des lieux serait plus instructive que la lecture des cartes, si bien faites qu'on les suppose. (5 février, doc. 61, tome IV, *op. cit.*)

La proposition italienne tendant à se mettre d'accord sur le point exact de la capture du *Tavignano* est acceptée par le gouvernement français le 5 février en communiquant à Rome le document sur lequel se fonde sa thèse et il exprime le souhait que la solution de l'affaire ne tarde pas.[1] Enfin le gouvernement français propose que, en cas de désaccord, la question de la réparation soit confiée au tribunal arbitral des affaires *Carthage-Manouba*.

La veille cependant, le 4 février, le ministère italien des Affaires étrangères avait adressé à l'ambassade de France une lettre sur le fond de l'affaire avec, en annexe, deux rapports des commandants des torpilleurs italiens qui étaient intervenus; le document considérait comme établi que la capture avait eu lieu hors des eaux territoriales.

Le 14 février le Département envoie à Rome la réfutation de cette note et demande à nouveau la réunion d'une commission d'enquête composée de trois officiers de marine.

Le 25 février le gouvernement italien propose que le résultat de l'enquête soit transmis au même tribunal arbitral chargé de statuer sur les affaires du *Carthage* et du *Manouba* afin qu'il se prononce sur les questions de droit, établisse les responsabilités et détermine les réparations morales et matérielles – ceci pour des raisons de commodité et

[1] Remarquons que M. Louis Renault estimait que le compromis d'arbitrage pour le *Carthage* et le *Manouba* devait être soumis au Parlement „parce qu'il s'agissait de faire valoir les droits de français à l'étranger et de conventions ayant pour but d'obtenir des indemnités pour des actes arbitraires de gouvernements étrangers qui ont été approuvées par les Chambres. Ex.: Convention de 1882 avec le Chili. Peut-être pourrait-on éviter cette nécessité si les intéressés consentent à ce que leurs réclamations fussent réglées de cette façon. A ma connaissance on a procédé ainsi plusieurs fois." (Dec. 63, tome IV, *op. cit.*)

d'économie (doc. 271, tome IV, *op. cit*). Le Département accepta le 27 février. Le tribunal arbitral serait donc chargé de décider à la fois des compensations éventuelles et des questions de droit, telles que le point de départ de la limite de 3 milles et la délimitation des baies sur les lieux de l'incident.

Le 6 mars 1912 M. Louis Renault et M. Fusinato signent les deux compromis *Carthage* et *Manouba* et rédigent une note concertée qui prévoit que l'affaire du *Tavignano* pourra être jugée par le même tribunal au cours de la même session (doc. 26, tome V, *op. cit.*). Le 15 avril une note est signée à Rome, par le ministre italien des Affaires étrangères et par l'ambassadeur de France, renvoyant à une commission internationale d'enquête les questions de fait soulevées par la saisie du *Tavignano* et par les coups de canon tirés sur les mahonnes *Camouna* et *Gaulois*, le tribunal arbitral des affaires *Carthage* et *Manouba* devant ensuite être saisi, s'il y a lieu, des questions de droit, des responsabilités et des réparations morales et matérielles (doc. 136, tome V, *op. cit*).

Le 20 mai la convention d'enquête était signée à Rome. Les termes sont:

1. rechercher, relever et préciser le point géographique où ont été effectués l'arrestation du *Tavignano*, la poursuite des mahonnes et le tir sur celles-ci,
2. préciser l'hydrographie, la configuration et la nature de la côte et des bancs avoisinants, la distance entre eux des différents points que l'un ou l'autre des commissaires jugeront utile de relever et la distance de ces points à ceux où se sont passés les faits,
3. consigner dans un rapport le résultat des investigations.

La Commission recevait qualité pour interroger et entendre les témoins, examiner tous papiers de bord, procéder à des sondages sur les lieux, etc. Le rapport devait être remis dans les quinze jours après la première réunion. Pour tout ce qui n'était pas prévu la Convention de La Haye du 18 octobre 1907 était déclarée applicable (doc. 197, tome V, *op. cit.*).

La Commission serait composée d'un officier de marine français, d'un officier de marine italien, présidés par un officier de marine britannique. Il est intéressant de noter qu'en acceptant de désigner l'un de ses officiers le gouvernement britannique fit une réserve de principe en déclarant que

> si d'autres cas se présentaient dans l'avenir où appel devrait être fait à un organe juridictionnel ou semi-juridictionnel, le gouvernement de Sa Majesté pensait que le gouvernement français partagerait son opinion bien arrêtée que le recours à

un tribunal de prises en première instance constitue la solution normale et la plus convenable. (Note de sir Edward Grey à M. Paul Cambon, 3 juin 1912, doc. 229, tome V, *op. cit.*)

Cette réserve était la reproduction d'observations déjà faites oralement à l'ambassade de France à Londres à propos d'autres incidents navals franco-italiens.

Il faut remarquer, en premier lieu, que le gouvernement français n'avait pas soustrait l'affaire du *Tavignano* à un tribunal de prises puisque le navire avait été relâché avant toute démarche diplomatique; la réserve britannique était donc signifiée en dehors de toute vraisemblance dans la réponse à une demande de désignation d'un officier pour présider une commission d'enquête. En second lieu, le gouvernement britannique, dans une affaire analogue, avait eu recours à l'action diplomatique immédiate pour faire relâcher un paquebot jugé par lui irrégulièrement saisi, le *Malacca*, capturé le 24 juillet 1904 par des bâtiments russes, relaxé avec dommages-intérêts réglés à l'amiable le 27 juillet sur intervention diplomatique (cf. aussi l'intervention allemande et le règlement amiable dans les affaires des paquebots *Bundesrath* et *Herzog* en décembre 1899 et janvier 1900). Ceci fut rappelé au Foreign Office par l'ambassade de France à Londres, sur instructions du Département.

Le 14 juin le gouvernement italien indiquait qu'il souhaitait que la Commission interroge le capitaine du *Tavignano*, l'officier en second et un chauffeur du navire, de nationalité italienne. En principe c'est à la Commission qu'il revient de convoquer les témoins mais il est utile que les parties s'informent à l'avance, mutuellement, des témoins à faire convoquer.

La première séance de la Commission eut lieu à Malte le 1er juillet; il fut décidé de louer un yacht italien le *Gaiola* pour se rendre à Zarzis. Les trois premières séances furent consacrées au dépôt de documents, listes de témoins et à des problèmes administratifs. Le 6 juillet la Commission ordonna aux deux secrétaires de la Commission, l'un français, l'autre italien, de calculer le point estimé du *Fulmine* à 15 heures d'après les données du journal de bord (doc. 44, tome VI, *op. cit.*). Le 12 juillet la Commission quitte Malte pour Zarzis sur le *Gaiola* où se poursuivent les interrogatoires de témoins. Revenue à Malte, la Commission signe son rapport le 23 juillet.

La Commission a dû constater son échec devant l'impossibilité de fixer les points de saisie du *Tavignano* et de position des torpilleurs et des mahonnes lors de la canonnade. Elle n'a indiqué pour le *Tavignano* qu'une zone dans un quadrilatère qui comprend à la fois des eaux territoriales et la haute mer; par contre elle décide que l'incident des mahonnes s'était produit dans les eaux territoriales tunisiennes.

Les conclusions du gouvernement français demeurèrent que le gouvernement italien devrait exprimer des regrets pour le *Tavignano* et payer une légère indemnité pour les mahonnes qui, non endommagées, „ont traversé des moments critiques"; en cas de refus, la France irait à l'arbitrage devant le tribunal qui devait se réunir à La Haye prochainement pour le *Carthage* et le *Manouba*.

Le 8 novembre 1912 un compromis était donc signé à Paris pour soumettre l'affaire du *Tavignano* à ce tribunal arbitral; l'article 2 stipulait que, pour les questions de fait, le tribunal devrait faire état du rapport de la Commission d'enquête ainsi que des procès-verbaux de la Commission, indication des plus utiles car, si le rapport lui-même était sans grande pertinence, les déclarations des témoins fournissaient d'intéressantes clartés sur le déroulement des faits (doc. 209, tome V, *op. cit.*). La réunion du tribunal était alors repoussée de quelques mois pour permettre le dépôt des pièces écrites.

Lorsque le tribunal eut terminé les deux premières affaires, au moment d'aborder celle du *Tavignano*, un accord amiable fut réalisé entre les arbitres français et italien „reconnaissant qu'il serait équitable d'indemniser les particuliers à raison des dommages qu'ils ont souffert"; le gouvernement italien s'engageait à verser 5000 francs et l'affaire était définitivement réglée (accord signé à Paris le 5 mai par le ministre des Affaires étrangères et l'ambassadeur d'Italie mais communiqué dès le 2 mai au tribunal arbitral qu'il désaisissait).[1]

Les termes de l'accord impliquaient que le gouvernement italien acceptait la responsabilité de l'incident du *Tavignano* et des mahonnes par le paiement de l'indemnité. Il y manquait l'expression du regret

[1] Il n'est pas inutile de rappeler que le 23 avril 1913, le tribunal s'était trouvé dans l'impossibilité de se mettre d'accord sur le chiffre des indemnités pour l'affaire du *Carthage*, l'agent italien déclarant ne pouvoir accepter plus de 125 000 francs et l'agent français en demandant 200 000. Pour le tribunal, ouvrir les dossiers individuels de réclamations pour en vérifier le montant eût été une tâche démesurée; il fut alors décidé que les deux arbitres nationaux consulteraient leurs ministres des Affaires étrangères pour tenter de fixer un compromis de manière tout à fait secrète, ce qui fut fait. A une lettre de M. Louis Renault répond un télégramme du Département le 25 avril acceptant la somme proposée par MM. Renault et Fusinato, 160 000 francs (doc. 149, tome V, *op. cit*). C'est évidemment un incident peu banal dans une procédure arbitrale et le règlement de ce genre de problèmes relève plutôt des agents. L'explication est peut-être dans les excellentes relations personnelles entre M. Louis Renault et M. Fusinato et leur crédit auprès de leurs gouvernements respectifs.

que le gouvernement français avait tenté d'obtenir et à laquelle il renonça pour ne pas envenimer des rapports que le débat *Carthage-Manouba* n'avait pas encore compromis.

Une Commission de répartition des sommes globalement versées par l'Italie pour les trois affaires fut instituée par arrêté du ministre des Affaires étrangères le 27 septembre, sous la présidence de M. Louis Renault.

L'affaire du *Tavignano* montre que chaque affaire d'arbitrage, de conciliation ou d'enquête présente des traits particuliers que, seule, l'étude des documents permet de connaître. Ce serait sans doute une erreur de négliger ces aspects particuliers en tentant de systématiser à l'excès les méthodes de règlement pacifique des différends internationaux.

La Commission d'enquête sur le *Tavignano* suggère les observations suivantes:

1. Fonctionnant sans agents des Parties, les commissaires nationaux ont dû jouer le rôle d'agent dans les interrogatoires de témoins, essentiels en l'espèce; ils furent assistés dans leurs recherches et dans leurs activités par les secrétaires de leur nationalité, qui étaient également des officiers de marine. Mais la leçon est nette à la lecture des procès-verbaux; l'impartialité d'une commission est mieux assurée si les interrogatoires sont conduits par des agents et si les commissaires, à l'exception du président, n'interviennent qu'à titre complémentaire. Le rôle du président demeure déterminant au cours du débat oral et de la préparation du rapport.[1]

Les agents maintiennent pendant le débat la thèse de leur gouvernement en rectifiant à chaque instant l'effet d'un témoignage par le rappel d'exposés ou de témoignages antérieurs ou en relevant une contradiction avec des documents écrits. Ils s'assurent que toutes les informations possibles ont bien été recueillies, que les points obscurs sont éclaircis avant que la Commission ne commence à délibérer. Ils présentent à la fin du débat oral un résumé des faits qui facilitera également le délibéré.

2. Les témoignages ne sont vraiment importants que si les témoins sont tenus de prêter serment, soit dans les formes prévues par leur législation nationale, soit dans une forme établie par la Commission, la sanction étant moindre dans cette deuxième hypothèse mais le carac-

[1] Sur la qualification juridique des faits impliquée dans le rapport d'une commission d'enquête voir les remarques pertinentes de M. Charles De Visscher dans *Aspects récents du droit procédural de la C.I.J.*, 1966, p. 216.

tère solennel d'une telle procédure peut présenter des avantages dans certains cas.

3. Dans cette affaire les faits essentiels n'ayant pu être établis avec précision, la Commission a attaché de l'importance à des faits secondaires qui, réunis en un faisceau de présomptions, lui ont permis d'arriver à des approximations.

4. A l'époque la tendance fut de considérer du côté français qu'une procédure rigoureuse aurait dû être réglée à l'avance pour la délibération, prévoyant un vote sur chaque question, „la rigueur de la forme n'étant autre chose que la sauvegarde de la vérité" (doc. 117, tome V, *op. cit.*). On peut n'être pas d'accord et penser que, dans une commission de trois membres, surtout avec un président expérimenté, la meilleure procédure découlera de l'entente et de la compréhension qui s'établissent naturellement entre commissaires sous l'autorité de leur président. Par contre un règlement détaillé ne créera jamais par lui-même cette ambiance de respect mutuel et de volonté de travail en commun qui font le succès de toute délibération judiciaire ou quasi-judiciaire. Ceci dit, l'obligation de voter sur chaque point débattu est une évidence et le président doit l'imposer en tout cas.

5. Les questions de détail sont plus gênantes qu'on ne le pense, si elles n'ont pas été réglées à l'avance; frais de voyage et de séjour des témoins, organisation du greffe, reproduction des témoignages et documents, expertise sur les lieux (le problème du pavillon du navire *Gaiola* est un bon exemple; on décida d'arborer le pavillon de commerce britannique!).

En élargissant maintenant l'étude il faut rappeler que les traits généralement signalés dans la procédure d'enquête sont:

1. La Commission a pour seule mission d'établir la matérialité des faits sans se prononcer d'aucune manière, même par des allusions, sur les problèmes de droit et les responsabilités découlant de la constatation des faits.

2. Les rapports de commissions d'enquête n'ont aucun caractère obligatoire pour les Parties. Celles-ci demeurent libres de donner la suite qu'elles jugeront bon.

Ceci est la théorie. Il faut bien admettre que, après qu'une commission d'enquête a fait un rapport constatant que les faits se sont produits d'une manière déterminée, les conséquences juridiques à tirer de ces constatations de faits sont éclatantes, sans qu'il soit nécessaire de les formuler.

Pour reprendre l'exemple du *Tavignano* il eut été suffisant de constater que l'arrêt du navire de commerce français par un torpilleur italien avait eu lieu dans les eaux territoriales tunisiennes pour que la conclusion juridique s'impose que la responsabilité de l'Italie était engagée. Il en est ainsi de toute constatation de faits. Il n'est donc pas exact de dire que, après un rapport de commission d'enquête, les questions de droit demeurent entières. A l'exception de certains cas très particuliers où les constatations de faits ne seraient ni claires ni complètes le doute n'existe plus, après enquête sur les faits, sur le degré de responsabilité internationale de l'une ou l'autre des Parties. Il faut donc bien se rendre compte, lorsqu'on propose ou qu'on accepte une commission d'enquête, que le rapport liera d'une certaine manière le gouvernement auquel il serait défavorable bien que, en théorie, ce rapport n'ait aucun caractère obligatoire.

La procédure d'une commission d'enquête est en général précisée dans l'accord qui l'institue. Il serait dangereux de renvoyer purement et simplement à la Convention de La Haye de 1907 qui, en dehors de règles très générales de procédure, renvoie elle-même le problème à chaque commission d'enquête. Or, l'expérience montre que, dans des affaires délicates, la présentation et la discussion des preuves sont des opérations capitales dont peuvent dépendre, en grande partie, les conclusions du rapport. Dans une affaire mettant en cause le Royaume-Uni, les Etats-Unis ou tout autre pays de formation juridique anglo-saxonne, on se trouvera, en général, devant une demande de procéder à l'examen des témoins par les avocats des Parties (*cross examination*), ce qui implique trois phases dans l'examen oral des témoins:

1°) examen dirigé par l'avocat qui a convoqué le témoin;

2°) contre-examen par l'avocat adverse;

3°) nouvel examen par le premier avocat.

C'est parfois un inconvénient d'accepter l'introduction dans une procédure internationale d'une procédure de preuves nationale qui laisse un avantage majeur à une partie accoutumée à cette procédure où elle montre dans le développement des preuves une habileté supérieure à l'adversaire. Certains Etats peuvent donc préférer tenir compte des considérations suivantes:

(a) un premier mémoire présenté à la Commission par chacune des Parties pour exposer son point de vue avec, en annexe, toutes les preuves, rapports, témoignages, documents qui pourraient être jugés utiles pour le travail de la Commission. Ces enquêtes s'appliquant en général à des incidents graves et dangereux pour la paix, ces premiers mémoires devraient être remis dans un délai assez bref après l'incident, si possible un mois au plus tard après la constitution de la Commission;

(b) les contre-mémoires devraient être remis par les deux Parties un mois ou six semaines au plus après les premiers mémoires. Ces contre-mémoires constituent la réponse aux prétentions et affirmations des mémoires et doivent s'accompagner de même des compléments de preuve, témoignages, documents qui n'ont pas été fournis lors du premier échange des mémoires.

Il faut insister sur la nécessité de fournir à la Commission des témoignages complets recueillis par les autorités compétentes et certifiés conformes aux déclarations des témoins, ceci pour les raisons suivantes: c'est peu après un incident que les témoins ont encore en mémoire les conditions de cet incident et ses détails. C'est donc le plus tôt possible qu'il faut leur faire fixer sur le papier leurs souvenirs. Après trois mois ou davantage leur évocation de l'incident risque d'être approximative, inexacte et de refléter des conversations ou des impressions ultérieures. Cet aspect des choses est essentiel et il est donc prudent de prévoir dans la convention créant l'enquête, en détail, la remise des mémoires, contre-mémoires et annexes de la manière indiquée ci-dessus.

Cette façon de procéder aurait, en plus, l'avantage d'éviter à la Commission un débat oral prolongé, un examen, contre-examen et réexamen des témoins qui se trouvent nécessairement en situation d'infériorité vis-à-vis des avocats qui les interrogent et qui, troublés, peuvent ne plus être à même de fournir un témoignage sérieux. Par contre cet examen des mêmes témoins est infiniment facilité si, pour procéder à cet interrogatoire, on a déjà pour base un témoignage complet rédigé par le même individu peu après l'incident.

Une précaution utile s'impose aux autorités nationales en cas d'incidents internationaux sur lesquels on souhaiterait faire procéder à une enquête internationale. Un examen complet des conditions de l'incident et un enregistrement officiel de tous les témoignages doivent être faits sur-le-champ. On ne reconstruit pas un incident de manière satisfaisante huit jours après qu'il s'est produit.

En ce qui concerne la procédure orale elle-même, si l'on accepte les remarques présentées plus haut, elle perd de son importance car les commissaires ayant reçu un dossier complet n'ont plus besoin, avant de rédiger leur rapport, que de vérifier un certain nombre de points qui n'auront pas été tranchés clairement par la lecture des pièces écrites. Mais la manière de procéder au cours de la procédure orale est intéressante à étudier.

Deux méthodes sont possibles:

(a) la méthode anglo-saxonne du „cross examination," c'est-à-dire la liberté totale laissée aux agents et avocats de chaque Partie de rechercher la vérité par l'interrogatoire, parfois prolongé pendant plusieurs jours, d'un même témoin, devant une commission qui ne prend aucune part à ce débat, sauf pour poser quelques questions aux témoins, lorsque l'interrogatoire par les avocats des deux Parties est terminé;

(b) la méthode de l'interrogatoire par la commission, plus délicat, plus difficile, mais certainement plus équitable. Cette méthode suppose le préalable d'une procédure écrite complète et ensuite la direction du débat par le président de la commission. Celui-ci demandera aux deux délégations de lui communiquer la liste des questions à poser à chaque témoin. La commission pourra alors poser ces questions aux témoins en ne laissant aux avocats qu'un examen ultérieur limité à des questions nouvelles dont la nécessité aurait été révélée par les réponses aux premières questions. Cette formule évite l'énervement du témoin, maltraité par un interrogatoire habile, parfois brutal, mais assure cependant que le travail de vérification des témoignages pourra être fait devant la commission. Cette méthode ne présente qu'un inconvénient, elle exige de la part du président une intervention constante, une impartialité absolue dans l'interrogatoire, une direction de la procédure qui risque de l'opposer à l'une ou à l'autre des Parties et de créer des conflits d'audience. Elle peut présenter par contre, si elle est bien appliquée, l'avantage de faciliter les rapports entre les Parties qui, constatant l'impartialité du président par la manière même dont il mènera le débat, ne sont plus tentées de procéder de manière agressive l'une à l'égard de l'autre. Dans de telles conditions l'enquête pourrait éventuellement pousser les Parties à la conciliation.

On voit combien une procédure internationale d'enquête dépend donc du prestige et de l'autorité du président et de la compétence technique des membres qui l'assistent. Comme dans tout organe judiciaire ou quasi-judiciaire l'institution ne vaut que ce que valent les hommes qui la composent. Il est souvent tentant d'idéaliser une méthode de solution de règlement pacifique des différends internationaux au détriment des autres et de la proposer comme le vrai remède pour toutes les difficultés. La réalité des relations internationales ne permet pas de telles simplifications.

PAUL GUGGENHEIM
professeur honoraire de l'Université de Genève et professeur
à l'Institut Universitaire de Hautes Etudes internationales

La souveraineté dans l'histoire du droit des gens
De Vitoria à Vattel

I

1. Les glossateurs et les commentateurs qui avaient régénéré le droit romain aussi dans les relations internationales continuent à exercer leur influence tout au long du 15e siècle. Mais une nouvelle école, celle des humanistes, fait son apparition.[1] Le mouvement nouveau est caractérisé, au point de vue qui nous occupe, par une extension des ıègles applicables aux relations internationales. En effet, ces règles ne s'inspirent plus exclusivement du droit romain ou des droits régionaux; les humanistes mettent l'accent sur les principes du droit naturel tels qu'ils sont consacrés par certains passages de l'Ancien et du Nouveau Testament, par les philosophes grecs – en particulier Aristote – et par les Pères de l'Eglise. Il faut aussi mentionner les auteurs „qui ont joint la connoissance des Belles-Lettres avec l'étude du Droit," pour nous exprimer comme Grotius.[2]

2. Toutefois, la définition que les fondateurs du droit des gens donnent de l'Etat souverain correspond en général à la conception fondamentale qui est celle des doctrines exposées ailleurs.[3] C'est ainsi que Vitoria, répondant à la question de savoir ce qu'est un Etat, donne une réponse sommaire inspirée de la doctrine aristotélienne qui était aussi celle de saint Thomas d'Aquin:[4]

L'Etat au sens propre est la communauté *parfaite*. Ce que c'est une communauté parfaite est cependant très discutable. Il faut constater que „parfait" est synonyme de „total"; on appelle (communauté) imparfaite, lorsque quelque chose

[1] Cf. Koschaker, *Europa und das römische Recht*, 1953, p. 105 et ss.
[2] *De iure belli ac pacis*, Discours préliminaire, § 54, Traduction Barbeyrac. Ce dernier, dans son commentaire (annotation 4, t I p. 45) mentionne dans cette dernière catégorie deux auteurs qui font partie de l'école du *mos gallicus* et font une large part aux conceptions humanistes: Alciat et Cujas.
[3] *P. Guggenheim*, ,,La souveraineté dans l'histoire du droit des gens. Les conceptions des glossateurs des commentateurs", *Mélanges offerts à Henri Rolin*, 1960, pp. 130 et ss.
[4] De uire belli No. 7 dans *The Classics of International Law*, 1917, p. 227.

manque. En revanche communauté parfaite lorsque rien ne manque. Dans ces conditions, un Etat existe, lorsqu'il est complet, c'est-à-dire lorsqu'il ne fait pas partie d'un autre Etat, mais qu'il établit ses propres lois, un propre Conseil et de propres magistrats, comme c'est le cas pour le Royaume de Castille et d'Aragon, la principauté de Venise et d'autres communautés semblables...[1]

Les autres fondateurs du droit international ne s'expriment pas autrement. Suarez reprend aussi la doctrine aristotélienne, mais en précisant qu'

une communauté parfaite est en général définie comme une communauté capable de posséder un gouvernement politique

et que ce type de communauté

en tant que tel est considéré comme suffisant en soi-même dans l'ordre (politique).[2]

En outre, Suarez considère que l'Etat souverain a non seulement une juridiction mais encore un pouvoir coercitif.

3. Dans la doctrine de *Jean Bodin* toutefois, la notion de communauté parfaite n'est plus suffisante. Jean Bodin a reconnu le caractère spécifique de l'Etat comme organisme suprême et indivisible, soumis uniquement au droit divin (qui se confond chez Bodin, comme du reste chez beaucoup d'auteurs de cette époque, influencés par la Réforme, avec le droit naturel).[3]

Pour Bodin, le pouvoir public souverain est le plus grand pouvoir qui soit; c'est surtout un pouvoir indépendant de tout autre pouvoir terrestre.

D'autre part, Bodin, qui s'inspire dans ses théories de l'ancien droit constitutionnel français, fait une description des droits qui constituent le contenu de la puissance publique et donne une liste des pouvoirs et des attributions de l'Etat. Toutefois, les droits que Bodin et ses adeptes désignent comme "droits de souveraineté" ne sont pas réservés à l'Etat souverain; ils peuvent appartenir en tout ou en partie à des collectivités non-souveraines.

Cette dernière théorie ne fut pas reprise par les fondateurs du droit international. Pour eux, Grotius en particulier (comme pour la doctrine

---

[1] Cette définition remonte, comme nous venons de le dire, à Aristote, *Politique*, livre I, chap. I, comme le fait remarquer Barbeyrac, dans son commentaire à Grotius, *Guerre et Paix*, L. I, ch. 1, par. XIV (1): „L'auteur, en ajoutant cette épithète de *parfait*, suit les idées d'Aristote qui regardait la société civile comme une société *parfaite*, dans laquelle se trouve tout ce qui est nécessaire pour vivre commodément et heureusement."

[2] *De legibus ac Deo legislatore*, L. I, ch. VI, 19. Cf. Rommen, *Die Staatslehre des Franz Suarez*, S. J., 1926, p. 100 et p. 138.

[3] Voir la célèbre définition dans *Six Livres de la République*, 1576, I, 1, ainsi que G. Jellinek, *Allgemeine Staatslehre*, 1914, p. 453.

contemporaine) la souveraineté – la *civitas perfecta* – est entendue comme la caractéristique d'un pouvoir non susceptible d'être limité par un pouvoir supérieur; elle est une qualité partout égale, invariable, qu'un Etat a ou n'a pas. Le fait pour une entité quelconque de disposer de certains „droits de souveraineté," comme par exemple le droit de la haute police, le droit de conscription militaire et d'impôts, n'en fait pas une entité „souveraine" au sens du droit des gens.

4. En ce qui concerne la notion d'indépendance à l'égard de tout autre pouvoir *temporel*, si on en trouve des traces chez Suarez, qui donne certaines indications sur la jonction des deux éléments, la communauté parfaite et l'indépendance de tout pouvoir temporel,[1] il faut pourtant attendre Grotius pour avoir une définition précise à ce sujet. Voici comment Grotius s'exprime:

> La Puissance Souveraine, c'est celle dont les Actes sont indépendants de tout autre Pouvoir supérieur, en sorte qu'ils ne peuvent être annulés par aucune autre volonté humaine... Le sujet commun, dans lequel réside la Souveraineté c'est l'Etat, que nous avons défini ci-dessus un Corps parfait. Et par là nous excluons les Peuples, tels qu'ils étaient ceux que les Romains avaient réduits en forme de Province.[2]

5. La souveraineté, même à l'époque, doit être distinguée de la suzeraineté, titre ancien de droit féodal. Les droits que la suzeraineté conférait à l'égard du vassal ne sont pas des droits de souveraineté. Pour que l'Etat suzerain puisse se prévaloir d'un titre de souveraineté sur le vassal, il faut en réalité que le lien de suzeraineté ait disparu par l'incorporation du vassal au suzerain. Une telle transformation s'est par

---

[1] En effet, Suarez, dans son ouvrage *De bello, sectio secunda* (Apud quem sit legitima potestas in decidendi bellum) lorsqu'il pose la question de savoir qui a le pouvoir légitime de faire la guerre, répond: „En vertu du droit naturel peut déclarer la guerre le prince ou l'Etat qui n'a pas de supérieur temporel." Et ceci parce que ces entités ne sont pas en mesure de faire valoir une réclamation devant un autre juge: „ haec autem vindicta non potest peti ab alio Judice, quia Princeps, de quo loquimus non habe superiorem in temporalibus."

[2] L. I ch. III § VII, no. 1 et 3, Grotius – contrairement à Suarez – ne se fonde pas exclusivement sur les conceptions de la philosophie aristotélienne, telle qu'elle a été enseignée surtout par saint Thomas, ni sur le droit romain, dans sa définition de l'Etat souverain. L. II, ch. IX, § III, 2: „Isocrate a dit, et après lui l'Empereur Julien, que les Etats sont immortels, c'est-à-dire qu'ils peuvent l'être; parce que tout Peuple est une de ces sortes de corps, qui sont composés de parties séparées les unes des autres, mais réunies sous un seul nom et par la vertu d'une même constitution, comme dit Plutarque, ou d'un même aspect, comme s'exprime le Jurisconsulte Paul. Cet esprit, ou cette constitution qui forme le corps d'un peuple n'est autre chose qu'une association pleine et entière pour la vie civile, association dont le premier effet est la Souveraineté, ce grand lien de l'Etat, ce souffle de vie, que tant de milliers de gens respirent, pour parler avec Sénèque.

exemple produite en ce qui concerne le duché de Normandie; alors que primitivement les ducs de Normandie étaient vassaux du roi de France, on assiste par la suite à la substitution de la souveraineté française au lien de vassalité en ce qui concerne la Normandie continentale et à l'institution de la souveraineté britannique sur Jersey et Guernsey, le roi d'Angleterre se substituant pour ces territoires au duc de Normandie.[1]

6. Si l'on se retourne vers la pratique internationale de l'époque qui nous occupe, surtout celle du 17e siècle, on constate que l'élément de la communauté parfaite n'y est pas retenu. En revanche, l'autre critère, celui de la non-soumission à un autre pouvoir temporel, joue un rôle considérable dans les négociations diplomatiques précédant la conclusion de certaines conventions internationales.

On chercherait vainement cependant, dans ces textes, des définitions conformes à la terminologie grotienne. L'interprétation donnée à la souveraineté dépendait en effet des contingences du cas particulier et à cette époque la situation était loin d'être uniforme partout; en effet, le développement historique vers l'Etat moderne, l'affermissement de la souveraineté territoriale (*Landeshoheit, superioritas terrae*), ne s'est pas effectué, même en Europe, partout de la même façon ni en même temps. Dans les grands Etats de l'Empire, l'Autriche et la Prusse surtout, la notion de puissance publique et de gouvernement territorial s'est affirmée relativement tôt, à l'instar de ce qui s'était passé en France, en Angleterre, et pour les villes italiennes. En revanche, le pouvoir exercé par les petits princes allemands reposait sur un amalgame de droits privés et de droits publics; la principauté restant composée de diverses seigneuries. Peu à peu cependant l'importance de la distinction entre souveraineté territoriale et simple seigneurie s'affirma. Mais il fallut quand même attendre jusqu'à la dissolution de l'Empire, en 1806, pour qu'une modification fondamentale se produise dans la situation juridique; les territoires dont les princes avaient réussi à s'assurer la puissance publique devinrent des Etats souverains, englobant les seigneuries dont les titulaires n'avaient pas accédé à la même position.[2]

Nous allons montrer, à l'exemple de trois situations différentes,

[1] Cf. l'opinion dissidente du juge Basdevant dans l'affaire des Minquiers et des Ecréhous, arrêt du 17 novembre 1953, *C.I.J. Rec.* 1953, p. 75. Voir sur l'histoire p. 53 et ss.

[2] Cf. Laband, *Note doctrinale dans l'affaire de Schieder, Blomberg et Lipperode*, Lapradelle-Politis, Receuil des arbitrages internationaux, t I, p. 433 ss. Les villes hanséatiques n'ont jamais été des Etats souverains. Cf. Reibstein, „Das Völkerrecht der deutschen Hanse," *ZaöR u. VR* 1956, 58 ss.

comment la pratique internationale de l'époque a défini la souveraineté. Nous allons donc examiner la reconnaissance de l'indépendance de la Confédération suisse, celle de l'indépendance des Pays-Bas et la reconnaissance de la souveraineté française sur l'Alsace, situations réglées, toutes trois, par la paix de Westphalie, c'est-à-dire vingt-trois ans après la publication de l'ouvrage fondamental de Grotius.

7. Les négociations qui eurent lieu au congrès de Westphalie dans le premier cas mentionné, portèrent d'une part sur les rapports existant entre l'Empire et la Confédération suisse, rapports qu'il s'agissait d'élucider,[1] d'autre part sur le statut à accorder à la Confédération dans la communauté internationale. Seule cette dernière question va nous retenir.

C'est dans un memorandum adressé en 1646 par le bourgmestre Wettstein de Bâle à la délégation de l'Empire que l'on trouve exposés les arguments sur lesquels la Confédération suisse fondait sa prétention à l'indépendance: la possession immémoriale des libertés fondamentales, en particulier celle de conclure des traités et alliances. On lit dans ce memorandum:

Es ist reichs- und weltkundig, dass die Eidgenossenschaft ein freier Stand, so nächst Gott einzig von sich selbsten dependiert, sei, der zum Teil oder sämtlich

[1] C'est cependant d'une manière accidentelle que le Congrès en vint à s'occuper de cette question. Le tribunal de l'Empire (*Reichskammergericht*) continuait à vouloir assujettir la ville de Bâle à sa juridiction. Cette dernière ne pouvait pas prétendre à l'indépendance *de facto* de l'Empire que la paix de Bâle (1499) avait reconnue tacitement aux anciens membres de la Confédération, puisque Bâle n'en faisait pas partie. Le tribunal d'Empire se considérait en conséquence compétent pour annuler les arrêts rendus par le tribunal de la ville de Bâle (*Stadtgericht*) et ordonner des séquestres en vue de l'exécution de ses propres décisions contre la propriété des ressortissants bâlois se trouvant située sur le territoire de l'Empire. Bâle s'opposa à cette prétention en faisant valoir le privilège „de non evocando" de l'Empereur Sigismond (1433) et contesta en outre que la ville appartint à l'Empire. Le Tribunal d'Empire, consulté par les autorités impériales, rejeta la thèse bâloise. Toutefois, les représentants de l'Empire proposèrent une transaction, en recommandant à l'Empereur de confirmer le privilège „de non evocando" de la Ville de Bâle et de libérer cette dernière de la juridiction du Tribunal d'Empire, à condition que les procès pendants fussent réglés par des transactions et que Bâle s'engageât à exercer sa juridiction d'une manière rapide à l'égard des personnes assujetties au droit de l'Empire. Les représentants de Bâle, non satisfaits de cette proposition, demandèrent et obtinrent de l'Empereur qu'il reconnût par décret l'exemption de l'Empire à l'égard de Bâle; c'est à ce décret, du 14 mai 1647, que se réfère l'art. 6 du Traité de paix d'Osnabrück, texte que nous reproduisons plus loin, p. 117. Ainsi, la situation de la Ville de Bâle était également clarifiée dans ses relations avec l'Empire. Toutefois, le conflit entre la Ville de Bâle et le Tribunal de l'Empire ressurgit en 1750. Les revendications de ce dernier furent cependant abandonnées à la suite de l'intervention de l'Empereur lui-même. Cf. Gallati, „Die formelle Exemption der Schweiz vom Deutschen Reich im Westfälischen Frieden," *Revue d'Histoire suisse*, 1948, p. 477 et s. Voir aussi Leschorn, Johann Jakob Moser und die Eidgenossenschaft, 1965.

nach seinem Gefallen Krieg geführt und Frieden geschlossen, der mit den höchsten Potentaten und Häupten der Christenheit Bündnisse, Vereine und Verträge eingegangen und aufgerichtet, der es auch ohne jemandes Eintrag noch tun kann und mag.[1]

Contrairement au droit impérial qui reconnaissait à certaines entités soumises à l'Empire la „possessio libertatis," Wettstein revendiquait pour la Confédération la „possession immémoriale et pacifique." Il suivait en cela le conseil de Théodore Godefroy, historiographe, avocat au Parlement de Paris et conseiller d'Etat, qui avait recommandé aux cantons protestants de faire valoir la possession immémoriale et de s'abstenir d'invoquer les privilèges de l'Empereur, comme de reconnaître la compétence du Tribunal d'Empire à l'égard des jugements rendus par le tribunal de Bâle.[2]

Dans un nouveau memorandum, connu sous le nom de „recharge" du 24 février 1647 et destiné à certains corps constitués dans le cadre de l'Empire, Wettstein oppose la notion de privilège à celle de souveraineté en demandant „eine löbliche Eidgenossenschaft bei ihrem freien, souveränen Stand und Herkommen fürbass ruhig und ohnturbiert zu lassen."[3] La prétention de la Confédération à l'indépendance était ainsi nettement appuyée sur la possession immémoriale, ainsi qu'on l'avait suggéré du côté français.

Les représentants de l'Empereur, bien que disposés à faire des concessions aux Suisses, défendaient au contraire la théorie des privilèges et ils voulaient que l'indépendance de la Confédération suisse fut consacrée par décret impérial; ainsi elle aurait été fondée sur le droit de l'Empire et non sur le droit des gens. C'est ainsi que fût rendu le décret du 14 mai 1647 qui contient le passage suivant: „nachdem gemeine XIII Orte der Eidgenossenschaft so viel lange Zeit und Jahre in possessione vel quasi eines freien und ausgezogenen Standes gewesen."[4]

Toutefois, la diplomatie française aurait voulu insérer dans les traités de paix une disposition qui aurait consacré d'une manière plus explicite le caractère souverain de la Confédération des XIII cantons. La délégation française proposait donc un article conformément auquel il aurait

---

[1] Cf. Gauss, „Die Westfälische Mission Wettsteins im Widerstreit zwischen Reichstradition und Souveränitätsidee," *Revue d'Histoire suisse*, 1948, p. 177 et ss. en particulier p. 182., Dickmann, *Der Westfälische Frieden*, 1959, p. 436.

[2] Cf. Guass, *op. cit.*, p. 182, note 17.

[3] Cf. Gonzenbach, „Rückblicke auf die Lostrennung der Schweizerischen Eidgenossen schaft vom Reichsverband," *Jahrbuch für Schweizer Geschichte*, 1885, p. 246 et s. Cf. en outre les références dans Gauss, *op. cit.*, p. 184, note 20.

[1] Gauss, *op. cit.*, p. 184, note 22.

été reconnu à la Confédération „omnimoda superioritas," c'est-à-dire „souveraineté absolue"[1]; cette disposition aurait figuré non dans les chapitres relatifs aux Etats de l'Empire, mais à un endroit qui aurait permis de la considérer indubitablement comme une règle du droit des gens.[2] La suggestion française fut repoussée par les représentants de l'Empereur et c'est ainsi que l'art. VI du traité d'Osnabrück figurant dans les deux traités de Münster[2a] et d'Osnabrück et se rapportant à l'indépendance de la Confédération se réfère explicitement au décret impérial du 14 mai 1647, dont il indique le contenu („in possessio vel quasi plenae libertatis et exemptionis ab Imperio esse"), et ajoute:

Il a été décidé d'insérer la même chose dans ce traité public de paix, à titre de confirmation et de consécration („placuit hoc idem publicae huic Pacificacionis Conventionis inserere, ratumque firmum manere...").[3]

8. La forme dans laquelle eut lieu la reconnaissance de l'indépendance de la Confédération suisse répondait à la conception qu'on se faisait alors de la souveraineté dans la doctrine. La formule utilisée n'a pas la clarté de celle qui devait consacrer l'indépendance des Etats-Généraux des Pays-Bas à l'art. 1er du Traité du 30 janvier 1648 conclu entre lesdits Etats-Généraux et l'Espagne. Le terme de souveraineté y apparaît et on voit le roi d'Espagne reconnaître („*agnoscit*") que les Etats-Généraux constituent „des entités libres et souveraines" („Liberos et supremos ordines, provincias ac terras") à l'égard desquelles il ne fera plus valoir aucune prétention („dictus Dominus Rex, nec nunc; nec posthac, pro re ipso, suis successoribus et posteritate, unquam quiequam praetendat...").[4]

9. Au congrès de Münster, la France revendiqua les régions alsaciennes, à l'exception des territoires sous pouvoir ecclésiastique. Elle demanda que la renonciation soit faite non seulement par la maison

---

[1] Declaratio gallica, *Archives fédérales*, V, 2 p. 2274, Annexe 9.
[2] Gauss, *op. cit.*, 185.
[2a] Art. 61 du Traité de Münster.
[3] Contrairement à la „libertas erga imperium," qui correspondait au statut des Etats immédiatement soumis à l'Empire. La formule de l'*exemptio ab Imperio* avait également été employée pour la Lorraine et la Bourgogne dans les traités de 1542 et de 1548. Cf. Dickmann, *op. cit.*, p. 438. Voir aussi Gierke, *Das deutsche Genossenschaftsrecht*, t. III, p. 697. En ce qui concerne la notion de „possessio vel quasi" employée dans le décret impérial et dans l'art. 6 des Traités de paix, elle répond à l'idée que la „possession" au sens du droit romain ne se rapporte pas seulement aux choses corporelles, mais aussi aux choses incorporelles, comme, par exemple, à l'usufruit.
[4] Cf. Dickmann, *op. cit.* p. 440 et ss. Voir sur la même formule dans le traité de paix non ratifié du 8 janvier 1647, *op. cit.*, p. 302 et ss.

d'Autriche, mais encore par l'Empereur et les Etats-Généraux de l'Empire (Reichsstände). Le principe de l'annexion une fois acquis se posa la question de savoir quel devait être à l'avenir le statut des vassaux à l'égard de l'Empereur. Le maintien du lien de vassalité était-il compatible avec la souveraineté française? Les négociateurs français, suivant en cela l'opinion de Bodin étaient d'avis que cela était incompatible et cette opinion était partagée par l'Empereur qui ne désirait pas voir le roi de France siéger à la Diète d'Empire.[1] L'Alsace fut ainsi cédée à la France sans limitation ni réserve importante.[2] L'art. 74 du Traité de Münster constate que le „domaine supérieur" (supremum dominium) en Alsace appartient à la couronne de France (corona Galiae)[3] et consacre ainsi le transfert à la France de la souveraineté sur l'Alsace. Le domaine éminent (ou domaine direct, au sens du droit impérial) ayant passé au roi de France, celui-ci pouvait s'opposer à toute prétention à la copropriété ou à un usage commun.[4]

La seule limitation – d'ailleurs dépourvue d'importance pratique – imposée à la France était stipulée à l'art. 87 du même Traité; conformément à cette disposition, les entités ecclésiastiques et laïques qui étaient soumises directement à l'Empire devaient le rester („Teneatur rex christianissimus ... in ea libertate et possessione immediata erga Imperium Romanum, quae hactenus gavisae sunt, relinquere"). Cette clause de sauvegarde était toutefois interprétée de telle manière, dans

---

[1] Cf. les six livres de la République, L, I, chap. IX, Lebret, *De la souveraineté du Roy*, Paris 1632, p. 9 ss, qui enseigne que „le vasselage, spécialement quand il oblige, fait cesser la souveraineté." Jacob, *Die Erwerbung des Elsass durch Frankreich im Westfälischen Frieden*, 1897, p. 329 et ss. Albertini, *Das politische Denken in Frankreich zur Zeit Richelieus*, 1951, p. 40.

[2] Voir sur les négociations conduisant au traité préliminaire du 13 septembre 1646, Dickmann, *op. cit.*, p. 286 et ss.

[3] Itemque dictus Landgraviatus utriusque, Alsatiae et Sundtoviae... omniaque jura, regalia et appertinentiae, absque ulla reservatione cum omnimoda jurisdictione et superioritate, supremoque Dominio ab modo in perpetuum ad Regem Christianissimum, Coronaque Galliae pertineant et dictae Coronae incorporata intelligentur...".

[4] Cf. Dickmann, *op. cit.*, 296 et s, qui affirme avec raison: „... das Wort ... „Supremum dominium" ... entbehrt freilich der vollen Klarheit, wie alle Begriffe des römischen Rechte, sobald man sie auf die Verhältnisse des modernen Staatslebens anzuwenden begann... Im Französischen bezeichneten „domaine éminent" oder „domaine direct" die oberste Herrschaft des Königs über das Krongut (domaine) einschliesslich der Lehenshoheit, die er im Bereich dieses Dominiums übte, im Gegensatz zum „domaine utile" des Vasallen, dem sein Lehen nur zur Nutzung überlassen war... Der König von Frankreich beanspruchte ein dem Sacheigentum an Grund und Boden vergleichbares Recht. Dominium im strengen Sinne des römischen Rechts bedeutete vollkommene Verfügungsgewalt, bedeutete die Befugnis, jeden fremden Anspruch auf Miteigentum oder auch nur auf Mitnutzung auszuschliessen. Das war mehr als alle Begriffe des mittelalterlichen Lehensrechts zu geben vermochten, und man bedürfte ihrer denn auch nicht mehr, wenn man das supremum dominium in diesem ausschliesslichen Sinne fasste."

la suite de l'article lui-même, qu'elle ne pouvait être opposée au „supremum dominium" du roi de France.[1]

10. Les auteurs qui viennent immédiatement après Grotius n'apportent aucune contribution nouvelle à la notion de la souveraineté de l'Etat dans les relations internationales. On constate toutefois que peu à peu l'élément de la communauté parfaite est abandonnée au profit de la définition de Bodin.

Pufendorf toutefois, reprenant la distinction qu'il avait établie ailleurs entre les individus et les personnes morales en tant que destinataires de la règle juridique[2] introduit deux nouveaux éléments. D'une part, adoptant la doctrine de Hobbes, il assimile la souveraineté de l'Etat au pouvoir souverain de l'organe suprême („rex est civitas").[3] D'autre part, s'inspirant de la doctrine du contrat social,[4] il déclare que l'Etat est „la plus puissante de toutes les sociétés et de toutes les personnes morales." Enfin Pufendorf rejoint dans une certaine mesure les auteurs qui considèrent que l'Etat souverain est celui qui n'est soumis à aucun autre pouvoir étatique. Voici comment il s'exprime à ce sujet:

> ... les puissances sont aussi appelées *Souverains, parce qu'il n'y a point de Supérieur ici bas de qui elles dépendent.* D'où il s'ensuit, que tout ce qu'elles ont fait, ordonné, ou établi, ne saurait être annulé par aucun autre Homme, en tant que Supérieur, mais par elles seules; car changeant elle-même de sentiment, elle ne fait qu'user de leur liberté.[5]

C'est donc avec raison que l'on a dit de Pufendorf qu'il était un adhérent modéré de l'absolutisme.[6]

11. L'étape décisive dans la formation de la définition contemporaine du droit des gens, fut franchie par *Christian Wolff*, Celui-ci, tout en

[1] Dickmann, *op. cit.*, p. 294 et ss.

[2] Voir Guggenheim, dans sa préface à l'édition allemande du *Droit des gens* de Vattel, parue en 1959 (*Die Klassiker des Völkerrechts*), t. III, p. XXI et s.

[3] Cf. Welzel, *Die Naturrechtslehre Samuel Pufendorfs*, 1958, p. 70. Voir *Droit de la nature et des gens*, t. II, L VII, chap. II, par. 5, p. 230 de la traduction Barbeyrac. Voir aussi L VII, ch. II, par. 4 (p. 225 de la traduction Barbeyrac). Le chef de l'Etat peut cependant aussi être un collège ou une personne morale (*Jus naturae et gentium* L. VII, chap. V, V).

[4] C'est de cette union des volontés et des forces (singuli cum singulis) que résulte le Corps politique que l'on appelle Etat. D'après Pufendorf les personnes morales composées (y compris l'Etat) se forment „lorsque plusieurs individus humains s'unissent ensemble de telle manière que ce qu'ils veulent ou ce qu'ils font, en vertu de cette union, n'est censé qu'une seule volonté et qu'une seule action." *Le droit de la nature et des gens* t I L. I, ch. 1, par. 13.

[5] t II, L VII, ch. VI, p. 220 (traduction Barbeyrac). La souveraineté est aussi indivisible. *Jus naturae et gentium*, t III, L VII, chap. 4, 9 et 11.

[6] Cf. E. Wolf, *Grosse Rechtsdenker*, 3e éd. 1951, p. 351. Toutefois, l'Etat pour Pufendorf n'était pas seulement un instrument de la puissance du Prince. Le Prince aussi est

reprenant la théorie de Hobbes et de Pufendorf sur l'Etat considéré comme personne morale, ajoute que les entités étatiques sont soumises à un ordre juridique autonome, „au droit commun de toutes les nations."[1] Il écrit dans le préambule au paragraphe 2 de son „Jus gentium Methodo scientifica pertractatum":

> Les Nations sont considérées comme des personnes individuelles qui vivent dans un état de nature. Elles consistent dans une multitude d'hommes unis dans un Etat. En conséquence, depuis que les Etats sont considérés comme des personnes individuelles et libres, existant dans un état de nature, les nations doivent également être considérées en relation les unes avec les autres comme personnes individuelles et libres vivant dans un état de nature.[2]

La doctrine dominante de la fin du 18e siècle et du début du 19e siècle, tenant compte de la pratique internationale, reconnaît toutefois le caractère souverain à des Etats qui se trouvent dans une certaine situation de dépendance à l'égard d'autres Etats, soit qu'il s'agisse d'un lien de vassalité, soit d'une protection. La condition en est toutefois que ces Etats soient en mesure d'entrer en relation avec des Etats tiers en leur propre nom. C'est ainsi que *Martens* considère que la république de Raguse est indépendante, cela bien qu'elle reconnaisse le Sultan comme protecteur. Tel aurait été aussi le cas de la principauté de Monaco, malgré le protectorat qu'exerçait sur elle la France.[3]

12. *Vattel* a rendu plus claire et plus accessible la théorie de Wolff sur l'Etat souverain. Sa définition de l'Etat souverain – si l'on fait abstraction de l'élément spatial, c'est-à-dire de sa notion de compétence étatique relative au territoire et de la manière peu explicite dont il mentionne les individus soumis au pouvoir étatique –, sa définition de

---

soumis à la raison d'Etat. *Jus naturae* t II, L. VII, chap. 6, par. 14; chap. 9, par. 5. Différente l'attitude de Thomasius, qui nie la validité positive du droit des gens. Le Prince – conformément à la doctrine luthérienne – n'est soumis qu'à la volonté divine. Il s'oppose aussi au Pape comme arbitre entre les Princes. Wolf, *op. cit.*, p. 407.

[1] Cf. aussi son ouvrage *Institutions du droit de la nature et des gens*. Il expose dans la préface „les fondements de l'ordre juridique international" (*Jus gentium*, Préface, édition Luzac). „Le seul point de vue sous lequel on puisse considérer les différentes nations, c'est que ce sont autant de personnes particulières qui vivent dans l'état de nature... Or, ainsi considéré, ce droit des gens est commun à tous les Peuples, de sorte qu'une nation qui agit contre ce qu'il prescrit, viole le droit commun de toutes les Nations. Car, puisque les nations sont des personnes morales, et qu'ainsi elles ne sont astreintes qu'à certains droits et à certaines obligations, qui dérivent en vertu du Droit Naturel de l'association qu'elles ont faite, leur nature et leur essence diffèrent entièrement de la nature et de l'essence de chaque homme en particulier comme autant d'individus physiques."

[2] Publication de la Dotation Carnegie. 1934, vol. II, p. 9 et ss.

[3] Cf. Guggenheim, *Traité de droit international public*, t. I, p. 171 et ss. Voir en particulier p. 280. Cf. en ce qui concerne Raguse *Martens*, Einleitung in das positive europäische Völkerrecht, 1796, p. 29.

l'Etat souverain est conforme à la conception de la doctrine contemporaine dominante:

Toute nation qui se gouverne elle-même, sous quelque forme que ce soit, sans dépendance d'aucun étranger, est un état souverain... Pour qu'une nation ait droit de figurer immédiatement dans cette grande société, il suffit qu'elle soit véritablement souveraine et indépendante, c'est-à-dire qu'elle se gouverne elle-même par sa propre autorité et par ses lois.[1]

[1] L. I, ch. I, par. 4.

EDVARD HAMBRO
Professor of Law at the Norwegian School of Economics and Business Administration
Member of the Permanent Court of Arbitration,
Membre de L'Institut de Droit international,
Former Registrar of the International Court of Justice

Norwegian Attitude to International and foreign Judgments. Recent Developments

Some years ago the author published in Clunet an article on the recognition and enforcement of foreign judgments in the Nordic States.[1] The aim of the present article is to bring that former paper up to date as far as Norway is concerned. In the first section some developments among the Scandinavian States will be treated. The second section will deal with a treaty with the United Kingdom and the third and last section with the European Court of Human Rights.

It is to be expected that a certain amount of collaboration among the Nordic States will take place. They have for years worked together in the field of legislation.[2] They have created a certain amount of political collaboration in the Nordic Council[3] and have even concluded a Treaty of political cooperation.[4] They also publish a number of law reviews in common.[5]

The important Nordic Treaty for the recognition and enforcement of judgments of March, 16 1932[6] has been analysed in the above mentioned article in Clunet and will not be touched upon here.

The Convention of 1932 dealt only with judgments in civil case, that

---

1 Edvard Hambro, „Recognition and Enforcement of Foreign Judgment in the Nordic Countries," 84, *Journal du Droit international* (Clunet) 1957, pp. 908–947.

2 See article by Ekeberg in I, *Le Nord*, 1938, pp. 82 ff. and Mateucci in *Liber Amicorum of congratulations to Algot Bagge*, Stockholm 1956.

3 See article by Max Sørensen in *Revue générale de droit international public*, 1955, pp. 63–64.

4 Treaty of Collaboration between Denmark, Finland, Iceland, Norway and Sweden of 23 March, 1962, Published in *Overenskomster med Fremmede Stater*, 1962, pp. 402 ff. It entered into force after deposit of all the ratifications on the first of July the same year. Also published in the *Treaty Series* of the United Nations vol. 434, pp. 144 ff. as Treaty No. 6262.

5 The oldest one is the *Nordisk Tidsskrift for Retsvidenskap*. Later we have had the *Acta Scandinavica juris gentium*, a Nordic collection of judgments and Archives in the fields of Air law and Maritime law.

6 *League of Nations Treaties Series*, Vol. CXXXIX pp. 165 ff.

is judgments in suits which had been treated according to the law on civil procedure. Penal cases – cases treated according to the law on penal procedure – were outside the treaty except for claims concerning compensation for criminal acts which had caused damage. This part of the penal judgment could be executed also in the other Scandinavian States.

After the war of 1939/45 it was felt natural to enlarge the scope of the then existing collaboration and Scandinavian committees were appointed to draft a Treaty between Denmark, Norway and Sweden concerning recognition and enforcement of penal judgments.[1]

A Treaty was concluded on March, 8, 1947 and entered into force on the 22 of July the same year[2].

The most important article is Article 1 which in the official English translation reads:

> Valid judgments given in criminal matters in one of the Contracting States shall, in so far as they impose a fine, confiscation or legal costs, have effect and be enforceable on demand in the other States.
>
> Decisions or orders which, in accordance with the laws of the State concerned, have the same effect as valid judgments and valid decisions regarding the attachment of the goods of an accused person as security for a fine, confiscation, damages or legal costs, shall be regarded as valid judgments.

The Convention of 16th March 1932 regarding the recognition and execution of judgments shall apply to decisions in criminal matters relating to damages. The most important point to bear in mind is that even this treaty does not envisage the recognition or enforecment of judgments imposing a prison sentence. That comes later. It is still only a question of fines.

The treaty states that the judgments – once they are final and cannot be appealed – are binding. That means of course two things. First of all they should be recognized and can be enforced. Secondly that a new law suit cannot be opened in any of the other countries as far as the fines are concerned. Such judgments have the force of *res judicata*.

This treaty was of such a character that it necessitated a new law, and could therefore, according to the Constitution not be ratified before Parliament had given its consent thereto.[3] The Treaty was referred to the

---

[1] See here particularly in *Norwegian Parliamentary papers*, Ot. prpr. nr. 35, 1947.

[2] Printed in *Overenskomster med fremmede stater*, 1949, pp. 86 ff. and in the *Treaty Series* of the United Nations, Vol. 27, pp. 117 ff. as Treaty No. 403.

[3] Article 26 of the Constitution states, after an amendment in 1931:

„The King shall have the right to assemble troops, to commence war in the defence of the Kingdom and to make peace, to conclude and denounce treaties, and to send and receive diplomatic envoys.

Treaties on matters of special importance, and, in any case, treaties the implementa-

Committee on constitutional and foreign affairs enlarged with two members of the committee on legal affairs and was unanimously recommended for ratification, and Parliament gave its consent without debate.[1]

It is the custom in Norway not to give the consent to ratification before the necessary new laws have been passed.

This does not mean that Norway adheres to the transformation theory.[2] No special enabling legislation is necessary before the Norwegian courts apply international law. If the Norwegian system has adopted any special system it is the theory of harmonisation. The Courts will in all possible ways interpret both international law and Norwegian law in such a way that there is no conflict.[3] Difficulties arise only where such a harmonisation is quite impossible, and in order to obviate such possible conflicts, the laws are passed before the treaty is ratified. It has never yet happened that the supreme Court has found a discrepancy between international law and Norwegian law.

When this Statute was first debated in the judicial committee, the Committee stated that it wanted more information about certain aspects, and reported that it should not be debated by Parliament in 1947.[4] Next year it gave a favorable report.[5] And the new Statute was unanimously adopted by Parliament in a slightly modified form. The necessary explanations about the law and about the treaty are furnished in the Parliamentary papers,[6] but since the law later was repealed and replaced by a new law which goes considerably further, it does not seem necessary to analyse it in this paper. It must suffice to state that it does not deal with sentences inflicting imprisonment, except in so far that a fine is imposed in the same sentence, and then only the fine is subject of the Treaty and the law. It is also necessary to state that the treaty explicitly exempts political crimes and connected crimes[7] except – and that is important for historical reasons, but need

---

tion of which, according to the Constitution, necessitates a new law or a decision on the part of the Storting, shall not be binding until the Storting has given its consent thereunto."

[1] See St. Prp. no. 59 of 1948 and Innst. S. No. 104 of same year.

[2] Edvard Hambro, „The Theory of the Transformation of International Law into National Law in Norwegian Law," in Engel (Ed.) *Law, State and International Legal Order, Essays in Honour of Hans Kelsen*, Knoxville, Tennessee, 1964, pp. 97 ff.

[3] Edvard Hambro, „Some remarks about the relations between municipal law and international law in Norway," 19, *Acta Scandinavica Iuris Gentium*, 1959, pp. 3 ff.

[4] Innst. O. nr. 241, 1947.

[5] Innst. O. nr. 29, 1948.

[6] Ot. prp. nr. 35, 1947.

[7] I myself have written some papers on this problem. See e.g. my article in 5, *Western political Quarterly* 1952, No. 1.

not detain us here – judgments as a result of collaboration with the enemy during the war and occupation 1940/45.[1]

A new law of November 15, 1963[2] was passed in this field and replaced the old one. It also replaced the Treaty which was revoked by a protocol.

It was found this time – after negotiations lasting for about ten years – that it was more practical not to embody the rules in a formal treaty but rather in the form of identical – or nearly identical – laws. This time also Finland and Iceland participated in the collaboration.

It may be practical to enact laws, but, it is of course, impossible to ensure absolute identity. Furthermore, the Statutes can be unilaterally changed by each individual country.

However, such was the procedure this time and meetings between delegations and even between members of the judicial committees of Parliament took place to ensure the best laws.

The first chapter of the law deals with fines, confiscation, damages and costs and is in fact only a re-enactment of the rules already existing.

Chapter 2 deals with interscandinavian enforcement of prison sentences, chapter 3 with suspended sentences and Chapter 4 with prisoners released on parole whereas Chapter 5 contains certain rules of a general character.

It is quite clear that it is more normal to have a certain amount of collaboration in this field between the Scandinavian States than between many other groups of States. They are in many ways alike, both as far as legislation and social conditions are concerned. It is also perfectly true that it may be an advantage for a person serving a prison sentence to do that at home and not in a foreign country. He may profit more from schooling and treatment when his own language can be used. Also he may be close to friends and relatives and be able to have short leaves from prison and profit more from that when he is close to home.

The only question of principle which may create a certain difficulty is the problem facing a prisoner who does not want to serve a sentence at home. He may feel that less publicity is attached to a sentence

---

[1] It is in itself worthy of note that Sweden, having been a neutral during that conflict, still consented to this stipulation.

[2] See following *Norwegian Parliamentary papers*: Ot. prp. Nr. 13, 1962–63. As annex is attached Innstilling fra Straffelovsrådet om Fullbyrdelse av nordiske dommer på straff m. v. Innst. O. XXI 1962–63. Debates in Odelstinget 1963 pp. 30 ff. Besl. O. nr. 4 1963–64. Debates in Lagtinget same year pp. 2 ff. It might be added that the Norwegian Parliament is elected as a one chamber Parliament but divides in two, Lagting and Odelsting, for legislation.

abroad and that less shame will adhere to him if it is not known in his own circle and among other people that he has served a sentence.

The question which was discussed in the Norwegian Parliament was whether it was in conformity with the Norwegian Constitution to force a person to undergo a prison sentence in Norway for an act which had not been adjudged by a Norwegian Court and which was perhaps not even punishable in Norway.

And it is quite clear that the prison sentences shall not be examined by the local courts and that even sentences for actions which do not figure in the local penal code shall be respected.

Article 96 of the written Constitution states in § 96 that "No one must be convicted except according to law, or be punished except according to judicial sentence."

It could be claimed and was indeed claimed[1] that law must mean Norwegian law and that a judicial sentence must mean a sentence by a Norwegian Court.

The principle underlying § 96 of the Constitution is to create security for the individual. He shall not risk to be imprisoned by an administrative fiat by the executive. He shall be sure that he can trust the legislation. If there is no definite rule in the penal code he cannot be punished[2] and the punishment must always be imposed by a court, by an independent Court being part of an independent judiciary.[3]

The question of foreign courts and foreign laws was certainly not present in the mind of the "founding fathers"; but a proposal to give authority to execute Swedish penal judgments was turned down during the time of Union with Sweden. It may happen that a Norwegian or a person resident or domiciled in Norway, has committed a crime or a misdeamenour abroad, he must suffer the consequences. He risks to be arraigned before the foreign tribunals, to be punished according to the penal law in the country in question and undergo his punishment there.[4] It may, then, be argued that it is only an advantage, a privilege

---

[1] The author whowas then a member of Parliament was the chief spokesman for this point of view, which gathered the majority in the judicial committee but was defeated on the floor of parliament.

[2] This question has also been discussed before an international forum in relation to another country. The Permanent Court of International Justice had to deal with the penal law of Danzig, P. C. I. J. Ser. A/B No. 65.

[3] It is not possible to discuss in this paper all the new rules concerning internment in hospitals etc. which may infringe upon the freedom of the individual in the interest of society. Such measures are not meant as punishment, but can be very dangerous in this particular respect.

[4] It is not necessary to discuss the question of minimum standards of penal law in the international community in this connection. It is well known that a State may protect

for him to serve the prison sentence in his home country. And this is certainly so if he wishes it, if he requests it or if he submits to it voluntarily. The question would seem to be of a different character if he refuses, and if he is forced to come back to Norway.[1] In that case the Norwegian authorities punish him according to a law which is not a law in the meaning of the Constitution, not being a Norwegian law, passed in the forms necessary for Norwegian laws. It is not a penalty inflicted by a Norwegian Court as understood in the Constitution because it is not a Court. These scruples were brushed aside. Parliament found that the conditions of the Constitution were fulfilled if the punishment was inflicted by a Court – even another Scandinavian court – and if the basis of the punishment was fixed in a law – even in one of the other Scandinavian States. It was also stated in the debate that the Norwegian Courts could decide the matter of the constitutionality of the law in each individual case since the courts according to Norwegian constitutional practice can try the constitutionality of laws passed by Parliament.[2] It may be added with due respect that this last argument is not very impressive. Parliament ought not to pass laws which are of doubtful constitutionality even when the courts have this power.

It is not believed that this question is very important in the Scandinavian system. But if it should be decided to conclude treaties of a wider connotation in this sphere the problem can become acute. § 96 of the Constitution would to all intents and purposes be meaningless if any prison sentence anywhere, whether punishable by Norwegian law or not, could be the basis of a prison term to be served in Norwegian prisons.

It is probable that a closer scrutiny would have taken place if it had been a question of similar arrangements with other countries. Even the present law gives to the States the possibility to refuse to apply the law in individual cases, and even as the law is formed now, the person in question shall as a general rule be heard.

---

its own citizens against unusual or cruel treatment abroad also in the field of penal law and administration.

[1] We leave out here the question of extradition. If a person is extradited to Norway and judged by a Norwegian tribunal the problem does not arise. I will not deal with the Scandinavian laws and treaties of extradition which I have done already in many papers which need not be quoted here.

[2] The principle of judicial review of legislation is not fixed in any constitutional provision, but in constitutional customary law. However, the Supreme Court – and that it is the one court of importance in this connection – is very cautious in this respect.

The other question touching upon the Constitution which was debated was the question of the King's right to pardon criminals.

§ 20 of the Constitution states:

> The King in the Council of State shall have the right to pardon criminals after sentence has been passed. The criminal shall have the choice whether he will accept the King's grace or submit to the punishment imposed.

It is quite clear that the King keeps this right even after the passing of the law of 1963. The King's rights after the Constitution cannot be reduced by ordinary legislation.

If, however, a punishment passed abroad is remitted by grace according to the constitution of that country, it cannot be enforced in Norway. This, however, does not diminish the King's right. Furthermore, if the Norwegian King should pardon a person punished in Norway, that person cannot be forced to submit to the prison sentence in another Scandinavian country. The King's grace has effect across the borderline. What happens in this connection is not that the King's rights have been curtailed, but only that the prisoner has a double chance of being graced, both from the authorities in the country which has passed judgment and by the authorities in the country where he serves his sentence.

These questions have been mentioned here even though no treaty has been concluded, but similar laws have been passed. It is believed, however, that the problems are inherently the same as the problems facing the national assembly when it is asked to grant authority to ratify a treaty of a similar content.

The only important event which has taken place in Norwegian law in the realm of foreign judgments apart from Norwegian adherence to the international convention on recognition and enforcement of foreign arbitral awards[1] is the conclusion of a Convention between the Government of the United Kingdom of Great Britain and Northern Ireland and the Government of the Kingdom of Norway providing for the reciprocal recognition and enforcement of judgments in civil matters.[2] This Convention which follows the English Foreign Judgment (Re-

---

[1] St. prpr. nr. 6 1960–61 and Innst. S. nr. 15 for the same year. The final decision by Parliament was made on November 11, 1962.

[2] No. 6107 in United Nations Treaties Series, Vol. 424, pp. 173 ff.

ciprocal Enforcement) Act of 13 April, 1933[1] was adopted unanimously by Parliament without any debate[2] after a favourable report from the Committee on Foreign Affairs enlarged with two members from the judicial committee of Parliament.[3]

It is of interest to note that Great Britain, when the demand for such a Treaty was made, indicated that similar demands had been made to several other countries, among them, Denmark, Finland, Iceland and Sweden. After discussions with the foreign offices of Finland, Denmark and Sweden[4] it was decided to request that negotiations should be conducted between the United Kingdom on the one side and the four Scandinavian States on the other, on the understanding that individual treaties should be concluded. This was also in fact done.

The Convention is of no particular interest from a theoretical point of view. It might, however, be mentioned that a certain problem can arise in connection with interpretation of the Treaty. It is stated in Article IX that:

> Any difficulty which may arise in connection with the interpretation or application of this Convention shall be settled through diplomatic channels.

Nothing is stated concerning the situation if the parties should not reach a settlement in this way. On the other hand both the States have deposited Declarations under Article 36 of the Statute of the International Court accepting the jurisdiction of the Court.[5] The Norwegian Declaration is without any reservations whereas the British Declaration contains certain reservations which the Government of Norway can rely upon in view of the principle of reciprocity. The United Kingdom has excepted i.a.:

> disputes in regard to which the parties to the dispute have agreed or shall agree to have recourse to some other method of peaceful settlement.

It would seem that the juxtaposition of this reservation in the Declaration and the relevant Article of the Convention would mean that the

---

[1] See Cheshire, *Private International Law*, Seventh Edition, London, 1965, p. 542 and Dicey's, *Conflict of Laws*, Seventh Edition, London, 1958, pp. 1046 ff.

[2] St. prpr. nr. 10, 1061–62. and Innst. S. nr. 34 of same year adopted unanimously on January first, 1962.

[3] The present author was the rapporteur for this treaty.

[4] Iceland did not participate in these negotiations, but no explanation of this is furnished by the Parliamentary papers. The reason was that Iceland at that time could not send a delegation.

[5] The Norwegian Declaration will be found in 19, Yearbook, 1964–1965 of the International Court of Justice, at page 58 and the British *ibidem* p. 66.

parties have agreed to rule out the jurisdiction of the International Court of Justice for disputes concerning this treaty, although there would seem to be no compelling reason for this. However, if any other interpretation is given, Article IX of the Convention would be without any special meaning, and such an interpretation would seem to be against the canons of treaty interpretation.

The last problem we shall deal with in this article is the Norwegian attitude to the instrumentalities to enforce the human rights in the Council of Europe.[1]

The European Convention on Human rights of November 4, 1950 was ratified by Norway on December 21, 1951.[2] Norway had made a reservation concerning the stipulation in § 2 of the Constitution which forbade entry of Jesuits to the Country.[3] Later this particular stipulation in the Constitution has been revoked.[4]

The Norwegian Foreign Office had also certain misgivings about Article 32 of the Convention which gives the Council of ministers functions of a judicial character although the Council is a political or diplomatic organ.[5]

According to the text of the Convention only States can seise the Commission if the Convention is violated by any other member of the Council of Europe. According to Article 25[6] the High Contracting

---

[1] Three of the most significant contributions in Norway are by *Andenaes* in Lov og Rett, 1965, pp. 49 ff., *Castberg* in Tidsskrift for Rettsvitenskap, 1965, pp. 385 and *Wold* in Legal Essays, A Tribute to Frede Castberg, Oslo, 1963, pp. 353 ff.

[2] St. prpr. No. 83, 1951, Innst. S. 289 from same year and debate in Stortingstidende pp. 2515. See also St. Prp. No. 104 for 1955.

[3] Previously also Jews were excluded from Norway under the same article in the Constitution. Jews meant then people of the Jewish faith.

[4] I hope to be able in the near future to contribute a paper on the whole problem of the international aspect of freedom of religion in Norway.

[5] *Article 32.*

(1) If the question is not referred to the Court in accordance with Article 48 of this Convention within a period of three months from the date of the transmission of the Report to the Committee of Ministers, the Committee of Ministers shall decide by a majority of two-thirds of the members entitled to sit on the Committee whether there has been a violation of the Convention.

(2) In the affirmative case the Committee of Ministers shall prescribe a period during which the High Contracting Party concerned must take the measures required by the decision of the Committee of Ministers.

(3) If the High Contracting Party concerned has not taken satisfactory measures within the prescribed period, the Committee of Ministers shall decide by the majority provided for in paragraph (1) above what effect shall be given to its original decision and shall publish the Report.

(4) The High Contracting Parties undertake to regard as binding on them any decision which the Committee of Ministers may take in application of the preceding paragraphs.

[6] *Article 25.*

(1) The Commission may receive petitions addressed to the Secretary-General of the

Parties can deposit a Declaration granting to individuals or groups of individuals the right to make a petition directly to the Secretary General. The Norwegian Government hesistated long before depositing this Declaration, very largely due to a cautious attitude on behalf of the Ministry of Justice.[1] However in 1955 the Government of Norway proposed that the Declaration should be deposited, and this was done after the consent to the deposit was granted by a unanimous Parliament.[2] The Ministry of Justice had still hesitations feeling that such a deposit entailed the risk that mere vexatious petitions might be deposited. Parliament was willing to run this risk. The Committee stated in accordance with the conception of the Ministry of Foreign Affairs that it was a necessary consequence of the system of the international protection of human rights that the State must be prepared to defend itself before an international forum even if the allegations of violations of human rights should be entirely unfounded. The Committee stated likewise that the protection of human rights was better assured when individuals could appeal directly to the Council of Europe.

The declaration was signed for two years but has been regularly renewed.

Norway had acted slowly and cautiously and was the last of the Scandinavian States to sign this declaration.

Still one more step was needed to make Norway a fully fledged collaborator in this field, viz. the acceptance of the obligatory jurisdiction of the European Court of Human Rights.[3] Also on this score the Govern-

---

Council of Europe from any person, non-governmental organisation or group of individuals claiming to be the victim of a violation by one of the High Contracting Parties of the rights set forth in this Convention, provided that the High Contracting Party against which the complaint has been lodged has declared that it recognizes the Competence of the Commission to receive such petitions. Those of the High Contracting Parties who have made such a declaration undertake not to hinder in any way the effective exercise of this right.

(2) Such declarations may be made for a specific period.

(3) The declarations shall be deposited with the Secretary-General of the Council of Europe who shall transmit copies thereof to the High Contracting Parties and publish them.

(4) The Commission shall only exercise the powers provided for in this Article when at least six High Contracting Parties are bound by declarations made in accordance with the preceding paragraphs.

[1] It may perhaps be allowed to state that it seems as if the Ministry of Foreign Affairs on the whole is inclined to be more positive and internationally minded than the Ministry of Justice which acts more like the watch dog for Norwegian interests.

[2] St. prpr. no. 104, 1955, Innst. S. nr. 222, Consent given by Parliament on November 11, 1955.

[3] *Article 46.*

(1) Any of the High Contracting Parties may at any time declare that it recognise

ment moved cautiously even though certain authoritative writers had recommended this step for many years.[1]

The question was raised in Parliament three times before the declaration was finally deposited. The first time was by Mr. Engan in a question to the Minister of Justice which was answered on May 30, 1962.[2]

Mr. Engan stated that a very prominent Norwegian parliamentarian during a meeting of the Nordic Council in Helsinki had stated that the Ministry of Justice had warned against the acceptance of the compulsory jurisdiction of the Court because such a step might open up the possibility to have many cases against collaborators in the war 1939–1945 opened up.

The Minister answered that the consideration that cases of treason could be opened up was only one of many considerations.[3] He stated that it was a new and far-reaching step to accept the compulsory jurisdiction because it meant that individuals could reopen cases which had already been decided by the Supreme Court in Norway and that Norway would assume the obligation to carry out decisions by the Court even if these should be against cases finally and definitely settled by Norwegian courts.

He stressed that this might mean a kind of international censorship of Norwegian courts and Norwegian legislation.

Mr. Engan answered that he thought this in reality was the whole purpose of having an international court of Human rights.

The minister did not express it as his opinion that Norway should never accept the compulsory jurisdiction, but only that one ought to wait until more experience had been gained.

The next time the matter came up before Parliament was on February 27, 1963 when the Representative Mr. Tande asked the Minis-

---

as compulsory *ipso facto* and without special agreement the jurisdiction of the Court in all matters concerning the interpretation and application of the present Convention.

(2) The declarations referred to above may be made unconditionally or on condition of reciprocity on the part of several or certain other High Contracting Parties or for a specified period.

(3) These declarations shall be deposited with the Secretary-General of the Council of Europe who shall transmit copies thereof to the High Contracting Parties.

[1] See i. a. the articles mentioned in footnote on p. 130 above. The author had also recommended this step in articles and speeches.

[2] *Forhandlinger i Stortinget*, pp. 2473 ff.

[3] The whole question of the treatment meted out to collaborators, traitors etc. during the war has given raise to many debates in Parliament and much litterature, but cannot be dealt with in this paper.

ter of Justice whether the Government intended to make the declaration accepting the compulsory jurisdiction of the Court.[1]

The Minister answered at that time that nothing had happened to change the position of the Government, but mentioned that Norway participated in the work, that Norway had granted to individuals the right to seise the Commission and that a case (Iversen v. Norway) was now pending before the Commission. He added that the Ministry of Justice had asked the Ministry of Foreign Affairs to collect more material in Strasbourg so that the matter might be reviewed.

The matter was raised again the following year by Mr. Edvard Hambro[2] who claimed that it was peculiar that Norway and Sweden had not yet deposited the declaration whereas Denmark and Iceland had done it. He stated that little would be done in international life if all governments should adopt the wait and see attitude of the Norwegian Government. He also stated that governments which had made declarations for a specified time might hesitate to renew them if the Norwegian Government did not soon deposit a Declaration.

The Foreign Minister answered that the Government had waited until a certain experience was gained. This could now be said to be the case and the Government was ready to deposit a Declaration. A proposition would be made the next day. This was stated in Parliament on April 16, 1964.

And in fact the following day the proposal was adopted by the Government.[3]

In that proposal it was stated that the Ministry of Justice had had certain scruples of a constitutional kind. § 88 of the Constitution states that "The Supreme Court of Justice shall pronounce judgment in the last instance," and § 90 states that "The judgments of the Supreme Court of Justice may not in any case be appealed against."

On the basis of these two paragraphs the Ministry of Justice had felt that it was perhaps dangerous to accept the jurisdiction of an international Court which had the effect – or might have the effect – to set national decisions aside.

After renewed consideration the Ministry had reached the position that Norway could after all accept the compulsory jurisdiction of the Court.

---

[1] *Stortingets Forhandlinger*, p. 2303, 1963.

[2] *Stortingets Forhandlinger*, 1964, p. 2648. The representative is the same as the author of the present paper.

[3] St. prp. Nr. 112, 1963–64.

The Committee on foreign affairs and constitutional affairs[1] made unanimously a favorable report in which it was stated[2] that the principle of control by an international court was an essential part of the machinery for the enforcement of human rights. Without such a Court the Convention of human rights might well be reduced to a declaration of a non-binding character.

After a brief debate the report of the Committee was adopted unanimously by parliament.[3]

It was stressed in this short debate that the decisions of the Court on Human rights had no direct internal effect in Norway as far as municipal law was concerned and that therefore it would be impossible to see a conflict between this international Court and the provisions of the Constitution concerning the Supreme Court in Norway. In fact the decisions of the European Court should have no other effect and make no more difficulties than other international tribunals. These hesitations should have been overcome by the adherence to the compulsory jurisdiction of the International Court of Justice and its predecessor.[4]

The treatment by the Government and by the Parliament of the problems mentioned in this article show the interplay between these organs in the constitutional and political life in Norway and gives a certain picture of the influence of Parliament in these matters, which were until fairly recently, considered a privilege of the Government. This short description should also give a certain impression of the care shown and the trouble taken to make sure that there shall be no discrepancy between Norwegian law and international law once the country assumes international obligations.

---

[1] Nearly all matters treated in Parliament are referred to one of the standing committees. One of them combines the treatment of foreign affairs with the treatment of constitutional affairs.

[2] Innst. S. nr. 215, 1963–64.

[3] June 4th, 1964, *Forhandlinger*, p. 3341.

[4] See my article in 12, *Archiv des Völkerrechts*, 1965, pp. 369 ff.

C. WILFRED JENKS

The Evolution of Space Law Continues

In the brief space of ten years the evolution of space law has passed through three phases and entered upon a fourth.

The first phase was wholly speculative. Nothing had yet been placed in orbit, still less had man gone into orbit or thrust his instruments beyond the gravitational grip of the earth, but despite a widespread scepticism it was reasonably clear to all who were following closely the progress of science and technology that major developments were imminent. Already in this speculative phase a wide consensus developed concerning the principles which have inspired the subsequent evolution of the law – the principle of the devotion of space to the common benefit of mankind, the principle of freedom of exploration and use, the principle that space is not subject to national appropriation, and the principle that international law, including the Charter of the United Nations, is applicable to the activities of states in space.[1]

In the second phase practice was evolved empirically on an experimental basis. This was in some respects a curious period, during which 'realists' constantly accused 'idealists' of anticipating facts and problems still insufficiently known and state practice not yet sufficiently clear, while further facts and problems and the growing practice of states as consistently substantiated the basic concepts and contentions of the 'idealists'. Statesmen were increasingly conscious of the need for boldness while many of their legal acolytes were counselling prudence; providentially, statesmanship won.

In the third phase space laws evolved beyond the speculative and empirical stages into a body of positive law recognized by states and international organizations, the core of which was the Declaration of Legal Principles Governing the Activities of States in the Exploration

[1] Cf. Jenks, *The Common Law of Mankind*, 1958, pp. 382–407.

and Use of Outer Space, adopted unanimously by the General Assembly of the United Nations on 13 December 1963. The Declaration of Legal Principles, while somewhat less than a treaty, was and remains somewhat more than a statement of custom or intent; it states unequivocally what governments understand the law to be and recognize to be legally binding upon them. It has, moreover, provided a general framework within which, before and since its adoption, other important advances have been made in the framing and acceptance of technical arrangements and regulations governing space activities. I ventured to describe the Declaration of Legal Principles at the time as "the Twelve Tables or Ten Commandments of Space Law" which it was "hardly too much to describe as the Magna Carta of Space"[1] and believe that this remains a fair evaluation of its historical significance.

The Treaty of Principles Governing the Activities of States in the Exploration and Use of Outer Space, including the Moon and Other Celestial Bodies, commended by the General Assembly of the United Nations on 19 December 1966 and about to be opened for signature and ratification, represents a fourth phase. If, as one may reasonably assume that it will be, the Treaty is generally ratified, it will constitute henceforth, as the Declaration has done in recent years, the core of the law of space.

The Treaty incorporates everything contained in the Declaration. Nothing, with the exception of a preambular reference to 1961 and 1962 resolutions of the General Assembly, the relevant parts of which may now be regarded as superseded, has been omitted. The Treaty accordingly, like the Declaration, restates the principles that the exploration and use of outer space shall be carried out for the benefit and in the interests of all countries irrespective of their degree of economic or scientific development and shall be the province of all mankind, that outer space is free for exploration and use by all states without discrimination of any kind on a basis of equality and in accordance with international law, that outer space is not subject to national appropriation by claim of sovereignty, by means of use or occupation, or by any other means, and that space activities shall be carried on in accordance with international law, including the Charter of the United Nations, in the interest of maintaining international peace and security and promoting international co-operation and understanding. Like the Declaration, the Treaty provides that states bear international re-

[1] Jenks, *Space Law*, 1965, p. xiii.

sponsibility for national activities in outer space, whether carried on by governmental agencies or by non-governmental entities, and specifies that the activities of non-governmental entities in outer space shall require authorisation and continuing supervision by the state concerned. The Treaty, like the Declaration, requires consultation but not consent prior to space activities which could cause harmful interference with activities of other states in the peaceful exploration and use of space. The Treaty, again like the Declaration, embodies general principles concerning assistance and return and liability for damage, leaving the details to be worked out by later agreements.

In respect of all these matters the Treaty expresses as binding obligations the principles set forth in the Declaration as guiding principles. While it is important not to underestimate or undercut the importance of the Declaration as a statement of accepted law, the Treaty gives its provisions the unequivocal status of contractually accepted binding obligations.

The Treaty, without defining or demarcating outer space, indicates the scope of its provisions more specifically than the Declaration. The Declaration applies in general terms to "outer space" and adds specific references to "celestial bodies" only in the provisions declaring that "outer space and celestial bodies are free for exploration and use by all States" and that "outer space and celestial bodies are not subject to national appropriation." The Treaty governs the exploration and use of "outer space, including the moon and other celestial bodies" and uses this formula repeatedly. There are viariations of the formula in two contexts, in the demilitarization provisions of the Treaty and the provisions concerning the retention of jurisdiction and control over objects launched into outer space and the ownership of such objects. The demilitarization provisions prohibit the placing in orbit around the earth of objects carrying nuclear or other weapons of mass destruction, the installation of such weapons on celestial bodies, or the stationing of such weapons in outer space in any other manner, specify that the moon and other celestial bodies shall be used exclusively for peaceful purposes, and prohibit military installations, testing and manoeuvres on celestial bodies; they permit the use of any equipment or facility necessary for peaceful exploration of the moon and other celestial bodies. The provisions concerning jurisdiction, control and ownership apply to objects launched into outer space "including objects landed or constructed on a celestial body." These more specific references to the moon and other celestial bodies reflect the technical advances as the result of which the placing of objects in orbit is now regarded as a relatively modest type of space activity.

The Treaty is, however, substantially more than a restatement in treaty form of the declaratory provisions of the Declaration. The Treaty contains important new provisions which go beyond the provisions of the Declaration. Thus it provides specifically for free access to all areas of celestial bodies and freedom of scientific investigation and for international co-operation in such investigation; it prohibits the placing of nuclear weapons, and military installations, testing or manoeuvres in space; it requires astronauts to render all possible assistance to each other and states to inform each other of phenomena discovered in space which could constitute a danger to the life and health of astronauts; it provides that the exploration of space, including the moon and other celestial bodies, shall be so conducted as to avoid their harmful contamination and also adverse changes to the environment of the earth resulting from the introduction of extraterrestrial matter; it envisages co-operation in the provision of tracking facilities; it provides for the exchange of information through the Secretary General of the United Nations; and it grants the parties on a basis of reciprocity the right to visit each other's stations, installations, equipment and space vehicles on the moon and other celestial bodies subject to reasonable advance notice. The Treaty also elaborates the provisions of the Declaration relating to international organizations. The only reference to the matter in the Declaration is a provision that when activities are carried on in outer space by an international organization, responsibility for compliance with the provisions set forth in the Declaration shall be borne by the international organization and by the states participating in it. The Treaty reproduces this provision but also specifies that its provisions are applicable to the activities of States Parties to the Treaty "whether such activities are carried on by a single State Party to the Treaty or jointly with other States, including cases where they are carried on within the framework of international inter-governmental organizations" and that "any practical questions arising in connection with activities carried on by international inter-governmental organizations" shall "be resolved by the States Parties to the Treaty either with the appropriate international organization or with one or more States Members of that international organization which are parties to the Treaty."

The Treaty, assuming that it comes into force for the space powers and is widely ratified, must therefore be regarded as a major step forward.

In two respects the situation resulting from the Treaty nevertheless calls for watchful concern.

The Declaration operates as such as an authoritative statement of accepted law by virtue of its adoption by the General Assembly and is applicable by its terms to all states. The Treaty is operative only in relation to states which become parties thereto by ratification or accession. This essential difference is reflected in the language of the two instruments. The Declaration uses general terms throughout; it speaks of 'states,' 'all states,' 'each state,' 'other states,' the 'state concerned,' the 'state of registry' or a 'foreign state.' The Treaty applies consistently to 'States Parties to the Treaty' and 'other States Parties to the Treaty'. The position in respect of states not parties to the Treaty may therefore be important; questions may arise both as regards the obligations of such states and as regards the obligations of parties to the Treaty towards such states. The bearing of the Treaty on the continued authority of the Declaration is therefore a matter of substantial, and possibly crucial, importance. The Treaty, it is submitted, supplements and reinforces, but does not in any way supersede or detract from, the Declaration, which remains an authoritative statement of the present law in relation to any states which do not become parties to the Treaty.

The Treaty provides that any State Party may give notice of its withdrawal from the Treaty one year after its entry into force by written notification to the Depositary Governments; such withdrawal takes effect one year from the date of receipt of the notification. It is a matter for satisfaction that the unhappy formula of the Moscow Test Ban Treaty describing the right of withdrawal as an exercise of national sovereignty has not been repeated, but the obligations of the Treaty remain subject to unilateral denunciation by one year's notice. One may reasonably hope that the possibility of such denunciation is an entirely hypothetical one, but it is nevertheless prudent to consider the hypothesis. On the view already submitted that the Treaty supplements and reinforces, but does not in any way supersede or detract from the Declaration, denunciation of the Treaty would not affect the validity or terms of the Declaration which would remain an authoritative statement of an accepted body of law which would continue to be binding on any state withdrawing from the Treaty.

Simultaneously with approving the Treaty the General Assembly requested the United Nations Committee on the Peaceful Uses of Outer Space to continue its work on the elaboration of an agreement on liability for damages caused by the launching of objects into outer space and an agreement on assistance to and return of astronauts and space vehicles, and to begin the study of questions relative to the definition of outer space and the utilization of outer space and celestial bodies including the various implications of space communications.

Clearly there is a wide range of questions in respect of which further action is becoming urgent. These include the role of international organizations in activities in space, the organization as world public services of certain types of operational activity in space, jurisdiction over persons in space, the legal régime of consumable space resources, and the role of law in the regulation of space experiments and avoidance of space cluttering and contamination.[1]

The progress already made is rich in promise for the future.

Some seven years ago I ventured to formulate in six queries a programme for the international control of outer space.

These queries were:

1. Why cannot we negotiate forthwith a network of international agreements dealing with such matters as space telecommunications, the avoidance of contamination of and from space, mutual aid in simultaneous observation, mutual protection against surprise, the use in space of observational equipment, the freeing of space information from security restrictions, and injury or damage caused by space vehicles, to be followed by further agreements as required?

2. Why cannot we, while there is yet time, organize space telecommunication relays, space meteorological services, navigation satellite systems and space observatories as world public services maintained under United Nations auspices in the interest of all mankind?

3. Why cannot we, before scientific adventure places in jeopardy the existence of human life itself, provide machinery for the notification of, and exchange of information concerning, experiments, tests and development schemes, in space or elsewhere, which are liable to affect the natural environment of other States and possibly of the whole human race?

4. Why cannot we immediately, before man is in space, promulgate the principle, perhaps in a Declaration by the General Assembly of the United Nations, that no unilateral claim to extraterrestrial sovereignty or jurisdiction or to exclusive access to or use of any extraterrestrial place or resource will be recognized?

---

1 I have discussed the need for further action in respect of these matters in "Space Law Becomes a Reality" in British Institute of International and Comparative Law, *Space Law*, 1965, pp. 15–25.

5. Why cannot we negotiate at an early date a Space Treaty, analogous in general character to the Antarctic Treaty, providing that space shall "continue forever to be used exclusively for peaceful purposes and shall not become the scene or object of international discord" and embodying the arrangements necessary to this end?

6. Why cannot we lay the foundations now for a comprehensive plan of United Nations control of all earth-based and earth-directed activities in space?[1]

The intervening years have been marked by an increasingly positive response to these queries.

We now have, subject to ratification, a Space Treaty embodying the arrangements necessary to ensure that space shall "continue forever to be used exclusively for peaceful purposes and shall not become the scene or object of international discord."

We have promulgated, and promulgated in time, initially in the Declaration of Legal Principles adopted by the General Assembly, and subsequently in the Space Treaty, the principle that "no unilateral claim to extraterrestrial sovereignty or jurisdiction or to exclusive access to or use of any extraterrestrial place or resource will be recognized."

Continued vigilance will of course be necessary to protect these principles, and to resolve the practical problems which successive phases in the exploration and exploitation of space will present, but the fundamental principles giving expression to the common interest of mankind in space have been solidly established.

We have made a beginning with the negotiation of the necessary network of more detailed international agreements dealing with space matters. The I.T.U. Regulations now embody the elements of a space telecommunications code; general agreements on assistance and return and on injury or damage caused by space vehicles are in an advanced stage of negotiation; time and patience will be necessary to resolve outstanding differences concerning some of the other matters calling for such agreements, but the negotiation in course of time of a series of such agreements may reasonably be anticipated.

The concept of space instrumentalities being operated as world public services maintained under United Nations auspices in the interest of all mankind has made less progress, but it is already conceded that such

[1] „The International Control of Outer Space" in *Eleventh International Astronautical Congress*, Stockholm, 1960, Proceedings, Vol. III, *Third Colloquium on the Law of Outer Space*, pp. 13–14.

instrumentalities are impressed with a public interest calling for some measure of international regulation and control. Space telecommunication relays and space meteorological services are, through the International Telecommunications Union, the Global Commercial Communications Satellite System, and the World Meteorological Organization, being brought increasingly with in a framework of organized co-operation and the General Assembly has endorsed the desirability of examination under United Nations auspices of the need, feasibility and implementation of a navigation services satellite system. The ultimate form of organization and control for such services remains uncertain and debatable and may vary from case to case and from time to time, but the existence of a problem and the need for an approach to it which recognizes the magnitude and complexity of the public interests involved are now generally recognized.

The perils of scientific adventure, and the need for machinery for the notification of, and exchange of information concerning, experiments, tests and development schemes, in space or elsewhere, which are liable to affect the natural environment of other states and possibly of the whole human race[1] have also come to be widely recognized. Both the Declaration of Legal Principles and the Treaty of Principles embody the principle of appropriate international consultations prior to any activity or experiment which there is reason to believe would cause potentially harmful interference with the activities of other states in the exploration and use of outer space. The Committee on Space Research of the International Council of Scientific Unions (Cospar) already provides a forum for such consultations, but further elaboration of these arrangements is likely to be necessary in view of the scale, complexity and urgency of the problem and the probable need for some accepted method of settling authoritatively any continuing disagreements.

In the light of what has been achieved the time has come for a new attempt to review afresh the probable needs of the future and settle an agenda of the further questions which will need urgent consideration as the great adventure of space moves into its second decade.

I have discussed this matter more fully in *Law, Freedom and Welfare*, 1963, pp. 33–49 and "Liability for Ultra-Hazardous Activities in International Law," *Recueil des Cours*, 1966.

VLADIMIR KOUTIKOV
Titulaire de la Chaire de Droit international et d'Histoire des Relations internationales à la Faculté de Droit de l'Université „Clément d'Ochrida" de Sofia
Membre de la Cour Permanente d'Arbitrage

Contribution à l'étude des rapports entre le droit international public et le droit international privé

1. Introduction

1. La présente étude, écrite en hommage à l'œuvre savante et féconde de M. le Professeur Juraj Andrassy, est consacrée à un sujet, qui n'a cessé d'attirer l'attention des auteurs.[1] Ce dernier fait nous mène à la constatation que le problème garde toujours son caractère d'actualité. Mais c'est ce même fait qui, d'autre part, rend malaisée la tâche de quiconque voudrait l'aborder, vu le risque de s'engager sans le vouloir dans des sentiers depuis longtemps battus.

Et cependant, sans prétendre à des découvertes, d'ailleurs actuellement impossibles en cette matière, on pourrait, peut-être, essayer d'aborder des aspects du problème sinon nouveaux, du moins insuffisamment étudiés encore. Puissent les résultats de la recherche ainsi entreprise ne pas désillusionner tous ceux qui de prime abord auront favorablement accueilli le choix même du thème.

---

[1] Ne pouvant pas dresser ici une bibliographie complète des publications consacrées à notre sujet, signalons au moins celles d'entre ces dernières qui ont été consultées lors de l'élaboration de cet exposé. Les auteurs sont cités dans l'ordre chronologique de la parution de leurs études ou ouvrages:

O. Fischer, „Die Methode der Rechtsfindung im internationalen Recht," *Jherings Jahrbücher für die Dogmatik des bürgerlichen Rechts*, 65 (1915), S. 125 ff.; E. Zitelmann, „Die Gemischten Schiedgerichtshöfe. Aufgaben und Hoffnungen," *Zeitschrift für Internationales Recht*, 29 (1921), S. 248 ff.; F. Kahn, *Abhandlungen zum internationalen Privatrecht*, Bd. I, München und Leipzig, 1928, S. 268 ff.; J. P. Niboyet, „Quelques considérations sur la justice internationale et le droit international privé," *Mélanges Antoine Pillet* Vol. I, 1929, p. 153 suiv.; E. Bartin, *Principes de droit international privé selon la loi et la jurisprudence françaises*, Paris, I-er Vol., 1930, p. 110 suiv.; J. P. Niboyet, „Le rôle de la justice internationale en droit international privé," *Recueil des Cours*, 40 (1932-II), p. 155 suiv.; G. Balladore-Pallieri, „L'elemento internazionale nel diritto internazionale privato," *Rivista di diritto privato*, 6 (1936), Parte I, p. 217 seg.; E. Isay, „Le droit international privé au delà des Etats," *Revue internationale de la théorie du droit*, 10 (1936), p. 39 suiv.; J. Maury, „Règles générales des conflits de lois," *Recueil des Cours*, 57 (1936-III), p. 351 suiv.; S. Rundstein, „La structure du droit international privé, et ses rapports avec le droit des gens," *Revue de Droit International et de Législation Comparée*, Tome XVII – 1936, Vol. 63, No. 2, p. 314–349, No. 3, p. 512–551; A. N. Makarov, „Völkerrecht und internationales Privatrecht," *Mélanges Streit*, Vol. I, 1939, p. 535 suiv.; A. de La Pradelle, „De la Délimitation du Droit International Public et du Droit International Privé," *Nouvelle Revue de Droit International Privé*, 1 (1943), p. 9 suiv.: I. S. Pereterskij,

2. L'étude tant soit peu détaillée des rapports entre le Droit international public et le Droit international privé devrait nécessairement comprendre un aperçu des principales opinions émises jusqu'à présent sur ce problème. N'étant pas en mesure de procéder à cet aperçu, vu la place inévitablement limitée dont un auteur dispose dans une publication présentant le caractère de Mélanges, nous nous permettons de renvoyer les lecteurs à certaines études antérieures bien documentées, où ils puiseront tous les renseignements voulus, quant à une telle vue rétrospective.[1]

On ne pourrait cependant pas recourir au même expédient – quelque peu facile au fond – quand viendrait à se poser la tâche de fixer bien clairement le *point de départ théorique* et *l'objet précis* de l'étude. Làdessus, les références aux écrits et aux conceptions d'autrui ne sont plus de mise. Les lecteurs veulent savoir et ont le droit de savoir les positions de principe dont l'auteur part, les voies méthodologiques qu'il se propose de suivre, l'objet de recherche qui constitue le noyau de ses investigations.

Ceci dit, il est à souligner en premier lieu que cette étude se voit axée sur le *droit positif contemporain*. Elle part de données tirées du Droit

---

„Sistema mejdunarodnogo tcasnogo prava," *Sovetskoe gosudarstvo i pravo*, No. 8–9 (1946), str. 17 sl. („Système du Droit international privé," *Etat et Droit soviétiques*, N. 8–9 (1946), p. 17 suiv.); Werner Niederer, „Internationales Privatrecht und Völkerrecht" (Grundsätzliches über ihr gegenseitiges Verhältnis), *Schweizerisches Jahrbuch für internationales Recht*, 1948, V, S. 63–82; A. M. Ladijenskij, „K voprosu o juridiceskoj prirode norm tak nazivaemogo mejdunarodnogo tcastnogo prava," *Vestnik Moskovskogo universiteta*, No. 5 (1948), („Contribution au problème de la nature juridique du Droit international privé," *Journal de l'Université de Moscou*, No. 5 (1948); H. Wiebringhaus, „Beitrag zur Frage des Verhältnisses von Internationalprivatrecht und Völkerrecht," *Juristische Rundschau*, VII Jahrgang, (1952), Heft 10, S. 383–388; J. R. Stevenson, „The Relationship of Private International Law to Public International Law," *Columbia Law Review*, 52 (1952), p. 561 sq.; B. A. Wortley, „The Interaction of Public and Private International Law Today," *Recueil des Cours*, 85 (1954-I), p. 239 sq.; H. Wiebringhaus. *Das Gesetz der funktionellen Verdoppelung, Beitrag zu einer univerealistischen Theorie des Internationalprivat- und Völkerrechts*, 2 Aufl., 1955; L. A. Lunz, *Mejdunarodnoe tcasnoe pravo*, Obchtaja tcast, Gosiurizdat, Moskva, 1959, Glava I, §§ 1–11, Str. 9–36 (*Droit international privé*, Partie générale, Editions juridiques de l'Etat, Moscou, 1959, Ch. I, §§ 1–11, p. 9–36); E. Hambro, „Conflict Law as a Part of International Law." *Libsr, amicorum J. P. A. Francois*, Nederlands Tijdschrift voor Internationaal Recht, 6 (1959), p. 132 sq.; M. Aguilar Navarro, „Droit international public et Droit international privé," *Mélanges offerts à Jacques Maury*, Tome premier, Dalloz et Sirey, 1960, p. 3–25; Edvard Hambro, „Quelques remarques sur les relations entre le droit international public et le droit international privé," *Journal du Droit International*, 89 (1962), No. 3, p. 612–636; St. Szaszy, „Private International Law in Socialist Countries," *Recuei! des Cours*, (1964-I), Chapters I, II, p. 183–207; Istv. Szaszy, *Private International Law in the European People's Democraties*, Akadémiai Kiado, Budapest, 1964, Chapters I–IV, p. 9–118.

[1] Voir: W. Niederer, *op. cit.*; H. Wiebringhaus, *Beitrag zur Frage des Verhältnisses von Internationalprivat- und Völkerrecht*; A. N. Makarov, „Internationales Privatrecht und Völkerrecht," *Wörterbuch des Völkerrechts*, Zweiter Band, Berlin, 1961, S. 129–133.

international public et du Droit international privé *actuellement en vigueur*, pour aboutir à des conclusions applicables à ces mêmes ensembles normatifs, tels qu'ils se présentent aujourd'hui. Elle ne contiendra, donc, ni des panoramas historiques, ni des tentatives de synthèse théorique tant soit peu poussée, qui risqueraient – chacune à sa façon – de nous éloigner de la vie juridique réelle.

3. La présente étude repose sur l'idée fondamentale que le Droit international public règle des rapports sociaux qui naissent et se développent au cours d'un processus ininterrompu de lutte et de collaboration entre les Etats, considérés comme des membres *souverains* et *indépendants* de la communauté internationale, alors que le Droit international privé a pour mission d'assurer la réglementation juridique des *rapports sociaux à élément international* (à élément d'extranéité), nés du commerce civil soit entre un Etat et des personnes physiques ou morales soit entre de telles personnes physiques ou morales seulement.[1]

Alors que les normes du Droit international public sont le résultat du *consentement mutuel* des Etats, les normes du Droit international privé naissent d'une manière bien différente. En effet, chaque Etat assure la réglementation juridique des rapports civils à l'élément international qui le concernent. Autrement dit, chaque Etat *crée son propre Droit international privé*. Il décide en toute liberté de la manière dont se manifestera sa volonté lors de la création de ce Droit. Ordinairement l'Etat recourt aux procédés normatifs de son propre système. Mais très souvent aussi des normes du Droit international privé sont formées par voie internationale (conventionnelle ou coutumière). Sans égard aux procédés normatifs qui ont été utilisés pour leur création, les dispositions du Droit international privé rentrent dans le *Droit national* de l'Etat.

Mais, à notre avis, le Droit national de chaque Etat comprend deux secteurs: 1°) le secteur du *Droit interne*, englobant les normes destinées à la réglementation des rapports sociaux qui naissent et se développent dans la sphère de manifestation de la souveraineté de ce seul Etat; 2°) le secteur des normes destinées à régler les rapports sociaux à *élément international* (à élément d'extranéité) intéressant cet Etat aussi bien qu'un ou plusieurs Etats – partenaires. Ce deuxième secteur pourrait être dénommé le *secteur international* du Droit national de l'Etat.

La place logique et systématique des normes du Droit international

---

[1] Voir: Vladimir Kutikov, *Mejdunarodno tcasno pravo na N. R. Bulgaria*, Sofia, „Nauka i Izkustvo," II izdanie, 1958, Glavi I, II, Str. 3–46 (*Droit international privé de la R. P. de Bulgarie*, Sofia, Ed. „Science et Art," II éd., 1958, Chap. I–II, p. 3–46).

privé est précisément dans ce secteur international du Droit national de l'Etat. Ces normes y figurent comme une branche distincte et autonome, correspondant à la branche du *Droit civil* dans le secteur du Droit interne.[1]

4. C'est de cette position de départ ainsi précisée que nous nous proposons d'aborder l'examen des rapports entre le Droit international public et le Droit international privé.

Et quand ici nous parlons de *rapports*, nous estimons devoir prendre en considération deux éléments d'importance égale: 1°) un élément plutôt *statique*, à savoir cette *correlation* entre le Droit international public et le Droit international privé, qui se traduit par un *lien* interne, d'intensité variable d'un cas à l'autre, entre l'*essence* des normes de ces deux branches du Droit; 2°) un élément *dynamique*, à savoir l'*interaction* entre ces deux branches du Droit, qui se traduit par un processus d'*influence réciproque* entre leurs normes, à tel point que les modifications dans le contenu et la force normative des unes entraînent des modifications correspondantes dans le contenu et la force normative des autres.

Nous n'avons pas l'intention d'etudier séparément l'élément statique et l'élément dynamique. Bien au contraire, prenant en considération l'unité dialectique qu'ils constituent, nous pensons devoir leur consacrer une analyse d'ensemble.

Mais lorsque nous nous posons comme tâche d'examiner le lien et l'interaction entre le Droit international public et le Droit international privé, pris comme des *branches distinctes* du Droit, nous ne devons pas oublier que le lien et l'interaction entre pareils ensembles normatifs peuvent se réaliser et se réalisent en fait à différents moments consécutifs: lors de la création de leurs normes, lors de l'application de celles ci, lors de la modification ou de l'abrogation des normes en question. Notre exposé tiendra compte de ces différents moments consécutifs.

2. *Le lien et l'interaction entre le Droit international public et le Droit international privé dans le cadre de la relation plus générale – Droit international public – Droit national*

5. Avant de concentrer notre attention exclusivement sur le lien et l'interaction entre le Droit international public et le Droit international

[1] Voir: Vladimir Kutikov, „Po voprosa za sistematitcnoto mjasto na mejdunarodnoto tcastno pravo," *Pravna Missal*, No. 6 (1966) („Contribution à l'étude du problème concernant la place systématique du Droit international privé," *Pensée juridique*, No.6 (1966).

privé, considérés comme deux branches distinctes du Droit, il n'est point sans intérêt de nous tourner vers l'examen du lien et de l'interaction entre ces mêmes branches dans le cadre de la relation plus générale Droit international public – Droit national, relation dans laquelle le Droit international privé figure en tant qu'un des *composants* du Droit national.

Il est impossible de nous lancer ici dans un *examen* d'étaillé du lien et de l'interaction entre le Droit international public et le Droit national. Ce n'est même pas nécessaire.[1]

Ce qu'il faut viser, c'est surtout de faire ressortir quelques idées maîtresses, capables d'éclairer nos investigations ultérieures.

Que peut-on dire sur le *lien fondamental* entre le Droit international public et le Droit national? Avant tout nous découvrons l'appartenance commune de ces deux complexes au *domaine juridico-normatif,* dans ce sens que tous les deux ils ont la mission d'assurer la *réglementation juridique* de rapports sociaux. En deuxième lieu nous pouvons relever, comme un fait commun à ces deux complexes, la présence du *facteur de classe,* indépendamment des particularités de sa manifestation dans chacune de ces deux branches.

Chaque norme ou ensemble de normes, qu'ils soient du domaine du Droit international public ou de celui du Droit national (par conséquent du Droit international privé aussi), à l'instant même de leur apparition se voient saisis par ce lien fondamental dont il est ici question et ne s'en libèrent qu'au moment de leur abrogation.

Naturellement, on pourrait relever aussi d'autres *facteurs de liaison* entre le Droit international public et le Droit national. Rappelons en premier lieu le rôle du *traité* et de la *coutume internationale* en tant qu'instruments possibles de création normative tant dans l'une que dans l'autre de ces deux branches du Droit. Sous ce rapport un exemple typique nous est fourni par les Conventions de Genève du 7 juin 1930, procédant à l'unification du droit des lettres de change et billets à ordre, au règlement des conflits en cette même matière et à celui du régime du timbre des effets de commerce, et les Conventions de Genève du 19 mars 1931, relatives à une législation uniforme du chèque, aux conflits en matière de chèque et au timbre des chèques.

Dans ces conventions le traité international sert d'instrument tant

---

[1] A titre de simple rappel: I. P. Blichtenko, *Mejdunarodnoe i vnutrigosudarstvennoe pravo,* Gosiurizdat, Moskva, 1960 (Droit international et Droit interne, Editions juridiques de l'Etat Moscou, 1960); P. Guggenheim, „Völkerrecht und Landesrecht," *Wörterbuch des Völkerrechts,* Dritter Band, Berlin, 1962, S. 651–662.

pour la création de *lois internes unifiées* sur les lettres de change, les billets à ordre et les chèques que pour la réglementation des *rapports entre les Etats contractants* relativement à la solution des conflits de lois de ce même domaine.

Relevons aussi, en tant qu'élément de liaison, le fait fréquemment signalé des *références normatives mutuelles* entre le Droit international public et le Droit national. Telle est la situation, par exemple, d'après les Statuts du Conseil d'assistance mutuelle économique (COMECON) du 14 décembre 1959, dont l'article XV, alinéa 1-er prévoit que le texte des Statuts doit être soumis à ratification de la part des Etats signataires *„en conformité avec leur procédure constitutionnelle."* Il en est également ainsi de la Convention sur la capacité, les privilèges et les immunités du Conseil d'assistance mutuelle économique, dont l'article VI, alinéa 1-er, prévoit la même manière de procéder. En retour, nous pouvons rappeler plusieurs textes de Droit national, qui renvoient directement au Droit international public toutes les fois qu'il s'agit de fixer le contenu et les limites des différentes exemptions et immunités, connues couramment sous la dénomination globale de „droits d'exterritorialité."

Enfin, n'oublions pas, en tant qu'élément de liaison, *les principes généraux du Droit*, qui – historiquement parlant – se sont formés et développés dans le Droit national, mais ont pénétré d'une manière tout à fait naturelle et ont trouvé application dans le Droit international public principalement par la voie de la jurisprudence internationale.

6. En ce qui concerne l'*interaction* entre le Droit international public et le Droit national, nous pourrions rappeler quelques faits essentiels:

A. a. Sans vouloir faire la moindre allusion à une *primauté* quelconqu du Droit national par rapport au Droit international public, il ne faut pas perdre de vue que la formation initiale de celui-ci a présupposé l'existence des Etats en tant qu'unités sociales organisées sur une base *juridique*. Cette base juridique n'a pu être fournie que par le *Droit national*, aussi rudimentaire fût-il à cette époque lointaine.

b. Les *modifications* survenues dans le domaine du Droit national ont leur *répercussion* plus ou moins immédiate sur le Droit international public. C'est un fait bien visible, par exemple, dans le domaine de la *protection juridique du travail*. En effet, l'évolution des rapports sociaux de ce domaine, dans les différents Etats, immédiatement avant et après la Première guerre mondiale, provoqua des modifications profondes dans la législation ouvrière nationale. Ces modifications, de leur côté, firent naître le besoin d'élaborer une série de conventions internationales du travail et même de fonder une organisation internationale spécialement destinée à coordonner les efforts dans cette matière – l'Organisation internationale du travail. Grâce à la réglementation internationale nouvellement créée, ont pris naissance et se sont développés de nouveaux rapports juridiques entre les Etats signataires dans le domaine de la protection du travail.

Des exemples similaires pourraient être tirés de bien d'autres domaines, tels que le Droit international sanitaire, le Droit international des télécommunications, le Droit international des transports terrestres, le Droit international fluvial, qui ont, eux-aussi, subi l'influence de la réglementation nationale dans leurs secteurs respectifs.

B. Sans vouloir faire la moindre allusion à une *primauté* quelconque *en sens inverse*, soit du Droit international public par rapport au Droit national, nous pouvons constater que l'action du premier sur le second prend les formes concrètes que voici:

a. Lorsque les Etats *créent* par voie conventionnelle ou coutumière la réglementation internationale d'une catégorie donnée de leurs rapports mutuels, dans un grand nombre de cas cette réglementation provoque – à l'intérieur de chacun des Etats intéressés – la naissance d'une catégorie correspondante de rapports sociaux et une réglementation nationale adéquate. Ainsi, à la suite de la signature de la Convention pour la prévention et la répression du crime de génocide du 9 décembre 1948, les Etats se voyaient obligés de prendre des mesures législatives nécessaires pour assurer l'application des dispositions de la Convention et, notamment, de prévoir des sanctions pénales efficaces frappant les personnes coupables de génocide, que les actes qui leur sont imputés aient été commis en temps de paix ou en temps de guerre. De cette manière une convention internationale entraînait la naissance d'une catégorie nouvelle de rapports internes (ici du domaine du droit pénal), avec une réglementation nationale appropriée.

b. Lorsque les Etats *modifient* par voie conventionnelle ou coutumière une réglementation internationale existante de certains de leurs rapports mutuels, cette modification provoque très souvent – à l'intérieur de chacun de ces Etats – des changements dans la catégorie correspondante de rapports sociaux internes et dans la réglementation nationale respective. Par exemple, les Conventions de Genève de 1949, venant en remplacement de celles de 1929, imposèrent des modifications assez importantes dans le Droit pénal militaire, les règlements et les instructions des forces armées, le régime de la population pour le temps de guerre des Etats signataires. De leur côté les Conventions de Genève de 1958 sur le Droit de la mer imposent l'adaptation à leur réglementation d'une série de dispositions législatives nationales concernant le régime des eaux maritimes intérieures, de la mer territoriale, des zones contiguës, du plateau continental, etc.

c. Un phénomène similaire s'observe lorsque les Etats *abrogent* une réglementation internationale d'une catégorie donnée de leurs rapports mutuels.

Dans tous les cas où l'on peut constater l'action du Droit international public sur le Droit national, cette action se reflète *plus ou moins directement* sur le Droit international privé, en tant qu'élément composant du Droit national. Deux exemples suffisent, nous semble-t-il, pour illustrer ce que nous venons de dire.

Ainsi, quand la Convention sur les privilèges et les immunités des Nations Unies du 16 février 1946 attribue à l'Organisation le statut de personnalité juridique avec une large capacité comprenant le droit de conclure des contrats, d'acquérir et d'aliéner des biens immobiliers et mobiliers et d'ester en justice, il devient clair qu'un texte normatif du domaine du Droit international public, qui règle bien des problèmes se rapportant à d'autres aspects du statut juridique de l'Organisation exerce par certaines de ses stipulations une action directe sur les systèmes nationaux de Droit international privé des Etats signataires. D'un autre côté, lorsque la Convention de Genève du 12 août 1949 sur le régime des prisonniers de guerre traite, dans quelques-unes de ses stipulations, du *statut légal en matière de Droit civil* des prisonniers, elle peut provoquer des innovations et des modifications dans la législation nationale des Etats signataires en cette même matière et plus spécialement dans la sphère normative du Droit international privé de cesmêmes Etats.

Pour conclure, on pourrait faire la constatation que déjà dans le cadre de la relation Droit international public – Droit national on peut découvrir un lien et une interaction plus ou moins intenses entre le Droit international public et le Droit international privé.

Sur cette constatation, nous pouvons aborder l'examen des *rapports immédiats* entre le Droit international public et le Droit international privé.

3. Quelques considérations d'ordre général sur le lien et l'interaction entre le Droit international public et le Droit international privé

7. L'étude efficace du lien et de l'interaction entre le Droit international public et le Droit international privé exige qu'on ait toujours en vue quelques *considérations d'ordre général*, valables pour toutes les étapes ultérieures de l'étude ainsi entreprise.

A. On ne devrait jamais oublier que le Droit international public et le Droit international privé ont pour mission de régler chacun à sa façon des rapports sociaux avec le *monde extérieur*, avec des *Etats étrangers*. Sans égard au fait que le Droit international public règle des rapports juridiques entre les Etats, considérés comme des membres souverains et indépendants de la communauté internationale, alors que le Droit international privé règle des rapports de Droit civil à élément international (à élément d'extranéité), il y a quand même quelque chose de très *commun* entre les deux domaines, à savoir que d'un côté comme de l'autre nous sommes en présence de rapports juridiques qui touchent – ici d'une manière directe et là d'une manière plus ou moins médiate – la sphère de manifestation de *la souveraineté* des Etats.

B. Chaque Etat, lorsqu'il érige son propre système de Droit international privé en tant qu'élément composant de son Droit national, doit tenir compte des principes progressistes et communément admis du Droit international public, car c'est sur ces principes que reposent les rapports normaux entre les Etats. L'expérience nous montre que tout système national de Droit international privé, qui ne tient pas compte de ces principes progressistes et communément admis, devient inévitablement avec le temps un obstacle à l'établissement de contacts profitables entre les peuples.

C. Chaque Etat applique en pratique son système national de Droit international privé en harmonie avec ces normes et principes du Droit international public, qu'il défend sur l'arène internationale. C'est ici précisément qu'apparaît le rôle décisif du *facteur de classe* dans la vie intégrale de l'Etat, y compris sa vie internationale.

D. Le Droit international public et le Droit international privé ont pour mission de régler d'une manière directe ou indirecte des rapports existant entre des Etats qui n'ont pas toujours le même régime politique, étatique et social, et ne sont pas toujours guidés par la même idéologie. Par conséquent, objectivement parlant, le Droit international public et le Droit international privé de notre époque devraient viser à rendre possible et à faciliter le commerce international dans les différents domaines entre les Etats appartenant aux deux systèmes économiques, politiques et sociaux du monde contemporain – le système socialiste et le système capitaliste.[1]

---

[1] Voir pour plus de détails: G. I. Tunkin, *Voprosi teorii mejdunarodnogo prava*, Gosiurizdat, Moskva, 1962, Glava VI, str. 175–215 (*Problèmes de la théorie du Droit international*, Editions juridiques de l'Etat, Moscou, 1962, Ch. VI, p. 175–215).

4. *Rapports entre le Droit international public et le Droit international privé lors de la création de leurs normes*

8. A. Dans certains cas, en présence de l'hypothèse qui nous occupe ici, le lien entre ces deux branches du Droit peut se traduire par le fait que des normes appartenant à l'une de ces branches, prennent le rôle de *facteur présupposé et décisif* pour l'apparition de normes appartenant à l'autre branche.

Comme exemple typique sous ce rapport pourra nous servir la réglementation de la *représentation commerciale soviétique* durant les premières années de son existence.

En tant qu'un organe nouveau pour les relations extérieures de l'Etat soviétique, la représentation commerciale reçut son statut juridique initial dans la législation nationale de l'URSS. Bon nombre des dispositions essentielles de ce statut juridique étaient du domaine du Droit international privé: étendue du pouvoir de représentation, sphère des opérations commerciales autorisées, obligations en cas de cautionnement, responsabilité en cas de non-exécution d'un contrat valablement conclu, etc. Les normes créées pour la réglementation de ces problèmes jouèrent le rôle de *facteur présupposé et décisif* lors de la fixation du *statut international* de la représentation commerciale dans les traités bilatéraux, qui furent signés entre l'URSS et différents autres pays, reçevant sur leur territoire cet organe spécifique chargé des rapports de commerce extérieur de l'Etat soviétique. Il serait difficile de nous imaginer la réglementation internationale de la représentation commerciale de l'URSS sans la présence préalable de la réglementation de cette institution dans la législation nationale soviétique et plus spécialement dans le Droit international privé soviétique.

Dans certains autres cas, on peut constater une situation inverse: des normes du Droit international public jouent le rôle de *facteur présupposé et décisif* pour l'apparition de normes du Droit international privé.

Dernièrement ce fait peut être assez souvent observé dans le domaine de l'utilisation économique des cours d'eau multinationaux et ceci spécialement lorsque vient à se poser la question du statut des *concessions* et des *concessionnaires*. Ordinairement un seul et même acte international entre les Etats intéressés règle les problèmes du domaine du Droit international public et ceux du domaine du Droit international privé. Mais dans tous ces cas les normes du Droit international public jouent le rôle de facteur présupposé et décisif pour l'apparition des normes du Droit international privé. Nous prendrons à témoin deux conventions de dates assez récentes: la Convention relative à l'aménagement du cours supérieur de la Garonne, signée à Paris le 29 juillet 1963 entre le Gouvernement français et le Gouvernement espagnol et la Convention entre la République française et la Confédération suisse relative à l'aménagement hydro-électrique de l'Emosson, signée à Sion le 23 août 1963. Dans ces deux conventions comme dans certaines autres, toutes le dispositions concernant le nombre des concessions, le nombre des concessionnaires, le statut du concessionnaire ou des concessionnaires, le droit applicable aux concessions et aux concessionnaires, le contrôle sur la manière de faire valoir la concession, etc. sont inimaginables sans l'existence préalable des dispositions fondamentales de ces conventions, appartenant au Droit international public et réglant le *régime général* de l'utilisation et de l'aménagement hydro-énergétique des cours d'eau respectifs.[1]

B. Il y a des cas où le lien et l'interaction entre le Droit international public et le Droit international privé lors de la création de leurs normes se traduisent par le fait que des normes du Droit international public *autorisent* les Etats à édicter des normes de Droit international privé pour la réglementation de certaines catégories de rapports de Droit civil à élément international. C'est le cas, par exemple, de l'article 2, alinéa III de la Convention universelle du Droit d'auteur du 6 septembre 1952, qui prévoit que chaque Etat signataire *peut*, conformément à sa législation nationale, assimiler à ses nationaux tout étranger domicilié sur son territoire. Il en est de même de l'article 5, alinéa II de la Convention précitée, selon lequel chaque Etat signataire *peut*, conformément à sa législation nationale, limiter le droit de traduction d'œuvres étrangères, à condition, toutefois, d'observer certaines exigences du texte conventionnel.

C. Parfois c'est le cas contraire qui se présente et alors le lien et

---

[1] Sur l'utilisation économique des cours d'eau multinationaux et les problèmes qu'elle soulève voir spécialement: J. Andrassy, „Les relations internationales de voisinage," *Recueil des Cours*, Tome 79 (1951-II), p. 77–181; du même auteur, „Nachbarrecht und Wassernutzung," Sonderabdruck aus *Völkerrecht und rechtliches Weltbild* (*Festschrift für Alfred Verdross*), Springer Verlag, Wien, 1960, S. 55–66; du même auteur, *Questions de frontière et de voisinage*, Université du Caire, Faculté de Droit, Doctorat, Année universitaire 1960–1961, p. 1–211; du même auteur, „L'Utilisation des eaux des bassins fluviaux internationaux," *Revue égyptienne de Droit international*, Volume 16, 1960, p. 23–40.

Sur les deux conventions citées dans le texte pour plus de détails voir: Vladimir Kutikov, *Quelques aspects de l'évolution récente du Droit fluvial international en Europe*, Rapport Conférence de Droit international, Lagonissi (Grèce), 3–8 avril, 1966, spécial, p. 45 suiv.

l'interaction entre le Droit international public et le Droit international privé se concrétisent dans le fait que des normes de Droit international public *défendent* aux Etats d'édicter des normes de Droit international privé.

La défense dans ce cas peut être de différente nature. D'un côté nous pourrons avoir une *défense absolue*, prévue par des normes *universellement acceptées* du Droit international public, auxquelles les Etats ne pourraient pas déroger lorsqu'ils créent par voie unilatérale des normes de leur Droit international privé. Ainsi, le système national de Droit international privé d'un Etat ne pourrait pas contenir des normes unilatéralement établies et violant la souveraineté et l'immunité des autres Etats. Toute dérogation à ce principe fondamental n'est possible qu'à condition d'être librement décidée et consentie par les Etats intéressés. D'ailleurs, une telle dérogation ne pourrait avoir qu'un caractère exceptionnel, devrait faire l'objet de stipulations formelles et explicites et être interprétée limitativement.

D'un autre côté nous pouvons avoir une défense que nous appellerions *relative*, dans ce sens qu'elle pourrait non pas provenir de normes fondamentales et universellement reconnues de l'ordre juridique international de notre époque, mais être établie par *voie conventionnelle* entre les Parties. Une telle prohibition doit pouvoir se maintenir en vigueur tant que les Etats intéressés le voudront. Elle pourrait viser soit tous les partenaires, soit quelques uns, ou même un seul d'entre eux. Rappelons à cette occasion que l'article 156, lit. „a" du Traité de paix de Neuilly du 27 novembre 1919 défendait à la Bulgarie de soumettre les ressortissants des Puissances Alliées et Associées à certaines restrictions dans leur statut de Droit civil, qui ne seraient pas applicables à tous les étrangers vivant en Bulgarie sans exception. L'article 160, alinéa II du même Traité prévoyait d'ailleurs une durée limitée pour cette prohibition.

D. Enfin, le lien et l'interaction entre le Droit international public et le Droit international privé pourraient se concrétiser dans le fait que des normes du Droit international public *fixent le champ d'action* des normes du Droit international privé. Conformément à l'art. 77 du Code Bustamante, les dispositions relatives à l'adoption, contenues dans ce Code, ne pourront pas être appliquées par les signataires du Code vis-à-vis d'Etats dont la législation ne reconnaît pas l'adoption. Voilà une limitation bien précise émanant d'un texte conventionnel.

9. Dans toutes les hypothèses que nous venons de décrire, nous sommes mis en présence d'un fait particulier, que nous pourrions appe-

ler *pénétration normative* du Droit international public dans la sphère de manifestation du Droit international privé. Il n'est pas sans intérêt d'établir les *limites possibles* de cette pénétration normative.

Pour ce faire il est nécessaire de nous rappeler ce que nous avons dit plus haut quant à la *différenciation* et la *démarcation* entre le Droit international public et le Droit international privé (voir § I, No. 3). Ayant en vue qu'il s'agit de deux branches *distinctes* du Droit, réglant des rapports sociaux essentiellement différents les uns des autres, il est de toute logique de conclure que chacune de ces deux branches du Droit ne pourra réaliser directement sa fonction normative que *dans son propre cercle de rapports sociaux*. Il est donc impossible que la pénétration normative dont il est question ici aille jusqu'au point que des éléments du complexe normatif de la sphère du Droit international public trouvent une *application directe* vis-à-vis de rapports sociaux de la sphère du Droit international privé. Il s'ensuit que la pénétration normative du Droit international public dans la sphère de manifestation du Droit international privé *ne peut s'étendre que jusqu'au complexe normatif* et non pas jusqu'aux rapports sociaux soumis à la réglementation de ce complexe normatif. Autrement dit, la pénétration normative du Droit international public dans la sphère de manifestation du Droit international privé est *limitée*: elle ne peut pas dépasser le seuil du complexe normatif. Il s'agit, pour terminer, d'un phénomène d'*impénétrabilité* assez marquée de la sphère de manifestation du Droit international privé pour les normes du Droit international public.

10. Tout naturellement surgit ici la question inverse: est-il possible de parler d'une pénétration normative du Droit international privé dans la sphère de manifestation du Droit international public lors de la création de leurs normes respectives?

S'il s'agissait pour nous de chercher une pénétration normative quelconque du Droit international privé *directement jusqu'aux rapports sociaux* soumis à la réglementation dans la sphère de manifestation du Droit international public, la réponse ici aussi devrait être franchement négative. On ne peut ni concevoir ni encore moins indiquer une norme quelconque de Droit international privé qui règle *directement* des rapports relevant du domaine du Droit international public. Il y a à celà un obstacle insurmontable: la différence fondamentale entre la matière à réglementer dans ces deux domaines juridiques.

Mais on pourrait se demander s'il n'était pas possible de parler d'une pénétration normative ne fût-ce que très limitée du Droit international privé jusqu'*au niveau du complexe normatif* dans la sphère du Droit international public. Pratiquement celà signifierait que des normes du Droit international privé pourraient exercer *directement leur influence* sur des normes du Droit international public.

Une analyse attentive de l'hypothèse nous conduit à la conclusion que les possibilités pour une telle influence directe existent, mais dans des limites infiniment restreintes et dans le seul sens que voici: lorsque quelques Etats ont réglé par voie identique unilatérale ou par voie conventionnelle bilatérale des rapports civils à élément international qui les intéressent, vient un moment où ces solutions unilatérales ou bilatérales ne peuvent plus satisfaire les Parties et commence à se faire sentir d'une manière toujours plus cuisante la nécessité d'une *réglementation multilatérale* de ces mêmes rapports. Dans des cas pareils, la seule présence des normes de Droit international privé, créées par voie unilatérale ou bilatérale et devenues désormais insuffisantes ou insatisfaisantes, pousse vers la création d'un lien conventionnel nouveau entre les Etats, cette fois-ci multilatéral. De cette manière naissent des régles du Droit international public *provoquées* par des règles du Droit international privé préexistantes.

Naturellement – et il faut le répéter – il n'y va pas d'une *transformation* de ces règles du Droit international privé préexistantes en règles du Droit international public. Les règles anciennes gardent leur caractère intrinsèque. Tout simplement elles ont été *reformulées* dans un texte conventionnel *multilatéral*. A l'avenir aussi elles appartiennent au Droit international privé. Mais leur reformulation même a été accompagnée de la création d'un *lien multilatéral* entre les Etats contractants, consistant en l'*obligation* pour chacun d'eux d'introduire les normes ainsi reformulées dans son système national de Droit international privé. Ce lien multilatéral, lui, est bien du domaine du Droit international public.

Que conclure après ce que nous venons de dire? – Il devient parfaitement clair que les possibilités pour une pénétration normative du Droit international privé dans la sphère de manifestation du Droit international privé dans la sphère de manifestation du Droit international public sont à peu près inexistantes. Au fond, dans la plupart des cas, les règles du domaine du Droit international privé ne pourraient exercer une influence quelconque sur le Droit international public qu'en tant que simple *facteur présupposé et décisif* pour la formation des règles de celui-ci (Voir § IV, No. 8, A). Ainsi nous croyons pouvoir opiner pour l'*impénétrabilité* presque totale de la sphère de manifestation du Droit international public pour les normes du Droit international privé.

5. *Rapports entre le Droit international public et le Droit international privé lors de l'application de leurs normes*

11. L'étape de cette recherche, dans laquelle nous entrons, se caractérise comme suit: il s'agit d'établir *jusqu'à quel point* et *sous quelle forme* se réalisent le lien et l'interaction entre le Droit international public et le Droit international privé *au stade de l'application* de leurs normes. Celà suppose que les normes de ces deux branches du Droit ont déjà été créées, le lien et l'interaction entre eux au stade de la création de ces normes se sont déjà manifestés et il s'agit d'établir le degré d'intensité et la forme de ce lien et de cette interaction par la suite.

Lorsque nous parlons du stade de l'application des normes du Droit international public et du Droit international privé, nous avons en vue tout d'abord l'*hypothèse normale*, selon laquelle l'application des normes se réalise, sur le territoire de chacun des Etats intéressés, par des personnes privées et des organes (individuels ou collectifs) prévus comme *destinataires initiaux* de ces normes soit par le Droit national d'un Etat, soit par le Droit international conventionnel ou coutumier.

Si aucun conflit n'a surgi entre le Droit international public et le Droit international privé au stade de la *création* de leurs normes, la tendance naturelle des intéressés est de maintenir cette atmosphère favorable, ainsi instaurée autour de ces normes, pour la durée du stade suivant: celui de l'application.

Ceci est possible à la triple condition que voici:

1°) que les personnes et les organes auxquels est confiée l'application des normes du Droit international privé en leur qualité de destinataires „du premier tour," réalisent leur tâche en ayant une juste notion de la destination et du contenu de ces normes.

2°) que ces destinataires, surtout les organes étatiques (individuels ou collectifs) soient au clair quant aux *limites* que le *Droit international public* a éventuellement imposées lors de la création des normes du Droit international privé, qu'ils ont pour mission d'appliquer.

3°) que les organes étatiques (individuels ou collectifs) qui ont l'obligation de veiller à la stricte observation des exigences du Droit international public, aient une idée exacte du *véritable degré de pénétration normative* des dispositions de cette branche juridique dans la sphère de manifestation du Droit international privé, afin que ne soient pas dépassées les limites réelles de l'influence que le Droit international public pourrait effectivement exercer au stade de l'*application* des normes du Droit international privé.

Les trois conditions que nous venons d'énumérer mériteraient d'être soumises à une analyse plus détaillée, mais faute de place nous nous contenterons des considérations suivantes:

A. Les destinataires initiaux des normes de Droit international privé, étant en réalité les premiers à appliquer ces normes, doivent être pénétrés de la conviction qu'ils remplissent une mission importante dans le domaine du *commerce international*, ce terme étant pris dans son acception la plus large. C'est appliqué dans ce seul état d'esprit que le Droit international privé peut vraiement répondre à son rôle fondamental qui consiste à faciliter les *contacts d'affaires* entre les différents pays.

B. Les destinataires initiaux des normes du Droit international privé, étant en réalité les premiers à appliquer ces normes, ne doivent point perdre de vue le fait que le Droit international public n'est indifférent vis-à-vis d'aucune norme du Droit international privé et que, par conséquent, il n'y a pas de norme du Droit international privé qui puisse être considérée comme étant hors de la *sphère d'influence* du Droit international public.

Naturellement, l'„intérêt" du Droit international public pour le Droit international privé varie d'après le rôle que le premier a joué lors de la création des normes respectives du second.

Lorsque le Droit international public *a autorisé* la création de normes du Droit international privé, celui qui est chargé de l'application de ces normes doit agir de telle sorte qu'il ne dépasse pas le cadre des *conditions* que le Droit international public a éventuellement posées au moment où l'autorisation a été par lui énoncée.

Lorsque le Droit international public a *limité* – au moment de leur création – la sphère d'action des normes du Droit international privé, celui qui est chargé de l'application de ces normes doit naturellement *ne pas dépasser* la sphère d'action ainsi fixée.

Et d'une manière plus générale encore, au cours de l'application des normes du Droit international privé, compte devra être toujours tenu des principes et des normes fondamentaux et universellement reconnus du Droit international public. Ceci vaut même lorsque rien dans l'énoncé des textes applicables ne nous fait sentir l'*influence* du Droit international public.

Ainsi, lorsque dans le système national d'un Etat une norme de Droit international privé, créée par voie *conventionnelle*, attribue compétence à une norme matérielle appartenant au Droit interne d'un autre Etat, la prescription contenue dans cette norme de Droit international privé doit être exécutée, sinon surgirait une situation d'inaccomplissement d'un engagement international. Or, *Pacta servanda sunt,* tant que n'entreraient valablement en jeu dans ce cas des considérations d'*ordre public.*

Lorsque, d'autre part, une norme matérielle de Droit civil interne est ainsi empruntée à un système juridique étranger, nous sommes de l'avis que des considérations élementaires de respect pour l'Etat, dont le système juridique nous a fourni la norme matérielle, nous obligent à puisser dans ce même système national les éléments nécessaires pour appliquer le procédé des *qualifications.*

C. Pour ce qui est des organes qui sont normalement obligés de veiller à la stricte observation des exigences du Droit international public, ce qu'on attend d'eux, c'est surtout de pouvoir correctement mesurer le *degré de l'intéret* que le Droit international public pourrait manifester lors de l'application des normes du Droit international privé. Il serait inadmissible – pensons nous – qu'au stade de l'*application* des normes du Droit international privé soient élevées des exigences que le Droit international public n'a nullement posées lors de la *création* de ces mêmes normes. Agir de la sorte signifierait dépasser et par suite trahir les exigences du Droit international public.

12. Ce que nous venons de dire a en vue l'hypothèse où l'application des normes du Droit international public et du Droit international privé est réalisée par ceux qui figurent comme destinataires initiaux et qui ont accompli leurs fonctions dans les limites de ce qui a été *normalement prévu.*

Mais il se peut que surgisse une situation *anormale* en rapport avec l'application des normes du Droit international public et du Droit international privé. Il suffit pour cela que des destinataires initiaux *interprètent* et *appliquent* d'une manière erronée des dispositions du Droit international privé ou que des destinataires initiaux *interprètent* et *appliquent* d'une manière erronée les exigences du Droit international public, à la stricte observation desquelles ils ont pour mission de veiller.

La situation se complique et devient encore plus anormale lorsque des personnes et des organes *dépourvus de toute compétence* interprètent et appliquent des normes du Droit international privé ou lorsque de telles personnes ou organes *incompétents* se mettent à interpréter et à appliquer les exigences du Droit international public.

Si de telles situations se présentent dans la pratique, les choses doivent être remises en ordre. Cela veut dire que dans les deux premiers cas il faut arriver à une interprétation et une application correctes des normes du Droit international privé, respectivement du Droit international public, alors que dans les deux derniers cas il faut arriver à ce que des organes *compétents* assument l'interprétation et l'application des normes du Droit international privé, respectivement du Droit international public.

La question qui pourrait se poser ici et qui mériterait d'être discutée est la suivante: de quel ensemble normatif pourrait provenir l'exigence soit quant à une interprétation et une application correctes soit quant à une interprétation et une application par des organes compétents?

Sans trop entrer dans les détails disons qu'une telle exigence pourrait provenir ou bien des systèmes nationaux de Droit international privé des Etats intéressés, ou bien du Droit international public, dans la cadre de l'intérêt général ou spécial qu'il porte aux normes du Droit international privé.

13. Tout ce que nous venons de dire nous montre que l'exigence portant sur l'interprétation et l'application correctes des normes du Droit international privé s'adresse en premier lieu à ces personnes et ces organes qui ont reçu la mission d'appliquer les premiers ces normes. Par conséquent ces personnes et organes apparaissent en même temps comme des *destinataires initiaux* de l'exigence concernant une interprétation et une application correctes. Dans cette catégorie de destinataires nous pourrions citer les officiers ministériels, là où cette catégorie existe, les officiers de l'état civil, les tribunaux de première instance, les arbitrages du commerce extérieur, etc.

Au cas où des destinataires initiaux, sciemment ou non, n'aboutissent pas à une interprétation et une application correctes, surgit une situation juridique demandant l'intervention d'une *catégorie suivante* d'organes individuels ou collectifs, qui reçoivent la mission d'appliquer ces mêmes normes et prennent de ce fait la figure de *destinataires* „du second tour" (destinataires secondaires) de l'exigence concernant l'interprétation et l'application des normes.

14. Il est bien difficile même d'essayer de dresser une liste tant soit peu complète des éventuels destinataires secondaires de cette exigence. Ce qui est évident, c'est que l'on pourrait découvrir dans cette catégorie tant des organes prévus et créés dans le cadre des systèmes juridiques nationaux, par exemple des instances d'appel, que des organes prévus et créés dans le cadre de l'ordre international. Cette dernière constatation est intéressante en soi, étant donné qu'elle nous permet de découvrir la présence d'un *facteur indirect* de liaison et d'influence du Droit international public sur le Droit international privé, à savoir les

organes, prévus et institués dans le cadre de l'ordre international, lorsque d'une manière ou d'une autre ils prennent la figure de destinataires de l'exigence concernant l'interprétation et l'application des normes du Droit international privé. Parmi les organes institués ou fonctionnant dans le cadre de l'ordre international nous pourrions citer ici des organes de l'Etat tels que les ministères des affaires étrangères ou les représentations diplomatiques, les commissions mixtes de conciliation, les commissions d'experts, les arbitrages „ad hoc" ou l'arbitrage institutionnel, les organes de la Justice internationale à base institutionnelle, etc. La place nous manque pour préciser les possibilités juridiques réelles de chacun de ces organes internationaux quant à l'interprétation et à l'application des normes du Droit international privé. Relevons simplement que ces possibilités se trouvent en fonction de deux facteurs à l'action combinée: le *caractère* judiciaire ou extra-judiciaire de l'organe international et l'*origine* des normes du Droit international privé à interpréter et à appliquer (la formation de ces normes par la voie normative nationale ou internationale).

6. *Rapports entre le Droit international public et le Droit international privé lors de la modification ou de l'abrogation de leurs normes*

15. Comme nous l'avons dit plus haut (Voir § I, No. 4), pour avoir une idée d'ensemble sur le lien et l'interaction entre le Droit international public et le Droit international privé il faut aussi envisager ce lien et cette interaction au moment de la *modification* ou de l'*abrogation* de leurs normes.

A. Lorsqu'un Etat décide de modifier ou d'abroger certaines dispositions de son Droit international privé créées par *la voie normative nationale, ordinairement* il recourt aux moyens de cette même voie normative. Si tel est le cas, le changement ainsi opéré aura des répercussions dans la sphère du Droit international public seulement pour autant que la nouvelle réglementation nationale se trouverait en contradiction avec les principes progressistes et communément admis du Droit international public contemporain (Voir § III, No. 7, B). En dehors de cette hypothèse, un tel changement normatif dans le domaine du Droit international privé ne conduirait à aucune influence directe – aussi minime fût-elle – sur des normes de la sphère du Droit international public, vu le manque de tout *lien normatif individualisé* entre les dispositions des deux ordres juridiques en présence – l'ordre national et l'ordre international.

B. Lorsqu'un Etat estimede voir modifier des dispositions de son Droit international privé, créées par *voie internationale* conventionnelle ou coutumière, la procédure *normale* suppose un recours aux procédés propres au Droit international public et non pas à ceux du Droit national.

C. Lorsque des normes du Droit international privé ont surgi comme résultat de l'*influence* de normes préexistantes du Droit international public et que les Etats ayant créé les normes de la seconde catégorie décident d'en modifier le contenu, inévitablement cela provoque des répercussions sur les normes de la première catégorie, autrement dit sur les normes du Droit international privé.

Dans l'hypothèse où des normes du Droit international public *ont autorisé* les Etats à édicter des normes de Droit international privé pour la réglementation de certaines catégories de rapports civils à élément étranger qui les intéressent, il se peut que la modification qui atteint ces nromes de Droit international public se concentre uniquement sur les *modalités* ce dette autorisation. Ainsi, d'*inconditionnelle* qu'elle était, l'autorisation peut devenir *conditionnelle*; d'autorisation sans délai fixe, elle peut devenir autorisation à durée limitée et inversement.

Des changements pareils trouvent à l'instant même une résonance dans la sphère du Droit international pıivé, dans ce sens qu'à partir de ce moment lors de la création de normes nouvelles ou lors de l'application des normes existantes du Droit international privé il faudra s'en tenir au cadre nouvellement établi de l'autorisation. Cela signifie qu'on devra tenir compte des conditions et des délais nouvellement établis.

Dans l'hypothèse où des normes du Droit international public ont *défendu* aux Etats d'édicter des normes de Droit international privé pour la réglementation de certaines catégories de rapports civils à élément étranger qui les intéressent, une modification possible de ces normes de Droit international public pourrait, ici aussi, avoir trait aux *modalités* de la prohibition proclamée. En d'autres termes d'inconditionnelle la prohibition pourrait être devenue conditionnelle; de prohibition sans délai fixe, elle pourrait se transformer en prohibition à durée limitée et inversement.

Ces changements trouveront également une résonance immédiate dans la sphère du Droit international privé. La prohibition énoncée jouera dans les nouvelles limites qui lui sont assignées. Il en résulte qu'à partir de ce moment des normes du Droit international privé pourraient, par exemple, être créées sous *certaines conditions* et qu'une défense pourrait être prévue pour un *laps de temps déterminé.*

Dans l'hypothèse où des normes du Droit international public ont limité le rayon d'action des normes du Droit international privé, la modification possible de ces normes du Droit international public pourrait se traduire par un *élargissement* ou un *rétrécissement* du rayon d'action primitivement prévu. Comme résultat de ce changement nous pourrons avoir, quant au rayon d'action, une possibilité accrue ou réduite d'application des normes du Droit international privé respectives.

Des conséquences encore plus marquées peuvent être enregistrées au cas où des normes du Droit international privé apparaissent comme le résultat de l'influence exercée par des normes du Droit international public, mais les Etats créateurs de celles-ci décident de les *abroger.*

Dans le cas où des normes du Droit international public *ont autorisé* les Etats à édicter des normes du Droit international privé, l'abrogation de ces normes comportant autorisation ne signifie pas *automatiquement* et *dans toutes les hypothèses* l'apparition d'une prohibition. Dans bon nombre de cas le retrait de l'autorisation signifiera purement et simplement que dorénavant le Droit international public ne manifestera aucun intérêt *spécial* à l'encontre des normes créées par les différents Etats en vue de la réglementation de certaines catégories de rapports civils à élément international. Dans de pareilles circonstances restera valable la seule *exigence d'ordre général* que les normes à créer dans l'avenir ne soient pas contraires aux principes progressistes et démocratiques du Droit international public contemporain.

Dans le cas où des normes du Droit international public ont *inconditionnellement défendu* aux Etats d'édicter des normes du Droit international public pour la réglementation de certaines catégories de rapports civils à élément d'extranéité, l'abolition de la défense signifiera d'une manière claire et catégorique que dorénavant des normes de cette catégorie pourront être créées.

Dans le cas où des normes du Droit international public ont contenu une prohibition similaire, mais assortie de certaines *modalités*, une abolition de la prohibition, formulée d'une manière générale et partant imprécise, ne signifierait pas automatiquement et dans tous les cas l'apparition d'une possibilité *inconditionnée* de créer de pareilles normes. Pour préciser le sort ultérieur des seules modalités, il faudra prendre position à leur égard d'une manière explicite. Ceci devra être fait de préférence au moment de la suppression de la prohibition.

Enfin, dans le cas où des normes du Droit international public *ont limité le champ d'action* des normes du Droit international privé, la disparition d'une telle limitation signifiera d'une manière suffisamment claire et catégorique que dorénavant existe la possibilité d'appliquer les normes respectives du Droit international privé dans leur pleine portée.

A. N. MAKAROV
Heidelberg

Betrachtungen zum Europäischen Niederlassungsabkommen vom 13. Dezember 1955

1. Über den Begriff des Niederlassungsrechts bestehen in der Doktrin gewisse Meinungsdivergenzen. Es wird darüber nicht gestritten, daß zum Niederlassungsrecht das Recht einer Person gehört, ihren dauernden Aufenthalt in einem fremden Staat zu begründen. Im Zusammenhang mit diesem Aufenthaltsrecht wird der Regel nach auch das Recht auf Ein- und Ausreise (die letztere kann freiwillige oder unfreiwillige sein) behandelt. Strittig ist, ob das Recht eine berufliche Tätigkeit im Niederlassungsland auszuüben, einen Bestandteil des Niederlassungsrechts bildet oder nicht.[1]

Den Gegenstand der vorliegenden, dem hochverehrten jugoslawischen Völkerrechtler Juraj Andrassy gewidmeten Ausführungen bildet das Europäische Niederlassungsabkommen vom 13. Dezember 1955. Die in diesem Abkommen enthaltenen Rechtsvorschriften bringen eine Regelung der Niederlassung im weitesten Sinn dieses Wortes. Das Abkommen behandelt nicht nur die Einreise, den Aufenthalt und die Ausweisung der Angehörigen der Vertragsstaaten (Kap. I), sondern regelt auch die Ausübung ihrer Rechte (Kap. II) und deren Schutz durch Gerichte und Verwaltungsbehörden (Kap. III). Die weiteren Kapitel (Kap. IV–VI) befassen sich mit der Ausübung der Erwerbstätigkeit sowie mit steuerrechtlicher Behandlung der Angehörigen der Vertragspartner. Schließlich enthält das Abkommen (Kap. VII) Vorschriften über einen „Ständigen Ausschuß", der aus Vertretern der Teilnehmerstaaten gebildet und über dessen Befugnisse und Aufgaben weiter unten berichtet wird, und Bestimmungen über die Beilegung von Streitigkeiten, die bei der Auslegung und Anwendung des Abkommens entstehen können (Kap. X).

---

[1] Einen Überblick der im Schrifttum geäußerten Ansichten über den Begriff der Niederassung bringt neuerdings Platz, „EWG-Niederlassungsrecht und individuelle Rechtspositionen" (*Beiträge zum ausländischen öffentlichen Recht und Völkerrecht*, 45), 1 966, 26 ff

2. Das Europäische Niederlassungsabkommen wurde am 13. Dezember 1955 von dreizehn dem Europarat angehörenden Staaten in Paris unterzeichnet.[1] Est ist am 23. Februar 1965 für Belgien, Dänemark, die Bundesrepublik Deutschland, Italien und Norwegen in Kraft getreten. Einige Tage später, am 2. März 1965, ist es auch für Griechenland verbindlich geworden.[2]

3. Wenn wir nach den Vorgängern des Europäischen Niederlassungsabkommens, d.h. nach Kollektivverträgen, die das gleiche Thema behandeln, fragen, so muß an erster Stelle auf die panamerikanische Konvention vom 20. Februar 1928 über die Rechtsstellung der Ausländer (angenommen auf der VI. panamerikanischen Konferenz in Havana) hingewiesen werden.[1] An dieser Konvention nehmen 15 Staaten teil.[2] Es muß aber hervorgehoben werden, daß die Bestimmungen der panamerikanischen Konvention, was das Niederlassungsrecht im eigentlichen Sinn betrifft, sehr dürftig sind. Art. 1 enthält keine materiellrechtliche Regelung der Einreise und des Aufenthaltes von Angehörigen der Vertragsstaaten, sondern setzt nur die Zuständigkeit der Einzelstaaten, eine solche Regelung gesetzlich vorzunehmen, fest. Weiterhin wird die Inländergleichbehandlung der Ausländer, was ihre Unterwerfung unter die Gerichtsbarkeit und die Gesetzgebung anbetrifft, mit Vorbehalt der staatsvertraglich bestimmten Einschränkungen (Art. 2) festgelegt. Auf die einzelnen Bestimmungen der Konvention braucht bei der Behandlung des Gegenstandes der vorliegenden Ausführungen nicht näher eingegangen zu werden.

Ungefähr zu gleicher Zeit wie in der Panamerikanischen Union stand

---

[1] Die Unterzeichnerstaaten sind Belgien, Dänemark, die Bundesrepublik Deutschland, Frankreich, Griechenland, Island, Italien, Luxemburg, die Niederlande, Norwegen Schweden, die Türkei, das Vereinigte Königreich. Die vierzehnte Unterschrift war die der Regierung des Saarlandes, die unter Anwendung der Resolution des Ministerkomitees des Europarates (55/31) erfolgt ist. Das Gesetz der Bundesrepublik Deutschland vom 30.9.1959 zum Europäischen Niederlassungsabkommen vom 13.12.1955 (BGBl. 1959 II, S. 997) bringt in seinem Art. 3 die Bestimmung, daß das Abkommen „vom Ende der Übergangszeit" nach Art. 3 des Saarvertrages vom 27.10.1956 (also nach der Eingliederung des Saarlandes in die Bundesrepublik) auch im Saarland gilt. Série des Traités et Conventions européens. No. 19. – Zu diesem Abkommen siehe vor allem Louis Rigaud, „La Convention européenne d'établissement. Origine, analyse et commentaire," *Revue Générale de Droit International Public*, 1957, p. 5 et ss.

[2] *BGBl.* 1965 II, S. 1099; *Nouvelles du Conseil de l'Europe*, 1965, No 2, p. 1; No 3, p. 3.

[1] Société des Nations. *Recueil des Traités*, vol. CXXXII, p. 301 et ss.

[2] Argentinien, Brasilien, Chile, Columbien, Costa Rica, die Dominikanische Republik, Ecuador, Guatemala, Haiti, Mexiko (mit Vorbehalten), Nikaragua, Panama, Peru, Uruguay, die Vereinigten Staaten von Amerika (mit Vorbehalten). Die Vereinigten Staaten haben die Vorbehalte von Mexiko nicht anerkannt und betrachten die Konvention als im Verhältnis zu Mexiko nicht in Kraft getreten. Siehe *Treaties ni Force. A List of Treaties and Other International Agreements of the United States in Force on January 1, 1965*, p. 219.

auch in Europa die Rechtsstellung der Ausländer auf der Tagesordnung einer internationalen Konferenz.[1] Unter den Auspizien des Völkerbundes versammelte sich in Paris im November 1929 eine „Conférence internationale sur le traitement des étrangers." Dieser Konferenz war ein Erfolg nicht beschieden, da die auf ihr vertretenen Delegierten sich über die Regelung des Gegenstandes, mit dem sie sich befassen sollten, nicht einigen konnten. Erhebliche Divergenzen, zum Teil mehr technischer Natur, bestanden auch in bezug auf das Niederlassungsrecht im eigentlichen Sinne. Im Entwurf des diesbezüglichen Artikels, der von einem Unterausschuß der Kommission ausgearbeitet wurde, die sich u.a. mit der „liberté d'établissement" zu befassen hatte,[2] stand es (Art. 6 § 2)[3]:

> Les ressortissants de l'une quelconque des Hautes Parties contractantes, admis sur le territoire d'une autre Haute Partie contractante, y jouiront, en se conformant à ses lois et règlements, selon les cas, de la même liberté de circulation, de séjour, d'établissement, de choix de résidence et de déplacement que les nationaux du pays en question, sans être soumis à des conditions ou prescriptions autres que celles auxquelles, pour chacun des dites libertés, sont soumis les nationaux, sans préjudice toutefois, des prescriptions de police concernant les étrangers et des dispositions relatives au marché national du travail.

Was die Ausübung wirtschaftlicher Tätigkeit anbetrifft, so war der Entwurf des Wirtschaftsausschusses des Völkerbundes auf dem Grundsatz der Inländergleichbehandlung aufgebaut (Art. 7), allerdings mit gewissen Einschränkungen, die im Entwurf aufgezählt wurden (Ausübung der richterlichen und Verwaltungstätigkeit, weiterhin des Berufs von Rechtsanwälten und Notaren, die Fischerei in den Küstengewässern, die Kabotageschiffahrt, der Bergbau, die zum Staatsmonopol gehörenden Industrie- und Handelszweige).[4]

Der vom Unterausschuß des Ausschusses A der Konferenz vorgeschlagene Text des Art. 7 hat nur wenige Ergänzungen zu dem vom Wirtschaftsausschuß des Völkerbundes ausgearbeiteten Text dieses Artikels gebracht.[5]

Wie bereits gesagt, war die Pariser Konferenz von 1929 erfolglos abgelaufen.

4. Das den Gegenstand der vorliegenden Betrachtungen bildende

---

[1] Vgl. dazu Suzanne Basdevant, „Etranger," *Répertoire de droit international* (publié par A. de Lapradelle et J.-P. Niboyet), tome VIII, p. 9 et ss. (Nos 42 à 50).

[2] SdN. *Comptes rendus* de la Conférence internationale sur le Traitement des étrangers. Première Session (C. 97. M. 23. 1930. II), p. 52.

[3] A.a.O., S. 501.

[4] SdN. *Comité économique*. Projet de Convention relatif au traitement des étrangers (C. 174. M. 53. 1928. II), p. 10.

[5] Siehe *Comptes rendus de la Conférence...* (oben Anm. 7), p. 529 et s.

Eurpoäische Niederlassungsabkommen ist auf folgende Weise entstanden.

Im Oktober 1950 hat der italienische Staatsmann Graf Sforza dem Ministerkomitee des Europarates vorgeschlagen, ein multilaterales Abkommen betr. die gegenseitige Behandlung der Angehörigen von Staaten, die Mitglieder des Europarates sind, auszuarbeiten.[1] Das Ministerkomitee hat die Beratende Versammlung um Stellungnahme zu diesem Vorschlag gebeten, und diese letztere hat angeregt, das Römische Institut für Vereinheitlichung des Privatrechts in Zusammenarbeit mit einem Arbeitsausschuß der Juristischen Kommission der Beratenden Versammlung mit der Ausarbeitung eines entsprechenden Entwurfes zu beauftragen.

Der vom Römischen Institut und dem soeben erwähnten Arbeitsausschuß redigierte Text wurde von der Beratenden Versammlung am 12. Mai 1951 einstimmig angenommen mit dem Beschluß, ihn dem Ministerkomitee vorzulegen.[2] Der Entwurf trug die Überschrift „Projet de convention européenne de traitement réciproque des nationaux." Zu dieser Überschrift hat der Vortragende in der Beratenden Versammlung *Henri Rolin* folgendes ausgeführt[3]:

> Vous constatez que nous sommes revenus à l'expression de: 'Convention européenne de traitement réciproque des nationaux'. Il avait été question de: 'convention d'établissement.' Le terme présentait le double inconvénient d'être, d'une part, assez étroit – les questions que nous avions à traiter dépassaient quelque peu le cadre des conventions que l'on nomme traditionnellement d'établissement' – d'autre part, comme il arrive fréquemment, l'expression 'convention d'établissement' est intraduisible et incompréhensible à nos collègues britanniques, de telle sorte que nous y avons subsritué la notion de: 'Convention européenne de traitement réciproque des nationaux.'

Dieser Entwurf wurde dem Ministerkomitee vorgelegt, das ihn im Oktober 1952 einer Gruppe von Regierungsexperten übermittelt hat.[4] Die Arbeiten dieser Experten wurden am 29. Januar 1955 abgeschlossen.[5] Sie haben zur Ausarbeitung des niederlassungsabkommens geführt, das doch die Überschrift „Convention Européenne d'Etablissement" (englisch „European Convention on Establishment") bekommen

[1] Suzanne Bastid, „L'organisation européenne et le traitement reciproque des nationaux," *Revue critique de droit international privé*, 1953, p. 474 et ss.

[2] Siehe Conseil de l'Europe. Assemblée Consultative. 3e Session ordinaire. *Compte rendu des débats*, tome II, p. 327 et s. – Der Text des Entwurfes ist abgedruckt auch in der *Revue critique de droit international privé*, 1953, p. 635 et ss.

[3] *Compteren du des débats* (Anm. 12), p. 325.

[4] Conseil de l'Europe. Assemblée Consultative. 3e Session ordinaire (Première partie). *Documents de séance* Doc. 122 (7 mai 1953), tome II, p. 297.

[5] Siehe Drucksache 584 des Deutschen Bundestages, III. Wahlperiode, S. 23.

hat. Es wurde, wie bereits gesagt, am 13. Dezember 1955 in Paris unterzeichnet (über die Unterzeichnerstaaten siehe oben).

5. Bevor wir uns dem Inhalt des Eurpoäischen Niederlassungsabkommens zuwenden, müssen wir einige Worte über seinen *Anwendungsbereich* sagen.

Was den *Personenkreis* anbetrifft, auf welchen das Abkommen angewandt werden soll, so bestimmt sein Art. 30 Abs. 1:

Sont considérés comme ressortissants aux termes de la présente Convention les personnes physiques possédant la nationalité d'une des Parties Contractantes.

Das Abkommen regelt also nur das Niederlassungsrecht der natürlichen Personen: juristische Personen werden von ihm nicht erfaßt.[1]

Bei der Unterzeichnung des Abkommens am 13.12.1955 hat aber der deutsche Bevollmächtigte folgende Erklärung abgegeben[2]:

'Staatsangehörige' in bezug auf die Bundesrepublik Deutschland sind alle Deutschen im Sinne des Grundgesetzes für die Bundesrepublik Deutschland.

Das bedeutet, daß die Bundesrepublik Deutschland als „ressortissants aux termes de la présente Convention" nicht nur deutsche Staatsangehörige, sondern auch Deutsche ohne deutsche Staatsangehörigkeit im Sinne des Art. 116 Abs. 1 des Bonner Grundgesetzes betrachtet.[3]

In bezug auf Art. 30 Abs. 1 des Abkommens ist im Protokoll, das ihm beigelegt ist und gemäß dessen Art. 32 einen integrierten Bestandteil des Abkommens bildet, eine Abgabe von Erklärungen nicht vorgesehen. Soweit aber die Erklärung des deutschen Bevollmächtigten keinen Widerspruch der Vertragspartner der Bundesrepublik hervorgerufen hat, muß sie als rechtswirksam betrachtet werden. Diese Erklärung gibt eine Legaldefinition des in Art. 30 Abs. 1 des Abkommens verwendeten Begriffes der „ressortissants" in bezug auf die Bundesrepublik. Durch diese Definition wird eine funktionelle Staatsangehörigkeit ins Leben gerufen, eine Staatsangehörigkeit im Sinne und für die Zwecke des Niederlassungsabkommens.[4]

---

[1] Vgl. Rigaud, a.a.O. (oben Anm. 2), p. 17.

[2] *BGBl.* 1965 II, S. 1099.

[3] Über Deutsche ohne deutsche Staatsangehörigkeit im Sinne des Art. 116 Abs. 1 des Bonner Grundgesetzes, d.h. Flüchtlinge oder Vertriebene deutscher Volkszugehörigkeit, siehe Makarov, *Deutsches Staatsangehörigkeitsrecht.* Kommentar, 1966, S. 244 ff.

[4] Über die funktionelle Staatsangehörigkeit in den Staatsverträgen siehe Makarov, *Allgemeine Lehren des Staatsangehörigkeitsrechts*², 1962, S. 16, wo als Beispiele das deutsch-niederländische Abkommen über Sozialversicherung vom 29.3.1951 (*BGBl.* II, S. 222) und das deutsch-luxemburgische Abkommen vom 23.8.1958 zur Vermeidung der Doppelbesteuerung (*BGBl.* 1959 II, S. 1270) zitiert werden. Nur gehören dort die eine funktionelle Staatsangehörigkeit bildenden Legaldefinitionen zum Text der Abkommen, hier sind sie in einer Erklärung untergebracht, was darauf zurückzuführen ist, daß es sich nicht um ein bilaterales, sondern um ein multilaterales Abkommen handelt.

Die Erklärung des deutschen Bevollmächtigten hat den Begriff der „ressortissants," soweit es sich um Deutsche handelt, erweitert. Art. 30 Abs. 2 des Abkommens enthält dagegen eine Vorschrift, die den allgemeinen Begriff der „ressortissants" einengt. Diese Vorschrift lautet:

Aucune Partie Contractante ne sera tenue d'accorder le bénéfice de la présente Convention aux ressortissants d'une autre Partie Contractante qui ont leur résidence habituelle sur un territoire non métropolitain de cette Partie auquel la Convention n'est pas applicable.

Wenn also ein Staatsangehöriger eines der Vertragsstaaten seinen gewöhnlichen Aufenthalt nicht im Mutterland seines Heimatstaates, sondern in einem Kolonialgebiet hat, auf das die Geltung des Abkommens nicht erstreckt wurde, so wird die durch den gewöhnlichen Aufenthalt geschaffene Anknüpfung als die stärkere betrachtet. Die Bedeutung dieser Einengung des in bezug aus das Niederlassungsabkommen verwendeten Begriffs der „ressortissants" ist unter den heutigen politischen Verhältnissen sehr gering.

Es muß erwähnt werden, daß das Protokoll zu Art. 30 eine Bestimmung bringt über die für die Ausfüllung des Begriffes der „résidence habituelle" zuständigen Rechtsordnung. Diese Bestimmung ist folgendermaßen formuliert:

La 'résidence habituelle' s'appréciera selon les règles applicables dans le pays dont l'intéressé est ressortissant.

Eine solche, für die Ausfüllung des Anknüpfungsbegriffes des gewöhnlichen Aufenthalts die zuständige Rechtsordnung bestimmende Vorschrift setzt einen rechtlichen Gehalt dieses Anknüpfungsbegriffes voraus.[1]

Soweit der Personenkreis, auf den das Niederlassungsabkommen zur Anwendung gebracht werden soll. Was den *territorialen Anwendungsbereich* des Abkommens anbetrifft, so enthält es Bestimmungen, die seit der Unterzeichnung des Abkommens an Bedeutung wiederum erheblich verloren haben. Diese Bestimmungen lauten:

Art. 29. 1. La présente Convention s'applique aux territoires métropolitains des Parties Contractantes.

2. Tout Membre du Conseil peut, au moment de la signature ou de la ratification de la présente Convention, ou à tout autre moment par la suite, déclarer, par notification adressée au Secrétaire Général du Conseil de l'Europe, que la présente Convention s'appliquera à celui ou à ceux des territoires désignés dans ladite déclaration et dont il assure les relations internationales...

[1] Die Frage, ob der gewöhnliche Aufenthalt einen rechtlichen Gehalt hat oder als eine reine Tatsache zu betrachten ist, ist umstritten. Vgl. dazu Makarov, „Réflexions sur l'interprétation des circonstances de rattachement dans les règles de conflit faisant partie d'une Convention internationale," *Mélanges offerts à Jacques Maury*, Tome I, 1960, p. 223 et ss.

Seitdem die überwiegende Mehrzahl der Kolonien europäischer Staaten in Afrika und in Asien selbständig geworden sind, ist die Zahl der Territorien, deren internationale Beziehungen von Europa aus geleitet werden, auf ein Minimum gesunken.[1] So hat auch die Vorschrift des Protokolls (Section VIII lit. a) zu Art. 29 Abs. 1 des Abkommens seine Rechtswirksamkeit erheblich eingebüsst. Diese Vorschrift lautete:

En ce qui concerne la France, la présente Convention s'applique également à l'Algérie et aux départements d'outre-mer.

Sollte einmal Frankreich das Abkommen ratifizieren, wird der soeben wiedergegebene Text in bezug auf Algerien nicht mehr anwendbar sein. Dagegen bestehen im heutigen Frankreich noch vier départements d'outre mer: Martinique, Guadeloupe, Guyana und die Insel Réunion.[2]

Die Vorschrift des Protokolls über die Erstreckung des Abkommens auf das Land Berlin (Section VIII lit. b) hat aber seine Wirksamkeit behalten:

La République Fédérale d'Allemagne pourra étendre l'application de la présente Convention au Land Berlin par une déclaration adressée au Secrétaire Général du Conseil de l'Europe. Celui-ci notifiera cette déclaration aux autres Parties Contractantes.

Das Gesetz der Bundesrepublik vom 30.9.1959 zum Europäischen Niederlassungsabkommen vom 13.12.1955 (BGBl. 1959 II, S. 997) enthielt die übliche Berlin-Klausel (Art. 2: „Dieses Gesetz gilt auch im Land Berlin, sofern das Land Berlin die Anwendung dieses Gesetzes feststellt." Diese Feststellung ist durch ein Berliner Gesetz vom 29.9. 1960 erfolgt.)[3]

Ob die in der Sektion VIII des Protokolls zu dem Europäischen Abkommen vorgesehene diesbezügliche Erklärung der Bundesrepublik an den Generalsekretär des Europarates erfolgt ist und wann diese Erklärung abgegeben wurde, und ob der Generalsekretär diese Erklärung den übrigen Vertragsstaaten notifiziert hat, entzieht sich meiner Kenntnis.

---

[1] Bis zum Inkrafttreten des dänischen Grundgesetzes von 1953 wurde Grönland als eine dem Mutterland unterworfene Kolonie betrachtet. Seit 1953 ist Grönland ein Bestandteil des dänischen Staatsgebietes (siehe Poul Andersen, *Dansk Statsforfatningsret*, 1954, S. 88).

[2] Gonidec, *Droit d'outre-mer*, 1960, p. 224 et ss.; Luchaire, *Droit d'outre-mer*, 1959, p. 129 et ss.

[3] 32. Gesetz über die Anwendung von Bundesgesetzen über internationale Abkommen der Bundesrepublik Deutschland (*Gesetz- und Verordnungsblatt für Berlin*, 1960, S. 1047), und zwar mit Wirkung vom 8.10.1959. Das bedeutet, daß das Niederlassungsabkommen, das für die Bundesrepublik am 23.2.1965 in Kraft getreten ist (siehe oben S. 000), am gleichen Tag auch für Berlin verbindlich wurde.

6. Wenn wir uns nun dem *sachlichen Inhalt* des Niederlassungsabkommens zuwenden, so muß über diesen Inhalt folgendes gesagt werden.

(a) *Einreise, Aufenthalt und Ausweisung.* Was die Einreise zwecks eines zeitlich begrenzten Aufenthalts anbetrifft, so soll gemäß Art. 1 des Abkommens jeder Vertragsstaat den Angehörigen der anderen Vertragsstaaten eine solche Einreise erleichtern und ihnen die Bewegungsfreiheit auf seinem Staatsgebiet gewähren, aber unter einer sehr weitgehenden Ermessensfreiheit der Vertragsstaaten. Die Einreise und die Bewegungsfreiheit sollen nämlich gewährt werden „sauf dans les cas où des raisons relatives à l'ordre public, à la sécurité, à la santé publique ou aux bonnes mœurs s'y opposeraient." Unter den gleichen Bedingungen wird den Angehörigen der vertragschließenden Staaten ein verlängerter oder dauernder Aufenthalt (*résidence prolongée ou permanente*) erleichtert, unter Hinzufügung einer weiteren Voraussetzung, und zwar „dans la mesure permise par son état économique et social," also soweit es die wirtschaftliche und soziale Lage des Aufenthaltsstaates gestattet (Art. 2).

Die sehr weit gefaßten Vorbehalte der beiden ersten Artikel des Abkommens werden im Protokoll (Section III) nur durch die Bestimmung eingeschränkt, nach der „dans l'exercice des droits qui leur sont reconnus, les Parties Contractantes s'engagent à tenir compte des liens familiaux." Die Verwendung der ordre public-Klausel wird aber nicht auf irgendwelche Weise eingeschränkt, vielmehr bestimmt das Protokoll, daß „la notion d'ordre public" doit être entendue dans l'acception large qui est, en général, admise dans les pays continentaux." Dieser Satz wird nur durch ein Beispiel erläutert:

> Une Partie pourrait notamment refuser l'accès à un ressortissant d'une autre Partie pour des raisons politiques ou s'il existe des raisons de croire que ce ressortissant est dans l'incapacité de couvrir ses frais de séjour ou qu'il se propose d'occuper un emploi rétribué sans être muni des autorisations éventuellement nécessaires.

Das Protokoll begnügt sich aber nicht mit den soeben wiedergegebenen Texten, die eine sehr weite Auslegung des ordre public begründen, sondern fügt diesen Texten noch folgendes hinzu (Section I,a):

> Chaque Partie a le droit d'apprécier, selon des critères nationaux:
>
> (1) 'les raisons relatives à l'ordre public, à la sécurité, à la santé publique ou aux bonnes mœurs' qui peuvent s'opposer à l'entrée sur son territoire des ressortissants des autres Parties;
>
> (2) les raisons tirées de 'son état économique et social' qui pourraient s'opposer

à l'octroi d'une résidence prolongée ou permanente sur son territoire aux ressortissants des autres Parties ...;

(3) les circonstances qui constituent une menace à la sécurité de l'Etat ou qui portent atteinte à l'ordre public ou aux bonnes mœurs; ...

Aber das Protokoll bringt eine noch weitere Bestimmung, die sich mit der Einreise, dem Aufenthalt und dem Verkehr der Ausländer im Inlande der Vertragsstaaten befaßt: die innerstaatlichen Vorschriften, die diese Themen zum Gegenstand haben, werden durch das Abkommen nicht berührt, soweit sie nicht dem Abkommen widersprechen (Section II, a). Man könnte annehmen, daß diese Vorschrift eigentlich überflüssig ist, da sie nur eine allgemein anerkannte Regel zum Ausdruck bringt: es darf nicht bezweifelt werden, daß das innerstaatliche Recht der Vertragsstaaten, soweit es dem Abkommen nicht widerspricht, weiter in Kraft bleibt. Es wird aber hervorgehoben,[1] daß diese Bestimmung eine erhebliche praktische Bedeutung hat: die Erleichterung des Aufenthaltes bedeute noch nicht die Aufhebung der Kontrolle über diesen Aufenthalt, zu der z.B. in Frankreich auch die Genehmigung ihn zu begründen und das Erfordernis der Ausstellung von „cartes de séjour" gehören.

Die Vorschriften des Niederlassungsabkommens über die Ausweisung bringen gewisse Garantien, die den durch die Ausweisung Betroffenen schützen sollen. Dabei soll er desto mehr Garantien gegen eine leichtfertige Ausweisung genießen, je länger er sich im Lande aufhält. Ganz allgemein darf die Ausweisung nur unter der Voraussetzung vorgenommen werden, daß der betreffende Ausländer die Sicherheit des Staates gefährdet oder gegen den ordre public bzw. gegen die guten Sitten verstößt.[2] Diejenigen Ausländer, die sich über zwei Jahre im Lande aufhalten, dürfen nur unter der Voraussetzung ausgewiesen werden, daß ihnen die Möglichkeit gewährt wird, Gründe, die gegen ihre Ausweisung sprechen, vorzutragen, eine Beschwerde einzureichen und sich vor den zuständigen Behörden vertreten zu lassen (Art. 3 Abs. 2 des Abkommens). Personen, die sich über 10 Jahre im Lande aufhalten, dürfen nur aus Gründen der Staatssicherheit ausgewiesen werden oder wenn andere Ausweisungsgründe ganz besonders schwerwiegend sind (Art. 3 Abs. 3).[3]

Zu den im Niederlassungsabkommen formulierten Gründen, die die

---

[1] Rigaud, *l.c.* (Anm. 2), p. 25 et s.

[2] Zu dieser Vorschrift (Art. 3 Abs. 1) hat Norwegen einen Vorbehalt gemacht unter Berufung auf das norwegische Gesetz vom 27. Juli 1956, dessen Regelung der Ausweisung es weiterhin für anwendbar erklärt hat.

[3] „... si les autres raisons mentionnées au paragraphe 1 du présent article [sécurité de l'Etat, ordre public, bonnes moeurs] revêtent un caractère particulier de gravité."

Ausweisung rechtfertigen, muß gesagt werden, daß in einigen innerstaatlichen Rechtsordnungen die Ausweisungsgründe viel konkreter bezeichnet sind. Es sei auf § 10 des deutschen Ausländergesetzes vom 28.4.1965 hingewiesen (BGBl. I, S. 353), wo neben den allgemeinen Formeln (Gefährdung der freiheitlichen demokratischen Grundordnung oder der Sicherheit der Bundesrepublik, Gefährdung der öffentlichen Gesundheit oder Sittlichkeit, Beeinträchtigung der erheblichen Belange der Bundesrepublik „aus anderen Gründen") auch ganz konkrete Ausweisungsgründe aufgezählt werden (z.B. § 10 Abs. 1 Ziff. 2: „wenn der Ausländer wegen eines Verbrechens oder Vergehens oder wegen einer Tat verurteilt worden ist, die im Geltungsbereich dieses Gesetzes ein Verbrechen oder Vergehen wäre"). Das französische Recht kennt auch gewisse verfahrensrechtliche Garantien, die die Interessen des durch die Ausweisung Betroffenen schützen sollen. Nach der Ordonnance vom 2.11.1945 kann der Betroffene im Verlauf von acht Tagen nach der ihm zugestellten Notifikation über die Ausweisung beantragen, daß er von einer Kommission, bestehend aus dem Vorsitzenden des Tribunals, dem Leiter der Ausländerabteilung der „Préfecture" und einem Präfekturrat, verhört wird.[1] Vor dem Verwaltungsgericht kann aber ein „arrêté d'expulsion" nur wegen Gesetzeswidrigkeit angefochten werden (z.B. wegen seiner Formmängel), nicht wegen seiner Gründe, deren Würdigung im freien Ermessen der zuständigen Verwaltungsbehörden liegt.[2] Auch in Belgien bestehen privilegierte Kategorien von Ausländern, deren Ausweisung erst nach Anhörung der „Commission consultative des étrangers" möglich ist[3]: zu diesen Kategorien gehören Ausländeı, die eine Genehmigung erhalten haben, gemäß Art. 13 Code civil ihren Wohnsitz in Belgien zu begründen; Ausländer, die mit einer Belgierin verheiratet sind un ein in Belgien geborenes Kind haben; mit einer Belgierin verheiratete Ausländer, die in Belgien fünf Jahre ununterbrochen gewohtn haben; Ausländer, die zehn Jahre im belgischen Mutterland oder in den Kolonien gewohnt haben, und einige weitere Kategorien von Ausländern.

Das Europäische Niederlassungsabkommen schließt sich dieser Tendenz des französischen und belgischen Rechts an, indem es privile-

---

[1] Siehe Batiffol, *Traité élémentaire de droit international privé*, 3e éd. 1959, No 167, p. 192 et s.

[2] Batiffol, *l.c.* (Anm. 24). Für die Ausweisung ist grundsätzlich der Innenminister zuständig, in den Grenzdepartements der Präfekt, der jedoch dem Innenminister die Ausweisung melden muß. Dem Minister steht eine Kontrollbefugnis zu.

[3] Siehe Loi du 28 mars 1952 sur la police des étrangers (*Moniteur belge* vom 30.–31.3. 1952, S. 2462) Artt. 5 und 10.

gierte Kategorien von Ausländern, was die Voraussetzungen ihrer Ausweisung anbetrifft, schafft. Nur bildet es keine solche Ausweisungen kontrollierende Instanz.

(b) *Ausübung der Zivilrechte.* Das die Ausübung der Zivilrechte regelnde Kapitel des Niederlassungsabkommens ist auf dem Grundsatz der Inländergleichbehandlung aufgebaut, soweit keine Ausnahmen stipuliert sind. Die Inländergleichbehandlung hat in Art. 4 des Abkommens folgende Formulierung gefunden:

Les ressortissants des Parties Contractantes bénéficient sur le territoire des autres Parties d'un traitement égal à celui des nationaux en ce qui, concerne la jouissance et l'exercice des droits civils, soit de nature personnelle, soit de nature patrimoniale.

Im Schrifttum wurde hervorgehoben, daß der französische Text des Abkommens von „droits civils," dagegen der englische von „Private Rights" spricht.[1] Die im deutschen Bundesgesetzblatt abgedruckte amtliche Übersetzung (BGBl. 1959 II, S. 997) verwendet den Ausdruck „bürgerliche Rechte."[2] Was dabei gemeint war, ist, daß man nicht von den „droits civils" im Sinne des Art. 11 des französischen Code civil ausgehen wollte: dieser Art. 11 verleiht den Ausländern den Genuß von „droits civils" nur unter Voraussetzung der Gegenseitigkeit.[3]

Es muß besonders hervorgehoben werden, daß der Gleichbehandlungsgrundsatz nicht eine Umgestaltung von international-privatrechtlichen Normen erfordert: die Verwendung der Staatsangehörigkeitsanknüpfung im internationalen Privatrecht, die zur Anwendung der ausländischen Heimatrechte der Ausländer führen muß, wogegen auf die Inländer ihr inländisches Heimatrecht angewandt wird, verstößt keinesfalls gegen den Inländergleichbehandlungsgrundsatz des Art. 4 des Niederlassungsabkommens.[4]

Es muß ferner auf den Absatz a) des VI. Abschnittes des Protokolls zum Niederlassungsabkommen hingewiesen werden, der eine Übereinstimmung darüber feststellt, daß das Abkommen auf gewerbliche Schutzrechte, die Rechte an Werken der Literatur und Kunst sowie die

---

[1] Rigaud, *l.c.* (Anm. 2), p. 30.

[2] Die deutsche Übersetzung des Art. 4 weicht von den beiden amtlich verbindlichen Texten (dem englischen und dem französischen) insoweit ab, als sie von „sämtlichen bürgerlichen Rechten" spricht, dagegen der englische Text von „private rights, whether personal rights or rights relating to property" und der französische Text von „droits civils, soit de nature personnelle, soit de nature patrimoniale."

[3] Über Art. 11 Code civil siehe Batiffol, *l.c.* (Anm. 24) Nos 175 et ss., p. 202 et ss.

[4] Siehe in diesem Sinn: Rigaud, *l.c.* (Anm. 2), p. 31; Makarov, „Der Gleichbehandlungsgrundsatz und das Internationale Privatrecht," *Eranion pros Georgiou S. Maridakin*, Bd. III, 1964, S. 234 ff.

Rechte an neuen Pflanzenzüchtungen (*nouveautés végétales*) keine Anwendung findet, da diese Gebiete den geltenden oder künftig in Kraft tretenden einschlägigen internationalen Abkommen oder sonstigen internationalen Vereinbarungen vorbehalten bleiben.

Die in das Abkommen aufgenommenen Einschränkungen des Gleichbehandlungsgrundsatzes sind Ausnahmen, die die Ausländer in eine schlechtere Position im Vergleich mit den Inländern stellen. Art. 5 des Abkommens bringt eine allgemeine Vorbehaltsklausel, die sich nicht auf den „ordre public," sondern auf Gründe der nationalen Sicherheit und Verteidigung beruft. Dieser Art. 5 lautet:

> Par dérogation aux dispositions de l'article 4 de la présente Convention, chaque Partie Contractante, pour des raisons relevant de la sécurité ou de la défense nationales, peut, en ce qui concerne toutes catégories de biens, en réserver à ses nationaux l'acquisition, la possession ou la jouissance, ou soumettre les ressortissants des autres Parties à des conditions spéciales applicables aux étrangers.

Jeder Vertragsstaat darf somit den Angehörigen aller anderen Vertragsstaaten aus oben erwähnten Gründen den Erwerb bestimmter Kategorien von Sachen untersagen oder einen solchen Erwerb allgemeinen inländischen fremdenrechtlichen Normen unterwerfen (wie z.B. der vorherigen behördlichen Genehmigung beim Erwerb von Grundstücken).

Abgesehen von den durch nationale Sicherheit oder Verteidigung begründeten Einschränkungen des Gleichbehandlungsgrundsatzes kann jeder Vertragsstaat die bereits bestehenden fremdenrechtlichen Vorschriften betr. den Erwerb, den Besitz oder die Nutzung gewisser Kategorien von Gütern, welche den Ausländern diesen Erwerb, Besitz oder diese Nutzung überhaupt verbieten oder sie nur unter Voraussetzung der Gegenseitigkeit gestatten, diese Vorschriften weiterhin in Kraft behalten. Die Vertragsstaaten müssen aber im Zeitpunkt der Unterzeichnung des Abkommens diese einschränkenden fremdenrechtlichen Vorschriften dem Generalsekretär des Europarates mit Quellenangaben bekanntgeben. Der Generalsekretär muß die entsprechenden Listen allen übrigen Signatarstaaten mitteilen (Art. 6 Abs. 1 lit. a des Abkommens). Nach dem Inkrafttreten des Abkommens für den betreffenden Vertragsstaat dürfen diese Staaten keine weiteren entsprechenden Vorschriften einführen, es sei denn daß sie sich aus zwingenden wirtschaftlichen oder sozialen Gründen oder zur Verhinderung des spekulativen Ankaufs lebenswichtiger Versorgungsquellen des Landes hierzu genötigt sehen. In solchen Fällen hat jeder Vertragsstaat den Generalsekretär über die getroffenen Maßnahmen, die Vorschriften des innerstaatlichen Rechts und die Gründe für diese Maßnahmen vollständig unterrichtet zu halten. Der Generalsekretär hat hiervon den übrigen Vertragsstaaten Mitteilung zu machen (Art. 6 Abs. 1 lit. b). Jeder Vertragsstaat soll bestrebt sein, zugunsten der Staatsangehörigen der anderen Vertragsstaaten sein Verzeichnis der Einschränkungen zu vermindern. Auch von diesen Änderungen soll der Generalsekretär unterrichtet werden, der sie den anderen Vertragsstaaten mitteilen soll. Schließlich soll jeder Vertragsstaat bestrebt sein, den Staatsangehörigen der anderen Vertragsstaaten die nach seinen Rechtsvorschriften zulässigen Ausnahmen von den allgemein für Ausländer geltenden Vorschriften zu gewähren (Art. 6 Abs. 2)

Was die Vorbehalte zu Art. 4 des Niederlassungsabkommens anbetrifft, so hat nur die Bundesrepublik Deutschland bei der Hinterlegung der Ratifikationsurkunde unter Berufung auf Art. 26 des Abkommens folgenden Vorbehalt erklärt (BGBl. 1965 II, S. 1099). Trotz des Art. 4 des Abkommens soll die Voraussetzung für die Haftung des Staates und öffentlich-rechtlicher Körperschaften im Verhältnis zu Ausländern die Gewährung gleicher Rechte an deutsche Staatsangehörige durch den Heimatstaat des Betroffenen sein. Es handelt sich um die Haftung und Schadenersatz aus Amtspflichtverletzungen der Beamten.[1]

(c) *Gerichtlicher Schutz und Verwaltungsschutz.* Auch die „Garanties judiciaires et administratives" sind im Niederlassungsabkommen auf dem Grundsatz der Inländergleichbehandlung aufgebaut (Art. 7). Diesmal wird dieser Grundsatz durch keine Ausnahmevorschriften eingeschränkt.

Spezielle Verfahrensvorschriften, die wir im III. Kapitel des Abkommens finden, lehnen sich zum Teil wörtlich an die entsprechenden Bestimmungen des Haager Zivilprozeßabkommens vom 1.3.1954 an.[2]

---

[1] Der deutsche Vorbehalt beruft sich in erster Linie auf § 7 des Reichsgesetzes über die Haftung des Reichs für seine Beamten vom 25.5.1910 (*RGBl.*, S. 798). In diesem Paragraphen war die Gegenseitigkeit als Voraussetzung des Ersatzanspruches stipuliert. Im deutschen Vorbehalt wird auch auf den Art. 34 des Bonner Grundgesetzes und auf § 839 *BGB* verwiesen. In den beiden genannten Bestimmungen werden aber weder die Ersatzansprüche von Ausländern noch der Grundsatz der Gegenseitigkeit speziell behandelt. Sie enthalten keine fremdenrechtlichen Vorschriften.

[2] *BGBl.* 1958 II, S. 577. Das Abkommen ist, was die am Europäischen Niederlassungsabkommen teilnehmenden Staaten anbetrifft, für Belgien am 23.6.1958, für Dänemark am 18.11.1958, für die Bundesrepublik Deutschland am 1.1.1960, für Italien am 12.4. 1957 und für Norwegen am 20.7.1958 in Kraft getreten (*BGBl.*, 1959, II, S. 1388). – Diese wörtliche Übernahme der Vorschriften des Haager Zivilprozeßabkommens in das Europäische Niederlassungsabkommen ist den Übersetzern des französischen Textes des Haager Abkommens ins Deutsche entgangen: im Bundesgesetzblatt sind im deutschen Text die in den beiden Abkommen einheitlichen französischen Ausdrücke nicht einheitlich übersetzt.

Dies gilt für das Armenrecht (Art. 8 Abs. 1: vgl. Art. 20 des Haager Abkommens), für die *Cautio judicatum solvi* und die Gerichtskostenvorschüsse (Art. 9 Abs. 1 und 2: vgl. Art. 17 des Haager Abkommens) und für die Vollstreckbarkeit der Kostenentscheidungen, wenn der Kläger oder sonstige Verfahrensbeteiligte von Sicherheitsleistung, Hinterlegung oder Zahlung der Kosten befreit ist.

(d) *Ausübung einer Erwerbstätigkeit.* Das vierte Kapitel des Niederlassungsabkommens enthält Bestimmungen über die Ausübung einer Erwerbstätigkeit (*exercice des activités lucratives*). Als Erwerbstätigkeit wird, ohne hierauf beschränkt zu sein, die Tätigkeit in Industrie, Handel, Finanzwesen, Landwirtschaft, Handwerk und freien Berufen betrachtet ohne Rücksicht darauf, ob es sich um eine selbständige oder unselbständige Tätigkeit handelt. Der Grundsatz ist auch hier, wie für die Ausübung der Zivilrechte, der der Inländergleichbehandlung:

Art. 10: Chacune des Parties Contractantes autorisera sur son territoire les ressortissants des autres Parties à exercer, sur un pied d'égalité avec les nationaux, toute activité de caractère lucratif ...

Es muß aber gleich gesagt werden, daß die oben wiedergegebene Bestimmung des Protokolls zu dem Abkommen (Section II, lit. a), nach welcher gewisse innerstaatliche Vorschriften von dem Abkommen nicht berührt werden, soweit sie nicht zu den Bestimmungen des Abkommens im Widerspruch stehen, sich auch auf die Ausübung einer Erwerbstätigkeit durch Ausländer bezieht. Das bedeutet, daß z.B. in Frankreich die Ausstellung von „cartes de commerçant" auch dann erforderlich sein würde, wenn Frankreich dem Abkommen beitreten würde.[1] Der Erteilung der Genehmigung zur Ausübung der Erwerbstätigkeit können nur ernste Gründe wirtschaftlicher und sozialer Art entgegenstehen. Diese Beschränkungen kommen nicht zur Anwendung, wenn gewisse, in Art. 12 des Abkommens aufgezählte Voraussetzungen vorliegen. Wiederum, wie in den Bestimmungen über die Ausweisung, tritt hier die Tendenz zutage, Ausländern, die schon mehrere Jahre im Lande verbracht haben, eine bevorzugte Stellung zu gewähren. Gemäß Art. 12 des Abkommens können auch wichtige Gründe wirtschaftlicher und sozialer Art die Ausübung der Erwerbstätigkeit der Angehörigen der Vertragsstaaten nicht einschränken, falls die betreffende Person im Gebiet dieses anderen Vertragsstaates a) fünf Jahre ununterbrochen eine Erwerbstätigkeit in diesem Gebiet befugt (*régulièrement*) ausgeübt hat, b) zehn Jahre ununterbrochen ihren ordnungsmäßigen Aufenthalt

---

[1] Siehe Rigaud, *l.c.* (Anm. 2), p. 36 et ss.

in diesem Gebiet gehabt hat oder c) die Erlaubnis zum dauernden Aufenthalt (*résidence permanente*) erhalten hat. Die Großzügigkeit der soeben wiedergegebenen Bestimmungen ließ die Verfasser des Abkommens anscheinend befürchten, daß sie sich auf seine Unterzeichnung bzw. Ratifikation hemmend auswirken könnte. Man hat daher den Vertragsstaaten die Möglichkeit gewährt, bei der Unterzeichnung des Abkommens oder bei der Hinterlegung der Ratifikationsurkunde zu erklären, daß er eine oder zwei der vorstehenden Bedingungen (eine oder zwei nach seiner Wahl: also nicht alle drei) nicht annimmt (Art. 12 Abs. 1 Satz 3). Ferner wurde den Vertragsstaaten ermöglicht (Art. 12 Abs. 2), die fünfjährige Frist der Ausübung der Erwerbstätigkeit bis zu einer Höchstdauer von zehn Jahren zu verlängern mit der Maßgabe, daß nach den ersten fünf Jahren die Erneuerung der Erlaubnis für die bis zu diesem Zeitpunkt ausgeübte Tätigkeit auf keinen Fall verweigert oder von einem Wechsel dieser Tätigkeit abhängig gemacht werden darf. Jeder Vertragsstaat kann ferner erklären, daß er nicht in allen Fällen den Wechsel von unselbständiger zu selbständiger Tätigkeit ohne weiteres zulassen wird.

Von diesen Vorbehaltsmöglichkeiten haben einige Vertragsstaaten schon Gebrauch gemacht.[1] Belgien hat die in Art. 12 Abs. 1 litt. b) und c) vorgesehenen Bedingungen nicht angenommen und die unter lit. a) stipulierte Bedingung (ununterbrochene Ausübung einer Erwerbstätigkeit im Verlauf von fünf Jahren) auf zehn Jahre verlängert. Ferner hat Belgien erklärt, daß es nicht in allen Fällen den Wechsel von unselbständiger zu selbständiger Tätigkeit ohne weiteres zulassen wird. Die soeben erwähnte Verlängerung der fünfjährigen Frist der Ausübung einer Erwerbstätigkeit im Inlande auf zehn Jahre hat auch Griechenland in seine Vorbehaltserklärung aufgenommen. Die griechische Erklärung enthält außerdem eine Ablehnung des zehnjährigen ununterbrochenen Aufenthaltes im Inlande als Voraussetzung der schrankenlosen Ausübung der Erwerbstätigkeit (Art. 12 Abs. 1 lit. b). Norwegen hat Art. 12 Abs. 1 litt. a) und c) nicht angenommen.

Eine weitere Einschränkung der Inländergleichbehandlung bringt Art. 13 des Abkommens: jeder Vertragsstaat kann die Ausübung öffentlicher Aufgaben (*fonctions publiques*) und jeder mit der Sicherheit des Staates oder der Landesverteidigung im Zusammenhang stehenden Tätigkeit den eigenen Staatsangehörigen vorbehalten oder die Ausübung dieser Tätigkeiten durch Ausländer von besonderen Voraus-

[1] Siehe *BGBl.* 1965 II, S. 1099.

setzungen abhängig machen. Wiederum muß jeder Vertragsstaat bei Unterzeichnung des Abkommens ein Verzeichnis solcher Beschränkungen dem Generalsekretär des Europarates übermitteln (Art. 14 Abs. 1 lit. a). Und wiederum sollen solche Beschränkungen nach dem Inkrafttreten des Abkommens von den Vertragsstaaten nur dann eingeführt werden, wenn sie sich aus zwingenden Gründen wirtschaftlicher oder sozialer Art hierzu genötigt sehen.

Die unbeschränkte Inländergleichbehandlung gilt hinsichtlich der staatlichen Regelung des Arbeitsentgeltes und der allgemeinen Arbeitsbedingungen (Art. 17). Zeitlich beschränkt ist die Tätigkeit der Handelsreisenden für ein Unternehmen, dessen Hauptniederlassung sich im Gebiet eines der Vertragsstaaten befindet: sie bedürfen keiner Erlaubnis zur Ausübung ihrer Tätigkeit im Gebiet eines der anderen Vertragsstaaten, sofern sie sich dort nicht länger als zwei Monate in jedem Halbjahr aufhalten (Art. 16).

Das Kapitel IV wird mit einer Vorschrift abgeschlossen (Art. 17 Abs. 2), die *Rigaud* mit Recht für eine Selbstverständlichkeit hält[1]: die Bestimmungen dieses Kapitels sind nicht so zu verstehen, daß die Vertragsstaaten verpflichtet sind, in ihrem Gebiet die Staatsangehörigen eines der anderen Vertragsstaaten hinsichtlich der Ausübung einer Erwerbstätigkeit günstiger zu behandeln als ihre eigenen Staatsangehörigen.

(e) *Rechte auf besonderen Gebieten.* Das fünfte Kapitel des Abkommens trägt die Überschrift „Droits particuliers." Von den Rechtsvorschriften, die unter dieser Überschrift gesammelt sind, müssen folgende erwähnt werden.

Für Ausländer, die eine selbständige oder unselbständige Erwerbstätigkeit ausüben, ist Art. 18 des Abkommens von unbestreitbarer Bedeutung. Er befaßt sich mit Wahlen zu Körperschaften oder Organisationen wirtschaftlicher oder berufsständischer Art und hat folgenden Wortlaut:

> Aucune Partie Contractante ne peut interdire aux ressortissants des autres Parties, ayant exercé régulièrement sur son territoire, depuis cinq ans au moins, une activité appropriée, de participer comme électeurs, dans les mêmes conditions que les nationaux, aux élections au sein des organismes de caractère économique ou professionnel, tels que les Chambres de Commerce, d'Agriculture et de Métiers, sous réserve des décisions que pourront prendre à ce sujet lesdits organismes ou organisations dans les limites de leur compétence.

Einschränkungen dieser Wahlbefugnisse in bezug auf Ausländer, die

[1] Rigaud, *l.c.* (Anm. 2), p. 45.

Angehörige der Vertragsstaaten sind, können also nur durch Entscheidungen der betreffenden wirtschaftlichen oder berufsständischen Organisationen vorgenommen werden, nicht dagegen durch Gesetzgeber oder durch Verwaltungsbehörden.

Der nächste Artikel des Abkommens (Art. 19) setzt den Grundsatz der Inländergleichbehandlung in bezug auf die Ausübung einer Tätigkeit als Schiedsrichter in Schiedsverfahren, in denen die Wahl der Schiedsrichter allein den Parteien überlassen ist. Zu dieser Bestimmung hat Italien bei Ratifizierung des Abkommens einen Vorbehalt erklärt: Art. 19 wird in Italien nicht angewandt, weil Art. 812 der italienischen Zivilprozeßordnung vorsieht, daß Schiedsrichter die italienische Staatsangehörigkeit besitzen müssen.

Im VI. Kapitel sind Rechtsvorschriften über Steuerwesen, zivile Dienstpflicht, Enteignung und Verstaatlichung untergebracht. Was das Steuerwesen (Art. 21) und die zivile Dienstpflicht (Art. 22) anbetrifft, so gilt für sie wiederum der Grundsatz der Inländergleichbehandlung. In bezug auf das Steuerwesen sind nur die Vorschriften der Abkommen über Doppelbesteuerung vorbehalten. In Art. 23 des Abkommens, der sich mit der Enteignung und Verstaatlichung befaßt, läßt sich dagegen die einzige radikale Abweichung vom Grundsatz der Inländergleichbehandlung zugunsten des Grundsatzes des Mindeststandards finden.[1]

Dieser Art. 23 lautet:

Sans préjudice des dispositions de l'article 1er du Protocole additionnel à la Convention de sauvegarde des Droits de l'Homme et des Libertés fondamentales, les ressortissants des Parties Contractantes, en cas d'expropriation ou de nationalisation de leurs biens par une autre Partie, auront droit à un traitement au moins aussi favorable que les nationaux.

Art. 1 des Protocole additionnel vom 20.3.1952[2] zu der Europäischen Menschenrechtskonvention vom 4.11.1950, auf den Art. 23 des Niederlassungsabkommens verweist, hat folgenden Wortlaut:

Toute personne physique ou morale a droit au respect de ses biens. Nul ne peut être privé de sa propriété que pour cause d'utilité publique et dans les conditions

[1] Zum Grundsatz des Mindeststandards vgl. neben den allgemeinen Lehr- und Handbüchern des Völkerrechts Karl Doehring, „Die allgemeinen Regeln des völkerrechtlichen Fremdenrechts und das deutsche Verfassungsrecht" (*Beiträge zum ausländischen öffentlichen Recht und Völkerrecht*, Bd. 39), 1963, S. 70 ff. Vgl. auch unten S. 000.

[2] *BGBl.* 1956 II, S. 1879. – In den am Niederlassungsabkommen teilnehmenden Staaten ist das Zusatzprotokoll zur Europäischen Menschenrechtskonvention in Kraft getreten: in Belgien am 14.6.1955, in Dänemark am 18.5.1954, in der Bundesrepublik Deutschland am 13.2.1957, in Griechenland am 18.5.1954, in Italien am 26.10.1955 und in Norwegen am 18.5.1954. Siehe *BGBl.* 1957 II, S. 226.

prévues par la loi et les principes généraux du droit international.

Les dispositions précédentes ne portent pas atteinte au droit que possèdent les Etats de mettre en vigueur les lois qu'ils jugent nécessaires pour réglementer l'usage des biens conformément à l'intérêt général ou pour assurer le paiement des impôts ou d'autres contributions ou des amendes.

Was die Ausarbeitung des Art. 1 dieses Zusatzprotokolls zu der Europäischen Menschenrechtskonvention anbetrifft, so muß gesagt werden, daß der schließlich angenommenen Fassung dieses Artikels lange Diskussionen über die Frage, ob in den Text des Zusatzprotokolls die Entschädigungspflicht bei Enteignungen aufzunehmen ist, vorangingen.[1] „Les principes généraux du droit international" erscheinen in Art. 1 des Protokolls erst im Bericht des Expertenkomitees vom 6.6.1951.[2] Zu diesen „allgemeinen Grundsätzen" wurden in den Stellungnahmen der einzelnen Regierungen betr. den soeben genannten Entwurf des Expertenkomitees folgende Bemerkungen gemacht.[3] Die schwedische Delegation hat den Antrag gestellt, in dem Bericht über den Entwurf des Zusatzprotokolls zu erwähnen, daß die „principes généraux," auf die in Art. 1 des Protokolls Bezug genommen wird, sich nur auf die Beziehungen zwischen dem Staat und Personen, die nicht seine Staatsangehörigen sind, beziehen.[4] Die deutsche Delegation hat in einem entsprechenden Vorschlag beantragt, daß man im Bericht erwähnen soll, die „principes généraux," wie sie jetzt verstanden werden, die Pflicht enthalten, die Ausländer in Enteignungsfällen zu entschädigen. Im gleichen Sinne hat sich der Generalsekretär in seinen „Observations" vom 18.9.1951 zu dem Entwurf geäußert[5]:

Cependant, l'expression 'dans les conditions prévues par la loi' exigerait normalement le paiement d'une indemnité, étant donné que la législation sur la nationalisation ou l'expropriation contient généralement des dispositions à cet

[1] Gordon L. Weil, *The European Convention on Human Rights*, 1963, p. 180.

[2] Conseil de l'Europe. Convention de sauvegarde des droits de l'homme et des libertés fondamentales et protocole additionnel. *Recueil des travaux préparatoires*, V [H (61) 4], p. 1140.

[3] *L.c.* (Anm. 38), p. 1146.

[4] Die gleiche These hat die Europäische Kommission der Menschenrechte in ihrer Entscheidung vom 20.12.1960 No. 511/59 vertreten (siehe *Yearbook of the European Convention on Human Rights*, 1960, p. 422, 424): „Whereas the general principles of international law, referred to in Article 1, are the principles which have been established in general international law concerning the confiscation of the property of foreigners; whereas it follows that measures taken by a State with respect to the property of its own nationals are not subject to these general principles of international law in the absence of a particular treaty clause specifically so providing; whereas, moreover, in the present instance, the records of the preparatory work concerning the drafting and adoption of Article 1 of the Protocol confirm that the High Contracting Parties had no intention of extending the application of these principles to the case of the taking of the property of nationals..."

[5] *Recueil des travaux préparatoiers* (Anm. 38), p. 1164.

effet. En outre, l'expression 'dans les conditions prévues ... par les principes généraux du droit international' garantirait le paiement d'une indemnité aux étrangers, même si les nationaux n'étaient pas admis à en bénéficier.

Aus der weiteren Behandlung des Entwurfes durch die Organe des Europarates läßt sich zu der Auslegung des Art. 1 des Zusatzprotokolls nichts entnehmen.

Wir müssen uns nun die Frage stellen, welche praktische Bedeutung der Verweis in Art. 23 der Niederlassungsabkommens auf die Vorschriften des Art. 1 des Zusatzprotokolls zu der Europäischen Menschenrechtskonvention, der dem Grundsatz der Inländergleichbehandlung die durch die „principes généraux du droit international" festgelegten Schranken setzt, bei den Enteignungen und Nationalisierungen, um die es sich in Art. 23 handelt, haben kann. Wenn wir auch annehmen, daß diese „principes généraux" einen Mindeststandard der Rechte von Ausländern begründen, werden wir feststellen müssen, daß in unserem Fall dieser Mindeststandard wenigstens zur Zeit kaum Bedeutung haben wird. Denn im Kreise der dem Europarat angehörenden Staaten wird die Entschädigung bei Enteignungen nach innerstaatlichem Recht doch immer den diesbezüglichen „principes généraux" entsprechen. Und im Verhältnis zu Rechtsordnungen, die das von den „principes généraux" gestellte Niveau nicht erreichen, kommt das Problem, mit dem wir uns befassen, nicht zur Geltung, da die betreffenden Staaten nicht Mitglieder des Europarates sind.

(f) *Vorschläge betr. die Anwendung des Abkommens bzw. Ergänzung seiner Bestimmungen.* Mit der Ausarbeitung von Vorschlägen zur Verbesserung der Anwendung des Abkommens und, soweit erforderlich, zur praktischen Ausführung oder Ergänzung seiner Bestimmungen hat das Niederlassungsabkommen einen Ständigen Ausschuß beauftragt, der aus je einem Vertreter jedes Mitgliedes des Europarates, der das Abkommen ratifiziert hat, bestehen soll (Art. 24). Wie wir weiter sehen werden soll dieser Ausschuß in gewissen Fällen auch die Funktionen eines Schlichters ausüben. Schließlich ist der Ausschuß beauftragt, in regelmäßigen Zeitabschnitten einen Bericht vorzulegen, der alle Angaben über die im Gebiet der Vertragsstaaten geltenden Gesetze und sonstigen Rechtsvorschriften für die in diesem Abkommen behandelten Sachgebiete enthalten soll.[1]

(g) *Beilegung von Streitigkeiten.* Das Niederlassungsabkommen bringt

[1] Dieses „Comité Permanent" ist zum ersten Mal am 13.12.1965 am Sitz des Europarates zusammengekommen (*Nouvelles du Conseil de l'Europe*, 1966, No 1, p. 2). Zum Vorsitzenden dieses Ausschusses wurde Rudolf Thierfelder (Deutschland) und zum Stellvertretenden Vorsitzenden Peter Mamopoulos (Griechenland) gewählt (*l.c.*).

schließlich Bestimmungen, die sich mit der Beilegung von Streitigkeiten, die zwischen den Vertragsstaaten über die Auslegung oder die Anwendung dieses Abkommens entstehen, befassen. Diese Beilegung kann entweder auf gerichtlichem bzw. schiedsgerichtlichem Wege oder (in bestimmten Fällen) im Wege der Vermittlung (*conciliation*) erfolgen.

aa) Was die *gerichtliche* Erledigung der soeben erwähnten Streitigkeiten anbetrifft, so erwähnt Art. 31 Abs. 1 des Abkommens die Möglichkeit den Internationalen Gerichtshof anzurufen, sofern die Parteien sich nicht über ein anderes Verfahren für eine gütliche Beilegung des Streites einigen. Die Anrufung des Internationalen Gerichtshofes erfolgt „par voie de compromis," also durch eine speziell für den betreffenden Fall geschlossene Vereinbarung, oder „par voie de requête d'une des parties au différend" (die deutsche Übersetzung lautet: „auf Antrag einer der Streitparteien"). Das Protokoll bringt folgende Bestimmung zu Art. 31 Abs. 1 des Abkommens:

Les Parties Contractantes qui ne sont pas partie au Statut de la Cour Internationale de Justice prendront les mesures nécessaires pour avoir accès à la Cour.

Von den Staaten, die das Niederlassungsabkommen ratifiziert haben, aber dem Statut des Internationalen Gerichtshofes nicht angehören, ist allein die Bundesrepublik Deutschland zu nennen. Der Zugang zu dem Gerichtshof ist solchen Staaten unter Voraussetzungen geöffnet, die in der Resolution des Sicherheitsrates der Vereinten Nationen vom 15.10.1946 festgelegt sind.[1] Der betreffende Staat hat eine diesbezügliche Erklärung dem Sekretär des Gerichtshofes einzureichen, in welcher die Gerichtsbarkeit des Gerichtshofes unter den in dessen Statut und Reglement festgelegten Bedingungen angenommen wird. Diese Erklärungen können einen speziellen oder allgemeinen Charakter haben. Die Bundesrepublik hat bis jetzt vier Erklärungen abgegeben[2]: sie werden als „déclarations de caractère général" bezeichnet, weil sie nicht Einzelfälle, sondern Streitigkeiten aus Auslegung und Anwendung bestimmter Abkommen zum Gegenstand haben. Das Europäische Niederlassungsabkommen gehört zu diesen Abkommen bis jetzt (Juli 1966) nicht.

Der Weg einer „requête" steht den Parteien offen, wenn sie die Zuständigkeit des Internationalen Gerichtshofes unter gewissen Voraus-

---

[1] Siehe den Text dieser Resolution in Cour Internationale de Justice. Annuaire 1964–1965. No 19, p. 30 et s. Diese Resolution ist unter Berufung auf Art. 35 § 2 der Satzung der Vereinten Nationen angenommen worden.

[2] *L.c.*, p. 31 et s.

setzungen für entstehende Streitigkeiten anerkannt haben (Fakultativklausel). Von den Staaten, die das Europäische Niederlassungsabkommen ratifiziert haben, haben nur drei die Fakultativklausel unterzeichnet, nämlich Belgien (Erklärung vom 17.6.1958[1]), Dänemark (Erklärung vom 10.12.1956[2]) und Norwegen (Erklärung vom 19.12.1956).[3]

bb) Die *schiedsgerichtliche* Erledigung von Streitigkeiten, die bei Auslegung und Anwendung des Niederlassungsabkommens entstehen können, kann entweder auf einem speziellen für einen Sonderfall ins Leben gerufenen Verfahren oder auf einem generellen Vertrag über die Schiedsgerichtsbarkeit beruhen. Zu solchen generellen Verträgen gehören zur Zeit die Genfer Convention Européenne sur l'arbitrage commercial international vom 21.4.1961[4] und das in New York am 10.6. 1958 unterzeichnete Abkommen über die Anerkennung und Vollstreckung ausländischer Schiedssprüche.[5] Von den am Niederlassungsabkommen teilnehmenden Staaten hat nur die Bundesrepublik Deutschland das Genfer Abkommen ratifiziert,[6] das New Yorker Abkommen ist wiederum durch die Bundesrepublik Deutschland ratifiziert worden,[7] Griechenland und Norwegen sind ihm beigetreten.[8]

cc) Das *Schlichtungsverfahren*, das in allen Streitfällen zur Geltung kommen kann, ist im Niederlassungsabkommen speziell geregelt worden in bezug auf Art. 6 Abs. 1 (b) und Art. 14 Abs. 1 (b) des Abkommens (Art. 24 Abs. 2). Wie oben dargelegt, verbieten die beiden soeben genannten Artikel den Vertragsparteien nach dem Inkrafttreten des Abkommens neue Einschränkungen einzuführen in bezug auf den Erwerb, den Besitz oder die Nutzung bestimmter Arten von Gütern durch Staatsangehörige der anderen Vertragsstaaten, soweit sie nicht dazu genötigt sind aus zwingenden wirtschaftlichen oder sozialen Gründen oder zur Verhinderung des spekulativen Ankaufs lebenswichtiger Versorgungsquellen des Landes (Art. 6) und auch in bezug auf die Ausübung einer Erwerbstätigkeit, wiederum wenn sie sich nicht aus zwingenden Gründen wirtschaftlicher oder sozialer Art hierzu genötigt sehen (Art. 14). Entstehen bei der Anwendung der wiedergegebenen Bestimmungen der Artt. 6 und 14 Meinungsverschiedenheiten, so soll gemäß Art. 24 Abs. 2 der Ständige Ausschuß, über dessen

---

[1] *L.c.*, p. 47.
[2] *L.c.*, p. 50.
[3] *L.c.*, p. 59.
[4] Nations Unies. Commission Economique pour l'Europe: E/ECE/423.
[5] N.U. *Rec. des Traités*, vol. 330, p. 39.
[6] *BGBl.* 1964 II, S. 425.
[7] *BGBl.* 1961 II, S. 121.
[8] Status of Multilateral Conventions (U.N. S/LEG/3, Rev. 1), p. XXII-5.

Zusammensetzung oben bereits berichtet wurde, auf Ersuchen eines der beteiligten Vertragsstaaten sich um Einigung bemühen. Hier steht also den streitenden Parteien als Schlichtungsinstanz der bestehende Ständige Ausschuß zur Verfügung. Soweit es sich nicht um Beilegung von Streitigkeiten betr. Artt. 6 und 14 handelt, kann das Schlichtungsverfahren unter Anwendung der Regeln des allgemeinen Völkerrechts in die Wege geleitet werden.

7. Schlußbetrachtungen – Das Europäische Niederlassungsabkommen befaßt sich, wie bereits dargelegt, mit dem Niederlassungsrecht im weitesten Sinne dieses Wortes, es regelt m.a.W. nicht nur das Recht auf Einreise, dauernden Aufenthalt und auf Ausreise, sondern auch das Recht auf Erwerbstätigkeit und bringt Bestimmungen über die allgemeine Rechtsstellung der niedergelassenen Angehörigen der Vertragsstaaten.

Das Abkommen befolgt, wie wir gesehen haben, der Regel nach den Grundsatz der Inländergleichbehandlung. Dieser Grundsatz gilt aber im positiven Recht (in innerstaatlichen fremdenrechtlichen Vorschriften und in Staatsverträgen) mit Ausnahmen, die eine Schlechterstellung der Ausländer im Vergleich mit den Inländern bewirken. So wird in einigen Rechtsordnungen der Erwerb von Liegenschaften den Ausländern überhaupt verboten oder nur unter Voraussetzung einer behördlichen Genehmigung in jedem einzelnen Fall gestattet. Diese Schlechterstellung wird nicht als ein Verstoß gegen das Völkerrecht betrachtet. In dem Abkommen, das den Gegenstand der vorliegenden Ausführungen bildet, wird die Inländergleichbehandlung mit Einschränkungen versehen, die durch ganz allgemein formulierte Vorbehaltsklauseln (wie *ordre public, sécurité, santé publique, bonnes moeurs, raisons sérieuses de caractère économique ou social*) begründet sind. Diese Vorbehaltsklauseln hat jeder Vertragsstaat dabei „selon des critères nationaux" auszufüllen.

Dem Grundsatz der Inländergleichbehandlung wird in der Doktrin der Grundsatz des Bestehens eines Minimums dem Ausländer völkerrechtlich gesicherter Rechte (sog. Mindeststandard) gegenübergestellt. Dadurch kann eine Besserstellung des Ausländers gegenüber dem Inländer erreicht werden. Wie *Wengler* es richtig hervorhebt, hat aber der Mindeststandard an Bedeutung zu einem erheblichen Teil dadurch verloren, daß nach der heutigen Rechtsauffassung der Staat auch in der Behandlung seiner eigenen Staatsangehörigen nicht vollkommen frei, sondern durch die Menschenrechte gebunden ist.[1] Es muß anderer-

[1] Wengler, *Völkerrecht*, Bd. II, 1964, S. 1004.

seits gesagt werden, daß auch diejenigen Autoren, welche einen umfangreichen Katalog der zum Mindeststandard gehörenden Rechte aufstellen, die völkerrechtliche Zulässigkeit gewisser Einschränkungen dieser Rechte zugeben müssen.[1]

Wie oben dargelegt hat das Europäische Niederlassungsabkommen den Mindeststandard unter Berufung auf Art. 1 des Zusatzprotokolls zu der Europäischen Menschenrechtskonvention, der „les principes généraux du droit international" erwähnt, nur in bezug auf die Enteignungen und Nationalisierungen zur Geltung gebracht. Da der Mindeststandard als Bestandteil dieser „principes généraux" zum allgemeinen Völkerrecht gehört, entsteht die Frage, ob er auch dann als geboten zu betrachten ist, wenn ein Staatsvertrag den Grundsatz der Inländergleichbehandlung befolgt. Soweit ich es übersehen kann, hat dieses Problem, dabei speziell in bezug auf das Europäische Niederlassungsabkommen, nur *O'Connell* behandelt und dabei das Primat des gewohnheitsrechtlichen internationalen Standards anerkannt.[2] Wie bereits erwähnt, hat aber der Mindeststandard im europäischen Rechtskreis kaum praktische Bedeutung. Die Inländergleichbehandlung sichert bereits dem Ausländer die durch den Mindeststandard gebotene Regelung. Wenn die durch innerstaatliches Recht oder durch einen Staatsvertrag proklamierte Inländergleichbehandlung dem Ausländer eine bessere Rechtsstellung gewährt als die des Mindeststandards, so tritt gewiß dieser letztere überhaupt zurück. Wenn die Inländergleichbehandlung mit einschränkenden Ausnahmen versehen ist, so dürfen wir nicht außer Acht lassen, daß diese Ausnahmen der Regel nach auch durch den Mindeststandard anerkannt werden. Wir müssen somit anerkennen, daß der Gegensatz zwischen dem Grundsatz der Inländergleichbehandlung und dem des Mindeststandards auch in bezug auf das Europäische Niederlassungsabkommen keine wesentliche Bedeutung haben kann.

Zusammenfassend muß gesagt werden, daß dieses Abkommen Rechtsvorschriften enthält, die nichts radikal Neues bringen, sondern nur die Tendenz der *lex lata* wiedergeben.

---

[1] So z.B. Seidl-Hohenveldern, *Völkerrecht*, 1965, S. 250 ff. (Rz. 1183 ff.), wiederum in bezug auf den Erwerb von Liegenschaften. Einen Überblick über die bisherigen Versuche zur Enumeration der zum Mindeststandard gehörenden Rechte gibt Doehring, (oben Anm. 35), S. 80 ff.

[2] O'Connell, *International Law*, 1965, vol. II, S. 752–753: „In 1955 the members of the Council of Europe ... signed a European Convention on Establishment which ensures that each Member State will accord the nationals of the other Member State the same treatment as is accorded their own citizens. This secures equality of privilege for aliens within the European Community framework, but does not abrogate the customary international standard on alien treatment."

Die geringe Zahl der Staaten, die das Europäische Niederlassungsabkommen ratifiziert haben, wurde daher im Oktober 1965 bei der Diskussion in der Beratenden Versammlung des Europarates als etwas Anormales bezeichnet.[1] Anschließend an diese Diskussion hat die Versammlung einstimmig eine Resolution angenommen (Recommandation 439 [1965]), in der es heißt:

> Estimant qu'il serait souhaitable que tous les Etats membres du Conseil de l'Europe signent et ratifient la Convention européenne d'établissement le plus rapidement possible,
> Recommande au Comité des Ministres d'inviter les pays membres du Conseil de l'Europe n'ayant pas encore signé ou ratifié la Convention ... à le faire dans les plus brefs délais ...

Die Zahl der Ratifikationen des Abkommens ist aber bis jetzt (Juli 1966) nicht gestiegen.

---

[1] Siehe die Rede des französischen Deputierten Radius (Conseil de l'Europe. Assemblée Consultative. XVIIe session ordinaire [Deuxième partie]. Compte rendu des débats, tome II, 1965, p. 511): „Quatorze pays ont signé cette convention. Six seulement l'ont ratifiée, ce qui est un peu anormal, d'autant plus que les dispositions de cette convention sont très souples. Elles permettent certaines réserves."

ADOLFO MIAJA DE LA MUELA
Professeur de Droit international de l'Université de Valence
Associé de l'Institut de Droit international

Le rôle de la condition des mains propres de la personne lésée dans les réclamations devant les tribunaux internationaux

I

La médiatisation de l'homme par l'Etat, trait caractéristique du Droit international classique, a eu pour conséquence que le manque d'accès des individus aux tribunaux internationaux soit compensé par la possibilité de leur protection juridictionnelle par l'Etat auquel ils sont liés comme nationaux. La jurisprudence internationale a définitivement mis au clair qu'il ne s'agit pas d'une défense d'intérêts particuliers par l'Etat réclamant, mais que celui-ci quand il *prend fait et cause* pour son national lésé pour un acte illicite international imputable à un autre Etat, défend son propre droit de voir respecté le Droit international en la personne de ses nationaux dans le territoire des autres Etats.[1]

Il est naturel qu'une faculté si délicate comme le droit en question ait été soumise à différentes conditions d'exercice, peu à peu dessinées par la jurisprudence des tribunaux internationaux, bien que pas toujours avec la précision nécessaire en ce qui affecte quelques-unes d'entre elles.

L'Etat accusé pour dommages envers des personnes individuelles ou juridiques qui, de l'avis de l'Etat réclamant, lui sont imputables, a toujours utilisé les moyens de défense les plus variés, qui, en lignes générales, peuvent se différencier dans des allégations relatives au fond de la réclamation et dans des exceptions face à la recevabilité de celle-ci. Une telle différenciation apparaît fortifiée dans la Cour Internationale de Justice par le fait que l'article 62 de son Règlement prévoit la présentation par les parties des exceptions préliminaires, avec l'effet immédiat de suspension de la procédure initiée, et l'ouverture d'une autre dans laquelle la Cour, devant chaque exception présentée devra la retenir, la rejeter, ou décider sa jonction au fond de l'affaire pour décider à son sujet dans la sentence finale.

---

[1] Cour Permanent de Justice Internationale. Series A No. 2, p. 12; Series A-B, No. 20 et 21, p. 17; Series A-B, No. 76, p. 16. Cour Internationale de Justice. *Recueil des Arrêts, Opinions consultatives et Ordonnances*, 1955, p. 24.

A la différence des Codes procéduraux des différents Etats qui établissent un *numerus clausus* des exceptions susceptibles de se formuler en concept de préliminaire ou dilatoires, l'article 62 du Règlement de la Cour Internationale de Justice ne contient aucune limitation au sujet du caractère préliminaire de l'exception, qualification faite librement par la partie qui la présente, et qui lie la Cour à l'ouverture d'un procès préliminaire, mais non à ce que dans la sentence qui le termine, elle doive se prononcer affirmativement ou négativement sur chacune des exceptions débattues au cours de celui-ci.

Peu à peu, la Cour Permanente de Justice internationale et l'actuelle Cour Internationale de Justice ont élaboré une doctrine jurisprudentielle au sujet des exceptions plus fréquemment opposées à la compétence de leur juridiction ou à la recevabilité des demandes, mais il est inévitable qu'une telle jurisprudence ne soit pas épuisante à cause du petit nombre d'affaires qui ont été jugées par les deux Cours.

Cette circonstance explique la caractère problématique des questions en relation avec la nature juridique et avec les conditions de recevabilité de quelque exception concevable, mais sur laquelle la jurisprudence de ces tribunaux n'a pas encore eu l'occasion de se prononcer.

En ce qui concerne les réclamations formulées par un Etat contre un autre pour dommages causés aux nationaux du premier, une des exceptions – en prenant ce terme au sens aussi large qu'il comprenne toutes les allégations de la partie défenderesse, est l'exception fondée sur la conduite antijuridique, immorale ou inconvenante de la personne individuelle ou morale qui a subi une lésion en sa personne ou en son patrimoine, quand cette lésion peut s'estimer comme conséquence naturelle des actes ou des ommissions du propre lésé. Il s'agit, par conséquent, des effets que dans un procès peut produire la manque de ce que les auteurs Anglo-Saxons appellent *Clean Hands*, mains propres, en la personne qui se dit lésée.

Un tel défaut n'a pas manqué apprécié dans les différentes sentences des tribunaux arbitraux, et a été recueilli – presque toujours de façon incidente – dans quelques études doctrinales dans le large champ de la responsabilité internationale de l'Etat, avec des conclusions pas toujours uniformes.

Dans cette situation, le professeur Salmon de l'Université libre de Bruxelles a publié une étude très documentée,[1] dans laquelle, sans nier le rôle que la propreté des mains de la personne protégée par une récla-

[1] Salmon, „Des 'mains propres' comme condition de recevabilité des réclamations internationales," *Annuaire français de Droit International*, 1964, pp. 225 à 266.

mation devant la juridiction internationale peut jouer pour la valorisation de cette réclamation quant au fond, combat la possibilitée de que, avec cette base l'Etat accusé peut s'opposer à la recevabilité de l'action juridictionnelle contre lui exercée par l'Etat protecteur de la personne lésée.

Comme tout travail doctrinal qui prétend être plus qu'un jeu d'esprit, celui du professeur Salmon vient déterminé par une circonstance d'actualité, à savoir, la discussion dans la Cour de la Haye, bien que *extra liminem litis*, dans une récente contestation, entre les professeurs Reuter et Rolin, au sujet de l'influence que le manque de propreté des mains de la personne protégée peut supposer pour la solution judiciaire du différend.

Pourtant, cette circonstance n'est pas celle qui paraît avoir poussé le professeur Salmon à écrire son travail; celui-ci présente la particularité de revêtir un certain ton polémique, pas autant face à l'attitude adoptée devant la Cour Internationale de Justice par quelques compétents internationalistes mentionnés, dans leur fonction d'avocats des Etats dans un procès déterminé, que face à l'auteur de quelques études doctrinales sur les *Clean Hands* publiées il ya peu d'années,[1] le professeur Luis Garcia Arias, de l'Université de Zaragoza, peut être pour affirmer qu'elles sont les plus représentatives d'une construction doctrinale que le professeur Salmon ne peut copartager.

En synthèse très schématique, la thèse de Garcia Arias peut se condenser en ce que „*un Etat ne saurait exercer son droit de protection diplomatique d'un ressortissant, en assumant sa réclamation, ou, sous une autre forme, qu'une demande de réparation formulée par un Etat ne doit pas être admise quand celui qui réclame, que l'on protège, a eu une conduite incorrecte et illégale envers l'Etat accusé et qu'il existe une relation de cause à effet entre cette conduite incorrecte et le dommage dont on fait état pour présenter une réclamation.*"

De son côté, le professeur Salmon, bien qu'il arrive, comme résultat de son étude à d'autres conclusions se référant à différents aspects du manque de mains propres, centre son travail, comme son propre titre l'indique, dans ce qui concerne si ce manque peut constituer une cause d'irrecevabilité des réclamations internationales, et sa solution négative à la question exposée se centre en ce que „*la pratique arbitrale que*

[1] García Arias, „La doctrine des clean hands en droit international," *Annuaire de l'Association des anciens auditeurs de l'Académie de Droit International*, 1960, pp. 14 à 20, et reproduit en *Estudios Jurídico-Sociales. Homenage à Legaz Lacambra*; Vol. II. Zaragoza, 1960. pp. 1155 à 1164.

l'on invoque à l'appui de cette conclusion est inexistante s'agissant de violations du droit interne, ancienne et très limitée s'agissant de violations du droit international. Cette dernière jurisprudence, par les limites dans lesquelles elle s'est volontairement cantonnée, nous l'avons vu, inutile, car une décision au fond aurait le même résultat et contestable, car le débat relatif aux mains propres n'a rien d'un débat d'irrecevabilité. Elle est, enfin, dangereuse dans son principe, car alle est contraire à *une bonne administration de justice si le requérant à un accès direct à la juridiction pour y faire valoir un droit propre qu'il tient du droit international et elle serait inadmissible si elle faisait obstacle au droit d'un Gouvernement de prendre fait et cause pour ses ressortissants sur la base d'une violation du droit international."*[1]

Si on lit attentivement le travail du professeur Garcia Arias on ne trouve pas littéralement l'affirmation que le manque de mains propres en la personne protégée suppose nécessairement une cause qui empêche la recevabilité de la réclamation dans laquelle cette protection essaye d'agir au moins, dans le sens technique de que les exceptions relatives à la *recevabilité* de celle-ci se groupent avec celles d'incompétence face aux défenses de fond de la partie défenderesse dans un procès. Il est certain que cette interprétation de la pensée du professeur espagnol peut se déduire du fiut qu'il met en tête de son article une citation de la doctrine soutenue par le professeur Rousseau[2] sur la propreté des mains du protégé, uni au caractère national de l'Etat réclamant et l'épuisement des recours internes comme condition de revecabilité de la réclamation. Et il ne s'agit pas d'une opinion isolée, mais que parmi d'autres précédents, il compte sur le respectable de Witemberg,[3] et, très récemment, cette opinion a été suivie par le professeur français Delbez[4] sûrement, par influence des travaux de Garcia Arias.

Le problème réduit à ces termes, d'autres aspects des *Clean Hands* restent hors de son domaine, comme la valeur que peut revêtir. L'allégation de ce manque en la personne lésée quant à l'allégation de fond, comme à l'aspect auquel Garcia Arias fait allusion et dont le professeur Salmon s'abstient, comme est l'hypothèse dans laquelle la conduite

---

[1] Salmon, *Art. cit.* pp. 265 et 266.

[2] Rousseau, *Droit international publique* (2ème édition en espagnol) Barcelone. 1960, p. 360.

[3] Witemberg, „La recevabilité des réclamations devant les jurisdictions internationales," *Recueil des Cours*, 1932, III, p. 65, et *L'Organisation judiciaire, la procédure et la sentence internationales*. Paris, 1937, p. 159.

[4] Delbez, *Les principes généraux du contentieux international*, Paris 1962, pp. 193 et 194, et *Les principes généraux du droit international public* (3 ed.). Paris 1964, pp. 379 et 380.

reprochée par l'Etat défendeur n'est pas celle de la personne protégé mais celle qui peut être attribuée au propre Etat protecteur, sujet étudié par Sir Gerald Fitzmaurice dans son cours à l'Académie de la Haye.[1]

Laissant de côté tous ces aspects, celui qui apparaît comme central dans l'étude du professeur Salmon se présente comme digne de réflexion sans avoir l'intention d'entrer dans la polémique qu'il a exposée en relation avec l'interprétation de quelques précédents dans la jurisprudence arbitrale aussi abondants qu'hétérogènes, qui ont permis à d'autres juristes d'arriver à des interprétations contraires.

Par cette orientation imprimée à son travail, il est indubitable que le professeur Salmon a cherché inspiration dans le passé. Mais la protection diplomatique se présente à nos yeux comme une institution internationale disposée à une rapide évolution devant les nouvelles réalités que présente le monde de nos jours, qui ne peuvent empêcher de constituer l'angle visuel dans lequel le critique d'un travail comme celui de Salmon doit se placer; il est juste de reconnaître dans le travail cité de magnifiques qualités d'information riche, de finesse dans l'analyse et de vivacité dans la critique. Mais une fois tous ces motifs de louange signalés, le jeune et admiré maître de Bruxelles permet qu'un collègue, sûrement avec moins de connaissances et d'expérience que lui, mais plus âgé, de n'avoir à lui reprocher qu'un point de vue excessivement conservateur, et qu'il essaye de développer un autre qu'il estime en accord avec les réalités actuelles.

II

La responsabilité de l'Etat pour dommages causés à des étrangers, origine de différends internationaux, a eu premièrement pour voie normale de développement la jurisprudence arbitrale, et plus tard, celle de la Cour Permanente de Justice internationale et de l'actuelle Cour Internationale de Justice. Elle a été en revanche, une matière très résistante à la codification internationale, devant la grande difficulté de concilier des points de vue antagoniques qui, jusqu'à une date très récente, ont pu se personnifier aux Etats Unis et dans les pays européens d'un côté, et les Républiques du centre et du sud de l'Amérique de l'autre. Les Etats du premier groupe ont défendu des critères très rigoureux face à l'Etat présumé responsable, pendant que ceux du

[1] Fitzmaurice, „The General Principles of International Law considered on the standpoint of the Rule of Law," *Recueil des Cours*, 1957, II, p. 119.

dernier groupe, possesseurs d'une triste expérience face aux réclamation des puissances étrangères, ont essayé, dans la mesure de leurs forces, de réduire au minimum les cas dans lesquels la responsabilité internationale peut entrer en jeu.

Cet antagonisme de positions fut une des causes pour laquelle la Conférence de la Haye de 1930 n'atteignît pas des résultats définitifs en matière de responsabilité internationale, et aussi il contribue à expliquer la lenteur avec laquelle se déroulent les travaux sur la même matière à la Commission de Droit International des Nations Unies, mais l'absence de Conventions générales appliquables n'a pas été un obstacle pour que les tribunaux internationaux aient toujours eu pour objet principal de leurs travaux les cas de la responsabilité internationale de l'Etat pour dommages causés aux étrangers.

Les Etats forts ont eu plusieurs fois à leur portée des moyens de pression face aux faibles non seulement pour que ceux-ci aient accédé à qu'une contestation motivée par la réclamation d'un Etat fort fût portée à un tribunal arbitral, mais à ce qu'elle s'inserrât dans le compromis nécessaire pour un tel but la stipulation de que l'Etat défendeur renonce à des moyens de défense déterminés, clairement qualifiables comme exceptions à la recevabilité de la demande de la partie réclamante: nous trouvons un exemple de cette situation dans le fameux cas David Pacifico, dans lequel le Gouvernement britannique imposa à l'hellénique l'exclusion de la procédure arbitrale de n'importe quelle allégation se référant au manque d'épuisement des recours internes pour la personne lésée. D'une manière analogue, le compromis pour la soumission à l'arbitrage de la contestation au sujet du Chemin de Fer de la Bahia de Delagoa entre l'Angleterre et les Etats Unis face au Portugal laissait dehors de la compétence des arbitres la possibilité de décider sur le possible manque de légitimation des Etats réclamants dérivé de ce que la personne juridique lésée était une Société de nationalité Portugaise.

Dans ces deux cas, ce furent deux Etats européens, la Grèce et le Portugal, qui dûrent subir les conséquences d'une extension, anormale pour les moments respectifs, de la protection des intérêts étrangers. En l'Amérique d'origine espagnole les exemples pourraient se multiplier d'autres protections des intérêts qui, si elles étaient acceptées, à la longue devraient créer l'explicable crainte envers certaines modalités de la responsabilité de l'Etat qui a des manifestations si connues comme la Clause Calvo, la Doctrine Drago, ou la thèse de la *communauté de fortune* du juriste argentin Podestá Costa.

Observateur si peu soupçonneux comme l'internationaliste nord-américain Philip C Jessup, aujourd'hui Juge de la Cour Internationale de Justice, a pu écrire que „*the history of the development of the International Law on the responsability of states for injuries to aliens is thus an aspect of the history of imperialism of dollar diplomacy*"[1], et son observation est si exacte que, si elle pouvait être discutée, elle le serait seulement pour ne pas avoir généralisé l'affirmation à toute sorte d'impérialismes.

Cette histoire ensemble d'impérialismes économiques et protection diplomatique, si elle n'est pas encore arrivée à sa fin, tout au moins on devra reconnaître qu'elle est entrée dans une nouvelle phase. L'actuelle société internationale doit compter sur les impératifs de sa nouvelle structure, dérivés autant de la coexistence des deux mondes capitaliste et socialiste, que du récent accès à l'indépendance d'une cinquantaine de peuples il y a peu de temps en situation coloniale. Et cette nouvelle structure ne peut s'empêcher de se refleter dans de profondes transformations dans le Droit international, parmi lesquelles se dessinent déjà comme les plus urgentes celles qui se réfèrent à la régularisation de la protection d'intérêts des étrangers à travers la responsabilité de l'Etat.

Un grand nombre de peuples Afroasiatiques parvenus à la vie indépendante, il a existé en eux un moment d'expectante crainte devant un Droit international qu'ils connaissaient comme œuvre des Etats européens jusqu'à présent interférés dans leurs destins moyennant différentes formes de colonialisme. Une autre attitude, cependant, a remplacé rapidement l'initiale: les minorités dirigeantes de ces pays, plus ou moins familiarisées avec le Droit international, s'élargissent peu à peu, et abritent la logique aspiration à ce que le Droit international soit connu et enseigné dans leurs peuples, propos que plusieurs Résolutions de l'Assemblée générale des Nations Unies ont servi.

Il serait ingénu penser que ce désir d'appendre le Droit international s'orienterait vers le but de son acceptation en bloc. Des peuples faibles, les Afroasiatiques en majeur partie, aspirent se trouver protégés par un système juridique dans leurs relations entre eux et le reste des Etats, et, à cet effet, ils veulent connaître ce que le Droit international de création européenne a été jusqu'à présent, pour pouvoir mieux réaliser la discrimination entre les parties qui se trouvent propices à accepter et celles qui refusent radicalement.

Il n'est pas nécessaire de s'efforcer à raisonner parce qu'une des

---

[1] Jessup, *A Modern Law of Nations. An Introduction*, New York, 1948, p. 96.

matières les plus caractéristiques du dernier groupe est celle qui est relative à la responsabilité de l'Etat pour dommages causés aux étrangers. Les Etats Afroasiatiques se trouvent en règle générale, dans les couches les plus basses du développement économique, et nécessitent stimuler rapidement ce développement avec des investissements de capital étranger. Mais il n'échappe pas à la prévision des gouvernants et des classes dirigeantes des nouveaux Etats que les bénéfices qu'à leur économie pourraient rapporter de tels investissements pourraient venir facilement accompagnés du danger que leur indépendance politique ne les libérât pas de la dépendance économique de l'ancien pays métropolitain, ou les fît tomber sous de nouvelles dépendances des Etats ou des groupes de pression des inverseurs.

Pour cela, dans la lutte pour l'émancipation des peuples coloniaux, une partie intégrante du principe d'autodétermination des nations et des peuples a été la proclamation de leur droit aux richesses et aux produits naturels de chacun, droit proclamé par différentes Résolutions de l'Assemblée Générale des Nations Unies, qui s'échelonnent de 1952, en passant par d'autres de 1957 et 1958, jusqu'àrriver à la fondamentale la Résolution 1803 (XVII), du 14 Décembre 1962.[1]

Fruit d'un travail soigné, et nuancée par le débat entre différentes postures au sujet du degré de respect envers la propriété étrangère exigé par le Droit international, la Résolution 1803 est, d'apparence, conservatrice, puisqu'elle conditionne les expropriations, les nationalisations et les réquisitions, d'un côté, à des raisons d'utilité publique, de sécurité ou d'intérêt national, et, d'un autre côté, au payement d'une compensation appropriée conforme au Droit international et en accord avec les lois internes de l'Etat qui adopte de telles mesures, à ce qu'il faut ajouter la confirmation de la force inaliénable des accords entre les pays receveurs de capital et les inverseurs étrangers.

Mais le dos de la médaille est constitué par les considérations suivantes:

a) La rémission au Droit international, quant à l'indemnisation aux particuliers affectés par les mesures d'expropriation ou de nationalisation, fait place à des solutions qui s'éloignent quelque peu de celle qui a été traditionnellement admise de pleine compensation économique par les dépossédés, critère dont la riguer est, tout au moins, aujourd'hui objet de discussion: il suffit de rappeler, à cet effet, que, quelques

---

[1] Gess, „Permanent Sovereignty over natural resources. An analytical Review of the United Nations Declaration and its Genesis," *The International and Comparative Law Quarterly*, 1964, pp. 398 à 499.

années avant d'initier la décolonisation en masse, l'Institut de Droit International ne put arriver, à la réunion de Sienne de 1952, à un accord sur le sujet, devant la diversité des solutions proposées pour lui.

b) Les différentes interprétations possibles de l'adjectif *appropriée* en rapport avec la compensation: pendant que la délégation nord-américaine comprenait que cet adjectif désignait une indemnisation „prompte, adéquate, et effective," les délégations qui 'interprétaient avec une grande laxité étaient nombreuses.

c) Dans le préambule de la Résolution de 1803 (XVII) on dit explicitement que rien de ce qui a été exprimé dans le paragraphe 4 relatif aux nationalisations et aux expropriations affecte la position des nouveaux Etats quant à des obligations nées avant leur indépendance. Techniquement, en effet, cette matière tombe dans ce qu'on appelle la succession des Etats; dans cette question il y a différents aspects où il a toujours existé une grande variété de solutions, mais avec l'admission, au moins, quant à la règle générale, du respect des droits acquis, dans le territoire qui a changé de souveraineté avant que ce changement se fasse, en faveur des particuliers, principe qui maintenant peut se voir sérieusement affecté, comme cela s'est déjà passé dans quelques pays décolonisés

La différence signalée entre le respect des capitaux investis dans ces Etats depuis leur indépendance et ceux qui étaient déjà à ce moment – là incorporés à leur vie économique est parfaitement explicable. Il serait impossible que les nouveaux Etats procèdent d'une autre façon, puisque, d'une part, un respect absolu envers les droits privés acquis avant leur émancipation supposerait que les Etats qui viennent de l'atteindre n'obtiendraient pas que leur indépendance politique soit accompagnée de la plénitude de leur indépendance économique, ils ne peuvent pas non plus se nier à l'admission de nouveaux investissements de capital, sans lesquels il serait impossible un développement économique qu'ils ne peuvent impulser d'une façon efficace par leurs propres moyens, et les capitaux étrangers nécessaires n'arriveront pas à fomenter ce développement sans des garanties minimes.

Il n'est pas difficile prédire que dans un futur très prochain, la garantie citée pour les investissements devra s'encadrer juridiquement dans des limites qui la rendent compatible avec la souveraineté économique des pays d'importation de capitaux, ce qui devra faire dévier sensiblement son contenu de ce qui fut jusqu'à présent la protection diplomatique, telle que le Droit international classique la modela à travers une copieuse jurisprudence.

Pour les nouveaux Etats afroasiatiques, il ne faut pas initier une nouvelle voie: il leur suffit de se rallier à la tendance réactive face à l'impérialisme économique du capitalisme étranger, toujours éveillée dans la majeure partie des Républiques américaines. Il est symptomatique, par exemple, que la plus dure dissection de la construction traditionnelle de la responsabilité de l'Etat ait été faite à la Commission de Droit international des Nations Unies par un juriste mexicain, Luis Padilla Nervo, aujourd'hui Juge de la Cour Internationale de Justice. Pendant que la majorité des institutions internationales se consolidèrent et se systématisèrent pendant le XIXe siècle en absence des petits Etats et sans tenir compte de leurs nécessités, la responsabilité de l'Etat disait le docteur Padilla, se trouve dans une situation différente: „ici, les normes internationales, non seulement se créèrent à la marge des petits Etats, mais en sens contraire, pour être fondées presque exclusivement dans les relations inégales entre grandes puissances et petits Etats.... Il n'est pas surprenant que la doctrine de la responsabilité de l'Etat se soit convertie dans un langage juridique pour revêtir et protéger les intérêts impérialistes de l'oligarchie internationale pendant le XIXe siècle et au début de ce siècle."[1]

Face à cette oligarchie, il y a peu d'années les Etats de l'Amérique espagnole se trouvèrent seuls. Aujourd'hui leurs aspirations et leur attitude défensive se trouvent partagées, et, quelquefois, exagérées, par l'immense majorité des peuples afroasiatiques qui viennent d'obtenir leur indépendance. Un bon exemple de cette attitude est l'article du professeur de l'Université de Calcuta Gouza Roy,[2] qui arrive à soutenir l'incompatibilité du fonctionnement classique de la responsabilité de l'Etat avec la nouvelle structure de la société internationale.

Un autre indice clair de cette attitude des nouveaux Etats est leur posture de crainte devant les solutions juridiques des différends internationaux et, très spécialement, par rapport à la Cour internationale de Justice, tant par l'éducation occidentale de la majorité de ses Juges que l'article 38 de son Statut l'oblige à appliquer la coutume internationale – créée et développée dans la majeure partie de son volume par les pays européens – et les principes généraux du Droit reconnus par les Nations civilisées expression qui suppose une discrimination par rapport à d'autres que l'on suppose privées de civilisation. Dans la Commission même du Droit International des Nations Unies le juriste

[1] Nations Unies. *Annuaire de la Commission de Droit International*. 1957, Vol. I, p. 165.

[2] Roy, Is the Law of the Responsibility of States for Injuries to Aliens a part of Universal International Law," *American Journal of International Law*, 1961, pp. 863 à 891.

afghan Mr Tabibi a exposé cette attitude des nouveaux Etats devant la juridiction internationale.[1]

Il est certain qu'il ne serait pas permis de généraliser trop sur ce point: non seulement il y a eu plusieurs différends dans lesquels sont intervenus comme parties devant la Cour différents Etats d'Afrique et d'Asie mais encore dans la rénovation périodique des Juges, faite tous les trois ans par votes réalisés à l'Assemblée Générale et au Conseil de Sécurité des Nations Unies, le poids des votes des nouveaux Etats s'est renversé pour obtenir à la Cour Internationale de Justice une plus large représentation des continents Asiatique et Africain, et il faut s'attendre à ce que ce procès ne soit pas encore arrivé à son but.

D'un autre côté, les modifications prévisibles dans le fonctionnement de la protection pour exiger de la responsabilité à un Etat pour dommages causés aux étrangers ne pourront pas s'isoler de celles que subit tout l'édifice du Droit international public, que les nouveaux Etats, presque toujours en accord avec ceux du bloc oriental européen et avec quelques Républiques américaines, plus qu'avec le procédé classique d'accords normatifs généraux, cherchent sur d'autres voies: les Résolutions émanées de l'Assemblée Générale des Nations Unies, de force obligatoire directe discutable et, en tout cas, limitée, mais susceptible par voie indirecte de contribuer à la gestation de nouvelles coutumes et principes juridiques internationaux, et, suortut moyennant la création de ce qui est appelé Droit international de la coexistence pacifique dans *des Principes de Droit international relatifs aux relations d'amitié entre les Etats et les devoirs dérivés d'eux, consacrés par la Charte des Nations Unies*, point de départ de l'élaboration d'un Droit international dont les premiers pas furent donnés par un Comité de 27 Membres réuni à Mexico du 27 Août au 2 Octobre 1964.[2]

A mesure que ce nouveau Droit international se développe et que la participation des nouveaux Etats à la Cour Internationale de Justice augmente, de profondes transformations sont prévisibles dans le fonctionnement de la protection diplomatique, dans le sens de conjuguer, jusqu'où cela soit possible, le respect des droits de l'étranger avec la souveraineté économique des Etats moins développés.

Il n'est pas possible, cependant, omettre l'importance du fait déjà

[1] Nations Unies. *Annuaire de la Commission de Droit International*, 1963, Vol. I, pp. 183 et 184. Vid, Yturriaga Barberan, „Los Estados africanos ante la solucion judicial de las controversias," *Politica Internacional*, No. 77, 1965, pp. 103 à 120.

[2] McWhinney, „The 'New' Countries and the 'New' International Law: The United Nations special Conference on Friendly and International Co-operation among States," *American Journal of International Law*, 1966, pp. 1 à 33.

cité de la crainte que les nouveaux Etats montrent, non seulement devant la Cour Internationale de Justice, mais envers n'importe quel moyen de règlement des différends internationaux par voie juridique. Ainsi il est resté évident à la réunion célébrée à Mexico par le Comité chargé de préparer le développement des principes d'amitié et de coopération entre les Etats mentionnées dans la Charte des Nations Unies: un des principes, largement étudié à cette occasion, est celui du règlement pacifique des différends internationaux, et sur lui se manifestèrent deux tendances antagoniques, une d'elle partisanne de l'extension de la compétence obligatoire de la Cour Internationale de Justice, et l'autre plus inclinée vers les moyen de solution de type politique. Il va sans dire que la plus grande partie des représentations afroasiatiques adoptèrent cette dernière posture, si bien qu'il ne manqua pas qu'une représentation comme celle de Birmanie qui croyait que la réticence devant la juridiction internationale était un problème transitoire qui seulement durerait jusqy'à ce que par sa composition et par le Droit applicable la Cour Internationale de Justice accorderait aux nouveaux Etats la même confiance que par l'impartialité et la compétence de ses Juges[1].

Si ce moment de transition arrive à être surpassé, la protection juridictionnelle des étrangers pour dommages subis dans les Etats afroasiatiques fonctionnera avec la même intensité, ou peut-être majeure, que celle qui est exercée par des faits accomplis dans d'autres régions du monde, et ne pourra du moins que se modeler aux réalités de l'actuelle société internationale. Ainsi le procès de concession de confiance à la Cour et au Droit qu'elle applique se verra accéléré, retardé ou annulé en fonction de l'orientation que révèlent les sentences dictées dans des différends pour dommages causés aux étrangers durant cet inévitable moment de transition.

III

La situation, qui vient d'être analysée, de nombreux Etats nécessiteux de capitaux étrangers, à qui ils sont disposés à accorder des garanties qu'ils refusent à ceux qui ont été investis dans leurs territoires avant d'atteindre l'indépendance rend vraissemblable la possibilité de

[1] Perez Vera, „El principio del arreglo pacífico de las diferencias y los trabajos del Commité de Mexico de las Naciones Unidas," *Revista Espanola de Derecho Internacional*, 1965, pp. 365 à 379.

sujétion des controverses qui dans le futur peuvent surgir au sujet du traitement des capitaux importés par des moyens juridiques de solution. Il est possible que dans quelque cas la contestation ne se pose pas d'Etat à Etat, au moyen de la protection diplomatique, mais entre la Société inverseuse directement face à l'Etat importateur de capitaux, dans la modalité spéciale représentée par l'arbitrage entre Etats et particuliers.

Tant dans un cas comme dans un autre-bien que, peut être, plus accentué dans le dernier dans celui où l'arbitre fera une application plus ample du Droit local-il faut prévoir que l'Etat accusé se défende en citant la conduite de la Société inverseuse et la relation de causalité entre cette conduite et le dommage qu'il a subi. L'exception du manque de mains propres se trouve, par conséquent, appelée à subir une transformation analogue à celle que récemment le professeur Charles De Visscher a signalé en relation avec celle de non-épuisement de recours internes, les anciennes réclamations pour dommages causés aux individus isolés ayant été remplacées par d'autres qui affectent, parfois en masse, des entreprises économiques lésées par des meseures d'expropriation ou de naturalisation,[1] sans que d'autres hypothèses de mesures différentes à celles qui ont été signalées prises par les organes législatifs, judiciaires ou administratifs des Etats importateurs de capitaux puissent être écartées.

Tout paraît indiquer que la défense basée sur le manque de *clean hands* de la personne protégée diplomatiquement, ou qui maintient directement un arbitrage avec un Etat, est appelée à un large développement. On pourrait demander si, les caractéristiques différentielles des deux modalités de réclamation contre un Etat étant données, la rigueur des tribunaux pour estimer la propreté des mains du lésé devrait s'assujettir aux mêmes modules d'appréciation. Et on ne découvre pas de raison de poids pour établir une différente laxité selon qu'il s'agisse de réclamations soutenues par la propre personne lésée ou par l'Etat qui assume sa protection face à un autre.

Dans un et l'autre cas, la valoration ne peut venir présidée que par le respect du Droit international et de l'interne, ainsi comme par le principe de bonne foi, précisement un de ceux qui furent proclamés dans l'article 2) de la Charte des Nations Unies, dont les conséquences sont d'attendre qu'elles soient largement développées dans le nouveau Droit international de la coexistence pacifique.

---

[1] De Visscher, *Aspects récents du Droit Procédural de la Cour Internationale de Justice*, Paris, 1966, pp. 166 et 167.

Il est certain que dans le paragraphe 2 de l'article 2 de la Charte on ne proclame le principe de bonne foi plus que dans un domaine aussi concret que celui de l'accomplissement par les Etats membres des obligations que leur impose la Charte, et que la même limitation de contenu apparaît dans la formulation qui du même principe de bonne foi se fait dans la Résolution 1815 (XVII) point de départ de l'élaboration du nouveau Droit international pour faciliter les relations d'amitié et de coopération entre les Etats.

Il est, cependant, évident que la bonne foi ne peut se limiter à l'accomplissement des devoirs, mais qu'elle doit présider aussi l'exercice des droits dans l'ordre international, comme Verdross[1] l'a spécialement défendu, et nous ne connaissons aucun juriste qui nie explicitement. D'un autre côté, la bonne ou la mauvaise foi doit s'estimer de façon différente à l'accomplissement d'autres obligations imposées par l'ordre juridique, la plupart des fois sans nécessité d'une autre opération mentale que la comparaison entre une conduite et la norme qui la règle; la bonne ou mauvaise foi supposent dans leur valoration la prise en considération d'éléments très différents, les uns subjectifs et d'autres qui sont en relation avec des règles juridiques en apparence très éloignées de celle qui impose une obligation ou qui autorise d'une façon générique l'exercice d'un droit.

Dans le cas de que ce soit celui de la protection diplomatique le droit qui soit attaqué par l'allégation du manque de mains propres en la personne protégée, il ne semble pas que ce droit soit aussi absolu qu'il résulte insusceptible de limitations dérivées de la mauvaise foi, tant de la personne protégée que de l'Etat protecteur. Le professeur Salmon termine son article avec le paragraphe avant reproduit, dans lequel il qualifie d'inadmissible la doctrine des *clean Hands* si elle fait obstacle au droit d'un Gouvernement de protéger ses nationaux sur la base d'une violation du Droit international,[2] sans avoir raisonné au préalable les motifs d'une telle inadmissibilité, ce qui paraît signifier que nous sommes en présence d'un droit si absolu qu'il ne peut être affecté par la mauvaise foi de la personne protégée ou de l'Etat protecteur. Nous ne croyons pas que cette opinion, si elle est, en effet, celle de M. Salmon, possède une base solide.

On répète par tous ceux qui ont écrit au sujet de la protection diplomatique que sa note essentielle est de constituer une faculté discrétionnaire dans l'Etat qui l'exerce. L'affirmation est exacte en ce qui se

[1] Verdross, *Völkerrecht* (Fünfte Auflage), Wien 1964, pp. 131 et 132.
[2] Salmon, *Art. cit.*, p. 266.

rapporte aux relations entre le protégé et l'Etat protecteur. Bien que quelque Constitution ait déclaré que les nationaux d'un Etat ont droit à la protection de celui-ci à l'étranger, l'obligation corrélative peut rester satisfaite par l'Etat par de nombreux moyens différents de celui de *prendre fait et cause* pour lui devant un tribunal international, et en plus être refusée dans un cas particulier à cause des circonstances qui l'entourent, non seulement en raison de la conduite de celui qui sollicite la protection, mais aussi de différents facteurs de tout ordre.[1] C'est plus, si le refus de protection se concrète en un acte administratif, le particulier affecté ne pourrait attaquer en voie contentieuse administrative la résolution que lui refuse la protection, puisqu'il est inconcevable qu'un tribunal de l'Etat oblige le Gouvernement de son propre pays à adopter une initiative de type de la protection diplomatique devant un autre Etat.

Si, dans ce sens, la protection diplomatique est discrétionnaire, il ne s'ensuit pas que, quand elle est exercée par un Etat, la conduite de celui-ci lie ni les autre Etats ni les tribunaux internationaux. L'exercice de la protection suppose une relation d'Etat à Etat, régie par le Droit international, et celui-ci contient des conditions de recevabilité de cette protection, constitutive de matière juridique, qui n'a rien de facultatif. La controverse en relation avec la nationalité en tant qu'une condition de la protection, fut bien mise au clair par la Cour Internationale de Justice dans l'affaire Nottebohm: la nationalité attribuée par l'Etat protecteur à l'individu protégé est pleinement opérable dans l'ordre juridique de l'Etat qui l'accorde, quant à la majorité des effets que produit le lieu de nationalité consistent en devoirs et droits réciproques de l'individu et de l'Etat, mais la présentation d'une réclamation internationale par celui-ci déborde le Droit interne, et suppose entrer dans le domaine du Droit international, dans lequel la nationalité accordée d'une façon discrétionnaire, n'est opposable à d'autres Etats que si elle satisfait des exigences spécifiques du Droit international.[2]

On déduit clairement que l'acte, également discrétionnaire dans un Etat, de protéger diplomatiquement à un de ses nationaux, a son efficacité conditionnée dans l'ordre international à différentes conditions, que la jurisprudence à caractérisées comme conditions des réclamations, quelques unes aussi bien définies que la nationalité de la personne lésée

---

[1] Makarov, „Considération sur le droit de protection diplomatique," *Revista Española de Derecho Internacional*, 1965, pp. 513 à 517.

[2] Cour Internationale de Justice. Affaire Nottebohm, *Recueil des Arrêts, Avis consultatifs et Ordonnances*, 1955, pp. 20 et 21.

et l'épuisement des recours internes, mais sans aucune norme qui impose un *numerus clausus* qui ferme le pas à d'autres.

En ce qui se rapporte à son caractère discrétionnaire devant le Droit interne, il existe un parallélisme entre l'acte de l'Etat qui accorde la nationalité à un individu et celui qui décide à mettre ou non en mouvement devant un Etat étranger ou un tribunal international la protection de celui qui est titulaire de cette nationalité, mais la projection des conséquences de n'importe quel de ces actes dans l'ordre juridique international est susceptible d'estimation conforme à cet ordre juridique. Précisément, dans une des *plaidoiries* de l'affaire Nottebohm, le professeur Rolin, soutient que l'exercise des facultés discrétionnaires d'un Etat dans l'ordre international se trouve sujet à des limitations,[1] face à la thèse contraire maintenue par le professeur Sauser-Hall, et la Cour Internationale de Justice bien que par un chemin dialectique plus simple, le confirma dans son arrêt. A cette occasion le professeur Rolin se basait sur la thèse bien connue de Politis de rendre applicable à l'ordre juridique international l'interdiction de l'abus de droit contenue dans différentes législations internes, mais il ne semble pas qu'un tel recours si extrême fût nécessaire, comme le démontra l'arrêt favorable à l'Etat défendeur sans avoir besoin d'utiliser cet argument. L'objection à la doctrine condamnatoire des actes abusifs est bien connue, pour les avoir réduit, en définitive, à des actes contraires au Droit plus que pour sa contrariété avec une norme spécifique de l'ordre dont il s'agit, pour son opposition à une autre plus générique, présente et latente en eux, tel comme le principe de bonne foi.

Dans le cas concret de l'Etat qui protège à qui a subi un dommage en relation directe de cause à effet avec sa propre conduite, plus que d'une protection abusive, il s'agit de l'essai d'atteindre, en ayant recours à la juridiction internationale, un résultat qui excède des buts auxquels doit être conditionnée la protection des nationaux à l'étranger, c'est-à-dire, d'une protection contraire au Droit international, présidée toujours par le principe de bonne foi.

Le développement de ce principe, à la lumière du nouveau Droit international en gestation, pourrait se faire moyennant la codification de la matière où il y a quelques années travaillait la Commission de Droit International des Nations Unies, et il faut espérer que cela arrive ainsi, bien que pas à une date trop prochaine. Mais il est impossible exclure que les organes juridictionnels internationaux, et plus spéciale-

[1] Cour Internationale de Justice. *Mémoires, Plaidoiries et Documents*. Affaire Nottebohm, Vol. II, pp. 184 et 185.

ment la Cour de la Haye, contribuent à ce travail avec leurs décisions. Précisément, en matière de responsabilité internationale le développement du principe de bonne foi doit se trouver facilité par l'usage, plus accentué dans ce domaine que dans d'autres, de considérations basées sur l'équité.

A cet égard, on a répété plusieurs fois la phrase de Max Huber, en sa fonction d'arbitre entre Grande Bretagne et Espagne, de que le droit international, dans ce domaine, s'inspire essentiellement des principes d'équité,[1] et l'affirmation est exacte, mais un peu équivoque pour les raisons que nous allons indiquer.

D'une part, les tribunaux internationaux, et très spécialement la Cour Internationale de Justice, ont pour fonction d'appliquer le Droit des Gens, et, seulement dans l'hypothèse exceptionnelle de que les Etats parties dans une controverse l'autorisent ou lui ordonnent, peuvent dicter leurs sentences *ex aequo et bono*, mais cela n'exclue pas que l'équité puisse pénétrer dans les fondements de décision des tribunaux internationaux, principalement, à travers deux voies. 1ère. L'intime relation existant entre l'équité et quelques uns des principes généraux du Droit, applicables selon l'article 38 du Statut de la Cour Internationale de Justice. 2ème. L'influence que dans les sentences internationales exerce le système juridique interne des pays de *Common Law*, dans lesquels la séparation entre la norme juridique et celle basée sur l'équité n'est pas aussi accentuée que dans les pays de Droit romano-germanique. En effet, *la equity* est une partie intégrante du *Common Law*, tandis que, en dehors de lui, l'équité est un facteur qui interprète, qui complète ou corrige le Droit, mais qui ne s'identifie pas avec lui.

Dans ces dernières années, on a accentué dans la jurisprudence de la Cour Internationale de Justice l'importation de règles et d'institutions basées sur l'*equity*: les cas significatifs sont ceux de l'application de l'Estoppel dans les arrêts sur l'arbitrage du Roi d'Espagne et du Temple de Préah-Vihéar, à qui, dans un autre ordre de choses, on peut rattacher la déclaration de la Cour de se trouver dans l'impossibilité de résoudre la controverse entre la République Fédérale du Cameroun et la Grande Bretagne dans sa sentence du 2 Décembre 1963.[2]

C'est précisément, dans la conception anglo-Saxonne de l'*équity*, bien

---

[1] Huber, *Rapports sur les réclamations britanniques dans la Zone espagnole de Maroc*, 1925, p. 185.

[2] Miaja de la Muela, „De los límites de la función jurisdicional del Tribunal Internacional de Justicia," *Revista Española de Derecho Internacional*, 1964, pp. 344 à 369.

qu'elle ne cesse pas d'avoir une corrélation avec quelque principe d'équité des pays inspirés dans le Droit romain, où il faut chercher l'exigence de *clean Hands* dans lequel il est bénéficiaire d'une réclamation. On ne peut qualifier cela, par conséquent, comme quelque chose purement moral qui exède du champ du Droit stricte.

Dans la doctrine juridique britannique, comme conséquences d'un principe plus général, présent dans tous les systèmes juridiques, celui qui proclame que *ex injuria non oritur jus*, nous trouvons comme règles envacinnées, avec pertinence à la question étudiée, celles qui suivent.

He who seeks equity, must do equity[1]
He who comes into equity, must come with clean Hands[2]
Equity does not suffer a wrong to be without a remedy[3]
Nullus commodum capere de sua propia injuria[4]

Les deux premières règles, celles qui nous intéressent le plus, selon l'opinion autorisée de Jenks, sont clairement applicables à la sphère internationale.[5]

Bien que le point de vue anglo-Saxon ne soit pas exclusif dans les tribunaux internationaux, à partir des points de vue differents on peut arriver aux mêmes conclusions, surtout si comme il faut espérer le principe de bonne foi atteint le développement adéquat à l'actuelle situation mondiale.

Plus difficile de préciser, bien que sûrement d'une majeure intensité, peut et doit être l'influence des autres principes sur lesquels il s'agit d'édifier le nouveau Droit international. L'égalité souveraine entre les Etats, la fortification de la règle de non-intervention, avec sa prévisible extension à toute sorte d'interpositions économiques, la tendance contre les relations internationales à un pied d'inégalité, sont des facteurs qui ne peuvent du moins influencer dans le développement immédiat de la protection diplomatique.

Il est concevable que cette évolution suppose une extension des cas de protection dans un aspect, celui qui se réfère à la garantie internationale des droits humains de caractère individuel et social. En revanche, il est facile de prévoir que ce qui se réfère à des investissements financiers, la protection internationale subit une rétraction qui,

---

1 Arminjon, Nolde et Wolff, *Traité de Droit Comparé*, Paris, 1950 II, p. 513.
2 Arminjon, Nolde et Wolff, *Op. et tom. cit.* p. 517.
3 Arminjon, Nolde et Wolff, *Op. et tom. cit.*, p. 514.
4 Bin-Cheng, *General Principles of Law as applied by International Courts and Tribunals*, London, 1953, pp. 149 à 155.
5 Jenks, *The Prospects of International Adjudications*, London, 1964, p. 324.

au moins, la dépure du caractère, si accentué dans son histoire, d'instrument au service du capitalisme étianger.

Dans cette perspective, la propreté des mains de la personne protégée peut et doit jouer un rôle plus important que celui qui jusqu'à présent lui a été attribué par les tribunaux internationaux.

IV

De l'analyse réalisée par le professeur Salmon, ainsi que de celle des études des juristes qui le précédèrent dans l'examen des „mains propres" on en déduit que les matériaux hétérogènes proportionnés par la jurisprudence arbitrale et la pratique des Etats dans cette matière répondent aux différents aspects que nous allons essayer de schématiser.

a) En premier lieu, les Etats ont l'habitude de s'abstenir de *prendre fait et cause* devant les juridictions internationales pour les réclamations de leurs nationaux qu'ils ne jugent pas dignes de leur appui, de ces prétentions que les anglais qualifient de *inmeritorius*, ce qui ne veut pas dire réciproquement que toutes les réclamations dignes d'être appuyées trouvent l'appui du Gouvernement qualifié pour les rendre siennes: il est su de tous que dans la protection diplomatique de nombreux facteurs extrajuridiques influent, spécialement l'état des relations entre l'Etat présumé réclamant et l'Etat contre lequel la réclamation pourrait être dirigée.[1] Dans ce sens, la protection est discrétionnaire de la part de l'Etat: tandis qu'il n'est pas suffisant que la prétention du particulier soit digne d'appui pour que l'Etat la lui accorde.

L'aspect de la non-protection des réclamations *inmeritorius* est différent: il n'y a pas d'inconvénients d'admettre que d'une pratique négative, unie à une évidente *opinio juris* justificative de l'abstention, ait pu surgir une coutume internationale. Dans ce sens, nous ne pouvons pas copartager l'opinion du professeur Salmon de que *„cette théorie est inutile. Cet aspect n'est, en effet, qu'un cas d'application du caractère discrétionnaire de la protection diplomatique."*[2] Si comme nous croyons, la coutume mentionnée existe, ou si sa pratique par les Etats n'est plus qu'une application du principe de bonne foi, une protection injuste sera contraire au Droit international, et ne sera pas, pour autant, digne de sanction par les tribunaux internationaux.

---

[1] De Visscher, *Théories et réalités en Droit International Publique* (Trad. espagnole de P. Sancho Riera) Barcelone, 1962, p. 299.

[2] Salmon, *Art. cit.*, p. 265.

b) Un autre aspect est celui qui se réfère à la prise en considération de la conduite de la personne protégée quant à la défense de fond de la part de l'Etat défendeur. La jurisprudence internationale l'a prise en considération, quelquefois pour exempter de responsabilité à cet Etat, et dans d'autres occasions pour atténuer sa responsabilité, chaque fois que l'on a prouvé l'existence d'une relation de cause à effet entre la conduite du lésé et la lésion pour laquelle il s'offense. La différence de traitement entre les uns et les autres cas a son fondement en ce que l'Etat qui réprime une conduite immorale ou antijuridique peut ou non commettre une violation du Droit international, consistant en un excès de cette répression ou une lésion des droits de celui qui la subit par les circonstances qui dans le cas concret ont accompagné l'activité des organes de l'Etat. Exemption de responsabilité ou simple atténuation de celle-ci sera, pour autant, l'effet corrélatif de chacune de ces différentes hypothèses: que la conduite du particulier qui se dit lésé rende en tout point irréprochable celle de l'Etat qui a réprimé son activité ou néanmoins le manque de mains propres dans le lésé, l'activité de l'Etat face à lui soit tombée dans n'importe quel aspect dans une violation du Droit international.

Du point de vue juridique, une meilleure précision semble nécessaire quant à l'exonération de responsabilité, dès que celle-ci peut résulter des causes très différentes entre elles. L'Etat n'est pas responsable que par les actes antijuridiques qui lui sont de quelque manière imputables, mais il ne répond pas non plus par ceux qui sont conformes au Droit international, bien qu'ils aient causé un dommage à un Etat ou à un ressortissant étranger. Dit d'une autre façon, les différenciations élaborées dans le domaine du Droit interne, spécialement par les pénalistes, sont applicables à l'exemption de responsabilité internationale, entre causes de justification et causes d'inimputabilité: les premières suppriment le caractère antijuridique de l'acte, pendant que les dernières écartent le reproche de la conduite, bien qu'elles ne possèdent pas la virtualité pour la rendre conforme au Droit.

Cette différence de qualification est appréciable entre les deux plus récents projets sur la responsabilité internationale de l'Etat, en ce qui affecte le traitement reçu par la circonstance du manque de mains propres en la personne du protégé: pendant que le projet de Convention sur la matières élaborée par la Harvard Law School en 1961, la conduite reprochable du réclamant est une *sufficient justification*,[1] dans le projet

[1] Draft Convention on the International Responsibility of States for Injuries to Aliens Art. 4.4: The contributory fault of the injured Alien, or his voluntary participation in

du docteur Garcia Amador dans la Commission du Droit International des Nations Unies, la même cause se qualifie comme cause de supression ou de restriction de l'imputabilité de l'Etat.[1]

En tout cas, entre les deux constructions, est préférable celle qui base l'exemption de responsabilité dans la justification de l'acte que celle qui soutient que celui-ci n'est pas imputable à l'Etat.

c) La malleure emphase du professeur Salmon se manifeste dans la négation que le manque de propreté des mains puisse constituer un motif d'inadmissibilité des réclamations internationales: *„la pratique arbitrale que l'on invoque à l'appui de cette conclusion est inexistante s'agissant de violation du droit interne, ancienne et très limitée s'agissant de violations du droit international.*[2]

Sans entrer dans une révision des antécédents systématisés par l'illustre juriste belge, ainsi comme ceux dont il n'a pas tenu compte et mentionnés, par exemple, par Borchard,[3] il est possible faire quelques objections à la conclusion qui vient d'être soulignée:

1ère Dans la jurisprudence arbitrale du XIXe siècle, il n'est pas possible obtenir une nette différenciation entre les cas dans lesquels un tribunal a rejeté les prétentions de l'Etat demandant pour des raisons de fond ou des motifs de non recevabilité: les arbitres ne pouvaient rien résoudre en dehors du compromis; par cette raison, sauf le cas exceptionnel qu'une question de recevabilité fût prévue, comme préalable à celles de fond, dans le compromis, les arbitres ne pouvaient rien résoudre à son sujet; en 1875, dans le projet de Règlement de la Procédure arbitrale présentée par Goldschmidt à l'Institut du Droit International on ne parlait d'autres questions préliminaires que celles de compétence,[4] et nous devons arriver aux Conventions de la Haye de 1899 et 1907 pour trouver accordée au tribunal arbitral la faculté pour décider au sujet de toute sorte d'exceptions et d'incidents présentés par les parties. Les sentences arbitrales qui devant une conduite reprochable du protégé, repoussent la prétention de l'Etat qui le protège ne sont pas trop convaincantes pour démontrer que son fondement est exclusivement de fond, avec exclusion de l'admissibilité, qui n'a pas

---

activities involving an unreasonable risk of injuries to the extent that such fault or voluntary participation bars the claim of a person under both the Law of the respondent State and the principles recognized by the principal legal systems of the world, is a *sufficient justification*, *American Journal of International Law*, 1961, p. 549.

[1] Nations Unies. *Annuaire de la Commission de Droit International*, 1961, II, p. 53.

[2] Salmon, *Art. cit.*, p. 265.

[3] *Annuaire de l'Institut de Droit International*, 1931, I, pp. 412 à 416.

[4] L'Institut de Droit International, *Tableau Général* (1873–1913), New York, 1920, p. 309.

pu, dans la majorité des cas, se poser comme une question préalable.

2ème La radicale différenciation entre les activités contraires au Droit international ou au Droit interne, qu'on déduit du matériel jurisprudentiel étudié par le professeur Salmon, répond, dans deux aspects différents, à une conception de la situation de l'individu dans les relation sinternationales, propre au XIXe siècle, mais aujou rd'hui notoirement anachronique, dès qu'on suppose que l'homme seul peut enfreindre le Droit international moyennant les classiques *crimina juris gentium*, telles comme la piraterie, la traite des noirs ou la contrebande de guerre, et, d'un autre point de vue, une telle différenciation repose sur la construction dualiste des relations entre le Droit international et le Droit interne, qui configure les deux ordres comme totalement séparés, de telle façon qu'un traité international avait besoin de se transformer en Droit interne, moyennant un acte de positivation dans les respectifs ordres de chacun des Etats qui pactisent, pour imposer des obligations et accorder des droits aux particuliers.

Aucune de ces deux prémisses correspond aux réalités actuelles ni peut se justifier d'une façon doctrinale. Bien que ce ne soit pas là sa mission normale ni fréquente, il n'existe aucune possibilité pour qu'ils puissent dériver des droits et des obligations pour les individus ou les personnes morales du texte d'un traité, comme on en déduit clairement de l'avis de la Cour Permanente de Justice Internationale dans le cas des agents ferroviaires de Dantzig[1]; il n'y a pas, par conséquent, d'inconvénient pour admettre que la conduite contraire à un traité entre le pays de résidence et le propre d'un particulier puisse être à la fois contraire au Droit interne et au Droit international.

L'activité économique des étrangers dans un pays se déroule encadrée tant dans le Droit international général que dans le conventionnel entre l'Etat de l'étranger et celui où se déroule cette activité. Dans le premier aspect, l'étranger est obligé de respecter la législation locale, pendant que sa vigueur n'est pas écartée par une règle de conflit, ce qui rend artificieuse n'importe quelle discrimination qui nie des effets internationa x à l'infraction du Droit interne. Dans le deuxième aspect, la différenciation est plus difficile encore, puisqu'une violation du Droit interne dicté en exécution d'un traité est aussi une violation du Droit international.

Devant la tendance des nouveaux Etats de concerter des traités qui règlent la pénétration des capitaux étrangers dans leur territoire, les

[1] Cour Permanente de Justice Internationale, Serie B. No. 15, p. 17.

réflexions antérieures recouvrent un relief spécial en ce qui affecte la conduite, prétendue contraire à ces traités, des individus et Sociétés inverseuses qui, devant la réaction de l'Etat local, cherchent l'appui d'une protection diplomatique.

3ème La thèse de que le manque de mains propres dans le bénéficiaire d'une réclamation internationale ne peut donner lieu à une exception d'irrecevabilité, plus que sur des raisons juridiques, elle peut se baser sur des difficultés de fait. En effet, une condition essentielle pour l'exemption de responsabilité à l'Etat défendeur est la relation de cause à effet entre la conduite du réclamant et les conséquences de cette conduite dans les ordres civil, pénal, fiscal ou administratif imposés par les organes correspondants de l'Etat local. Presque toujours, la décision du tribunal international demandera une comparaison entre ces conséquences constitutives de l'objet de la réclamation, et cette conduite, c'est-à-dire, un examen de fond de l'affaire.

Cependant, il n'est inconcevable l'hypothèse que la conduite incorrecte du lésé, prenant partie intégrante du fond de la contestation, se présente avec une telle clarté dans sa relation causale avec le dommage subi, que cette relation soit suffisante au tribunal pour se prononcer sur elle, sans nécessité d'entrer dans d'autres aspects du fond.

4ème Il est aussi possible que, sans fonctionner comme exception autonome, l'allégation du manque de mains propres en la personne lésée puisse avoir une incidence dans l'appréciation des autres exceptions, une d'elle admise, une sentence de fond est rendue superflue. L'allégation avant citée de la fraude avec laquelle Nottebohm acquit la nationalité d'un Etat avec lequel il ne maintenait pas un lien effectif antérieur est un bon exemple. Il pourrait en être en autru celui de la conduite du réclamant, en essayant, en épuisant les recours internes, une corruption des organes de l'Etat appelés à les résoudre, et, peut être, bien qu'en cette hypothèse il serait plus difficile séparer du fond de l'affaire, l'influence que cette conduite pourrait exercer dans la question de compétence exposée par l'Etat défendeur à la base de l'article 7, paragraphe 2 de la Carte des Nations Unies, ou du jeu de quelques réserves qui accompagnèrent dans son acte de soumission la juridiction internationale.

D) Devant la Cour Internationale de Justice, l'article 62 de son règlement ne limite pas le droit des Etats parties dans une controverse à présenter les exceptions qu'ils ont pour convenables, avec l'effet immédiat de suspension de la procédure principale et l'ouverture d'une autre, incidente pour les exceptions préliminaires.

Présenté avec une base dans la conduite blamâble de la personne protégée, le vrai problème ne consiste pas tant à si la Cour devrait la résoudre in *limine litis* ou décider sa *jonction au fond* – cette dernière solution étant la plus probable, pour les raisons pratiques notées-mais si, dans sa sentece de fond, il serait suffisant le manque de *clean Hands* du lésé et la pleine relation de causalité entre la conduite censurable et le dommage subi pour déclarer inadmissible la protection, sans avoir besoin d'absoudre l'Etat accusé pour des motifs qualifiés comme de fond.

Comme nous savons, la Cour s'est toujours inspirée, tant pour la qualification de chaque exception que pour sa décision indépendante ou sa *jonction au fond,* tant dans les circonstances particulières de chaque cas que dans les intérêts d'une bonne administration de justice,[1] critères qu'elle n'a jamais eu l'occasion d'appliquer à l'exception du manque de mains propres, jusqu'à présent jamais présenté ni à la Cour Permanente de Justice Internationale ni à l'actuelle.

Dans l'hypothèse de protection internationale de celui qui n'a subi d'autres dommages que ceux qui furent la conséquence morale de sa propre conduite contraire au Droit international ou à l'interne, deux solutions sont possibles: l'absolution de l'Etat accusé ou la déclaration que la protection n'était pas admissible. Les deux solutions sont justes, et, en absence d'une décision jurisprudentielle sur le problème, il est permis de préférer une d'elle à l'autre. Le professeur Salmon se décide parce que le tribunal rejette la demande quant au fond, pour estimer qu'il ne peut remplacer l'Etat protecteur dans l'appréciation de la mesure dans laquelle l'indignité de son national justifie refuser la protection sollicitée.[1] L'auteur de ces pages, au contraire, croit que, entre deux solutions justes, est préférable celle qui peut mieux assurer une confiance dont la Cour Internationale a tant besoin,[2] et qui ne pourrait pas moins que se fortifier avec le refus radical de la protection de ceux qui par leur conduite ne la méritent pas.

Le professeur Salmon déclare qu'il n'a pas tenté de *„faire une théorie des clean Hands mais plutôt faire le point à la lumière de la doctrine et de la pratique arbitrale et judiciaire à cet égard."*[3] Dans des moments comme

---

[1] De Visscher, *Aspects récents*, pp. 104 à 111; Zanardi, „Il procedimento sulle eccezioni preliminari nel processo davanti alla Corte Internazionale di Giustizia." *Rivista di Diritto Internazionale,* 1965, pp. 537 à 568.

[2] Salmon, *Art. cit.*, p. 265.

[3] Dupuy, „L'Adaptation de la Cour Internationale de Justice au monde d'aujourd'hui *Revue Belge de Droit Internationale,* 1966, pp. 28 à 49.

[4] Salmon, *Art. cit.*, p. 226.

les moments actuels, où un nouveau Droit international se trouve dans une période de gestation, *faire le point*, avec des antécédents respectables, sur une institution internationale nous paraît une tache méritoire, mais qui n'exclue pas d'autres plus urgentes projetées dans le futur, et, tant dans un problème comme celui de la protection diplomatique, qui se trouve parmi les plus appelés à une révision devant la nouvelle structure du monde.

Dans un de ses aspects concrets, comme est l'indignité pour être protégé de celui qui ne subit pas plus de dommages que ceux qui ont dérivé de sa propre conduite, plus que vers le passé, il est nécessaire de regarder l'avenir, pour essayer de trouver une garantie de plus en faveur des peuples importateurs de capitaux face à une protection mise au service des impérialismes économiques étrangers.

Il y a trente-cinq ans, Borchard, peu-être le meilleur connaisseur de la protection diplomatique, en son temps et en tous temps, exposait devant l'Institut de Droit international que „*si certains motifs de refuser la protection apparaissent régulièrement dans la pratique deviendront à la longue des règles bien établies et présenteront un intéret égal pour les Etats demandeurs et défendeurs. Ils ne deviendront pas seulement des explications classiques fournies par le gouvernement demandeur à ses propres citoyens et à ses représentants, mais également des moyens de défense pour le gouvernement défendeur, et, par suite, des règles de droit international. Il est évident que toutes les formes différentes de conduite blâmable de demandeur ne sont pas encore parvenues au stade ou elles constituent des moyens de défense pour le gouvernement défendeur; mais certains types de conduite blâmable se trouvent déjà à ce niveau et d'autres sont en passe de l'atteindre.*"[1]

Ce précieux texte – que nous n'avons pas eu besoin de chercher, parce que le professeur Salmon, avec un haut exemple d'honnêteté scientifique, l'a reproduit dans son étude – nous témoigne une coutume internationale qui, si elle a été interrompue par les conditions spéciales de fonctionnement des exceptions préliminaires devant la Cour Internationale de Justice, attend un large développement devant la nouvelle structure de la société internationale et de la nécessité que se dissipe la raisonnable crainte de que la protection devant les tribunaux internationaux des inversions étrangères continue d'être un instrument au service de l'impérialisme capitaliste.

[1] Institut de Droit International, 1931, I, p. 399.

FRITZ MÜNCH

Unverbindliche Abmachungen im zwischenstaatlichen Bereich

1. Der Entwurf der International Law Commission (ILC) über das Recht der Verträge,[1] der 1968 an eine Kodifikationskonferenz gehen soll, definiert den Vertrag als Übereinkommen zwischen Staaten in Schriftform „governed by international law" (Art. 2 Abs. 1a). Die Erläuterung hält das letztgenannte Merkmal für notwendig, weil es Verträge zwischen Staaten geben kann, die dem Recht eines einzelnen Staates unterstehen.

Hiermit ist ein Problem ausgeschaltet, das zu Beginn der Arbeiten der ILC erörtert worden ist und von dem nicht klar ist, ob es in den Worten „governed by international law" noch steckt: sind alle Übereinkommen (*agreements*) zwischen Staaten und Staatsvertretern rechtlich faßbar, begründen sie alle rechtliche Pflichten und Ansprüche? Eine Anzahl Staaten hat in ihren Stellungnahmen zum Entwurf vorgeschlagen, die Absicht, rechtliche Bindungen einzugehen, in die Merkmale des völkerrechtlichen Vertrags aufzunehmen.[2]

Nun hatten einige der vielen Entwürfe, die der ILC unterbreitet worden waren, die Absicht der Parteien, Rechtsbindungen einzugehen, als Merkmal eines Vertrages aufgeführt.[3] Auch in den Erörterungen der ILC wurde wiederholt bemerkt, dass es Abmachungen ohne Vertragseigenschaft gebe.[4] Die ILC hat dennoch zweimal beschlossen, die Absicht der rechtlichen Bindung unerwähnt zu lassen.[5]

---

[1] VN-Dokument A/6348 vom 9.8.1966 und A/6309.

[2] V-NDokument 6309/Rev. 1: Australien S. 106, Österreich S. 108, Luxemburg S. 133, Großbritannien S. 168.

[3] Brierly nicht klar, *Yearbook of the International Law Commission* (*YBILC*) 1958, II, S. 222; Lauterpacht, *YBILC* 1953, II, S. 90; Fitzmaurice, *YBILC* 1956, II, S. 107; Waldock, *YBILC* 1962, II, S. 31.

[4] *YBILC* 1950, I, S. 69 Nr. 11, S. 73 Nr. 39e und 42, *YBILC* 1951, I, S. 14 Nr. 36; *YBILC* 1959, I, S. 34 f.; *YBILC* 1962, I, S. 52, *YBILC* 1965, I, S. 10 Nr. 10, S. 11 Nr. 20.

[5] Die Berichte der ILC, *YBILC* 1959, II, S. 95 f., *YBILC* 1962, II, S. 163 lassen das erkennen.

Das ist zu bedauern, denn es bleibt jetzt ein wesentlicher Punkt ungeklärt, der doch am Anfang der juristischen Beurteilung eines vereinbarten Textes stehen müsste: hat der Text überhaupt rechtliche Bedeutung? Wohlgemerkt handelt es sich hier nicht um die Auswirkung von Mängeln in der Handlungsfähigkeit der Partner, in der Form, in der Prozedur des Vertragsschlusses, oder von Kollisionen mit anderen Texten und allgemeinen Regeln des Völkerrechts – alle diese Fragen treten erst auf, nachdem vom strittigen Text feststeht, dass er rechtlich relevant ist.

2. Die Unterscheidung rechtlich relevanter von irrelevanten Texten ist von praktischer Tragweite.

a) Die Verabredungen der alliierten Staatsmänner gegen Ende und nach Ende des letzten Krieges sind in ihrem rechtlichen Charakter umstritten. Die Konferenz von Kairo habe für den fernen Osten keine bindenden Verpflichtungen, sondern nur gemeinsame Absichtserklärungen hervorgebracht – so erklärten Anfang 1955 Churchill und Eden.[1] Die Abreden von Yalta und Potsdam werden von offizieller[2] wie von wissenschaftlicher[3] Seite in ihrem rechtlichen Bestand angezweifelt.

b) Die Wahlen zu den nichtständigen Sitzen im Sicherheitsrat der Vereinten Nationen geben in doppelter Hinsicht Anlass zu Meinungsverschiedenheiten über die Bindungswirkung von Abreden.[4] Einmal wurde behauptet, daß die Verteilung der sechs Sitze (nach der ursprünglichen Fassung der Satzung) durch ein „gentlemen's agreement" geregelt sei. Dann aber fragte sich, welche Bedeutung die verschiedenen Abmachungen hatten, durch die bei schwierigen Wahlen die Dauer der Mitgliedschaft im Sicherheitsrat unter zwei Bewerbern geteilt wurde.[5] Nun hat zwar der Beschluß der Generalversammlung 1991

---

[1] *Hansard* Bd. 536 Sp. 901, ebenda Written Answers Sp. 159; ob Morrison am 11.5. 1951, *Hansard* Bd. 487 Sp. 2301 ebenso zu verstehen ist, mag dahinstehen; jedenfalls hat Selwyn Lloyd am 19.11.1958, *Hansard* Bd. 595 Sp. 1140, diese Auslassungen wiederholt.

[2] Dulles auf der Friedenskonferenz von San Francisco, *Department of State Bulletin* Bd. 25 S. 454: "...there have been some private understandings between some allied governments..."

[3] Briggs, *AJIL* Bd 40 S. 376 ff., 382; Pan, *AJIL* Bd. 46 S. 40 ff., 43; O'Connell, *AJIL* Bd. 50 S. 407, 413 und *BYB*, Bd. 29 S. 424, 426; Lauterpacht, *ICLQ* Bd. 8 S. 186; O'Connell, *International Law*, 1965, S. 223; Colliard, *Annuaire Français de Droit International* Bd. 1 S. 71; Oppenheim-Lauterpacht, *International Law*, 8. Aufl. § 487 S. 873; Restatement of the Law 2nd: Foreign Relations Law of the United States, 1965, § 115 f.

[4] L. C. Green, *Gentlemen's Agreements and the Security Council, Current Legal Problems* 1960, S. 255 ff.

[5] Green, a.a.O. S. 162 f.; die Fälle sind erwähnt bei F. Münch, „Tätigkeit der Vereinten Nationen in völkerrechtlichen Fragen," *Archiv des Völkerrechts* Bd. 5 S. 433 f., Bd. 6 S. 450, Bd. 9 S. 434, Bd. 10 S. 423, Bd 11. S. 290, Bd. 12 S. 267. Auch 1964 wurde eine solche Teilung durchgeführt und eine weitere verabredet. Diese wurde nur des-

(XVIII) vom 17. Dezember 1963, der die Zahl der Sitze im Sicherheitsrat vergrößerte, eine Bestimmung über die regionale Verteilung getroffen; die Frage ist aber wieder, welche Bedeutung einem solchen Beschluß gegenüber der Satzung zukommt, die weniger strikte Vorschriften enthält und die freie Wahl nicht eingeschränkt hat. Es ist weiter nicht ausgeschlossen, daß unter dem neuen System Teilungen der Wahlzeit vorkommen; deren rechtlicher Charakter kann also noch streitig werden.

c) Endlich wäre als zeitgenössisches Beispiel zu nennen das Kompromiß, das den Schwierigkeiten in der Europäischen Wirtschaftsgemeinschaft ein Ende gesetzt hat. Die Luxemburger Abmachungen vom 29. Januar 1966,[1] die jedenfalls eine Änderung des Verfahrens nach den Gemeinschaftsverträgen herbeiführen sollen, sind rechtlich schwer einzuordnen. Würde ein Abweichen von ihnen die Beschlüsse der Gemeinschaftsorgane unwirksam machen oder Frankreich das Recht zu vertragswidrigem Verhalten geben?

3. Das Schrifttum gibt in dieser Frage der unverbindlichen Abmachungen, der „gentlemen's agreements" und der „declarations of policy" oder „declarations of intention" wenig Hilfe. Meist kann man lesen, daß es unverbindliche internationale Abmachungen gibt;[2] die Merkmale sind aber nicht erschöpfend beschrieben. Selten glaubt jemand, daß Abmachungen ohne besondere Klauseln oder Umstände keine rechtlichen Bindungen erzeugen,[3] oder umgekehrt, daß alle Abmachungen rechtlich binden.[4]

Die ILC ist ersichtlich der Mehrheitsmeinung gefolgt, hat aber daran verzweifelt, eine Definition der unverbindlichen Abmachungen aufzustellen. Sie wollte jedenfalls nicht einfach die nicht von der Volks-

---

wegen nicht vollzogen, weil die Vermehrung der nichtständigen Sitze des Sicherheitsrats erlaubte, beiden Beteiligten zweijährige normale Amtsperioden einzuräumen.

[1] Hierzu Mosler, „National- und Gemeinschaftsinteressen im Verfahren des EWG-Ministerrats," *Zeitschrift für ausländisches öffentliches Recht und Völkerrecht*, Bd. 26 S. 1 ff.

[2] Außer den Zitaten oben Anm. 8 vgl. etwa Oppenheim-Lauterpacht, a.a.O. S. 899; Rousseau, *Droit international public*, 1953, S. 19; in Deutschland Dahm, *Völkerrecht*, Bd. III S. 7; Berber, *Völkerrecht*, Bd. I S. 412; Menzel, *Völkerrecht* S. 181; im Spezialschrifttum Mc Nair, *Law of Treaties*, 1961, S. 6; Bittner, *Die Lehre von den völkerrechtlichen Vertragsurkunden*, S. 63 Anm. 236; Satow, *A Guide to Diplomatic Practice*, 4. Aufl. 1957, S. 324 f.; Meyers, „The Names and Scope of Treaties," *AJIL* Bd. 51 S. 605; Johnson, „The Conclusions of International Conferences," *BYB* Bd. 35 S. 3 ff.

[3] Fawcett, „The Legal Character of International Agreements," *BYB* Nd. 30 S. 385, 388: wenn sie eine Gerichtsbarkeitsklausel enthalten oder die Parteien sonst einer Gerichtsbarkeit oder Schiedsgerichtsbarkeit unterstehen.

[4] Renata Sonnenfeld, „Gentleman's agreement" a umowy miedzynarodowe," *Sprawy Miedzynarodowe*, Jahrg. 11, Heft 12 S. 44 ff.

vertretung genehmigten[1] oder die Vertretungsmacht des handelnden Staatsorgans überschreitenden[2] Akte dazu zählen. Für sie ist auch die Form[3] und die Bezeichnung[4] des Aktes ohne Belang.

Man wird also nur aus den Umständen und aus dem Inhalt einer Abmachung entnehmen können, ob sie, wenn sie auch einem Vertrage gleich sieht, die rechtliche Verbindlichkeit nicht nach sich zieht.

4. Weil der Vertrag eine Figur allgemeiner Art ist, neigt man dazu, den völkerrechtlichen Vertrag nach den wesentlichen Grundsätzen des bürgerlichen Vertragsrechts zu beurteilen. Gerade der Entwurf der ILC geht darin weit, weil er eine Anzahl Mängel des Vertrags dem bürgerlichen Recht entnimmt. Man muß sogar zweifeln, ob die ILC gut daran getan hat und nicht sogar die Annahme ihres Entwurfs auf der Konferenz gefährdet. Denn der weitgehende Rückgriff auf die materiale Gerechtigkeit hat nur Sinn, wenn ein unparteiischer Dritter – der im bürgerlichen Recht eingesetzt ist – über die Einwände der Vertragsparteien gegen ihr gegebenes Wort entscheidet. Wenn nicht das völkerrechtliche Streitentscheidungsverfahren obligatorisch gemacht wird, gibt der Entwurf der ILC dem böswilligen, seine Überlegenheit oder eine günstige Situation ausnutzenden Partner einen Behelf, sich mit Behauptungen *ad hoc* von jeder vertraglichen Verbindlichkeit zu lösen.[5]

Dennoch müßte man versuchen, die Figur der unverbindlichen Abmachung im bürgerlichen Recht weinigstens zu umreissen, um dann die Möglichkeit einer Analogie ins Völkerrecht hinein zu prüfen.

Wohl überall wird gelehrt, daß die rein gesellschaftliche Verabredung keine Rechtswirkungen habe. Man sieht nicht recht ein warum; denn unangemeldetes Fernbleiben von einer Einladung z.B. kann sehr wohl Vermögensschaden verursachen. Die Parallele im Völkerrecht wären Staatsbesuche und zeremonielle Vorgänge; darum geht es aber in dieser Abhandlung nicht.

Viele Rechte erklären bestimmte Rechtsgeschäfte für unverbindlich, ohne sie zu verbieten und ohne ihnen jede Bedeutung abzuerkennen.

---

[1] Scelle hat *YBILC* 1950 I S. 73, 83, 1951 I S. 14 das Abkommen von Yalta deswegen besonders heftig angegriffen.

[2] Das war z.B. das Bedenken von Briggs, *AJIL* Bd. 40 S. 381. Die ILC läßt solche Einwände aber nicht gelten (cgl. Art. 6 Abs. 2 ihres letzten Entwurfs), sofern die Mängel nicht offenkundig sind (Art. 43 – auch in Art. 44 findet sich der Grundgedanke).

[3] Vgl. Art. 3 des Entwurfs, der die Möglichkeit offen läßt, daß mündliche Abmachungen rechtswirksam sind.

[4] Vgl. Art. 2 Abs. (1a) des Entwurfs, a.E., und die Erläuterung dazu.

[5] Schwarzenberger tadelt den Entwurf wegen des Vorrangs von *Jus cogens* (jetzt Art. 50 und 61) aus demselben Grund, „International Jus Cogens?," *Texas Law Review*, Bd. 43 S. 477 f. und „The Problem of International Public Policy," *Current Legal Problems* 1965, S. 213 f.

Aber diese Naturalobligationen scheinen im Völkerrecht keine Entsprechung zu haben; die Figur gründet sich auf polizeiliche Erwägungen des Gesetzgebers.

Im angelsächsischen Bereich entstand der Ausdruck „gentlemen's agreement," der einen Ausschnitt aus den unverbindlichen Abmachungen bezeichnet. Indes gibt uns die angelsächsische Lehre nicht eben ein klares Bild vom Gegenstand dieser Untersuchung.[1] Man möchte eher aus folgenden fünf Fällen aus der Rechtsprechung einen Überblick gewinnen:

a) Der Sachverhalt, der der Entscheidung United States v. United States Steel Corporation[2] zugrundelag, ist wohl typisch für eine formlose Abmachung, die in rechte Formen gefaßt gesetzwidrig gewesen wäre. Den Beteiligten an den „Gary dinners" war klar, daß sie eine rechtliche Verbindlichkeit zu ihrer Marktstützungsaktion nicht eingehen konnten. Ihre Verpflichtung bestand ausdrücklich nur in der Anzeige an die anderen Beteiligten, wenn sie Preise ändern wollten, und auch diese scheint, wie die Preishaltungsverpflichtung selbst, nur als moralisch aufgefaßt worden zu sein.

Das Problem für das Gericht lag weniger in dem Maß von Verbindlichkeit der Abreden; denn auf jeden Fall verstieß das Verhalten der Beteiligten gegen das Gesetz.[3] Heutzutage erfaßt jede ernstzunehmende Antikartellgesetzgebung auch die nur tatsächlichen Praktiken der Wettbewerber, wenn sie irgendwie „konzertiert" sind.

Für die Analogie zum Völkerrecht kommt das Merkmal in Betracht, daß die Abmachung geheimgehalten worden ist und gegen eine rechtsverbindliche Ordnung verstieß.

b) In Rose & Frank Co. v. J. R. Crompton and Bros. Ltd. [1923]2 KB 261 hatten die Parteien ausdrücklich festgelegt, daß ihr Vertragswerk keine rechtliche Verbindlichkeit haben sollte. Für das Gericht stellte sich die Frage, ob eine solche Klausel mit dem Rest der Texte und mit der öffentlichen Ordnung vereinbar sei; es hat sie bejaht.

c) Ähnlich liegt Jones v. Vernon's Pools Ltd. [1938] 2 AEL 626 (KB). Die Teilnahmebedingungen an den Wetten schlossen die Klagbarkeit der Ansprüche aus. Das Gericht billigte das insbesondere mit Rücksicht auf die Eigentümlichkeiten eines Wettpools.

---

[1] Vgl. etwa Chitty, *On Contracts*, 21. Aufl. S. 17; Williston, *On Contracts*, 3. Aufl. 1957 Bd. 1 § 21.

[2] 223 F 55 aus dem Jahre 1915.

[3] Das Gericht löste die US Steel Corp. dennoch nicht auf, weil es meinte, die Abmachung habe nicht wirksam funktioniert und die Auflösung würde viele, die *bona fide* gehandelt hätten, zu schwer treffen.

d) Hingegen hatten sich die Parteien in Balfour v. Balfour [1919] 2 KB 571 keine Vorstellungen über Verbindlichkeit oder Unverbindlichkeit ihrer Abrede gemacht. Ein Kolonialbeamter, der nach einem Heimaturlaub an seinen Posten zurückkehrte und dessen Frau ihn wegen Krankheit nicht wieder begleiten konnte, bestimmte ihr einen festen Unterhaltsbetrag. Nachdem sich das Ehepaar entfremdet und getrennt hatte, klagte die Frau aus der Abmachung. Das Gericht meinte, daß die Parteien niemals die Absicht besessen hätten, eine Rechtsverbindlichkeit zu begründen. Dieser Schluß aus dem Schweigen auf die Negative scheint aber nur haltbar zu sein, wenn man auf den Charakter der Abrede als „domestic arrangement" abstellt. Hier findet das Gericht also eine Kategorie unverbindlicher Abmachungen, die offenbar neben den rein gesellschaftlichen stehen, die Atkins L. J. auch erwähnt. Eine gewisse Schwierigkeit bot noch die Frage nach der consideration, die die Frau dem Mann für seine Leistungen gewährt hätte.

e) In Reinkultur gewissermassen stellt sich das Problem der unverbindlichen Abmachungen, die beiderseitige Interessen befriedigen und eine consideration enthalten, in Coward v. Motor Insurer's Bureau [1963] 1 QB 259. Anderthalb Jahre lang hatte ein Motorradfahrer einen Arbeitskollegen zur gemeinsamen Arbeitsstätte und zurück mitgenommen und von ihm einen wöchentlichen Unkostenbeitrag erhalten. Nachdem beide verunglückt waren, klagte die Witwe des Beifahrers gegen das Bureau aus der gesetzlichen Versicherung, die einspringen mußte, selbst wenn Beiträge nicht geleistet worden waren, sofern nur ein Beförderungsvertrag vorlag. Das Gericht verneinte das aber; keiner der beiden habe die Absicht gehabt, einen Vertrag im Rechtssinne zu schließen.

Vielleicht ist die Entscheidung durch den Umstand beeinflußt, daß Ansprüche gegen einen Dritten gestellt waren. In einem Streit der Partner – etwa verlangt der Beifahrer Ersatz eines Verdienstausfalls, weil ihn sein Kamerad eines Tages nicht mitgenommen hat – hätte der Charakter der versprochenen Gefälligkeit – im Gegensatz zu der gewährten Gefälligkeit, bei der die Fahrerhaftung rechtlich modifiziert sein kann – klar bestimmt werden müssen

5. Im zwischenstaatlichen Bereich kann man einige Falltypen und Überlegungen, die sich ans bürgerliche gentlemen's agreement knüpfen, ausscheiden.

a) Unproblematisch scheinen Abreden zu sein, die von allen beteiligten Personen selbst als rechtlich nicht verbindlich bezeichnet werden.

Die Frage nach der Vereinbarkeit solcher Klauseln mit der Justizhoheit der Gerichte[1] oder mit dem Schutz des schwächeren Partners vor Übervorteilung stellt sich im Völkerrecht nicht, das keine Gerichtsbarkeit des allgemeinen Rechts kennt. Man kann also die Beispiele oben Ziff. 4 b) und c) beiseite lassen.

b) Die Abrede, etwas rechtswidriges zu tun, fällt in eine andere Kategorie. Denkbar sind Verstösse gegen allgemeines Völkerrecht, heute wahrscheinlich Abreden zu einem Angriffskrieg oder zu einer gewaltsamen Intervention, und Verstösse gegen Vertragsrecht, indem einige Partner eines mehrseitigen Vertrages dessen Zwecke zu sabotieren übereinkommen. Der Entwurf der ILC regelt in den Artikeln 26 Abs. 5, 37 und 50 dergleichen Fälle unter dem Gesichtspunkt der materiellen Nichtigkeit. So sind auch die gegen ein Kartellverbot eingegangenen gentlemen's agreements hier nicht weiter von Interesse.

Wohl aber gehören in das hier behandelte Thema Abmachungen, die zur Ausfüllung, Durchführung und auch Änderung von Satzungen internationaler Organisationen getroffen werden; oben Ziff. 2 b) und c) ist verwiesen auf die Regelungen zur Wahl der nichtständigen Mitglieder des Sicherheitsrates[2] und auf die Luxemburger Beschlüsse vom 29. Januar 1966. Ihr Widerspruch zu geltendem Recht ist nicht eklatant, manchmal sind alle Partner des vorangegangenen Aktes beteiligt.

c) Die Frage nach der Absicht, rechtliche Bindungen einzugehen, scheint im zwischenstaatlichen Bereich nicht wichtig zu sein. Wenn die Beteiligten sich nicht geradezu dahin äußern, ihre Abrede solle unverbindlich sein (s. oben bei a), haben sie sicherlich die Absicht, etwas belangvolles zu tun und irgendeine Bindung einzugehen. Man wird schwerlich Beispiele für den anderen Fall finden. Aber es ist in Wirklichkeit Sache des objektiven Rechts zu entscheiden, ob die Bindung eine rechtliche ist[3]; die Behauptung, die Beteiligten hätten nicht die Absicht gehabt, eine rechtliche Bindung einzugehen, ist konstruiert. Insofern sind die bürgerlichrechtlichen Fälle oben Ziff. 4 d) und e) interessant.

6. Dieser kurze Beitrag kann nicht eine Lehre entwickeln, sondern nur eine Linie der Argumentation entwerfen.

---

[1] Vgl. in Rose & Frank Co. v. J. R. Crompton and Bros. Ltd.

[2] Green, a.a.O. vermutete ähnliche gentelemen's agreements auch für andere Wahlen zu Organen der Vereinten Nationen.

[3] Williston, *On Contracts*, 3. Aufl. 1957 Bd. 1 § 21. Auch nach anderen Rechten, die die Rechtswirksamkeit nicht an bestimmte Formen binden, wird der Nachweis der Bindungsabsicht nicht positiv geführt zu werden brauchen. Bei Formalgeschäften wird die Absicht ohnehin wohl unwiderleglich zu vermuten sein.

Im zwischenstaatlichen Bereich stellen sich diese Fragen: Binden sich die handelnden Personen nur als Amtsträger, und welche Sanktion kann eine solche Bindung haben?[1] Binden sie die von ihnen vertretenen Staaten, und zieht diese Bindung die völkerrechtlichen Folgen nach sich: Erfüllungsanspruch und Repressalienbefugnis?

Oben ist schon gesagt, daß Gesichtspunkte wie Ratifikation, Vertretungsmacht, Form und Bezeichnung des Aktes keine Rolle spielen (s. bei Anm. 15–18). Man kann hinzufügen, daß die mehr oder weniger große Bestimmtheit der übernommenen Verpflichtungen kein entscheidendes Merkmal ist; die Auslegung nach Treu und Glauben gibt ihren Inhalt an,[2] sodaß auch die *pacta de contrahendo, de negotiando* und *de revidendo* und die Unterwerfungen unter die Gerichtsbarkeit mit einem Connally-amendment[3] eine rechtliche Bindung darstellen können.

Indessen scheint es doch die Möglichkeit zu geben, die bei einer Abmachung von den handelnden Personen ausgeübte Funktion inBetracht zu ziehen. Staatsvertreter im zwischenstaatlichen Bereich können das treaty-making power ausüben oder aber routinemäßig die Rechte des Staates wahrnehmen oder endlich „große" Außenpolitik programmieren und treiben. Beim Vertragsschluß binden sie *per definitionem* den Staat, und der Vorgang ist in seinen Voraussetzungen und Folgen vom Völkerrecht geregelt; er kann allerdings auch mißlingen, wenn rechtlich festgelegte Voraussetzungen nicht erfüllt sind. Wann ein Vertragsschluß gewollt ist, wo also die Grenzen zu den beiden anderen Funktionen liegen, ist mit der eben gebrachten Tautologie noch nicht gesagt; aber viellleicht kann man sich diesen Grenzen mit einer Betrachtung der Funktionen nähern.

a) Wenn innerhalb rechtlich geregelter Beziehungen Staatsorgane der Partner handeln, ohne die Form der Akte anzuwenden, auf denen diese Beziehungen beruhen, so muß man in der Regel annehmen, daß sie den Rechtszustand nicht ändern. Es haben also die Abmachungen über die Wahlen zu den Organen der Vereinten Nationen (s. oben Ziff. 2b) und über die Beschlußfassung im Rat der EWG (s. oben Ziff. 2c) die Vorschriften der Satzung und des EWG-Vertrages nicht abgeändert, sosehr auch im Grundsatz die Formfreiheit der völkerrechtlichen Akte besteht und also nichts hindert, einen solennen Vertrag durch einen

[1] Bittner, a.a.O. (s. Anm. 12) bildet das Beispiel, daß eine verhandelnde Regierung sich stark gemacht hat, die verfassungsmäßige Genehmigung herbeizuführen; sie ist bei Mißerfolg zum Rücktritt verpflichtet.

[2] Mosler, a.a.O. (Anm. 11) S. 13.

[3] Hierzu F. Münch, „Zum Stand der internationalen obligatorischen Gerichtsbarkeit," *Zeitschrift für ausländisches öffentliches Recht und Völkerrecht*, Bd. 21 S. 245 f.

Akt in einfacherer Form zu ändern. Aber wenn die Änderungen nicht ausdrücklich getätigt und die außer Kraft zu setzenden Vorschriften nicht genannt sind, spricht die Vermutung dafür, daß der Rechtszustand derselbe bleibt. Umsomehr gilt das, wenn die Abmachungen nur von einem Teil der Mitglieder der Organisation oder der Vertragspartner getroffen sind oder wenn die Satzung oder der Vertrag eine objektive Ordnung darstellt, aus der unabhängige Organe oder Individuen Funktionen und Rechtspositionen herleiten. Denn Eingriffe dieser Art müßten durch *contrarius actus* geschehen.

Man müßte demnach behaupten, daß Wahlen, die entgegen den sogenannten gentelemen's agreements in den Vereinten Nationen zustandegekommen wären, und Beschlüsse, die das Luxemburger Kompromiß nicht achten, wirksam seien.

Die Abmachungen dieser Kategorie kann man auch nicht als authentische Interpretationen der rechtlichen Regelung ansehen.[1] Andererseits sind sie nicht ohne jede Bedeutung. Man kann ihnen, gerade wenn man die Funktion der Beteiligten als die Wahrnehmung der Rechte der von ihnen vertretenen Staaten auffaßt, einen Sinn geben: es handelt sich um konzertierte Duldungen von Satzungs- oder Vertragsdurchbrechungen. Diese haben insofern eine Wirkung, als sie für die Vergangenheit die Berufung auf den Rechtszustand ausschließen.[2] Wieweit sie darüber hinaus die Beteiligten auch für die Zukunft festlegen könnten, ist eine andere Frage, die vielleicht sogar unterteilt werden müßte: ist die handelnde „administration" gebunden, oder auch die zukünftige?

b) Vielleicht gibt die Beziehung der soeben erörterten Akte nachgeordneter Art zum Rechtszustand auch den Gesichtspunkt ab, nach dem die Akte der programmatischen Außenpolitik beurteilt werden können. Die „declarations of intention" sind äußerlich sehr weit verschieden von den Abreden, wie man sich innerhalb eines geregelten Rechtskreises verhalten will. Dennoch stoßen sich die programmatischen Erklärungen ja auch an einem Rechtszustand der Welt, der nur durch spezifische Akte geändert werden kann. Daß die Kriegszielberedungen selbst keine verfügende Wirkung hatten, haben die Alliierten des Zweiten Weltkrieges bewiesen, indem sie die Ziele in den Friedensverträgen von 1947 und 1951 in ganz klassischer Weise verwirklichten.

---

[1] Mosler, a.a.O. S. 23 ff., dessen Ergebnissen ich folge.

[2] Es ist hier nicht auszuführen, wieweit die Lehren vom Estoppel oder vom *venire contra factum proprium* unmittelbar angewandt werden können.

Aber man kann noch weiter gehen und sagen: Wenn der Mangel rechtlicher Wirkung auf die „Objekte" der Abreden klar ist, wird in der Regel auch keine Verbindlichkeit unter den Teilnehmern eintıeten. Denn die „declarations of intention" sind Abreden zur politischen Zusammenarbeit, weniger mit dem Interesse der Teilnehmer verbunden als Bündnisse oder Organisationssatzungen. Hier wird man die Bindung des Staates selbst und nicht nur der beteiligten Administration erst annehmen können, wenn in einem förmlichen Vertrag, d.h. hier einem demokratisch sanktionierten, der Staat selbst als Partei erscheint.

Akte wie die Heilige Allianz und die Vierzehn Punkte Wilsons sind sehr verschieden von der Schlußakte des Wiener Kongresses und den Friedensverträgen von 1919. Die Atlantik-Charter ist im Schrifttum das Paradebeispiel der unverbindlichen politischen Erklärung, und man sieht nicht, wie man entgegen so vielen Stimmen (s. oben Anm. 6–8) den Erklärungen von Kairo, Yalta und Potsdam einen größeren juristischen Wert beilegen könnte. Gewiß halten manche an diesen Erklärungen fest, weil in ihnen auch Vorteilhaftes steht; z.B. möchte man in den Potsdamer Erklärungen die Rückstellung der Regelung der deutschen Ostgrenzen nicht missen. Aber der einschlägige Satz sagt nichts anderes, als im allgemeinen Völkerrecht auch steht; die Bestätigung, daß die Alliierten in Potsdam vom allgemeinen Völkerrecht nicht abweichen wollten, behält ihren wert auch ohne daß die Potsdamer Erklärungen rechtlich verbindlich sind. Daß man den ratifizierten Deutschlandvertrag von 1952/54 höher einschätzt als die Potsdamer Zusagen, leuchtet ein.

c) Die unverbindlichen Abmachungen stehen dennoch in gewisser Weise unter einer Regel, als ihre Verletzung durch einen Partner die anderen befreit. Aber ihre Einhaltung kann nicht erzwungen werden; die Reaktion auf ihre Verletzung darf nur politisch sein und keine Völkerrechtsverletzungen enthalten. Ein Problem wäre noch die Lage des Partners, der auf grund einer unverbindlichen Abmachung eine Vorleistung erbracht hat. Die Übernahme von zivilrechtlichen Instituten wie der *condictio indebiti* ist immer noch sehr umstritten.

7. Es soll hier nur noch auf einige Punkte verwiesen werden, die in einem gewissen Zusammenhang mit dem Thema dieses Beitrags stehen.

Die Unverbindlichkeit gewisser Texte und Abreden ist auch in anderen Bereichen des öffentlichen Rechts ein Problem. Auch das sehr juristisch durchtränkte deutsche Verfassungsrecht kennt noch einige blosse Programmartikel im Grundgesetz und ringt mit Erscheinungen wie den Koalitionsabreden.[1]

Die Unverbindlichkeit von Beschlüssen in internationalen Organisationen und Konferenzen müßte untersucht werden. Es ist streitig geworden, welchen Wert der Passus über das Austrittsrecht in den Vorarbeiten zur Satzung der Vereinten Nationen hat.[2]

Was bedeutet die stillschweigend akzeptierte Praxis, daß der Sicherheitsrat der Vereinten Nationen vier Monate lang in seiner alten Zusammensetzung funktionierte, obwohl er rechtswirksam um neue nichtständige Sitze erweitert worden war?[3]

Wozu gehören *modi vivendi* auf Gegenseitigkeit, die nicht einmal eine formlose ausdrückliche Grundlage haben, wie etwa das Minderheitenregime beiderseits der deutsch-dänischen Grenze?[4]

Überall dürfte dem bestehenden Recht der Vorrang gebühren; indessen können die Staatsorgane in der Ausübung ihrer gewissermassen administrativen Funktion der auswärtigen Angelegenheiten das Recht durchbrechen. Sie können eben nur die Position Dritter nicht beeinträchtigen.

---

[1] Hierzu Schüle, *Koalitionsvereinbarungen im Lichte des Verfassungsrechts*, 1964.

[2] Vgl. u.a. Scerni, *Aspetti giuridici del ritiro dalle Nazione Unite*, Communità Internazionale 1965 S. 227 ff.

[3] Hierzu Schwelb, „The 1963/1965 Amendments to the Charter of the United Nations: An Addendum," *AJIL* Bd. 60 S. 371, 374.

[4] Auf deutscher Seite die Erklärung der Schleswig-Holsteinischen Landesregierung vom 26.9.1949, *Gesetz- und Verordnungsblatt für Schleswig-Holstein*, 1949, S. 183, Erklärung der Bundesregierung am 6.7.1955, BT 2. Wahlp. Drucks. 1451 und Sitzungsbericht S. 5353 (B). Hierzu H.-H. Biehl, *Minderheitenschulrecht in Nord- und Südschleswig*, 1960. – Das amerikanische Restatement (oben Anm. 8) § 115 g scheint nur solche Verhältnisse stillschweigenden Einverständnisses als gentlemen's agreements zu verstehen; das scheint aber zu eng zu sein.

MILOŠ RADOJKOVIĆ
Professeur à la Faculté de Droit de Belgrade

La non-reconnaissance des actes contraires au droit

La conception de la non-reconnaissance de la part des Etats des acquisitions territoriales et des situations contraires au droit n'est pas de fraiche date. Corollaire de l'idée de la garantie collective de l'indépendance politique et de l'intégrité territoriale des Etats, elle serait d'origine latino-américaine et remontrerait au Traité d'union, ligue et confédération perpétuelle approuvé par le Congrès que Bolivar réunit en 1826 à Panama.[1] Toutefois, ce n'est qu'avec l'action des Etats en vue d'instituer une communauté internationale tout de même mieux organisée que la conception de la non-reconnaissance des droits d'ordre divers obtenus au moyen de la violence s'imposa sur le plan international, à tel point qu'il peut être affirmé que l'interdiction et la non-reconnaissance de la conquête sont aujourd'hui une règle de droit international général.[2]

1. – Déjà l'article 10 du Pacte de la Société des Nations contient le principe de l'interdiction de la conquête, le principe de l'interdiction de l'emploi de la force en vue de changements territoriaux, puisque les Etats membres de la Société ont pris l'obligation de respecter l'intégrité territoriale et l'indépendance politique de tous les membres de la Société. Ils ont pris également l'obligation de maintenir cette intégrité territoriale et indépendance politique, c'est-à-dire de les défendre, voire même de les rétablir en cas d'agression extérieure. Mais il est non moins certain que l'obligation d'assistance à la victime de l'agression aux fins de *restitutio in integrum* ou du rétablissement de la situation antérieure entraîne obligatoirement la non-reconnaissance des avantages obtenus au moyen de l'agression. Comment, en effet, concilier l'obligation de maintenir l'intégrité territoriale et l'indépendance politique d'un Etat

[1] J. M. Yepes et P. da Silva, *Commentaire théorique et pratique du Pacte de la SDN et des Statuts de l'Union Panaméricaine*, T. I, Paris 1934, pp. 303–309.
[2] J. Andrassy, *Medjunarodno pravo*, Zagreb 1961, str. 129.

membre de la Société et l'application éventuelle des sanctions contre l'agresseur avec la reconnaissance d'une situation créée en violation du droit de cette même Société? D'autre part, en vertu de l'alinéa 1er de l'article 20 du Pacte, les membres de la Société ne se sont-ils pas engagés „solennellement à ne pas contracter à l'avenir" des obligations ou ententes incompatibles avec ce même Pacte?

Certains membres de la SDN ne se contentèrent pas cependant de la non-reconnaissance des actes contraires au droit telle qu'elle découlait de l'article 10 du Pacte. Avant même que des situations contraires au droit ne furent créées en violation du droit de la Société, ils jugèrent indispensable d'affirmer de nouveau, très clairement, la non-reconnaissance des avantages obtenus au moyen de l'agression. A l'occasion du renforcement du Pacte de la SDN et au moment de la mise en harmonie de ce dernier avec le Pacte Briand-Kellogg des propositions furent présentées à cette fin, mais elles furent écartées.[1]

En vertu de l'article 10 du Pacte, „en cas d'agression, de menace ou de danger d'agression, le Conseil de la SDN avise aux moyens d'assurer l'exécution de cette obligation", c'est-à-dire de l'obligation de respecter et de maintenir l'intégrité territoriale et l'indépendance politique d'un membre de la Société. En réalité, le Conseil de la Société (dans lequel les grandes puissances se contentaient le plus souvent de faire une politique d'accomodement, les considérations d'opportunité politique prévalant sur tous les autres facteurs) ne contribua pas beaucoup au maintien de l'intégrité territoriale et de l'indépendance politique de certains membres de la Société, des Etats faibles et surtout des petits et moyens Etats. Et comme déjà dans le premier cas sérieux survenu (celui de la Mandchourie lors de l'invasion du territoire chinois par

[1] En 1921, la délégation du Brésil, dans le désir de renforcer l'article 16 du Pacte, fit la proposition suivante:

„Tous les membres de la Société conviennent que seront nuls *pleno jure* les dispositifs de tout traité international qui sera conclu à l'avenir, accordant à un Etat qui ferait la guerre contrairement aux articles 12, 13 ou 15 du Pacte:

c) l'annexion de territoires.

„Par conséquent, tous les membres de la Société conviennent d'adopter d'urgence dans leur législation des dispositions destinées à investir leurs gouvernements des facultés suivantes:

6) Ne reconnaitre, sous aucune forme, dans les services diplomatique et consulaire, la souveraineté de l'Etat agresseur sur les territoires de l'Etat attaqué."

En 1930, la délégation du Pérou proposa l'addition à l'article 18 du Pacte d'un nouveau paragraphe, conçu comme suit:

„Le Secrétariat de la SDN ne pourra enregistrer aucun traité de paix imposé par la force comme conséquence d'une guerre entreprise en violation du Pacte de Paris. La SDN tiendra comme nulles toutes les stipulations qu'il pourrait contenir et prêtera tout son concours pour rétablir le *statu quo* détruit par la force."

Voir J. M. Yepes et P. da Silva, *op. cit.*, T. II, pp. 271–273.

l'armée japonaise) la carence de la Société s'avéra sans contredit, il fut jugé nécessaire de préciser une sanction contre les conquérants, sanction que tout Etat pourra appliquer sans s'exposer outre mesure au mécontentement des violateurs du droit. C'est alors que l'idée de la non-reconnaissance des acquisitions territoriales et des situations contraires au droit fut de nouveau mise en relief. Il ne s'agissait pas tant d'innover que de rappeler aux Etats en général, et aux membres de la SDN en particulier, d'avoir à appliquer, aussi bien collectivement qu'individuellement, une sanction politique que d'aucuns jugeaient spéciale, celle de la non-reconnaissance, mais qui est, en réalité, pour les Etats la conséquence de leur engagement à respecter et à maintenir, contre toute agression extérieure, l'intégrité territoriale et l'indépendance politique en vertu de l'article 10 du Pacte de la SDN ou en vertu d'autres dispositions d'ordre contractuel en vigueur.

C'est ainsi que, – se prévalant du Traité des neuf Puissances du 6 février 1922 (dans lequel les signataires convenaient, à l'instar de l'article 10 du Pacte de la SDN, de „respecter la souveraineté et l'indépendance ainsi que l'intégrité territoriale et administrative de la Chine") et plus particulièrement du Pacte Briand-Kellogg de 1928, – le secrétaire d'Etat des Etats-Unis d'Amérique, Henry Stimson, dans sa note du 7 février 1932 adressée à la Chine et au Japon à propos de leur conflit relatif à la Mandchourie, fit savoir que le Gouvernement des Washington „ne reconnaîtra aucune situation, traité ou accord qui proviendra des mesures contraires aux stipulations du Traité de Paris du 27 août 1928, duquel la Chine et le Japon ont été signataires à l'égal des Etats-Unis."[1] Le Gouvernement des Etats-Unis mit également au courant par une note la SDN de son attitude au sujet des événements survenus en Mandchourie, et dont la conséquence la plus importante fut la non-reconnaissance par le Gouvernement de Washington du Mandchoukouo, nouvel Etat créé par le Japon aux dépens de la Chine.

La répercussion de cette „doctrine" de la non-reconnaissance, ou doctrine Stimson, fut grande.[2] L'agression du Japon contre la Chine

---

[1] Voir J. M. Yepes et da Silva, *op. cit.*, T. I, p. 309.

[2] Et d'ailleurs, le Gouvernement des Etats-Unis lui-même en attendait des effets salutaires. Dans sa note mentionnée il est dit tout particulièrement:
„Si les autres gouvernements du monde arrivent à une décision semblable et prennent une position pareille, il en résultera une sanction comminatoire pour quelques actions analogues, sanction qui, à notre avis, rendra impossible à l'avenir la légalité de tous titres ou droits qui auraient été obtenus par le moyen d'une pression ou d'une violation d'un traité, et, comme l'a démontré l'histoire du passé, conduira en son temps à la restauration des droits et titres dont aura été dépouillée la Chine."
Voir J. M. Yepes et da Silva, *op. cit.*, T. I, p. 309.

fut certes l'objet de discussion au sein de la SDN, sans que le Conseil de la Société décidât d'entreprendre des sanctions d'ordre économique ou militaire contre le Japon. Le Conseil déclara toutefois, dans son appel au Gouvernement japonais le 16 février 1932, se faisant ainsi écho de la conception latino-américaine (tout en interprétant fort à propos l'ordre juridique de la SDN lui-même), „qu'aucun empiètement sur l'intégrité territoriale et aucune atteinte à l'indépendance politique d'un membre de la SDN, commis au mépris de l'article 10, ne sauraient être reconnus comme valides et effectifs par les membres de la Société." L'Assemblée de la Société, appliquant au fond les mêmes considérants, fut plus explicite encore; sa résolution du 11 mars 1932 eut surtout plus de poids puisqu'elle fut adoptée à l'unanimité (la Chine et le Japon s'étant abstenus) et eut à ce titre force obligatoire. Elle déclara particulièrement que „les membres de la SDN sont tenus de ne reconnaître aucune situation, aucun traité et aucun accord qui pourraient être obtenus par des moyens contraires au Pacte de la SDN ou au Pacte de Paris."[1] Et c'est ainsi que, faute de maintien par les organes de la SDN, contre l'agression du Japon, de l'intégrité territoriale de la Chine en vertu de l'article 10 du Pacte, l'Assemblée a au moins, par sa résolution du 11 mars 1932, confirmé la non-reconnaissance des actes contraires au droit, et surtout la non-reconnaissance de la conquête.

L'idée de la non-reconnaissance des situations réalisées par des moyens contraires au droit en vigueur et aux principes généraux de droit sera exprimée à l'avenir, particulièrement dans de nombreux traités conclus entre les Etats américains. Nous la retrouvons dans la Déclaration des dix-neuf Républiques américaines, faite à Washington le 3 août 1932, à propos du différend entre la Bolivie et le Paraguay sur la question du Chaco Boréal[2]; dans le Pacte de non-agression et de conciliation de Rio-deJaneiro (art. 2), conclu le 10 octobre 1933, sur la proposition du ministre argentin des affaires étrangères Saavedra Lamas, entre l'Argentine, le Brésil, le Chili, le Mexique, le Paraguay et l'Uruguay[3]; dans la Convention sur les droits et devoirs des Etats (art. 11), conclue à Montevideo, le 26 décembre 1933, lors de la Septième conférence internationale américaine[4]; dans la Déclaration sur les données fondamentales et les grands principes du droit international moderne

[1] Voir *Actes de la session extraordinaire de l'Assemblée* – Vol. I, Journal Officiel de la SDN, Supplément spécial, No 101, Genève 1932, p. 87–88.

[2] Voir *La documentation internationale politique, juridique et économique*, 2ème année, 1935, No 12, p. 194.

[3] Voir *La Documentation* ..., 1ère année, 1934, No 1, p. 11.

[4] Voir *La Documentation* ..., 4ème année, 1937, No 31, p. 5.

de Alejandro Alvarez (art. 14 et 15), qui a été acceptée par l'Académie Diplomatique Internationale et l'Union Juridique Internationale[1] et approuvée par l'International Law Association au cours de sa 39ème conférence, tenue à Paris du 10 au 15 septembre 1936. – Il est intéressant de mentionner que dans son Memorandum du 2 septembre 1936 sur le problème du perfectionnement et de la mise en œuvre du Pacte de la SDN, le Gouvernement péruvien avait proposé que la formule de l'article 10 devait être complétée par l'addition d'une autre formule comportant la condamnation des guerres d'agression, conformément au Pacte de Paris de 1928, et la non-reconnaissance des acquisitions territoriales réalisées par la violence, conformément à la Déclaration des dix-neuf Républiques américaines du 3 août 1932. Et „comme la non-reconnaissance ci-dessus visée peut aussi s'avérer inopérante en présence de l'indifférence des Etats conquérants à l'égard de l'attitude juridique des autres membres de la SDN," il conviendrait, de l'avis du Gouvernement péruvien, „de prévoir une sanction effective consistant à interdire à la Société et à tous ses organismes de connaître des questions découlant de l'exercice d'une juridiction territoriale illicite, ou des problèmes qui, sous une forme quelconque, intéresseraient directement les territoires conquis."[2] Enfin, il ne faut pas perdre de vue la résolution XXVI sur la non-reconnaissance de l'acquisition de territoires par la force, adoptée le 22 décembre 1938 par la VIIIème Conférence panaméricaine tenue à Lima, dans laquelle il est souligné que „l'engagement pris d'appliquer le principe de la non-reconnaissance ... constitue un *devoir* qui ne peut être éludé ni individuellement ni collectivement."[3]

Et pourtant, malgré les résolutions des organes de la SDN, „qui avaient fixé la jurisprudence de la SDN en matière de non-reconnaissance des acquisitions territoriales par des moyens contraires au droit des gens,"[4] malgré le Pacte Briand-Kellogg et les résolutions et déclarations des Etats américains qui tous sous-entendent ou proclament le principe ou la règle de la non-reconnaissance des situations de fait établies par la force, certaines occupations de territoires, effectuées à partir de 1931, n'ont pas manqué de produire, du moins provisoirement, certains effets par suite de leur reconnaissance *de facto* sinon *de jure*.[5]

[1] Voir *La Documentation* ..., 4ème année, 1937, No 31, p. 8.
[2] Voir *La Documentation* ..., 3ème année, 1936, No 28, p. 135.
[3] Voir *La Documentation* ..., 6ème année, 1939, Nos 61–62, p. 77.
[4] Ch. Rousseau, „Le conflit italo-éthiopien," *Revue Générale de Droit International Public*, 1938, No 1, p. 102.
[5] Pour les cas d'application du principe de la non-reconnaissance ou de la doctrine Stimson, voir Ch. Rousseau, *Droit International Public*, Paris 1953, pp. 289-291.

Examiner chacune des „situations réalisées par la force," à propos desquelles devait jouer le principe de la non-reconnaissance, reviendrait à examiner les relations internationales des années 1930 à 1941, surtout à faire le procès de la politique des grandes puissances de l'époque. Toutes les grandes puissances ne comprirent pas à temps que leurs intérets permanents exigeaient d'elles de poursuivre une politique en conformité avec leurs obligations internationales découlant des traités en vigueur et surtout de réagir plus efficacement contre les violateurs de ces traités. D'autre part, la carence des grandes puissances n'obligea-t-elle pas les petits et moyens Etats à ce délier de leurs obligations relatives à la sécurité collective et à faire, *volens nolens*, une „politique de réassurance" même avec les perturbateurs de la paix? Ce fait ne doit pas être perdu de vue. Abandonnés à eux-mêmes, les petits et moyens Etats de l'Europe sont devenus successivement la proie de Hitler et des théories allemandes de l'„espace vital."

Quoi qu'il en soit, il advint que, même dans une société internationale juridiquement mieux organisée sous l'égide du Pacte de la SDN et du Pacte Briand-Kellogg, la politique se trouva dans la position d'être obligée presque de tenir compte des situations contraires au droit, droit qu'elle s'était elle-même imposé à observer dans les relations internationales. Et „si condamnable qu'elle soit d'après la légalité internationale, l'annexion violente d'un territoire ne peut pas être indéfiniment méconnue."[1] L'Ethiopie ne manquera pas de s'en rendre compte à ses dépens. L'Assemblée de la SDN ne donnera même pas une suite favorable au projet de résolution déposé par le Gouvernement éthiopien le 3 juillet 1936, conçu comme suit:

> L'Assemblée rappelle les termes des articles 10 et 16 du Pacte, auxquels elle se déclare fidèlement attachée. En conséquence, elle proclame qu'elle ne reconnaîtra aucune annexion obtenue par la force des armes.[2]

---

[1] N. Politis, *La neutralité et la paix*, Paris 1935, p. 197.

[2] Pour la reconnaissance de l'annexion de l'Ethiopie par l'Italie, voir Ch. Rousseau, „Le conflit italo-éthiopien," *Revue Générale de Droit International Public*, 1938, No 1, pp. 53 et seq. L'auteur constate que, „si violemment contraire au droit qu'ait été cette annexion," il existe depuis 1936 sur le territoire annexé une autorité de fait qui n'est plus celle de l'Etat éthiopien. „Sans doute, ce pouvoir de fait s'est établi et maintenu en marge de la légalité, mais *il est*. Même irrégulier, même précaire, il existe et son efficacité doit être prise en considération par les Etats tiers dans la mesure nécessaire au maintien des relations internationales indispensables (protection des nationaux, relations commerciales, relations humanitaires, etc.)" (p. 85). „Avec son réalisme habituel le Saint-Siège s'est incliné devant le fait accompli. Si surprenante que paraisse cette acceptation de la loi de la force par la plus haute autorité spirituelle du monde, elle ne doit pas étonner outre mesure cependant si l'on songe à l'extrême réserve dont avait fait preuve la Papauté durant les hostilités italo-éthiopiennes; et les rapports juridiques étroits existant depuis le traité de Latran entre l'Etat italien et la Cité du Vatican ne permet-

Les puissances qui disposaient réellement de la force et de l'autorité morale auprès des petits et moyens Etats de l'Europe pour arrêter tous ensemble Hitler et Mussolini dans la réalisation de leurs rêves de conquête, ont jugé préférable de laisser faire ces nouveaux conquérants. Et même aux heures où leur destin propre était en jeu, leurs tergiversations permirent à Hitler de choisir à quels Etats européens il portera ses premiers coups. Il n'est pas inutile de rappeler certains événements décisifs parce qu'ils montrent à l'envie que l'absence de toute sanction sérieuse contre les violateurs du droit au moment opportun a eu pour résultat d'isoler les Etats les uns des autres et de les engager à ne songer qu'à leur sauvegarde propre, à „la froide politique d'intérêt personnel." Encore une fois donc la politique s'imposera au droit. Mais il y a plus. Incapables de s'entendre sur l'essentiel contre le seul ennemi commun – le fascisme international, se méfiant mutuellement et faisant ainsi le jeu de l'Allemagne, Moscou, Londres et Paris ont dû, presque fatalement, se trouver retranchés derrière leurs „intérêts vitaux." Ce sera une illusion de plus, mais illusion qui aura des répercussions graves pour d'autres Etats.

En effet, par suite de la faillite évidente de la sécurité collective, dans le cadre et en dehors de la SDN, lors de la crise tchécoslovaque, faillite dont la responsabilité ne retombe pas sur l'URRS, par suite du jeu ambigu de la diplomatie de Londres, Paris et Moscou après la capitulation de Munich, l'entente entre les trois capitales en vue d'opposer une résistance commune à l'agresseur allemand s'avéra irréalisable. Aucune ne voulant tirer les marrons du feu, chacune d'elles désira, devant l'imminence du danger certain, voir l'impérialisme de Hitler diriger ses premiers coups et épuiser ses forces ailleurs que contre elle.

Aussi, la rancune mutuelle empêchera également tout rapprochement sincère et durable entre la Grande Bretagne, la France et l'URSS une fois devenues alliées contre la coalition hitlérienne, et cette rancune survivra à la chute de Hitler. Pour la simple raison que, „malgré le péril

taient peut-être pas à celle-ci d'adopter une attitude différente." (p. 92) Du fait que le pape avait envoyé, le 12 février 1937, un télégramme au „Roi d'Italie, Empereur d'Ethiopie," „les milieux fascistes en tirèrent immédiatement la conclusion que Pie XI montrait de la sorte qu'il ne considérait pas la guerre éthiopienne comme un fait delictueux et répréhensible et que pareille prise de position du Chêf de l'Eglise était de nature à agir sur les âmes de nombreux catholiques que leurs scrupules de conscience auraient empêché d'approuver l'annexion" (p. 92).

Alors que la plupart des Etats tiers avaient reconnu *de facto* l'annexion de l'Ethiopie par l'Italie, une faible minorité reconnut cette annexion également *de jure* (v. le même auteur, pp. 99–123), – bien que les Etats membres de la SDN furent „collectivement tenus de ne pas procéder à cette reconnaissance tant qu'ils n'auraient pas été expressément habilités par une décision de l'Assemblée" (p. 85).

commun, la période de 1938 à 1941 n'était nulle part oubliée. Malgré le rapprochement antérieur, dicté par la peur des deux fascismes, l'URSS avait considéré l'accord de Munich en 1938 comme une trahison de la part de l'Ouest. L'accord Hitler-Staline avait été semblablement jugé par l'Ouest un an plus tard."[1]

2. – Dans la Charte de l'Atlantique du 14 août 1941, Roosevelt et Churchill ont déclaré que leurs pays „ne désirent voir aucune modification territoriale qui ne soit en accord avec les vœux librement exprimés des peuples intéressés" et qu'ils „respectent le droit qu'a chaque peuple de choisir la forme de gouvernement sous laquelle il doit vivre; *ils désirent que soient rendus les droits souverains et le libre exercice du gouvernement à ceux qui en ont été privés par la force.*" A la Réunion interalliée, tenue au 24 septembre 1941, dix Etats membres de la coalition antihitlérienne ont adhéré à la Charte de l'Atlantique. A cette occasion le représentant soviétique a déclaré que „l'Union Soviétique dans sa politique extérieure s'est inspiré et s'inspire du principe du droit des peuples à disposer d'eux-mêmes ... base de la reconnaissance de la souveraineté et de l'égalité des nations. Partant de ce principe, l'Union Soviétique défend le droit de chaque peuple à l'indépendance politique et à l'inviolabilité territoriale de son pays, le droit d'édifier l'organisation sociale et de choisir la forme de gouvernement qu'il juge opportun et indispensable en vue d'assurer le progrès économique et culturel de tout le pays."[2] Staline déclarera le 6 novembre 1942 que les Nations Unies ont pour but „l'égalité des nations et l'inviolabilité de leurs territoires; la libération des nations asservies et le rétablissement de leurs droits souverains; le droit de chaque nation de s'organiser à sa guise."[3] A la Conférence du Caire (novembre-décembre 1943) les trois puissances alliées (Chine, Etats-Unis d'Amérique, Grande-Bretagne) déclarèrent avoir pour but „de faire en sorte que le Japon soit dépossédé de toutes les îles du Pacifique dont il s'est emparé ou qu'il a occupées depuis le début de la première guerre mondiale de 1914, et que tous les territoires que le Japon a ravis aux Chinois, tels que la Mandchourie, Formose et l'Archipel des Pescadores, soient restitués à la République Chinoise. Le Japon sera également chassé de tous les autres territoires dont il s'est emparé par la violence et par convoitise. Conscientes de l'esclavage qui a été imposé au peuple coréen, les trois puissances sont résolues à agir

---

[1] J. Moch, *En retard d'une paix*, Paris 1958, p. 21.
[2] *Ujedinjene nacije – Zbirka dokumenata* (1941–1945), Beograd 1948, str. 10.
[3] V. S. Krylov, *Meždunarodnoe pravo*, Institut prava Akademii Nauk SSSR, Moskva 1947, str. 13.

de manière qu'en temps utile la Corée devienne libre et indépendante."

Ainsi donc, au cours de la seconde guerre mondiale, la coalition dirigée contre les puissances de l'Axe a plus d'une fois souligné comment elle entendait régler après la victoire les problèmes touchant la volonté des peuples librement exprimée, le rétablissement de leur souveraineté si le conquérant les en a privés avant ou au cours de la guerre, la liberté rendue aux peuples et territoires déterminés. Ces buts ont été fixés au moment où les conquérants procédaient à la transplantation de la population et à la déportation des individus et des groupes et à l'annexion des territoires occupés contrairement au droit de la guerre.

Dans la Charte des Nations Unies le principe de l'illégalité des changements territoriaux par la violence a été confirmé. Déjà le Préambule de la Charte souligne „qu'il ne sera pas fait usage de la force des armes, sauf dans l'intérêt commun." Puis il est expressément prévu que les membres de l'Organisation s'abstiendront, dans leurs relations internationales, „de recourir à la menace ou à l'emploi de la force, soit contre l'intégrité territoriale ou l'indépendance politique de tout Etat, soit de toute autre manière incompatible avec les buts des Nations Unies" (art. 2,4). Les membres de l'Organisation donneront également à celle-ci „pleine assistance dans toute action entreprise par elle conformément aux dispositions de la Charte et s'abstiendront de prêter assistance à un Etat contre lequel l'Organisation entreprend une action préventive ou coercitive" (art. 2,5). C'est le Conseil de Sécurité qui constate l'existence d'une menace contre la paix, d'une rupture de la paix ou d'un acte d'agression et qui fait des recommandations ou décide quelles mesures seront prises conformément aux articles 41 et 42 pour maintenir ou rétablir la paix et la sécurité internationales (art. 39). De tout le système consacré au maintien ou au rétablissement de la paix et de la sécurité internationales et dont la réalisation peut conduire le Conseil de Sécurité à entreprendre même une action armée au moyen de forces aériennes, navales ou terrestres (art. 42), découle donc indubitablement l'obligation de s'abstenir de reconnaître la conquête ou les annexions de territoires réalisés par un Etat membre ou non-membre des Nations Unies.

La Charte de l'Organisation des Etats américains, adoptée à Bogota le 30 avril 1948, n'a pas manqué, restant ainsi fidèle à la tradition latino-américaine, de consacrer la doctrine de la non-reconnaissance des actes contraires au droit. En vertu de l'article 5 (e) de cette Charte „les Etats américains condamnent la guerre d'agression: la victoire ne crée pas de droits," – alors qu'en vertu de l'article 17 du même document

Le territoire d'un Etat est inviolable; il ne peut être l'objet d'occupation militaire ni d'autres mesures de force de la part d'un autre Etat, directement ou indirectement, pour quelque motif que ce soit et même de manière temporaire. Les conquêtes territoriales et les avantages spéciaux qui seront obtenus par la force ou n'importe quel autre moyen de coercition ne seront pas reconnus.[1]

Lors de la discussion, au sein de l'ONU, de la Déclaration sur les droits et devoirs des Etats, certaines délégations ont introduit dans leurs projets le principe de la non-reconnaissance des conquêtes territoriales. Dans le projet de déclaration du Panama, nous lisons que c'est un „devoir pour chaque Etat de s'abstenir de reconnaître les conquêtes territoriales réalisées par la force ou sous menace de la force" (art. 18). Dans le projet yougoslave, „les Etats n'ont pas le droit d'agrandir leur territoire par la guerre ou sous menace de l'emploi de la force ou par la pression sur les autres Etats" (art. 21); de même, „chaque Etat est tenu de s'abstenir de reconnaître directement ou indirectement l'acquisition territoriale d'un autre Etat, réalisée contrairement aux dispositions de cette déclaration" (art. 22). Le projet de déclaration sur les droits et devoirs des Etats que la Commission de droit international avait soumis à la Quatrième session de l'Assemblée Générale, répète en général, dans ses articles 9 et 10, les obligations découlant pour les Etats de l'article 2, alinéas 4 et 5 de la Charte, alors que dans son article 11 elle prévoit que „chaque Etat est tenu de s'abstenir de reconnaître toute acquisition territoriale réalisée par un Etat contrairement à l'article 9."

De tout ce qui précède ressort la tendance constante de la communauté internationale, depuis le Pacte de la SDN, de voir le principe de l'interdiction de la conquête avec toutes ses conséquences devenir une disposition positive du droit international d'ordre impératif pour tous les Etats. Qu'il s'agisse de la SDN ou de l'ONU, les Etats membres ont pris en réalité l'obligation de respecter et de maintenir contre toute agression extérieure l'intégrité territoriale et l'indépendance politique de tous les membres de l'Organisation. Cette obligation de respecter, et surtout l'obligation de maintenir, sous-entend *ipso facto* la non-reconnaissance de la part de ces mêmes membres de l'Organisation des droits, situations et intérêts acquis contrairement au Pacte de la SDN, au Pacte de Paris et à la Charte de l'ONU. Il est vrai que la sanction pour le rétablissement de l'ordre violé serait, du fait de plus de précision des dispositions de la Charte, en principe du moins, plus efficace dans l'ordre juridique des Nations Unies qu'elle ne l'a été sous le régime du Pacte de la SDN. Pour le cas où cette sanction ne serait pas au-

[1] *Recueil des Traités – Nations Unies*, vol. 119, 1952, pp. 53 et 57.

jourd'hui appliquée ou le serait mais sans efficacité, le besoin s'est fait sentir, lors de la discussion sur la Déclaration sur les droits et devoirs des Etats, pour que l'obligation de la non-reconnaissance des acquisitions territoriales par la force soit de nouveau proclamée expressément. L'occasion se renouvelera, soit au moment d'une nouvelle discussion sur la Déclaration sur les droits et devoirs des Etats, soit à propos de la codification des principes de la coexistence pacifique active. Certaines grandes puissances considèrent une pareille déclaration, à plus forte raison une telle codification comme prématurées. Et puis, prétend-on, est-ce que ces droits et devoirs, est-ce que ces principes ne se trouvent pas déjà fixés dans la Charte des Nations Unies comme règles de droit international en vigueur? La réponse serait celle-ci: Etant entendu que la Charte est véritablement la constitution de la communauté internationale actuelle, que risquent les membres des Nations Unies si certaines dispositions constitutionnelles de la Charte sont precisées dans des résolutions, déclarations et conventions adoptées par ces mêmes Etats-membres? Est-ce que de nombreuses lois particulières ne viennent pas parachever l'ordre juridique interne, dont les fondements sont régis par la constitution du pays? Et d'ailleurs, le développement du droit international n'a pas eu et n'aura pas toujours pour conséquence certaine d'inciter les hommes d'Etat à s'inspirer davantage à l'avenir de ses principes et règles dans la conduite de leur politique quotidienne. Mais le droit aura-t-il au moins dit son mot à propos de chaque action, *a fortiori* à propos de chaque mauvaise action de la politique mettant en péril la paix entre les nations. Reste à savoir si la politique est à tel point sensible lorsqu'il s'agit de ses prérogatives que la seule référence au droit lui fasse oublier son rôle et le but qu'elle-même voulait atteindre justement lors de la création de ce même droit.

Le Comité sur les aspects juridiques de la coexistence de l'International Law Association m'avait chargé de préparer, en qualité de Rapporteur, un rapport sur les questions de la codification des principes de la coexistence pacifique. Le rapport a été soumis à la Conférence de Bruxelles de l'International Law Association (1962) avec la liste de principes ou règles de la coexistence pacifique. Le Rapporteur avait suggéré d'agréer parmi ces principes ou règles le principe de la non-reconnaissance des situations obtenues en violation des traités (par exemple celui de l'obligation de s'abstenir de reconnaître toute acquisition territoriale faite par un Etat membre ou non-membre des Nations Unies en violation de l'Article 2 (4) de la Charte), mentionnant à cette occasion les diverses déclarations et textes internationaux qui, de 1932 à nos jours, font de cette obligation un véritable devoir pour tout Etat.[1] La liste définitive de ces principes ou règles de la coexistence pacifique, présentée à la Conférence de Tokyo (1964), ne contient pas le principe de la non-reconnaissance des situations obtenues en violation des traités. En effet, „lors de la réunion du Comité de la coexistence du mois de juillet 1963, certains membres ont soutenu que ce principe de la non-reconnaissance serait en quelque sorte dépassé actuellement, en ce sens qu'il ne faudrait pas le mentionner comme un principe particulier de la coexistence, mais l'expliquer dans le commentaire du principe du respect de l'intégrité territoriale et de l'indépendance politique de tout Etat comme sanction de la non-observation de ce dernier principe."[2]

Le problème sera certainement de nouveau débattu lorsque sera posée la question de la déclaration des droits et devoirs des Etats, lorsque la codification des principes ou règles de la coexistence pacifique, – ou (pour rester dans la terminologie des Nations Unies) celle de l'„Examen des principes du droit international touchant les relations amicales et la coopération entre les Etats conformément à la Charte des Nations Unies," – sera examinée, d'une façon plus appropriée, au sein des Nations Unies, dans un climat plus serein et avec le désir fervent d'aboutir.

Ce qui est néanmoins certain, c'est que, aujourd'hui, la seule victoire ne crée pas le droit. La communauté internationale, tout de même mieux organisée, défend, condamne et ne reconnaît pas la conquête du territoire de la part d'un autre Etat, que cette conquête soit justifiée par des motifs d'ordre stratégique, idéologique ou autre. La non-reconnaissance des actes contraires au droit est la voie la plus sûre non seulement pour maintenir la paix mais pour permettre un jour aux peuples et aux individus de réaliser réellement leurs droits. Il va de soi que la non-reconnaissance des conquêtes sera elle-même réalisée d'autant plus efficacement que l'ONU sera plus forte et plus homogène et qu'elle ne permettra pas surtout le renouvellement des situations des années 1931 à 1939, c'est-à-dire qu'elle ne permettra pas que ses membres – surtout les petits et moyens Etats – se trouvent seuls en face des Etats avides de conquérir et dans la position de compter avec leurs conquêtes comme avec des faits accomplis.

[1] Voir *Report of the Fiftieth Conference – Brussels, International Law Association*, 1962, pp. 307–339, plus part. pp. 328–329; *Jugoslovenska revija za medjunarodno pravo*, 2/1962, pp. 161–185, plus part. pp. 176–177.

[2] Voir *Report of the Fifty-first Conference – Tokyo – International Law Association*, 1964, pp. 808–821, plus. part. p. 814; *Jugoslovenska revija za medjunarodno pravo*, 1/1964, pp. 1–11, plus part. pp. 5–6.

PAUL REUTER
Professeur à la Faculté de Droit et des Sciences économiques de Paris

La motivation et la révision des sentences arbitrales à la Conférence de la paix de la Haye (1899) et le conflit frontalier entre le Royaume-Uni et le Vénézuéla

L'arbitrage est aujourd'hui une institution juridique bien établie et il n'est contesté par personne qu'il a pour objet le règlement des litiges „sur la base du respect du droit." Cependant dans le langage courant le terme se réfère encore parfois à une activité quasi-gouvernementale tranchant librement une difficulté en fonction de toutes les „circonstances de l'affaire"; on a connu des arbitrages internationaux plus ou moins rendus en équité, et l'on pourrait retrouver même à l'heure actuelle des cas où il existe une certaine confusion entre l'arbitrage rendu sur la base du respect du droit et l'arbitrage rendu sur la base d'une amiable composition. La distinction n'est pas récente, mais elle a eu de la peine à s'imposer avec rigueur. La Conférence de la Haye de 1899 a du prendre sur ce point position avec une certaine vigueur; les débats qiu s'y sont déroulés doivent être rapprochés d'une affaire célèbre qui après avoir été apparemment tranchée quelques mois après la clôture de la Conférence vient de se réveiller à nouveau.

Il a semblé intéressant de préciser à cet égard quelques points d'histoire qui éclairent les difficultés soulevées à cette époque par l'arbitrage.

Ce n'a été qu'après de longues controverses et de nombreux échecs que le Vénézuéla et le Royaume-Uni sont arrivés à arrêter les termes d'un compromis d'arbitrage relatif à la détermination de la frontière de la Guyane le 2 février 1897 (de Martens *Recueil de traités* 2è série t. 28 p. 328). Dans cette négociation le Vénézuéla a d'ailleurs été supplée par les Etats-Unis qui dans le cadre de leur politique générale sur le continent américain étaient déjà intervenus auprès du Royaume-Uni à propos de cette affaire depuis un certain temps. Les négociations eurent donc lieu entre les Etats-Unis et le Royaume-Uni; elles présentent un vif intérêt pour l'histoire de l'arbitrage, non seulement en raison des diverses considérations émises par les Parties à propos de l'affaire de Guyane, mais parce que la question de la conclusion d'un traité général d'arbitrage entre le Royaume-Uni et les Etats-Unis, agissant cette fois pour leur compte propre, y a été mêlée.[1]

Quoiqu'il en soit, le tribunal arbitral compétent pour l'affaire de la Guyane fut institué sous la présidence de Charles de Martens; il était composé de deux juges anglais et de deux juges américains siégeant pour le compte du Vénézuéla. Il rendit une sentence *non motivée* le 3 octobre 1899. Cinquante aus plus tar des confidences posthumes de Mallet-Prévost, secrétaire de la délégation américaine représentant le Gouvernement vénézuélien devant le Tribunal furent publiées[2]; elles conduisaient à reconnaître que l'arbitrage avait été rendu sur la base d'un marchandage purement politique et sans tenir autrement compte des règles fort précises énoncées à l'article IV du compromis. C'est sur cette base que le Gouvernement vénézuélien rassembla d'autres informations et porta finalement à plusieurs reprises une réclamation devant les Nations Unies[3]; finalement après des négociations directes avec le Royaume-Uni un intéressant accord a été conclu le 17 février 1966 entre les deux Etats.[4] Il prévoit une série de procédures pacifiques, agencées d'une manière très souple, pour résoudre la controverse.

Ce n'est nullement l'intention de cette étude d'apprécier d'une manière critique la valeur des positions respectives des deux Parties, mais sulement, sur un plan historique de montrer combien cette affaire a été, en son temps, présente au cours des débats de la Conférence internationale de la paix de la Haye. Une sentence arbitrale qui n'est pas motivée sur des considérations juridiques peut en effet difficilement être motivée et il n'est pas concevable de même qu'elle puisse être soumise à révision pour survenance d'un fait nouveau. Or ces deux problèmes

---

[1] Les pièces de la correspondance diplomatique échangée entre le marquis de Salisbury et sir J. Pauncefote d'une part et M. Bayard et M. Olney d'autre part ont été publiées comme *Parliamentary Papers* (Command 8105, July 1896) ainsi que dans de Martens *Recueil* 2è série t. 23 p. 316; l'Angleterre a cherché par tous les moyens d'éviter l'arbitrage, notamment en liant cette affaire particulière au problème de l'arbitrabilité des litiges territoriaux et à la conclusion d'un traité général d'arbitrage. Les règles précises que le Tribunal devait appliquer dans la détermination de la frontière de la Guyane ont été fixées dans cette correspondance (Document n° 25 p. 346).

[2] Elles ont fait l'objet de deux articles de l'*American Journal of international law*, O. Schoenrich, „The Venezuela-British Guiana border dispute," 1949, p. 523 et W. Cullen Dennis, „The Venezuela-British Guiana Boundary arbitration of 1899," 1950 p. 720. Le surabitre aurait imposé aux arbitres américains une ligne de partage sous la menace, en cas de refus, d'attribuer tout le territoire contesté au Royaume-Uni et les juges américains auraient consulté la délégation américaine sur les conséquences qu'aurait une résistance à cette proposition pour laquelle le Président se faisait fort d'obtenir l'unanimité.

[3] Falcon Briceño Marcos, *Venezuela ante la ONU* (Caracas 1962); AG 17è session Commission politique spéciale A/SPC/71 12 novembre 1962.

[4] Agreement concerning the frontier between British Guiana and Venezuela (*Treaties series* n° 13–1966–Cmnd 2925).

vont être discutés à la Haye, à un moment où précisément le Tribunal arbitral a commencé ses travaux à Paris.[1] Parmi les représentants des Gouvernements à la Haye vont siéger des personnes qui sont étroitement mêlées à cet arbitrage; le plus important est évidemment François de Martens lui-même, membre permanent du Conseil Impérial des affaires étrangères, conseiller privé et délégué plénipotentiaire de la Russie; sir Julian Pauncefote, ambassadeur du Royaume-Uni à Washington, chef de la Délégation britannique à la Conférence a étroitement participé aux négociations relatives au compromis de 1897; en revanche du côté américain il ne semble y avoir aucune figure représentative qui ait par ailleurs été mêlée à l'affaire de la Guyane; cependant on verra M. E. W. Holls, secrétaire de la délégation faire une intervention extrêmement informée sur l'affaire de la Guyane; il est avocat à New-York, tout comme Mallet Prévost qui est au même moment secrétaire de la délégation américaine auprès du Tribunal arbitral.

Les procès-verbaux et documents de la Conférence relatent de nombreuses allusions faites par M. de Martens à l'affaire de la Guyane; il a communiqué à la Conférence les „Rules of procedure" adoptées par le Tribunal et celles-ci sont publiées parmi les „Annexes" du Rapport sur la Convention pour le règlement pacifique des conflits internationaux (page 132); il a plusieurs fois fait allusion d'une manière ou d'une autre à l'activité de ce Tribunal.[2]

Deux problèmes généraux vont montrer l'influence de l'affaire de la Guyane dans les discussions de la Conférence: l'obligation de motiver et la révision des sentences arbitrales.

Considérons d'abord l'obligation de motiver.

Le projet russe de „Code d'arbitrage" soumis à la Conférence ne contenait aucune disposition relative aux motifs des sentences arbitrales.

C'est devant le Comité d'examen nommé par la troisième Commission de la Conférence que la question a été soulevée par M. Zorn qui y représentait l'Allemagne; celui-ci proposa que l'on mentionne l'obliga-

[1] La Conférence internationale de la paix a siège du 18 mai au 29 juillet 1899; les débats du Tribunal arbitral ont commencé le 15 juin (6 séances en juin, 13 en juillet, 17 en août, 18 en septembre); ils seront terminés le 27 septembre et la sentence rendue le 3 octobre.

[2] Cf. notamment Cinquième séance de la Froisième commission pp. 23 et 24; Comité d'examen, séance du 23 juin: absent à la séance du 21, de Martens s'en excuse le 23 en expliquant qu'il avait dû retourner à Paris pour le Tribunal relatif à la frontière guyanaise et en rapportant 10 exemplaires du Code de procédure élaboré par ce Tribunal p. 30. Toutes les références données aux actes et documents de la Conférence de la Haye sont empruntées au volume *Conférence internationale de la paix La Haye 18 mai – 29 juillet 1899* (Ministère des affaires étrangères Nouvelle édition Nijhoff 1907).

tion de motiver le sentence; il devait être soutenu par le chevalier Descamps et par M. Asser. En revanche M. de Martens s'éleva avec vigueur à l'encontre de toute obligation de motiver et soutient qu'il fallait laisser à cet égard toute liberté aux arbitres. Battu en deuxième lecture par un vote acquis à la majorité, il reprit sans plus de succès l'offensive devant la Commission; l'article 52 de la Première Convention consacra l'obligation de motiver les sentences. En 1899 cette obligation n'était peut-être pas établie d'une manière très sûre par la coutume internationale[1] et l'on aurait pu imaginer plusieurs cas où l'absence de motivation aurait correspondu à une pratique ou même à une nécessité. La plupart des sentences arbitrales rendues par des souverains n'étaient pas motivées et il en fut encore ainsi pendant quelques années; par ailleurs on pouvait comprendre que pour un arbitre, appelé par la volonté expresse des Parties à statuer *ex aequo et bono* soit réservé le droit de ne pas motiver sa sentence.

Il est curieux de remarquer qu'aucun de ces motifs n'a été invoqué par M. de Martens, mais d'autres qui sont beaucoup moins convaincants[2]:

> il a dû tenir compte des graves objections qu'il a rencontrées de la part des différents arbitres qui ont la plus grande autorité dans ces matières et qui lui ont fait observer que dans un conflit international les arbitres ne sont pas seulement des juges; ils sont, en outre, des représentants de leurs gouvernements.

Peut-être cette formule si contestable, employée devant le Comité d'examen (Dixième séance 26 juin 1899 p. 37) voit-elle sa portée un peu adoucie si l'on considère la crainte concrète exprimée par de Martens. Il pense qu'un arbitre impartial condemnera son propre gouvernement, mais en présence „des exigences de son gouvernement ou des susceptibilités de l'opinion" il refusera de signer une sentence motivée et celle-ci aura moins d'autorité. Un peu plus tard (Comité d'examen Onzième séance du 30 juin p. 42) il reviendra sur cette question du refus de signature en donnant l'exemple des affaires de l'Alabama et des pêcheries de Bahring.

A cet égard il faut reconnaître qu'il y avait quelque chose de juste dans son point de vue; entre 1899 et 1907 un certain nombre de cas apparut dans lesquels certains arbitres mis en minorité refusèrent de signer une sentence qui selon l'article 52 de la Convention de 1899

[1] Cf. la plaidoirie du professeur Guggenheim dans l'affaire de la sentence arbitrale rendue par le roi d'Espagne le 23 décembre 1906 (*CIJ Mémoires* t. 11, p. 70).

[2] Dans son *Traité de droit international* (Paris 1883–1887) il distinguait pourtant nettement le compromis qui contient ou indique les règles de droit qui doivent être appliquées (*arbitratio*) et celui qui abandonne ce choix à l'arbitre (*arbitrium*).

aurait dû être signée de chacun des membres du Tribunal. La Convention revisée en 1907 disposa fort sagement dans son article 79 que la sentence ne serait signée que par le Président et le greffier.[1] Mais on peut penser cependant que F. de Martens avait d'autres motifs plus importants que celui-là qu'il complique d'une distinction singulière entre le fait et le droit:

Pour les points de droit, l'obligation de motiver la sentence n'empêchera pas vraisemblablement les arbitres de signer, mais quant au point de fait qui donne naissance au conflit, ce sera différent. Le motiver serait, le plus souvent, reconnaître la faute ou l'incorrection de l'un des Etats en litige.

Ce seront les explications de F. de Martens devant la Troisième Commission (Cinquième séance 17 juillet 1899 p. 24) qui sont vraiment révélatrices:

... des circonstances peuvent se produire où l'obligation de motiver constituerait un obstacle à obtenir une décision absolument juste.

M. de Martens ajoute que d'ailleurs le Tribunal d'arbitrage anglo-américain, qui siège actuellement à Paris, n'a pas admis l'obligation dont il s'agit.

Comme le Comité d'examen n'a pas partagé sa manière de voir sur cette question, M. de Martens a tenu à s'en expliquer devant la Commission. Il est possible qu'elle adopte l'avis du Comité, mais en ce cas M. de Martens s'appliquera l'adage „Dixi et salvavi animam meam."

On ne peut s'empêcher de considérer que F. de Martens est préoccupé par l'arbitrage des frontières de la Guyane; il le dit en termes presqu'exprès; il est exact que les „Rules of procedure" que ce tribunal vient d'adopter ne contiennent pas de règle stipulant l'obligation expresse de motiver, mais cela prouve-t-il que la sentence ne sera pas motivée? On sent très bien que F. de Martens veut que rien de ce qui se passe à la Haye ne vienne gêner la liberté dont il veut agir ou dont il craint d'avoir besoin. Deux ans auparavant, arbitre unique dans l'affaire du Costa Rica Packet il n'a pas jugé inutile de motiver sa sentence et cependant il était seulement obligé à „tenir compte des principes du droit des gens,"[2] alors que le traité de 1897 énumérait avec une grande précision les règles qui devaient être appliquées par l'arbitre.

La question de la révision des sentences arbitrales n'était pas posée par le Projet russe qui se bornait à envisager (art. 26) les cas de nullité de la sentence, matière que la Conférence devait en fait ne pas exami-

[1] Dans la pratique actuelle, c'est le procès-verbal des délibérations finales du Tribunal, que les Gouvernements ne publient généralement pas, qui mentionne éventuellement le dissentiment d'un arbitre, ce qui est, si F. de Martens avait raison, peut-être agréable à un arbitre national. Bien entendu dans les arbitrages touchant un pays anglo-saxon, la pratique de la publication des opinions dissidentes continue à sévir.

[2] *British and foreign State Papers*, vol. 87 p. 21 et 89 p. 1181.

ner. Ce furent les Etats-Unis qui dans une Proposition soumise au Comité d'examen (page 137) prévoyaient dans les trois mois qui suivaient la notification de la sentence la possibilité d'une deuxième audition de la cause „pour invoquer des témoignages nouveaux ou des questions de droit non soulevées et non tranchées la première fois." Assez rapidement cette disposition beaucoup trop large fut amendée et la revision limitée au cas de découverte d'un fait nouveau. Ici aussi F. de Martens s'est élevé vigoureusement contre toute perspective de révision dans la crainte que sa seule éventualité fasse s'éterniser les conflits (Comité d'examen Dixième séance 26 juin 1899 pages 38 et 39; Douzième séance 1er juillet 1899 p. 46). Plusieurs délégués, dont le chevalier Deschamps se rangèrent aux côtés de F. de Martens et un projet d'article prévoyant la révision ne fut adopté qu'à une voix de majorité devant le Comité d'examen. La question fut à nouveau examinée devant la Commission (Cinquième séance 1er juillet 1899 p. 26). F. de Martens développa à nouveau et très brillamment l'idée que l'arbitrage devait apaiser les conflits et que les Parlements et l'opinion s'inclinaient devant une sentence s'ils la savaient définitive, mais que l'ouverture d'une période pendant laquelle la révision serait possible ruinerait les effets bénéfiques de l'arbitrage et l'autorité des arbitres.

C'est alors que le secrétaire de la délégation américaine prit la parole pour lui répondre d'une manière qui aujourd'hui encore provoque un peu de surprise. Sans doute défendait-il une proposition d'origine américaine et expliqua-t-il avec précision et mesure la portée limitée du projet d'article en discussion: mais alors qu'il avait déjà salué en F. de Martens „le Président du seul tribunal d'arbitrage qui siège à présent," il fit brusquement allusion à des difficultés possibles dans l'affaire alors *sub judice* dans des termes qu'il faut rapporter intégralement:

„Avant que la sentence est[1] prononcée, il n'est pas toujours possible de savoir quels faits, quelle espèce de faits et quelle argumentation a fait le plus d'impression sur les juges et a déterminé leur décision.

„Prenez par exemple la question en litige en ce moment devant la Cour arbitrale, dont notre honorable collègue de Russie fonctionne si dignement comme président, la question de frontière entre la Grande-Bretagne et le Vénézuéla. Dans ce cas, le délai de trois ou six mois ne serait vraiment que très minime, vu que ce différend existe depuis trois années et dans une forme plus ou moins occulte depuis plus de quatre-vingts ans. Il serait donc indifférent si la décision devienne effective le

[1] On a maintenu dans la citation toutes les incorrections linguistiques qui se trouvent dans le procès-verbal original.

premier du mois d'octobre ou le premier janvier, en comparaison du danger causé par une première sentence injuste. En outre, ce différend inclut l'interprétation de traités contractés il y a deux cent cinquante ans; il inclut un nombre énorme de précédents historiques, de questions de colonisation et de juridiction sur des tribus barbares autant que des questions d'autorité de cartes. En dernier lieu, le différend inclut l'argument que fait valoir le parti adverse en ce sens que ses prétentions ont déjà été reconnues et admises. Jusqu'au moment de la décision du Tribunal, il sera impossible de savoir quelle catégorie de faits et quelle argumentation a déterminé la décision. Or la recherche de faits nouveaux sera limitée à cette catégorie. Si cette enquête amènera un résultat, par exemple si l'on trouvait une nouvelle carte ou un nouveau document d'une authenticité incontestable, il est évident que le parti intéressé refuserait de se soumettre à une sentence qui ne pourrait être rectifiée d'une manière légale et régulière."

Des juristes du Vieux Monde ont été peut-être surpris de la facilité avec laquelle on mêle à une discussion de principes une affaire pendante devant un tribunal dont le principal responsable est précisément pris à partie à propos de ces principes. Toute cette déclaration est troublante; à deux reprises dans le passage cité le délégué des Etats-Unis lie la question de la motivation à la révision. Il ne met pas en doute à propos de l'affaire de la frontière de la Guyane que la future sentence sera motivée, puisque c'est sur ses motifs qu'il veut permettre aux parties de tenter une révision! L'argument est si singulier et les menaces que le représentant des Etats-Unis laisse entendre à la fin de son intervention[1] sont si catégoriques que l'on en arrive à se demander si à cette époque le Gouvernement des Etats-Unis n'éprouvait pas déjà les plus vives craintes sur la manière dont serait mené l'arbitrage en cours.

Mais cette argumentation n'était pas adroite; cette allusion au différend en cours ne pouvait être du goût des juristes européens et finalement la Troisième Commission adopta à l'unanimité un texte devenu l'article 55 de la Convention; il devait d'ailleurs rester inaltéré

[1] „Les représentants des Etats-Unis d'Amérique considérant cet article ou une autre disposition également efficace pour rectifier des erreurs manifestes, comme une partie tellement essentielle d'un projet acceptable, auront à demander de nouvelles instructions de leur Gouvernement avant de pouvoir se joindre à leurs collègues de la Conférence et approuver un projet qui ne contiendrait pas une pareille disposition. C'est pour cette raison qu'ils font un appel chaleureux à la Commission de laisser intact le principe exprimé dans l'article, proposé au nom du Gouvernement des Etats-Unis." Une clause de révision était bien insérée dans le traité général d'arbitrage de 1896 (non ratifié) entre les Etats-Unis et le Royaume-Uni, mais non dans le compromis du 2 février 1897 relatif à la frontière de la guyane.

lors de la révision de 1907 (art. 83). La différence essentielle entre le texte final et celui que les Etats-Unis auraient souhaité était que, pour que la révision soit possible, il fallait que les parties se soient réservé cette faculté dans le compromis lui-même. C'était donc aux parties à apprécier en présence de chaque cas s'il était ou non opportun d'admettre la révision comme une faculté. Ce n'est que plus tard dans le statut de la Cour Permanente de Justice Internationale que la révision fut prévue de plein droit. De plus elle a été en 1899, en ce qui concerne ses conditions de fond, limitée au cas de découverte d'un fait nouveau qui eut été de nature à exercer une influence décisive sur la sentence et qui, lors de la clôture des débats, était inconnu du Tribunal lui-même et de la partie qui a demandé la révision. Dans le statut de la Cour permanente de justice internationale (comme dans celui de la Cour internationale de Justice) on a exigé de plus que la partie qui demande la révision n'ait commis aucune faute en ignorant le fait nouveau.

Ainsi donc les discussions qui ont marqué à la Conférence internationale de la paix de 1899 les deux questions de la motivation et de la révision des sentences arbitrales se sont référées dans les deux cas aux contradictions qui peuvent exister entre la paix sociale et la justice. En ce qui concerne la motivation, une voix isolée a soutenu que pour la paix sociale il fallait abandonner aux arbitres la faculté de ne pas motiver une sentence; la Conférence n'a pas admis ce raisonnement et a reconnu la règle de la motivation des sentences. En ce qui concerne la révision, après un examen approfondi elle a estimé qu'une transaction était possible entre la justice et la sécurité juridique, fondement de la paix; elle n'a pas posé le principe général du droit à la révision, elle s'est borné à rappeler que la faculté en était ouverte aux auteurs des compromis et en a limité l'exercice à une hypothèse très particulière, la découverte d'un fait nouveau et mettant en cause le dispositif de la sentence.

Cette différence de traitement entre les deux problèmes se justifie parfaitement, car ceux-ci sont entièrement différents l'un de l'autre.

On a beaucoup parlé au cours de ces débats de „l'autorité" de la sentence arbitrale. On peut effectivement convecoir qu'elle découle du seul rang de celui qui promulgue la décision, quelles que soit les raisons qui l'inspirent; cela a été et est encore le cas de beaucoup de décisions qui n'ont de l'arbitrage que le fait qu'elles tranchent un conflit; cela a pu être aussi le cas des arbitrages rendus par un souverain jusqu'à l'aube du XXè siècle parce qu'il y avait derrière la personne d'un souverain le double horizon d'une sacralisation et d'une référence politique. Mais comment imaginer que les jurisconsultes qui exercent les fonctions d'arbitres aient une autre autorité que celle du droit qu'ils appliquent? Qui ne voit que dispenser un tribunal de motiver ses décisions, c'est lui retirer tout crédit et que le tribunal qui à sa propre initiative se dispense de motiver sort manifestement de ses fonctions?

Au contraire une fois qu'une sentence motivée a été rendue elle dispose de l'autorité du droit. Certes cette réponse est insuffisante, parce que, même motivée avec soin la sentence aurait pu être autre et quant à la définition du droit et quant à l'appréciation des faits. Cet éventail de solutions possibles constitue le risque judiciaire; il est exact que l'opinion publique et les Parlements ne l'apprécient pas toujours dans toute son ampleur, mais il n'est pas possible qu'il n'en soit pas de même pour les Gouvernements et c'est la libre acceptation de ce risque judiciaire qui est la source la plus profonde de l'autorité des sentences. Quoi que l'on fasse, quelle que soit la qualité du recrutement des arbitres ou des juges, quelle que soit même la multiplication des degrés de juridiction et des recours, le risque subsiste. Dès lors les recours et la multiplication des degrés de juridiction ne changent pas radicalement les données du problème: il faut bien à un moment ou à un autre une sentence finale, ce n'est qu'une question de plus ou de moins; la sécurité trouve toujours sa place à côté de la justice.

Il n'est donc pas étonnant que la Conférence de 1899 ait été très sensible aux dangers d'une révision. Il est difficile de lui donner tort puisque plus d'un demi-siècle plus tard, alors que l'on connaît depuis de longues années la justice internationale permanente, non seulement les conditions de la révision sont devenues plus strictes, mais les conditions d'un contrôle des actes juridictionnels internationaux n'ont progressé que très lentement; un contrôle organique de l'excès de pouvoir du juge international n'a été réalisé que dans des cas exceptionnels et somme toute secondaires à propos des tribunaux administratifs internationaux; l'appel d'un tribunal international à un autre est encore plus rare c'est qu'en effet en examinant les choses au fond il n'y a pas a priori de raisons qu'un tribunal international juge mieux qu'un autre, étant données les règles qui président à leur composition ou la source de leur autorité.

Dans ces débats si éclairés de la Conférence, la seule faiblesse vraiment insigne est constituée par la position de F. de Martens sur la motivation.

Peut-on vraiment admettre que ce jurisconsulte expérimenté ait été pris au mirage des hommages qu'il recevait de toutes parts? Ce serait alors dans un mouvement de présomption qu'il aurait parlé de „différents arbitres qui ont la plus grande autorité dans ces matières" et qu il aurait attribué aux jurisconsultes le pouvoir quasi-magique de dé clencher aveuglément l'assentiment. Cette interprétation est bien peu vraisemblable. Lorsque deux ans auparavant, arbitre unique qui pouvait commencer sa sentence par la formule suivante:

„En vertu des hautes fonctions d'Arbitre conférées, par ordre suprême de mon auguste maître, Sa Majesté l'Empereur Nicolas II de Toutes les Russies...."

il n'en estimait pas moins nécessaire, comme on l'a déjà indiqué, de motiver largement la décision par laquelle était mis fin à l'affaire du *Costa-Rica Packet*.[1] La sentence a été critiquée certes, mais elle existe, et l'on ne peut en dire autant de celle du 3 octobre 1899. Cela ne peut donc être qu'à regret et presque contraint et forcé que le Président du Tribunal a pris le parti de ne pas motiver; mais il ne semble pas exagéré de dire que dès la date de la Conférence il avait cette éventualité fortement à l'esprit et qu'il savait ou tout au moins prévoyait que le déroulement de l'arbitrage et sa conclusion finale rencontreraient de grandes difficultés.

Il est possible que l'état d'esprit des Parties devant le Tribunal d'arbitrage pour la frontière de Guyane ait aggravé la situation du surarbitre.[2] Beaucoup de circonstances rendaient cet arbitrage des plus singuliers; les conditions dans lesquelles le Vénézuéla avait consenti à se faire représenter, en dehors de tout protectorat ou de toute institution régulière, par un pays tiers semblent se rencontrer rarement dans une procédure arbitrale, et révèlent une situation quasi-coloniale. Il faut se souvenir également que le Royaume-Uni s'est vraiment fait traîner à l'arbitrage sans aucune conviction, ne se lassant de soutenir que des litiges du genre de celui qui l'opposait au Vénézuéla n'étaient pas arbitrables. Cette thèse est singulière si l'on considère que le litige territorial porte sur une frontière et que de telles questions ont été fréquemment soumises à l'arbitrage, mais elle l'est moins si l'on garde présent à l'esprit que les Etats ne considèrent pas volontiers comme relevant de l'arbitrage les litiges qui portent sur des étendues de territoire trop importantes.

[2] En ce qui concerne l'ambiance de la période qui a précédé la conclusion du compromis cf. G. Pariset, *Historique sommaire du conflit anglo-vénézuelien en guyane* (Berger-Levrault 1898).

On peut admettre que cet arbitrage ne commençait donc pas sous d'heureux auspices. Il n'a pas mis fin au litige qui devait être réouvert cinquante ans a près à la suite d'informations nouvelles. La question de savoir si l'absence de motivation était en elle-même contraire aux règles applicables à cet arbitrage est moins importante que celle de savoir si la sentence a été fondée sur des procédés entièrement étrangers aux normes posées par le compromis de 1897 et au demeurant incompatibles avec les méthodes arbitrales. C'est la question que le Vénézuéla d'une part et le Royaume-Uni et la Guyane d'autre part se sont engagés à résoudre par le traité du 17 février 1966.

KRZYSZTOF SKUBISZEWSKI
Associate Professor of International Law at the University of Poznan, Poland

The Problem of the Application of Military Measures by the General Assembly of the United Nations

This paper seeks to describe briefly the competence and the practice of the General Assembly of the United Nations in recommending the application of military measures.

The Term "Action"

The subject of the paper calls for the clarification of a number of terms, and "action" is the first of them.

The term "action" is used with different meanings by the Charter of the United Nations.[1]

There is, firstly, the broadest meaning. Here the term covers any kind of action that is undertaken by the United Nations: "calling a conference, making recommendations to the parties involved, appointing a commission to enquire into the position, police action for the maintenance of peace."[2] In this sense military measures that are only recommended, not ordered, are also action.

Secondly, there is the other extreme, namely, the narrowest meaning of the term: action means those measures taken by the Security Council under Chapter VII of the Charter. During the proceedings before the International Court of Justice in the *Expenses Case* one representative gave expression to the narrow definition of action[3]:

> Activities outside the purview of Chapter VII involve no „action" to carry out "decisions" binding on Member States. I use those terms "action" and "decision" in the special sense they have in Chapter VII.

---

[1] Hans Kelsen, *The Law of the United Nations* (London, 1950), s. 281.

[2] The representative of the United Kingdom, *I.C.J. Pleadings, Certain Expenses of the United Nations (Article 17, paragraph 2, of the Charter), Advisory Opinion of 20 July 1962*, p. 342. He did not approve of such broad meaning.

[3] The representative of the United States, *ibid.*, p. 419.

There exist also various other meanings that place themselves between the broad and narrow definitions of "action." While this paper does not purport to list all the definitions of action that are possible under the several provisions and interpretations of the Charter, the questions of in what meaning this term has been used by Article 11, paragraph 2, last sentence, and in particular whether "action" here includes the recommendation of military measures, must be answered.

Article 11, paragraph 2, empowers the General Assembly to discuss any questions relating to the maintenance of international peace and security and to make recommendations thereon. The Assembly may become seized of any such question by the Security Council or by any State, whether a Member of the United Nations or not, and it may address its recommendations to the Council or to any State or to both. The Assembly is barred from making a recommendation when there arises the contingency provided for in Article 12, paragraph 1, which is when the Security Council exercises its functions in respect of the same question; in this case the Assembly's competence to make recommendations depends on the authorization by the Council which may request the Assembly to act accordingly. The limitation imposed by Article 12 is unequivocal, and it has caused no difficulties whenever it has been applied in the practice of the Organisation.

However, the crux of the matter appears to lie not in Article 12, but in the concluding sentence of Article 11, paragraph 2. That provision purports to impose another, and less clear, restriction on the Assembly's power to take action. This sentence reads as follows:

> Any such question on which action is necessary shall be referred to the Security Council by the General Assembly either before or after discussion.

The above provision reveals the importance of the meaning of the term "action." For the extent of the Assembly's power depends on what categories of activities constitute action. In particular, in view of the subject of this paper, it must be established whether the quoted sentence, which is part of Article 11, paragraph 2, refers to military measures. While today the Soviet Union, France and some other Members defend the proposition that the term covers, *inter alia*, any recommendation on military measures by the Assembly in whatever circumstances, the majority of Members are of the opinion that the term refers exclusively to action under Chapter VII. The latter view was adopted by the International Court of Justice in the Expenses Case[1]:

[1] *I.C.J. Reports* 1962, at 00. 164 and 165.

The Court considers that the kind of action referred to in Article 11, paragraph 2, is coercive or enforcement action. [...] The word "action" must mean such action as is solely within the province of the Security Council. [...] The "action" which is solely within the province of the Security Council is that which is indicated by the title of Chapter VII of the Charter, namely "Action with respect to threats to the peace, breaches of the peace, and acts of aggression."

Measures

Like "action" the term "measures" is used with several meanings, though all these meanings have one thing in common: "the word 'measure' implies some kind of action."[1]

Measures that can be described as collective are of special interest to this paper. In its first report the Collective Measures Committee of the General Assembly divided the collective measures of the United Nations into three categories: (1) political, (2) economic and financial, and (3) military.[2]

The Charter refers to a particular class of collective measures, viz. those which it describes as effective (Article 1, paragraph 1). Effective collective measures are enforcement measures determined in Articles 41 to 50, especially in Articles 41, 42, and 45.[3] Enforcement measures are ordered, i.e., they are taken by virtue of, and are based on, resolutions which are binding on their addressees (decisions *sensu stricto*). The General Assembly is excluded from taking such measures. They remain the exclusive domain of the Security Council.

In parallel to enforcement measures that fall under Chapter VII the Charter refers to enforcement which does not constitute the collective action of the Organisation. Such enforcement are measures taken by the regional organisations under Article 53. In this connection mention should also be made of measures provided for in Article 106.[4] The latter, unlike those under Article 53, are the action of the United Nations because they are taken on behalf of the Organisation. Yet, in contradistinction to enforcement under Chapter VII, they are not collective in nature.

Enforcement measures should be distinguished from enforcement of a decision, such as enforcement under Article 94, paragraph 2.[5]

---

[1] *Ibid.*, at p. 172.

[2] *G.A.O.R.*, 6th Sess., Suppl. No. 13, *Report of the Collective Measures Committee*, U.N. Doc. A/1891, p. 3, para. 22.

[3] Kelsen, *op. cit.*, pp. 14, 281 and 724.

[4] *Ibid.*, p. 91.

[5] *Ibid.*, p. 294.

The fact that measures recommended by the General Assembly, including – as the case may be – measures of a military nature, do not bear the character of enforcement does not mean that they are not sanctions. If the Assembly measures are taken in answer to a delict under the Charter they are in the nature of sanctions.

Military measures

The law and the practice of the Organisation enable one to distinguish between two kinds of military measures.

Firstly, there are measures which result in military action directed against one or more States in an international conflict or against a public authority or armed group in a domestic conflict when the latter has international implications. Here force is used through military units be they land, sea, or air forces. Military action taken by the United Nations Force in the Congo against the provincial government of Katanga by virtue of the resolution of the Security Council of 21 February 1961 falls under this heading.

Secondly there are measures which are not directed against anybody, but they nevertheless consist of steps which are applied through military organs, e.g. the maintenance and supervision of a truce. Here force is not resorted to, except in self-defence, and military action is not the task of the military organ involved. Most of the peace-keeping operations of the United Nations fall under this category of military measures, including the activities of the United Nations Emergency Force. It may be added that "peace-keeping operations"" is not a technical term to be found in the Charter.

The various categories or forms of military measures have been listed and described in the first report by the Collective Measures Committee of the General Assembly, and the reader may be referred to that document for detailed information.[1]

The Law of the Charter and the Uniting for Peace Resolution

A *prima facie* authorization for the General Assembly to recommend military measures appears to follow from Article 11, paragraph 2, and Article 14 of the Charter. These two provisions are subject to the restriction contained in Article 12, paragraph 1, while the competence

---

[1] See *Report* in footnote 6, pp. 22–32, paras. 167–263.

under Article 11, paragraph 2, is additionally limited by the Assembly's duty to refer any question on which action is necessary to the Security Council. These limitations have been briefly referred to above in the paragraph devoted to the meaning of the term "action."

Subject to these limitations, the General Assembly may make recommendations on any questions relating to the maintenance of international peace and security (Article 11, paragraph 2) and/or it may, under Article 14,

> recommend measures for the peaceful adjustment of any situation, regardless of origin, which it deems likely to impair the general welfare or friendly relations among nations, including situations resulting from a violation of the provisions of the present Charter setting forth the Purposes and Principles of the United Nations.

In paragraph 1 of resolution 377 A (V) of 3 November 1950 (Uniting for Peace) the General Assembly interpreted its power to recommend collective measures in the following way:

> if the Security Council, because of lack of unanimity of the permanent members, fails to exercise its primary responsibility for the maintenance of international peace and security in any case where there appears to be a threat to the peace, breach of the peace or act of aggression, the General Assembly shall consider the matter immediately with a view to making appropriate recommendations to Members for collective measures, including in the case of a breach of the peace or act of aggression the use of armed force when necessary, to maintain or restore international peace and security.

The debate between the proposers, led by the United States, and the opposers, led by the Soviet Union, of the interpretation embodied in the Uniting for Peace resolution has been amply analysed in legal writings.[1] The basic doubt regarding the legality of the resolution

[1] This debate took place mainly during the fifth Session of the Assembly, though it recurred also in later years both in the Assembly and in the Security Council. See *G.A.O.R.*, 5th Sess., Ist Cmtte, 354th–371st Mtgs., 9–21 October 1950, pp. 63–174; *ibid.*, Pl., Vol. I, 299th–303rd Mtgs., 1–3 November, pp. 292–347. For writings on the Uniting for Peace resolution, see Hans Kelsen, *Recent Trends in the Law of the United Nations* (London, 1951), pp. 953–90; over Robert W. Tucker, „The Interpretation of War under Present International Law, Addendum," *International Law Quarterly*, Vol. 4 (1951), pp. 33–8; Paul H. Douglas, „United to Enforce Peace," *Foreign Affairs*, Vol. 30 (1951), pp. 1–16; H. Field Haviland, Jr., *The Political Role of the General Assembly* (New York, 1951), pp. 156–65; F. A. Vallat, „The General Assembly and the Security Council of the United Nations," *British Year Book of International Law*, Vol. XXIX (1952), at pp. 94–100; Katzin, „Collective Security: The Work of the Collective Measures Committee," *Annual Review of United Nations Affairs*, 1952, p. 206 *et seq.*; Pierre Brugière, „Les résolutions amendant les pouvoirs de l'Assemblée des Nations Unies pour la sécurité collective," *Revue Générale de Droit International Public*, Vol. 57 (1953), pp. 453–76; Alfred von Verdross, „Idées directrices de l'Organisation des Nations Unies," *Hague Recueil*, Vol. 83 (1953-II), at pp. 63-7; André Rosignol, „Des tentatives effectuées en vue de mettre un nouveau mécanisme de sécurité collective à la disposition de l'Assemblée Générale des Nations Unies et de leur inconstitutionalité," *Revue Générale de Droit Inter-*

concerned the part which referred to the Assembly's power to recommend military measures ("collective measures, including [...] the use of armed force when necessary"). On the other hand, the Assembly had been recommending the application of *non-military* measures both before and after the adoption of the Uniting for Peace resolution, and the non-military measures that had been voted after 1950 were not necessarily or expressly based on the terms of that resolution. In short, while the recommendation of non-military measures by the Assembly raises little doubt as to its lawfulness, particularly in the light of the long practice of the Assembly, the same cannot be said with equal force with respect to military measures.

The majority of the Member States who favoured the adoption of the Uniting for Peace resolution, started from the premise that the responsibility of the Security Council for the maintenance of international peace and security was primary and not exclusive.[1] The word "primary" is used by Article 24, paragraph 1. Hence, when the Security Council fails to exercise its primary responsibility, certain powers can be exercised by the General Assembly in its capacity of the organ that bears a secondary responsibility for the maintenance of international peace and security (Articles 10, 11, and 14). According to this interpretation the Assembly cannot take decisions on preventive and enforcement measures of a military nature under Chapter VII of the Charter, but it has the power to recommend military measures of its

national Public, Vol. 58 (1954), pp. 94–129; Leland M. Goodrich and Anne P. Simons, *The United Nations and the Maintenance of International Peace and Security* (Washington, 1955), pp. 406–23 and 430–3; Pierre-F. Brugière, *Les pouvoirs de l'Assemblée Générale des Nations Unies en matière politique et de sécurité* (Paris, 1955), pp. 395–420; Juraj Andrassy, „Uniting for Peace," *American Journal of International Law*, Vol. 50 (1956), pp. 563–82; Fernand van Langenhove, *La crise du système de sécurité collective des Nations 1946–1957* (Bruxelles, 1958), pp. 122–40; Julius Stone, *Legal Controls of International Conflicts. A treatise on the Dynamics of Disputes- and War-Law*, 2nd Impression with Suppl. (London, 1959), pp. 266–84; Keith S. Petersen, "The Uses of the Uniting for Peace Resolution since 1950," *International Organization*, Vol. XIII (1959), pp. 219–32; F. A. Vallat, „The Competence of the United Nations General Assembly," *Hague Recueil*, Vol. 97 (1959-II), at pp. 261–7; Leland M. Goodrich, *The United Nations* (New York, 1959), pp. 176–89; Inis L. Claude, Jr., „The United Nations and the Use of Force," *International Conciliation*, March 1961; Finn Seyersted, "United Nations Forces: Some Legal Problems," *British Year Book of International Law*, vol. XXXVII (1961), at pp. 370–4; G. K. Yefimov, "Voprosy kompetentsii Generalnoy Assambley OON v mezhdunarodnopravovoy doktrine SŠA" (Questions of Competence of the U.N. General Assembly in the American Doctrine of International Law), *Soviet Year Book of International Law*, 1963, pp. 345–51; D. W. Bowett, *United Nations Forces. A Legal Study of United Nations Practice* (London, 1964), pp. 290–8 and 545–51. Generally relevant on the subject though not dealing in detail with resolution 377 A (V) is Myres S. McDougal and Richard N. Gardner, "The Veto and the Charter: An Interpretation for Survival," *Yale Law Journal*, Vol. 60 (1951), pp. 258–92.

[1] This view is also expressed by the Court, *I.C.J. Reports* 1962, p. 163.

own choice. On the other hand the Governments which oppose this interpretation reply that all military measures are the exclusive domain of the Security Council. In particular, it is submitted that it is

the Security Council alone and not the General Assembly that may set up international armed forces and take such action as might be necessary to maintain or restore international peace and security, including the use of such armed forces.[1]

It has also been averred that

the action referred to in Article 11, paragraph 2, included not only the measures provided for in Articles 41 and 42 but also any measure for the establishment of a force, whether military or not, to intervene against a State or within a State even when the latter consented to the intervention and the effective use of arms was theoretically limited or restricted to exceptional circumstances.[2]

The practice of the Organisation does not permit of any clear-cut choice between the conflicting interpretations of the Assembly's powers with regard to military measures, while a strictly textual analysis of the Charter is inconclusive, for it leaves room for the adoption of either of the two interpretations.[3]

The problem is predominantly political, and its solution must be sought not through a logical and constitutional analysis of the provisions of the Charter – a rather hopeless task, for the Charter is not a model of legal drafting. The solution must be found in what appears to follow from the purposes, principles, and practice of the Organisation.

Below, our subject is dealt with under three headings: military measures of the Assembly recommended against a State or authority; the Assembly as organizer of the Member's self-defence; and peace-keeping operations of the General Assembly.

Military measures recommended against a State or authority

The problem is not whether the General Assembly has or has not the competence to recommend measures against a State or an authority; the problem is the scope of the Assembly's powers in this field. Can it recommend *any* measures, including military measures?

The twenty-year practice of the General Assembly in recommending

---

[1] Memorandum of the USSR Government, *I.C.J. Pleadings*, footnote 2, at p. 271. For earlier statements of Soviet and Eastern European representatives, see records cited in footnote 11.

[2] Position of France as digested in *G.A.O.R.*, 20th Sess., Suppl. No. 1 *Annual Report of the Secretary-General on the Work of the Organization, 16 June 1964 – 15 June 1965*, U. N. Doc. A/6001, Corr. 1, p. 4.

[3] The latter has been amply demonstrated by Kelsen, *Recent Trends*, pp. 953 *et seq.*

measures directed against States or in peace-keeping operations shows that this organ has had little doubt as to its own competence to engage in quasi-executive activities. Neither the principles that are enumerated in Article 2, including the limitation found in paragraph 7, nor other provisions of the Charter, proved a bar to the exercise of that competence. Also, the absence of conflicts between the Assembly and the Security Council in this respect should be noted. One may conclude that Article 11, paragraph 2, in using the word "action," did not limit the Assembly to mere discussion. An opposite interpretation would prevent the Assembly from adopting even a recommendation that, for instance, expressed an opinion on the gravity of the dispute, let alone suggested measures appropriate for the occasion. Article 11, paragraph 2, cannot be construed as depriving "the Assembly of the most important function conferred upon it by the same Article and by other Articles of the Charter." Therefore, "in order to avoid absurd consequences, the term must be interpreted in a restrictive way."[1] But how restrictive?

If one is to judge and assess the conduct of Members by the yardstick of their votes, one is lead to conclude that sooner or later each Member, on a specific occasion, subscribed to the restrictive interpretation. When the application of certain measures against South Africa was being debated in the Assembly, the delegate of the Soviet Union reminded the Members that "[t]he Charter offered the United Nations powerful means of action [...]."[2] The opposition to measures in a specific situation has been usually dictated not so much by doubts regarding the Assembly's competence[3] as by disagreement with the policy sponsored by the majority and adopted by the Organization.

Nonetheless the formula of Article 11, paragraph 2, is not helpful in answering this question. While it is difficult to accept the view that "action" is all except discussion, it is equally impossible to share the opinion that that provision merely excluded enforcement measures under Chapter VII. An exclusion to that effect would appear superfluous, and one hesitates to regard it as the only reasonable reading of the Charter.

The limitations of the Assembly's power to make recommendations on military measures should be sought, apart from Article 12, para-

---

[1] *Ibid.*, p. 962.

[2] *G.A.O.R.*, 15th Sess., 2nd Part, Sp. Pol. Cmtte., 243r d Mtg., 5 April 1961, p. 82, para. 37.

[3] Such doubts, however, were voiced during the discussions on arms embargo to Albania and Bulgaria under resolution 288 A (IV) and to People's Republic of China under resolution 500 (V).

graph 1, in factors that, in conformity with the purposes and principles of the Organisation, determine the effectiveness and desirability of the operations of the United Nations.

Firstly, the Assembly should avoid making recommendations that cannot be put into operation. "The adoption of a text which had little chance of being fully implemented was bound to weaken [...] the United Nations itself, which would become an instrument of empty threats."[1] For the Assembly is not fully equipped to take quasi-executive action, and this observation applies not only to the procedural sphere.[2] The success of such action depends on the cooperation of States,[3] while there are certain types of action where many Members can be expected to be rather doubtful whether to give their concurrence and consent. This seems to be primarily the case of recommendations involving the use of military force.

Secondly, it has been shown in writings on the United Nations that the Charter, in spite of its language, did not provide for a full application of the system of collective security. Action against permanent Members of the Security Council and their *protégés* has been excluded by virtue of Article 27, paragraph 3.

> The truth is that the Conference [at San Fransicso] paid its glowing respects to the principle of collective security and then announced its firm conviction that it would be impossible to create a collective security system which could cope with threats to the peace posed by great powers. This is the central meaning of the famous veto power granted to the permanent members of the Security Council.[4]

The system of collective security embodied in the Charter cannot be made operative against the unlawful use of force by a great power. Through its parliamentary diplomacy the Organization has certain means to diminish the prospects of the resort to force by a great power. But once force has been used by a great power, the Organisation can do practically nothing against the State involved. "The Charter en-

---

[1] *Ibid.*, p. 81, para. 22. Haviland, *op. cit.*, p. 111, discusses some adverse effects of the Assembly resolutions on Spain, South Africa, and the peace treaties with Bulgaria, Romania and Hungary, and says: "[...] it should be a warning to that body not to attempt the impossible. If the Assembly overreaches itself, it creates frustration in its own house and causes a reaction in the opposite direction. Nothing can have a more demoralizing effect upon the whole organization."

[2] On the latter, see Sydney D. Bailey, *The General Assembly of the United Nations. A Study of Procedure and Practice* (New York, 1961), p. 253.

[3] Leland M. Goodrich, "Expanding role of the General Assembly. The Maintenance of International Peace and Security," *International Conciliation*, May 1951, No. 471, at pp. 280–1.

[4] Inis L. Claude, Jr., *Power and International Relations* (New York 1962), p. 158.

dorsed the *ideal* of collective security in unqualified terms, but envisaged its application in severely limited terms."[1] The Uniting for Peace resolution, as the history of its application shows, did not reform the United Nations in this respect. There was not a single case where the General Assembly decided to make full use of the Uniting for Peace resolution, i.e., to recommend the application of military force against a State or States or against an authority, though it dealt with disputes or situations that would otherwise have justified the taking of military measures.

It would be both against the letter of the Charter and the purposes of the Organisation if the General Assembly recommended military measures against a permanent Member of the Security Council or against an ally of such Member. Barring the peculiar position of Nationalist China which occupies the seat that should be taken by the People's Republic of China in the Security Council, all permanent Members of the Council dispose, to varying degrees, of thermo-nuclear weapons and are ready to make use of them. A recommendation by the Assembly would either confirm the unavoidability of a major war or even contribute to the unleashing of it. "A collective security operation directed against the Soviet Union or the United States would be a major war, not a device for preventing such a war."[2] And it is rather superfluous to note here that the United Nations bears a responsibility for the taking of steps that prevent war.

The conclusion, then, is that, unless the General Assembly acts by virtue of an authorization which the Security Council has adopted in conformity with Article 27, paragraph 3, it is not competent to recommend military measures against a State or authority. The United Nations can risk a conflagration, even a major one, for such a risk is always inherent in the taking of military measures, but it should commit itself only through the act of the Security Council, i.e., without opposition, explicit or implicit, on the part of the great powers which have permanent seats on that organ. If there is a dangerous split between those powers and a war between them becomes unavoidable, the role of the United Nations comes to an end, and the involvement of the Organisation in such war and on one side, through the instrumentality of the Assembly recommendations, does not appear to lead to any desirable results with regard to the fulfilment of the U.N. purposes.

---

[1] Inis L. Claude, Jr., "The Management of Power in the Changing United Nations," *International Organization*, Vol. 15 (1961), p. 229.

[2] Claude, *op. cit.*, in footnote 22, p. 195.

The General Assembly as Organizer of a Member's self-defence

The view is rather widely held that the General Assembly is empowered to provide in its recommendations a framework for a military action that is conducted in self-defence. Indeed, an effort has been made to explain the Uniting for Peace resolution and its constitutionality in terms of Article 51 and the right of self-defence, individual and collective. The matter should be considered in this paper, for any granting of powers to the Assembly under Article 51 would directly involve the Organisation, through a resolution of the Assembly, in the fighting between the aggressor and his victim.

During the debate in the First Committee of the General Assembly in 1950 on the draft resolution on united action for peace the delegate of the United Kingdom defended the view that the Assembly had the power, under Article 10, 11 and 12 of the Charter, to recommend to Members that they take coercive action. He also spoke of the right of each Member "to defend itself and to assist friendly Powers in the face of unjustified aggression." He added that there was

> no violation of the Charter when the General Assembly, acting within its power, recommended to governments that they should exercise their right of self-defense, and the latter complied.

He concluded his remarks by referring again to the right of self-defence: "the General Assembly was competent to make recommendations calling upon nations to use force in self-defence [...]."[1] According to one writer

> it is only by reference to the self-defense escape clause of Article 51 that the Uniting for Peace Resolutions make either political or legal sense. [...] [T]he relation of the 1950 Resolutions to the self-defense clause remains the key to their legal as well as their socio-political nature.[2]

The learned author goes on to explain that the Assembly's invitation to Members to survey their defence resources and maintain elements for incorporation into the units of the United Nations, and, further, the laying down of procedures such as the convocation of an extraordinary session, are advance preparations and organisation for self-defence. As to the collective measures recommended by the Assembly, while they are not incorporated into a binding resolution, they may or may not be followed by Members. If Members choose to act on such

---

[1] *G.A.O.R.*, 5th Sess., 1st Cmtte., p. 130. Sir Frank Soskice's reference to the right of self-defence is quoted by Andrassy, *op. cit.*, p. 574.

[2] Stone, *op. cit.*, p. 273.

recommendations they do so in accordance with their right of self-defence under Article 51. The resolution thus becomes a convenient instrumentality for coordinating the actions of Members that bear on the exercise of the right of self-defence. The resolution "represents a stage in the alignment of United Nations Members in hostile military camps. It 'divides for war' even as it 'unites for peace'."[1]

It cannot be denied that both the original intentions of the sponsors of resolution 377 A (V) as well as its wording allowed for the use of the machinery of the United Nations by one "camp" against the other. In fact, however, little use of the resolution has been made in direct confrontations between the East and the West. The voting of an embargo to be applied to the People's Republic of China (resolution 500 (V) of 18 May 1951) constituted a measure which brought the Assembly rather close to organizing the *non-military* effort of one of the two "camps" against the other. But the Assembly did not follow this line of development in other contingencies. When opportunity for action that is authorized by virtue of Article 51 has arrived resolution 377 A (V) has not so far been applied.

In Article 51 the determination whether or not an armed attack has occurred remains within the competence of individual States as long as the Security Council does not step in. There is no mention of the Assembly in Article 51, and the Members' rights and prerogatives are not automatically those of the Assembly. Article 51 belongs to Chapter VII and there has been fairly general agreement that that Chapter contains provisions bearing on the exclusive jurisdiction of the Security Council. A further point is that under Article 51 self-defence is allowed if an armed attack has occurred. Under the Uniting for Peace resolution the Assembly has the competence to recommend collective measures when there *appears* to be a threat to the peace, a breach of the peace, or an act of aggression. "Threat to the peace" conveys a meaning less clear and definite than armed attack. The notion of breach of the peace seems to be broader than the notion of armed attack, and the same observation applies to the term "act of aggression." The conclusion, then, is that situations covered by the Uniting for Peace resolution are not always identical with situations where there is room for recourse to the right of self-defence.

The sponsors of the Uniting for Peace resolution did not submit their draft as a device or framework for the exercise of the right of self-

[1] *Loc. cit.*, p. 274–5. The passage quoted is on p. 275.

defence. The plan was meant, first, to clarify that there was room for the Organisation (as distinguished from the collectivity of its Members) to apply collective measures through an organ other than the Security Council, and, secondly, to set up machinery and provide procedures serving this purpose. "The objective of the Resolution was to improve the machinery of the United Nations for preserving peace,"[1] and not to organize the Members' self-defence. In presenting the Uniting for Peace plan the chief delegate of the United States spoke of strengthening the system of collective security of the Organisation.[2] The idea of finding new means for a role of the Organisation in preventing or eliminating threats to, and breaches of, the peace pervaded the opening remarks made by the delegate of the United States in the First Committee.[3] He emphasized that the proposed resolution and the steps which it envisaged pertained to the realm of taking, by the Organisation, "effective measures for the prevention and removal of threats to the peace,"[4] while he also declared that the "United States, for its part, would not resign itself [...] to take action outside the United Nations [...]."[5] In this connection it should be remembered that self-defence, whether exercised individually or collectively, is not the means for the achievement of the purposes of the United Nations. An activity simply allowed by the Charter – which is the case of self-defence under Article 51 – should not be confused with an activity conducted for and on behalf of the United Nations. In the Charter, self-defence, in contradistinction to regional arrangements within the meaning of Article 52, is not an instrument to supplement the collective measures ordered or recommended by the Organisation.

The lawful use of force under the Charter is either use of force by, or in the name of, the Organisation or – where the Charter permits it – use of force by individual Members or regional organisations. The use of force in self-defence belongs to the second category. *Tertium non datur*, especially there is no "mixed" category of use of force, where the Organisation would supply some undefined framework for the cooperation by Members in their self-defence, but would not undertake any collective measures. Once the United Nations intervenes in the exercise of the right of self-defence by a Member, the intervention in question is an action of the Organisation and the lawfulness of such action can-

[1] Andrassy, *op. cit.*, p. 562.
[2] *G.A.O.R.*, 5th Sess., Pl., 279th MTG., p. 24–5, 55–6.
[3] *Ibid.*, 1st Cmtte., 354th Mtg., p. 63–5.
[4] *Ibid.*, p. 65, paragraph 19.
[5] *Ibid.*, p. 63, para. 5.

not be judged by virtue of Article 51. For that provision is not the yardstick for measuring the legality of an activity of the United Nations, but that of Members solely and exclusively. "In final resort Article 51 is a provision of the Charter whose invocation must ever testify to the breakdown of the Charter,"[1] while especially the exercise of collective self-defence, and this includes also the proposed use of the Uniting for Peace resolution for this purpose, "comes not to fulfill the Charter, but because, alas, the Charter remains unfulfilled."[2] When in the plenary meeting of the Assembly the Secretary of State of the United Sates outlined the principal features of his proposed United Action for Peace, he mentioned, *inter alia*, the close ties of a common defence which were developing, and which added cohesion, among regional groups. But he did not present the American plan as constituting an application of cooperation for self-defence, regional or other.[3] On the contrary, in the speech of the delegate of the United States in the First Committee of the Assembly there was a reference to Article 51 which rather suggested that the sponsors of resolution 377 A (V) did distinguish between measures based on the resolution and action in self-defence.[4]

When a Member of the United Nations has recourse to the use of force, and when such use is authorized by the Assembly under paragraph 1 of resolution 377 A (V) quoted above, then the use of force may or may not constitute action in self-defence, individual or collective. The answer depends on whether the conditions laid down in Article 51 have been fulfilled. These may coincide with circumstances that make the Assembly recommend and authorize the use of force. Under the resolution the measures recommended are activity of the United Nations. Any ordering, regulation, or direction of a Member's self-defence by the United Nations transforms the recourse to force in self-defence into collective measures of the Organisation. This, in turn brings one back to the unanswered question whether the Assembly can and should recommend measures consisting of the use of armed force.

A survey of the practice of the Assembly shows that on one occasion only that body came close to authorizing Members to act under Article

[1] Stone, *op. cit.*, p. 273.

[2] *Loc. cit.*, p. 265. It should be noted that the two quotations come from a writer who defends the constitutionality of resolution 377 A on the basis of Article 51.

[3] *G.A.O.R.*, 5th Sess., Pl., 279th Mtg., p. 25, para. 56.

[4] *Ibid.*, 1st Cmtte., p. 64, para. 15, where he said that bringing into readiness of certain elements of the armed forces of members to serve the United Nations under the resolution would not encroach on the State's right to use such forces in self-defence, because the Member would be under no binding commitment to put these elements at the disposal of the United Nations.

51, but finally it did not spell out such authorization, nor did it make any determination couched in the exact terms of that provision. The case in point is resolution 498 (V) of 1 February 1951 when the Assembly described the activities of the Chinese units in the Korean war as "intervention in Korea," "invasion of Korea," and "attacks upon United Nations forces" by the Central People's Government of the People's Republic of China. The Assembly then made the finding (paragraph 1) that the said Government had "itself engaged in agression in Korea" because it gave "direct aid and assistance to those who were already committing agression in Korea" and engaged "in hostilities against United Nations forces." The Assembly called upon "all States and authorities to continue to lend every assistance to the United Nations action in Korea" (paragraph 4). This call could have been interpreted either as a request for contribution to the military and other efforts of the United Nations in Korea or as a hint at the possibility and, in the Assembly's eyes, purported legality of operations directly aimed at People's China, though delegates in the Assembly would rather refute the latter interpretation. But paragraph 4 of resolution 498 (V) was couched in such general terms that its wording did not exclude a construction that would lead to an expansion of the conflict: Members who wished to engage in hostilities with the People's Republic of China could find a justification for their action in the language used by the resolution. In this respect the resolution was not a fortunate move on the part of the Assembly. On the other hand, one could hardly concur with the view that by resolution 498 (V) the Assembly "took over the task of organizing and being responsible for United Nations military operations in Korea."[1] The United Nations involvement and presence in the armed conflict in Korea have not had their basis in any resolution voted by the General Assembly.

Peace-Keeping Operations of the General Assembly

Though the term "peace-keeping operation" is not to be found in the Charter, it describes an institution which is contained in the law of the United Nations and continues to be developed in the practice of the Organisation.

A peace-keeping operation consists of military measures which are not an enforcement action and, consequently, do not fall under the

[1] Rosalyn Higgins, *The Developmental of International Law through the Political Organs of the United Nations* (London, New York, Toronto, 1963), p. 227.

provisions of Chapter VII of the Charter.[1] Nonetheless such measures are taken in order to maintain international peace and security. A peace-keeping operation is not directed against a State or authority, and the military units that carry through such an operation can resort to force only in self-defence or, if they act in lieu of the local police force, to maintain internal order.

Within the above broad limits a peace-keeping operation may serve various purposes. It may guarantee the implementation of a ceasefire, truce or armistice, and supervise such implementation. Control of a frontier in dispute may be another task of an international force used for peace-keeping purposes. The aim of the operation may be to interpose military units of the United Nations between the belligerents, and thus, through physical separation, make the renewal of hostilities impossible. If a zone or area is placed under the supervision or control of the United Nations, the defence and security of such zone or area may be guaranteed through a peace-keeping operation. Such an operation may also be undertaken to maintain law and order in a State when such maintenance has international implications, to supervise a plebiscite, etc.[2]

Up till now the General Assembly has been responsible for peace-keeping operations in two instances: first, in the Suez conflict of 1956, and secondly, in the dispute relating to West Irian (West New Guinea).

The *Suez conflict* started when on 29 October 1956 the armed forces of Israel crossed the armistice demarcation line and advanced into Egyptian territory (now territory of the United Arab Republic). In the course of hostilities the Israeli forces entered the Sinai Peninsula and approached the Suez Canal. On the next day France and the United Kingdom addressed an ultimatum to the two parties and requested that Israel and Egypt cease military operations and withdraw their forces ten miles from the Suez Canal; the Anglo-French forces were to occupy temporarily key positions at Port Said, Ismailia and Suez. The ultimatum was not complied with, whereupon British and French forces began military action against Egyptian territory (31 October 1956), and invaded it. The Security Council had immediately been

[1] With the exception of that part of Article 39 which refers to the right of the Security Council to make recommendations instead of taking measures under Articles 41 and 42. Such recommendations may deal with peace-keeping operations. For the distinction between enforcement functions and peace-keeping operations, see Bowett, *op. cit.*, pp. 267–8.

[2] See *ibid.*, pp. 268–74. Bowett also lists reasons for instituting peace-keeping operations which are not linked to the problem of international peace and security: assistance and relief for national disasters, or prevention of certain crimes.

seized of the question, but it was unable to adopt any decisions on the merits of the dispute because of the negative votes cast by France and the United Kingdom. Pursuant to the Uniting for Peace resolution the Security Council then called an emergency special session of the General Assembly to deal with the question. The Assembly first urged all parties to cease fire, withdraw behind armistice lines, and observe the armistice agreement (resolution 997 (ES-I) of 2 November 1956). When the States involved agreed to halt military operations, the Assembly requested the Secretary-General "to submit [...] a plan for the setting up, with the consent of the nations concerned, of an emergency international United Nations force to secure and supervise the cessation of hostilities." The Assembly's request was formulated in resolution 998 (ES-I) of 4 November 1956, which was adopted by a vote of 57 in favour with 19 abstentions; no Member voted against the resolution. Nor was any vote cast against resolution 1000 (ES-I) of 5 November 1956 whereby the Assembly laid down the foundations for the existence of the United Nations Emergency Force (UNEF). The Assembly, in adopting this resolution, had before it a plan by the Secretary-General. Another report by the Secretary-General and resolution 1001 (ES-I) of 7 November 1956 supplemented the constitutional basis of UNEF. At the time of writing UNEF is still in operation. It is a subsidiary organ of the General Assembly, and "[s]ubject to the resolutions of the General Assembly, the Secretary-General has authority for all executive administrative and financial matters affecting the Force."[1] While during the early stages of the dispute UNEF secured and supervised the cessation of hostilities and undertook limited responsibility for administrative and security functions in the area, its present and long term task is to maintain peaceful conditions in the borderland between Israel and the United Areb Republic. For this purpose UNEF has been deployed along the Egyptian-Israeli armistice demarcation line in Gaza and to the south along the international frontier.

Consent of all those concerned, explicit or implicit, and consent, or at least lack of opposition on the part of the permanent Members of the Security Council, were the corner-stone of the peace-keeping operation of the General Assembly in the Suez conflict. In particular, the Assembly could establish the Force only subject to the concurrence of the Members that provided its component contingents. "The Force is composed of national contingents accepted for the service by the

[1] *Summary Study of the Experience Derived from the Establishment and Operation of the Force*, U. N. Doc. A/3943, para. 127.

Secretary-General from among those voluntarily offered by Member States."[1] Such States are under no duty to supply elements of their armed forces and to put them at the disposal of the United Nations. Further,

the consent of the Government of the country concerned was required before the Assembly could request the Force to be stationed or to operate on the territory of that country. The Force has no rights other than those necessary for the execution of the functions assigned to it by the country or countries concerned.[2]

The Secretary-General wrote as follows:

UNEF as a practical operation was made possible only by the concurrence, in one form or another, of the parties to the conflict in its establishment by the General Assembly. France and the United Kingdom welcomed the idea of an international force to be interposed between Egypt and Israel, as a basis for the cessation of all military action in Egypt (A/3294 and A/3293). Egypt's acceptance of the resolution providing for the establishment of a United Nations Command was considered as acceptance of the establishment of an international force under the terms fixed by the United Nations (A/3310). As for Israel, the Secretary-General was informed on 8 November 1956 that Israel's forces would be withdrawn from Egypt immediately upon the conclusion of satisfactory arrangements with the United Nations in connection with the emergency international force (A/3320).[3]

Consent was equally the decisive element in the second peacekeeping opertation undertaken by the General Assembly, viz. in the dispute relating to *West Irian* (West New Guinea). Since the beginning of its independence the Republic of Indonesia claimed the territory of West Irian which continued to remain under Dutch sovereignty. In December 1961 fighting started between the Netherlands and Indonesia, Through the mediation of the United Nations hostilities were brought to an end, and the two parties concluded the Agreement of 15 August 1962.[4] The Agreement provided, subject to an implementing resolution of the General Assembly, that the temporary administration of West Irian would be transferred to the United Nations whereupon, after a certain lapse of time (in fact on 1 May 1963), the territory would fall under Indonesian sovereignty. By resolution 1752 (XVII) of 21 September 1962 the Assembly took note of the Agreement, acknowledged

---

[1] *Ibid.*, para. 16.

[2] *Ibid.*, para. 15.

[3] *Ibid.*, para. 23. For writings regarding UNEF, see Charles Chaumont, „La situation juridique des Etats membres à l'égard de la Force d'Urgence des Nations Unies," *Annuaire Français de Droit International*, Vol. IV (1958), pp. 399–440; Pierre Poirier, *La force internationale d'urgence* (Paris, 1962); Gabriella Rosner, *The United Nations Emergency Force* (New York and London, 1963); Bowett, *op. cit.*, Chapter 5, and Part Two, *passim.*

[4] U. N. Doc. 5170, Corr. 1 and Add. 1.

the role conferred upon the Secretary-General in the Agreement, and authorised him to carry out the tasks entrusted to him by the Agreement. Those tasks and role consisted in the establishment of the United Nations Temporary Executive Authority (UNTEA) to be assisted by the United Nations Security Force.

UNTEA was the temporary government of West Irian, and it also had observation tasks with regard to the cessation of hostilities between Indonesia and the Netherlands. The United Nations Security Force had a police function, namely it supplemented the local (Papuan) police force in the maintenance of law and order in the country. The Papuan police and the Dutch and Indonesian forces in the territory remained under the authority of UNTEA. The Security Force was made up of a contingent of Pakistani forces, including a small number of United States and Canadian personnel.[1] The activities of UNTEA and the Security Force came to an end on 1 May 1963.

Against the background of the above practice of the General Assembly it is possible to state that the General Assembly can undertake, through its recommendations, certain peace-keeping operations provided the Security Council has failed to act. In other words, before the General Assembly makes its recommendations the Security Council must have dealt first with the question, unless it has been the Council itself which, by a vote under Article 27, paragraph 3, had asked the Assembly to recommend measures. However, mere failure of action by the Council is not a sufficient basis for the Assembly's activity. Any major peace-keeping operation must have the consent, or at least must be accompanied by absence of active resistance, on the part of any of the permanent Members of the Security Council; "it was neglect of this basic truth that had led to the crisis of 1964 and 1965 concerning peace-keeping operations, a crisis which still [subsists] under the surface."[2] Also, any peace-keeping operation of the General Assembly must remain essentially voluntary, in particular it must have the consent of the States that supply military forces and the State or States on which territory such forces are stationed or deployed.[3]

---

[1] For writings on UNTEA and the Security Force, see John W. Halderman, "United Nations Territorial Administration and the Development of the Charter," *Duke Law Journal*, 1964, at pp. 103–8 and Bowett, *op. cit.*, Chapter 7.

[2] The view of the Netherlands as digested in *G.A.O.R.*, 21st Sess., Suppl. No. 1, *Annual Report of the Secretary General on the Work of the Organization*, U. N. Doc. A/6301, p. 55.

[3] The aims, principles and nature of the peace-keeping operations continue to be subject of discussions in the organs of the United Nations, particularly the Special Committee on Peace-Keeping Operations. See *G.A.O.R.*, 19th Sess., Annex No. 21; *ibid.*, 20th Sess., Annexes, Agenda Item 101; and U. N. Docs. A/AC.121.

Conclusions

The General Assembly of the United Nations has the power to recommend measures with regard to any question relating to the maintenance of international peace and security unless the Security Council is exercising its own function in relation to such a question. It is not important whether the competence of the Assembly is defined as a responsibility that is complementary or secondary to the powers of the Security Council, or whether it is regarded as the Assembly's own and residual competence. On the other hand, it is essential to state that the power of the Assembly to recommend measures is not unlimited in the choice of those measures, and the limitations are especially stringent with regard to military measures.

Unless the General Assembly acts by virtue of an authorization which the Security Council has adopted in conformity with Article 27, paragraph 3, it is not competent to recommend military measures that are to be taken against a State or States or against an authority, including conflicts of a non-international character which, however, have or may have international implications. It is true that in the Uniting for Peace resolution the General Assembly interpreted its powers as permitting the recommendation of military measures. The correctness of this interpretation was never free of doubt, while the subsequent conduct of the Assembly, i.e., the fact that it refrained from recommending the use of force against any State or authority, substantiates the restrictive view adopted in this paper.

Nor is the General Assembly empowered to organize, through its recommendations on military measures, the individual or collective self-defence of Members when an armed attack has occurred against any of them.

On the other hand, the General Assembly may recommend that a peace-keeping operation be started when the Security Council has failed to act and when such operation is necessary for the maintenance of international peace and security. The Assembly may also institute peace-keeping operations by virtue of a Security Council authorization that has been adopted by a votre under Article 27, paragraph 3. A peace-keeping operation does not consist in the use of armed force against a State or authority. A peace-keeping operation of the General Assembly must meet with a broad consensus within the Organisation. In particular, if it is a major operation, there must first exist at least an absence of active resistance towards the operation on the part of either of the permanent Members of the Security Council. Another prerequisite for a peace-keeping operation is the consent of the States directly concerned, i.a. States that supply military contingents and States which accept the international force on their territory.

The above requirements regarding peace-keeping operations permit the Assembly to avoid making recommendations that cannot be put into operation. Especially in the sphere of military measures, it is better not to take such measures at all than to take steps that remain ineffective or are conducive to new international complications. The composition of the majority that stands behind the Assembly's recommendation of is decisive importance. Peace-keeping operations involve political issues which cannot be settled by a fortuitous two-thirds majority of its Members.

Military measures are, as a rule, not the realm of the activities of the General Assembly. When, exceptionally, in the framework of a peace-keeping operation, the Assembly decides to recommend the taking of such measures, it must first convince itself that its resolutions on the subject will have the consensus of all those who dispose of the political power that will guarantee the success of the operation.

PETKO STAINOV
professeur à l'université de Sofia (Bulgarie)

Politique et droit dans les Balkans

Etude d'histoire de la diplomatie et du droit international

I

La politique et le droit ont toujours été considérés comme étant étroitement liés entre eux, tout en constatant que du moins sur le terrain des relations internationales, la politique, en fait, précède le droit. Le droit, cependant, qui ne vient qu'ensuite, conditionne pour sa part le phénomène politique. On a beaucoup insisté, surtout du côté des théoriciens marxistes, sur l'idée que le droit n'est pas une chose isolée, une norme qui a de valeur absolue, par elle-même, mais qu'il est étroitement lié à la vie, aux conditions de vie, dans un pays donné, à un moment donné – il est donc lié à la politique: dans chaque droit, dans chaque système juridique, il y a toujours, par conséquent, de la politique. Mais on commence de plus en plus à admettre que, du moins dans la communauté internationale contemporaine, la politique seule ne peut plus se développer sans rencontrer certaines limites du côté du droit.[1] Cela veut dire que la solution des questions politiques – et aussi des controverses et même les conflits politiques – sur le terrain international ne doit plus s'opérer, comme dans le passé lointain, par l'emploi seul de la force – militaire ou matérielle – ou être abandonnée aux caprices des passions aveugles. L'humanité – quoique l'on dise et malgré certaines exagérations et emportements que tôt ou tard ceux qui les ont commis seront les premiers à les regretter – prend de plus en plus conscience d'une vérité qui s'impose, par la force même des choses et des changements techniques et autres survenus dans le monde; que dans chaque domaine des relations internationales, si les parties sont

[1] Les termes „politique" et „droit" sont employés ici dans leur sens usuel et le plus connu: „Politique" (internationale) c'est le développement en pratique des *relations* entre Etats ou peuples entre eux. „Droit" (international) serait l'ensemble des *normes* juridiques, établies, reconnues, ou sanctionnées par les organes compétents des Etats, en vertu desquelles sont réglementées les relations (droits et obligations) qui se créent entre les Etats (ou les peuples) eux-mêmes. Ces normes internationales ont pour source (et instrument) principale l'accord, le traité international, la convention internationale, mais aussi dans certains cas la coutume établie.

de bonne foi, on pourrait arriver à des solutions heureuses et à des résultats bénéfiques pour les populations, par des pourparlers et des contacts internationaux qui aboutissent à la conclusion d'accords ou de traités internationaux. Le droit international, avec ses traités et accords internationaux, avec ses normes juridiques, écrites ou coutumières, mais aussi avec ses institutions spécifiées, apparaît de plus en plus derrière tous ces pourparlers et contacts, derrière tous ces accords et traités.

Tout cela s'applique aussi aux Balkans, aux relations qui s'établissent entre les Etats balkaniques.

Quand nous parlions, surtout dans le passé plus éloigné, des relations qui s'établissaient entre les Etats situés dans la Péninsule Balkanique, nous avions, avant tout, en vue les relations *politiques* qui, au cours des événements historiques s'étaient créées entre ces voisins installés entre les trois mers: la mer Noire, la mer Blanche (mer Egée) et la mer Bleue (mer Adriatique). Ces relations politiques se présentaient sur le terrain international le plus souvent comme des mésententes, des querelles, des luttes acharnées (fratricides pour la plupart), voir même des conflits armés; c'est bien plus rarement, malheureusement, que l'on assistait dans les Balkans à des manifestations durables d'amitié entre les Etats, à des actions communes de la part des gouvernements. De sorte qu'on ne pouvait ne pas remarquer que ces animosités se révélaient non pas tant entre les masses populaires elles-mêmes, mais surtout entre les gouvernants qui d'une façon ou d'une autre, pendant des longues périodes faisaient la loi dans les divers Etats – ce fut ainsi quand ces gouvernants furent dans le passé plus lointain des féodaux de toute espèce; ce fut ainsi, plus tard, quand à la tête des Etats balkaniques apparaissent des rois et des princes, des ministres, des généraux et des milieux dirigeants de toute espèce. Ce qu'il faut noter plus spécialement à ce propos, c'est que les relations politiques étaient conditionnées non seulement par la force même, militaire et matérielle, des Etats balkaniques en présence, mais aussi par les agissements intéressés à l'adresse d'un ou autre gouvernement balkanique, venant de dehors – de la part de certains Etats extra-balkaniques et plus spécialement de la part de ce que l'on appelait dans le temps des „Grandes puissances," pour lesquelles les Balkans présentaient un intérêt diplomatique spécial. Quand on fait dans les Balkans le bilan des agissements et des manœuvres que ces „Grandes puissances" ont déployés pendant des décennies du passé (et même à présent, pour certaines d'entre elles), on ne peut pas s'empêcher de faire, en toute sincérité, la constatation suivante: Les intérêts diplomatiques ont poussé ces „Grandes puissances" très souvent à entretenir par tous les moyens à leur disposition les discordes entre les Etats (mais aussi entre les dirigeants) balkaniques et à entraver la conclusion d'accords sincères et durables entre les peuples des Balkans.

La politique suivie et appliquée dans les Balkans pendant toute cette longue période quand existait cette fameuse „Question d'orient" (et même avant) par le moyen de la diplomatie (plus spécialement la diplomatie de ces „Grandes puissances") consistait le plus souvent à faire tout ce qu'on pouvait pour refouler, autant que c'était possible, l'intervention d'un droit, du droit international et de son vrai instrument – le traité international, librement consenti entre ces Etats des Balkans (et non pas tant entre les „grandes puissances" elles-mêmes – ou avec la Turquie malade – au sujet des Balkans), comme parties égales dans un tel traité; elles cherchaient donc à empêcher, autant qu'elles pouvaient, l'introduction d'une réglementation stable et durable de la situation politique dans la Péninsule. Il y avait donc (et qui peut dire qu'il n'y en a plus) des puissances qui n'avaient pas intérêt à ce que la situation des Balkans se stabilisât par l'action des Etats balkaniques eux-mêmes – sous l'influence directe de leurs peuples respectifs.

Ainsi donc la politique et le droit – il s'agit en l'occurrence, du droit international – ne sont pas opposés l'une à l'autre, mais la politique pourrait et devrait être conditionnée par le droit. C'est le point de départ de la présente étude sur la politique et le droit dans les Balkans.

Quand il s'agit du *droit international*, qui, comme on le sait, se rapporte à des relations entre Etats, on admet communément qu'il a pour base surtout les nécessités économiques et culturelles, les possibilités de transport des Etats qu'il faut réglementer au moment présent par des moyens adéquats. Parmi ces moyens il faut mentionner avant tout la conclusion de conventions, d'accords, de traités internationaux entre les Etats; l'établissement en vue de cette réglementation de règles juridiques – des normes juridiques internationales.

La politique au contraire – et il est question, du moins ici, de la politique internationale dans les Balkans – est conditionnée plutôt par diverses espèces de préjugés venant des ressentiments de ces Etats dans le passé et surtout des craintes nourries le plus souvent par les gouvernants des divers Etats, les uns à l'égard des autres, cette politique est conditionnée aussi par le besoin, ressenti par tous, de sécurité et de paix, d'indépendance et de liberté nationale. La garantie de cette indépendance et de cette sécurité se présente cependant, en une large mesure, comme une corrélation des forces (militaires, matérielles et culturelles) respectives dans le moment donné, de ces Etats. Un rôle important y jouent aussi les passions (poussées à l'extrême le plus souvent par les gouvernants eux-mêmes), les préventions, les uns contre les autres, les préjugés hérités du passé; mais aussi – et c'est spécialement en ce qui concerne les Etats balkaniques – les excitations, les propagandes et les intrigues venant de l'étranger, et, bien entendu, l'argent, venant aussi le plus souvent de l'étranger.

Dans les Balkans en ce qui concerne la politique ce fut, comme cela a été déjà indiqué plus haut, *la discorde* qui tenait le première place dans les relations entre Etats (non pas tant entre peuples); tandis que, en ce qui concerne le droit – le droit international – c'est précisément *l'accord*, la convention, l'entente qui forme le fond; mais dans le passé on l'employait plutôt rarement.

Sous cet angle d'observation il faut maintenant poursuivre l'étude du développement des relations politiques entre les Etats balkaniques jusqu'à ces derniers temps, voir quelle forme prennent leurs disputes aujourd'hui, tant qu'il y en ait encore; quelles sont les perspectives pour l'arrangement de toutes les controverses qui sont restées non solutionnées; c'est précisément la *politique* actuelle dans les Balkans, telle qu'elle se présente à l'heure actuelle dans les relations entre les Etats, mais aussi entre les peuples balkaniques.

Mais en même temps, ou plutôt à la suite, il faut mettre en lumière les moyens juridiques qui ont été utilisés ou qui pourraient être utilisés pour régler les difficultés qui existent encore entre ces Etats ou par lesquels on pourrait réglementer les situations existantes qui attendent à être aplanies. Cela nous amenera à établir sous l'influence de quels facteurs, plus spécialement dans les Balkans, on s'est vu obligé de recourir à des *moyens juridiques* – au secours du droit international – pour la solution des questions politiques. C'est ici qu'apparaît – on va le voir – l'influence décisive, qu'exercent les masses populaires, les peuples balkaniques eux-mêmes, sur les gouvernants, les incitant, voire même les obligeant de changer, petit à petit, les anciennes méthodes de diriger les relations entre les Etats et les peuples dans les Balkans et de rechercher de nouvelles voies pour l'arrangement des affaires interbalkaniques.

II

Il faut commencer cette étude par une constatation qui s'impose aujourd'hui aux yeux de tous les observateurs – habitant les Balkans ou les autres pays: Il y a un *changement* qui s'est opéré, et qui continue à s'opérer, dans les Balkans en ce qui concerne la situation politique et la manière de traiter les relations politiques entre les Etats balkaniques; un changement indiscutable qui se révèle, d'une façon plus ou moins prononcée, d'après le pays, partout dans les Balkans; mais c'est toujours et partout un changement, un vrai changement de la politique des Etats balkaniques. Ce changement se manifeste surtout dans les situations suivantes:

1. Un domaine qui mérite notre attention spéciale pour voir quel changement s'est opéré dans les Balkans aujourd'hui, se rapporte aux controverses et aux luttes entre les Etats balkaniques au sujet des frontières et des prétentions territoriales de ces Etats les uns envers les autres. On peut dire que chaque Etat balkanique – sans exception – était, plus ou moins, mécontent de la fixation de ses frontières et émettait des revendications territoriales mal masquées à l'égard de presque tous ses voisins.

Ce fut ainsi, tout d'abord, quand régnait le sultan sur la Macédonie. Dans ce temps, en soulevant ce que l'on appelait alors la „Question d'orient," liée étroitement à la Macédoine, tous les voisins de l'Empire ottoman montraient les dents non seulement au sultan, mais, aussi, les uns aux autres. Ils attendaient, tous, que la Macédoine cessat de faire partie de la Turquie pour se partager entre eux sa peau, chacun prétendant à obtenir la part de lion. Cela amena la guerre absurde, qu'en 1913 provoqua dans sa folie criminelle le roi Ferdinand de Bulgarie, et qui, ayant affaibli la Bulgarie, la rendit mécontente pendant plusieurs décennies. Mais, même après la première guerre mondiale et les traités de Versailles et de Neuilly les controverses territoriales et les luttes – plus ou moins cachées – pour des changements de certaines lignes territoriales, n'ont pas cessé. C'est alors que l'on se servait surtout du principe des „droits des minorités nationales," mis en avant après la première guerre mondiale, pour soulever des prétentions territoriales plus ou moins masquées. Une atmosphère assez trouble fut créée à cause de ces aspirations territoriales de la part des Etats balkaniques les uns envers les autres. Divers mouvements se produisaient dans presque tous les Etats balkaniques, justifiés ou non, provoqués et soutenus souvent par des milieux et des organisations situés en dehors des frontières.

Les incidents de frontières étaient alors une chose très fréquente sur les confins balkaniques et ils troublaient et envenimaient dangereusement les relations entre les divers pays, car ils aboutissaient dans certains cas même à des rétorsions, fermeture de frontières et à des interventions armées de la part de certains Etats – le cas de l'intervention grecque contre la Bulgarie en 1926 n'est pas la seule intervention armée de ce genre que l'on devait regretter par la suite; de même que l'élévation des fils de fer barbelés à la frontièr yougoslavo-bulegare.

C'est avec un très grand soulagement que l'on arrive à constater aujourd'hui que tout cela n'est plus qu'un cauchemar pénible. On peut dire à présent que, du moins explicitement, d'aucune part on ne soulève plus des réclamations tendant à changer les frontières établies après la deuxième guerre mondiale. Plus spécialement la Bulgarie, qui dans le passé soulevait le plus souvent de plaintes à ce sujet, a été la plus catégorique à apaiser les appréhensions de ses voisins en renonçant ouvertement à toutes espèces d'aspirations territoriales. Ceci prouve d'une façon décisive qu'il y a un changement réel dans la politique extérieure de ce pays. Le président du Conseil actuel, Todor Jivkov, de même que dans le passé récent, Guéorgui Dimitrov, ont profité de plusieurs occasions pour mettre fin, une fois pour toutes, à toutes les suspicions des voisins à ce sujet. Il faut ajouter que les autres Etats balkaniques ont suivi le plus souvent une voie pareille en mettant fin à leurs révendications territoriales et en arrivant à une solution pacifique, au sujet des questions frontalières.

Et c'est ici encore – comme un témoignage du changement qui s'est opéré dans ce domaine dans les Etats balkaniques – que le droit est venu à raffermir ce que la politique avait déjà établi par la force même du développement des relations interbalkaniques après la seconde guerre mondiale: Une série de conventions internationales bipartites, furent conclues de la part de presque tous les Etats balkaniques qui non seulement fixaient d'une façon définitive, sur place, le tracé des frontières communes, mais prévoyaient aussi la création de diverses commissions mixtes, lesquelles, en se réunissant régulièrement, pouvaient aplanir d'une façon rapide et efficace les difficultés qui pouvaient surgir dans les régions frontalières.

Il est clair, qu'ici aussi, il y a un changement qui s'est opéré dans les Balkans et la paix a commencé à régner réellement aussi dans ces régions frontalières si troublées jusqu'il n'y a pas longtemps. Il est vrai qu'il reste, malheureusement, encore un point noir, comme réminiscence du passé, et il se rapporte à l'Albanie, au sujet de laquelle existent encore certaines questions territoriales non solutionnées avec ses voisins du Sud. A cause de cela, si paradoxale que cela paraisse, on n'est pas parvenu jusqu'à présent à établir l'état de paix entre ces deux Etats qui sont encore en état de guerre. Mais par comparaison des revendications territoriales existant dans les Balkans jusqu'à une période assez récente, cette question ne soulève pas d'appréhensions à troubler la paix des Balkans, car elle est, tout de même d'une importance plutôt restreinte.

Comment expliquer le changement qui s'est operé après la seconde guerre mondiale dans les Balkans au sujet des revendications et des aspirations territoriales? La seule explication plausible est la suivante: Les gouvernants dans les Etats balkaniques, et surtout les peuples eux-mêmes, après toutes les épreuves – dures et sanglantes – par lesquelles ils sont passés en rapport avec les aspirations et les revendications de territoires, ont enfin compris, qu'il faut dorénavant envisager d'une façon entièrement différente les questions touchant les territoires des Etats. A la suite du progrès technique dans l'industrie et dans les communications et les transports qui s'est manifesté aussi dans les Balkans, à la suite aussi du changement radical qui s'est opéré dans l'emploi des moyens de mener la guerre – surtout après l'apparition de l'arme nucléaire – ces Etats, et surtout leurs peuples respectifs ont commencé à prendre conscience d'une vérité qui s'imposait, petit à petit, à tous: vue la nouvelle situation dans le monde, le bien-être d'un peuple, la réussite de l'économie dans un pays, ne dépend plus, comme dans le passé, uniquement du nombre de la population dans le pays, ni des kilomètres carrés de territoire possédé par un Etat donné; et d'autre part la puissance militaire de chaque Etat n'est plus mesurée, comme dans le passé, par le nombre des baionnettes qu'il pouvait mettre en ligne. Tout cela est bien oublié devant les nouveaux moyens – d'ailleurs extrêmement coûteux – de combat. Les peuples – et surtout les peuples balkaniques – ont donc compris qu'au lieu de chercher par tous les moyens – aux prix même des sacrifices matériels et humains exorbitants – à obtenir quelques kilomètres carrées sur le territoire de leur voisin et d'entrer en querelle sanglante avec lui, pour toujours, il est beaucoup plus profitable et rentable aux Etats d'employer leurs énergies et leurs moyens matériels et pécuniaires afin d'organiser d'une façon solide et adéquate, au point de vue économique et culturel, dans le pays même – d'organiser l'industrie, la technique, le commerce, les transports, la construction, la santé publique et l'instruction des masses. Et ils pouvaient utiliser parfois à cet effet aussi – et cela s'est avéré tout à fait possible et rentable – la collaboration et l'aide du voisin. Petit à petit, dans tous les Etats balkaniques, on est arrivé à la conviction que les disputes pour de territoires sont „passées de mode" et que ce n'est pas par l'acquisition de territoires que l'on parviendrait à assurer d'une façon efficace et infaillible le bien-être du peuple.

Voilà donc une des causes principales de la sagesse qui s'est imposée aux dirigeants balkaniques quand ils abandonnèrent les anciennes incitations à soulever des prétentions territoriales contre les Etats voisins. Cela amena, en même temps, la suppression de l'ordre du jour des discussions des chancelleries diplomatiques de cette fameuse „Question d'orient" – lieé aux revendications territoriales – qui créa tant de difficultés dans le passé! La „Question d'orient" passa, comme tout le monde le constate aujourd'hui, dans d'autres continents et plus spécialement dans l'extrême Orient asiatique ou africain.

2. En parlant de la „Question d'orient" – qui fut la source de tant de conflits et de guerres en Europe – on ne peut ne pas remarquer qu'en ce qui concerne les Balkans – qui dans le passé constituaient l'objet même de cette „Question d'orient" – on n'emploie plus comme autrefois le mot „orient," ni „proche-orient". N'est-ce pas autrefois l'„Orient" commençait à Zemun hongrois (Zemline sur le Danube et Sava, en face de Belgrade) qui aujourd'hui constitue partie intégrante de la capitale yougoslave? Combien les choses ont changé non seulement depuis la disparition de la monarchie Austro-hongroise, mais, en général, depuis ces dernières décennies! Il y a eu non seulement un changement des frontières; il y a eu un changement surtout dans la manière de concevoir et de traiter les *distances*. Les kilomètres il est vrai, sont restés les mêmes, mais les distances se sont raccourcies, car le temps que l'on emploie aujourd'hui à traverser ces milliers de kilomètres qui séparaient naguère les divers Etats s'est écourté d'une façon extraordinaire et c'est non seulement à cause des avions supersoniques et réactifs, mais aussi, d'un autre côté, à cause de la radiotélégraphie, de la télévision laquelle commence déjà à utiliser pour son perfectionnement même les satellites artificiels! Cela provoqua donc un changement dans la manière de traiter les questions de politique extérieure aussi dans les Etats balkaniques dont les dirigeants et les peuples ne pouvaient ne pas être influencés, dans leur manière de concevoir les événements politiques dans le monde, par ce changement dans l'utilisation des moyens modernes de communication et de transport.

3. Au centre de la politique extérieure de tous les Etats balkaniques se trouvèrent pendant le XIX-ème siècle et la première moitié du XX-

ème, les luttes provoquées autour de la „Question d'orient" – les luttes que ces *petits* Etats balkaniques se livraient au sujet de la Macédoine ou des autres territoires balkaniques. Tous ces Etats balkaniques (sauf bien entendu la Turquie, qu'il s'agissait précisément de démembrer) étaient alors petits; le plus grand était dans le temps la Bulgarie – de 3 millions. Elle est aujourd'hui, à la suite de la politique de ses gouvernants dans le passé, la plus petite, en comparaison avec ses voisins, qui, tous, ont grandi. Il n'y a que l'Albanie qui est restée plus petite qu'elle!

Mais ce qu'il faut noter en rapport avec ces Etats balkaniques c'est qu'après leur libération de la domination ottomane (et ils furent tous pendant des siècles soumis aux sultans de Constantinople) ces Etats étaient non seulement *petits*, mais, ce qui est aussi important pour leur conduite, *„jeunes"* – nouveaux Etats. Et comme tout organisme nouveau et juvénil, chacun de ces nouveaux, jeunes et petits Etats dans les Balkans tombait, dès sa formation en une effervescence sans bornes. Etant encore non stabilisés – économiquement, territorialement, politiquement – privés d'expérience dans la conduite des affaires gouvernementales, ils se prêtaient facilement aux suggestions intéressées et aux intrigues des divers agents des „Grandes puissances" intéressées. Ces agents assez souvent parvenaient à intéresser même matériellement certains hommes d'Etat influents dans les Balkans et en les attelant à une politique étrangère donnée, ils les utilisaient parfois comme des simples pions dans le jeu des grandes chancelleries européennes, poussant les Etats balkaniques à agir les uns contre les autres. N'est-ce pas que c'est ici que se développait surtout la rivalité entre l'Angleterre et l'Autriche-Hongrie d'un côté et l'Empire russe d'un autre côté? On peut dire – sans trop d'exagérations – que la plupart des complots politiques et militaires, les coups d'Etat et les changement brusques – et ils furent assez nombreux dans tous les Etats balkaniques – étaient liés, d'une façon ou une autre, sinon aux caisses des services spéciaux correspondants des grandes puissances, du moins à leurs chancelleries ou à leurs représentations diplomatiques dans chaque Etat. Les petits et jeunes Etats balkaniques – leurs gouvernements – après leur libération des Turcs, de même comme certains petits et jeunes Etats africains ou asiatiques aujourd'hui, libérés du colonialisme, n'étaient souvent que des marionnettes entre les mains de certains Etats extrabalkaniques, riches et puissants. Les Etats balkaniques furent donc incités, mais souvent aussi „excités" par ces „Grandes puissances" pour se livrer à des luttes fratricides – tout comme cela arrive parfois aujourd'hui, dans certains coins aussi de l'Afrique, que de l'Asie (et même en

Amérique Latine). C'est d'après le plaisir (ou l'intérêt) de ces „Grandes puissances" que se résolvaient souvent aussi „les crises ministrielles" qui ne furent parfois qu'une farce!

Mais – et c'est ici précisément la différence – les Etats balkaniques dans la seconde moitié du XX-ème siècle, après une vie indépendante, pour certains d'entre eux, même plus que séculaire, ne peuvent plus être traités de „jeunes" Etats; ils sont déjà devenus, pour ainsi dire, „mûrs" „adultes." De sorte que l'activité des chancelleries des „Grandes puissances" ne peut plus se déployer actuellement à leur égard, comme auparavant – comme elle se manifeste aujourd'hui parfois à l'égard de certains „jeunes" Etats africains, arabes ou asiatiques Etats „en voie de développement," issus du colonialisme, à propos desquels on emploie souvent le terme „balkanisation," Etats „en voie de développement!" Les Etats balkaniques donc ne peuvent non plus être appelés „Etats en voie de développement" car ils sont déjà suffisamment développés et aussi stabilisés.

La tactique diplomatique a dû donc changer, et avant tout aussi à cause de ce que la Yougoslavie, la Roumanie, la Bulgarie et l'Albanie non seulement se sont sentis „adultes" et développés, mais aussi de ce qu'ils se sont dotés d'un régime spécial de démocratie populaire, et que la Grèce, surtout la Turquie ne sont plus comme naguère des menus Etats, tributaires asservis aux grandes banques étrangères: la Turquie seule a plus de 31 millions d'habitants!

De sorte que dans les Balkans, qui vivent enfin actuellement en paix, l'opinion publique y est quelque peu choquée quand on entend, dans des conférences internationales ou dans la presse des petits Etats africains ou asiatiques, faire allusion à la „balkanisation" dont les représentants de ces Etats se disent (ou même se croient) être affranchis! Ce que l'on appelle encore „balkanisation" n'est au fond, qu'une maladie „juvénile," par laquelle passent, en règle, tous les nouveaux et jeunes petits Etats – mais les Etats balkaniques ayant grandi, „mûri" et même „vieilli" en sont déjà immunisés!

4. On avait traité dans le passé les Balkans comme „baril de poudre" qui fera éclater l'Europe. Et il est vrai que sinon pas la cause, du moins le prétexte d'ouvrir la première guerre mondiale a trouvé naissance ici – à Saraévo et fut lié à la tentative de l'Empire d'Autriche-Hongrie d'avaler la petite Serbie désobéissante!

L'Autriche-Hongrie disparut après la première guerre mondiale, qu'elle avait elle-même provoquée. Mais les conflits et les luttes entre les Etats balkaniques à propos de territoires révendiqués n'ont pas cessé, car dans les Balkans, à la place de la rivalité entre l'Autriche-Hongrie et la Russie tzariste, apparut la rivalité entre la France et l'Angleterre d'un côté et l'Allemagne naziste et l'Italie fasciste de l'autre. Elles voulaient imposer leur influence aux Etats balkaniques, en se servant des mêmes moyens de pression et de favorisation à l'égard de ces Etats et de leurs gouvernants. Les unes et les autres de ces nouvelles „Grandes puissances" ne ménageaient pas leurs efforts – les excitations nationalistes, les promesses d'avantages territoriaux, les intrigues ainsi que les corruptions, mais aussi les subversions – pour se créer une clientèle fidèle parmi les Etats et les hommes d'Etat balkaniques. Un fait est cependant certain: Toutes ces „Grandes puissances" avaient un intérêt à dresser les Etats balkaniques les uns contre les autres. De sorte que même après la disparition de l'Empire ottoman de l'Europe (1913), ces „Grandes puissances" n'ont pas cessé de spéculer avec la peau de la Macédoine et de la Thrace, ainsi qu'avec d'autres territoires balkaniques en les promettant soit à l'un, soit à l'autre de ces Etats. De cette façon, ces „Grandes puissances" parvenaient à tenir en brouille et en état d'exaltation nationaliste même les peuples!

Tout cela, on peut dire, a quelque peu changé. Ce changement a commencé à s'opérer surtout depuis 1917, quand la Russie tzariste disparut de la scène diplomatique balkanique et à sa place apparut une puissance tout à fait nouvelle – comme construction politique et comme méthodes d'action – l'URSS. L'Union Soviétique, il faut bien le dire, ne pratiquait pas les excitations nationalistes et territoriales à l'égard des Etats balkaniques. Son influence diplomatique en ce qui concerne la solution des questions balkaniques ne se manifesta pas tout de suite, mais peu à peu, au cours des décennies qui suivent la Révolution d'Octobre. Pendant la première décennie, par des luttes, s'édifiait graduellement l'Etat soviétique et devint lui-même une puissance mondiale. Ce changement est d'une importance capitale pour la situation politique dans les Balkans.

5. Il ne faut pas négliger, en appréciant le changement survenu dans la politique internationale suivie par les Etats balkaniques, un autre événement important: l'abandon par la Grande-Bretagne de l'Inde et plus tard du Canal de Suez. Autrefois assurer la „route des Indes" était le premier objectif de la politique anglaise et conditionnait toute sa politique à l'égard des Etats du bassin de la Méditerranée et avant tout à l'égard de la Russie et de sa poussée vers les Balkans. L'Angleterre depuis la seconde guerre mondiale, et surtout à la suite des deux événements mentionnés plus haut ne montre plus grand intérêt pour

la politique des Etats balkaniques. A Athènes, et même à Ankara, où elle développait naguère une activité diplomatique de tout premier ordre, l'Albion se contente aujourd'hui de jouer le rôle de second personnage – après les Etats-Unis.

La France déjà auparavant s'était retirée des Balkans. L'Allemagne n'était plus, après la seconde guerre mondiale, de taille de reprendre son rôle d'antan dans les Balkans, ni l'Italie. Il ne restaient donc plus à jouer un rôle important, aussi bien à Ankara qu'à Athènes les Etats-Unis, liés étroitement (puisqu'ils l'inspirent) à la politique de l'OTAN, – organisation atlantique dans laquelle les Américains ont réussi à faire entrer aussi des puissances balkaniques, resp. non atlantiques – la Turquie et la Grèce. Mais en même temps – ce qui donne à refléchir à bien des gens, aussi bien en Europe que dans les Balkans – les Etats-Unis se sont engagés dernièrement par trop au Vietnam et aussi dans une lutte sans merci (du moins jusqu'à présent) avec la Chine populaire; ils se sont engagés à fond aussi à Cuba et à bien d'autres endroits dans les divers continents. Leur diplomatie, tout en développant une activité assez grande (et assez coûteuse) dans ces deux Etats balkaniques, promus aussi en Etats atlantiques, souvant n'est plus en position d'y exercer uneinfluence politique et diplomatique tout à fait décisive.

6. A ce même moment est survenu le „spoutnik" et après lui l'exploit de Gagarine. Ce sont deux événements qui ont attiré d'une façon spectaculaire l'attention non seulement des peuples balkaniques, mais en général de tous les peuples en Orient vers la nouvelle Russie – l'Union Soviétique – dont l'importance et la force commencent à être senties par tous. Les Etats-Unis, aussi dans leur politique balkanique, se sont affrontés avec un adversaire qui était de leur taille par les moyens techniques et matériels dont il disposait pour mener une guerre ... Tout ceci ne pouvait ne pas faire impression à tous les peuples balkaniques et ne pas exercer une certaine influence, sur leur politique extérieure. C'est aussi une des causes du changement politique survenu dans les Balkans.

7. Et – „last but not least" – de par son importance – un événement qui, pour ceux qui ont suivi et connaissent de près la „cuisine" de la diplomatie et des intrigues politiques dans les Balkans pendant tout le XIX-ème siècle et le premier quart du XX-ème siècle, donnait un cachet spécial aux changements qui s'opéraient dans les Balkans, se présente ainsi: Jusqu'à la fin de la seconde guerre mondiale à la tête de tous les Etats balkaniques – sans exception (y compris l'Albanie) se trouvaient des rois ou des princes régnants (en Grèce, en Roumanie, en Serbie, en Bulgarie, au Monténégro); en Turquie il y avait le sultan et

plus tard le Khalife! Les dynasties étaient non seule-ment en rivalités, mais ils arrivaient rarement à cacher leurs jalousies et leur animosité l'une envers l'autre – un trait commun à toutes ces dynasties régnant dans des Etats voisins. Cet esprit, qui animait toutes ces dynasties, ne pouvait ne pas avoir influence aussi sur les relations politiques entre les Etats correspondants. On ne commettra pas une grande faute si l'on arrivait à affirmer que les rois et les princes balkaniques, à vrai dire, n'avaient pas intérêt (il faut comprendre: intérêt dynastique qui jouait un très grand rôle alors) à une entente complète et sincère *entre les peuples eux-mêmes*. Bien entendu tous ces rois et princes (ou sultans) le plus souvent tenaient fermement à ce que la politique (surtout la politique extérieure) fût conduite par eux-mêms, ou sous leur influence directe, et non pas par d'autres et surtout pas par les sentiments des peuples eux-mêmes. C'est pourquoi on n'arriva jamais dans le passé à des ententes durables, ni entre la Roumanie des Hohenzollern et la Bulgarie des Saxe-Cobourg-Gotha; ni entre les Obrenović et les Caraghéorghević de Serbie d'un côté et les Battenberg de Bulgarie ou les Glucksbourg de Grèce et même des Niégochs de Monténégro – et c'est même malgré les mariages conclus entre certains membres des dynasties royales des Balkans! Les événements après la seconde guerre mondiale ont mis fin à presque toutes ces dynasties et à l'heure présente les républiques se sont installées presque partout dans la Péninsule balkanique. Pour ceux qui connaissent de prés les péripéties de l'histoire des peuples balkaniques ce changement est d'une importance notable, surtout en ce qui concerne l'influence que les masses populaires pouvaient dorénavant exercer sur la conduite des affaires extérieures.

III

C'est donc de cette façon que se présente l'évolution des relations internationales, et, en un mot, la politique dans la péninsule des Balkans. Cette mer agitée de suspicions, de passions, de persécutions mutuelles sans trêve, de luttes sanglantes a commencé petit à petit, surtout après la deuxième guerre mondiale, à se calmer. Le droit – le droit international – commence, de plus en plus souvent, à faire son apparition sur la scène politique des Balkans. En l'occurrence, à la place de la passion qui se sert de la menace et de la force pour s'imposer, apparaît le droit qui cherche à réglementer d'une façon stable les relations qui se créent entre Etats et entre peuples balkaniques. Une série d'accords, de conventions, de traités bilatéraux ou même multilatéraux commence à prendre la place des anciennes notes d'avertissement, de protestation, des anciens ultimatums qui, dans le passé, ont très souvent assombri le ciel balkanique.

Il s'agit maintenant à présenter et à expliquer ce processus, ses diverses manifestations à l'heure actuelle, ses perspectives plus ou moins lointaines – et, aussi, ses limites, du moins celles que lui impose la situation internationale dans le monde.

1. Et pour commencer, il faut mettre au clair une idée dont on parle souvent – surtout en dehors des Balkans – mais qui n'a pris jamais, pas même un commencement de réalisation; c'est l'idée de la conclusion d'un traité général, englobant tous les Etats balkaniques en vue de la création d'une fédération (ou même confédération) balkanique, pour ne pas dire un Etat unique, une espèce de „Balkania." Dans le passé – assez éloigné, il faut bien le dire – on en a souvent parlé, surtout entre les rêveurs de gauche et les intellectuels enthousiastes, de tous les pays balkaniques. On en parle peut-être encore, dans certains milieux balkaniques, mais bien plus rarement et ... sans conviction. C'est un fait que l'on ne peut ne pas constater, si désagréable qu'il fût pour les esprits idéalistes! Non que c'est une idée absolument et pour toujours irréalisable – non! L'avenir pourrait un jour nous réserver ici aussi quelques surprises agréables et heureuses; et la fédération balkanique pourrait bien être – au fond pourquoi pas? – une de celles-ci! Mais à l'heure actuelle il est encore trop tôt de penser à la création d'une telle fédération ou même confédération balkanique, par la signature d'un traité commun de la part de tous les Etats balkaniques. Les réminiscences tragiques et les ressentiments éprouvés sont encore trop frais; les différences politiques, idéologiques et même historiques, et on peut ajouter économiques, sont encore trop grandes pour que l'on puisse croire qu'avec une signature au-dessous d'un document diplomatique on parviendrait à édifier d'une façon durable et stable un Etat balkanique commun, une fédération quelconque ou même une intégration plus ou moins générale d'Etats balkaniques. L'histoire, même l'histoire très récente dans des régions non éloignées des Balkans, – en Afrique et le proche Orient – souvent à fourni des exemples des divorces de combinaisons montées d'une façon hâtive ou prématurée entre petits Etats. On pourrait aussi montrer les difficultés qu'éprouvent certaines combinaisons moins étroites entre des Etats plus importants et plus stabilisés comme l'OTAN, pour ne citer que celle-là.

Non pas qu'en principe on ne puisse jamais songer à un groupement quelconque d'Etats balkaniques! Le mot „jamais," comme on dit souvent, n'a pas de place dans le vocabulaire de la politique, même balkanique. Mais pour le moment, vue la situation internationale actuelle et la répartition des forces dans le monde, la réalisation immédiate de cette idée, sous quelque forme que ce soit, ne se présente pas encore comme une réclamation sérieuse. Dans ces mêmes parages, où se pose aujourd'hui cette question de groupement de petits Etats, et même dans les limites seules de la Grèce actuelle, n'y avait-il pas, dans l'antique Hellade, des dizaines de petits Etats – républiques ou royaumes – qui menaient des combats acharnés les uns contre les autres pendant des siècles? A présent il n'y a qu'un seul Etat pour tous ces territoires et on s'étonne parfois des emportements de tous ces chefs antiques, de tous ces archontes grecs, de tous ces héros de légende qui jetaient leurs co-citoyens dans des luttes fratricides sans merci. De sorte que dans ce domaine on ne peut présenter que des desiderata, sinon pas à formuler certains rêves, mais – et il faut bien le dire – ce sont des rêves que des générations entières de rêveurs, honnêtes et enthousiastes dans tous les pays balkaniques, caressent, au fond de leur cœur. N'est-ce pas, les rêveurs, malgré tout, n'ont jamais cessé d'exercer une influence sur les générations à venir?

2. En échange, le droit international offre bien d'autres formes et modèles d'accords ou d'ententes entre Etats – plurilatéraux ou bilatéraux. Certains de ces accords ont déjà fait leur apparition aussi dans les Balkans. Ils servent à réglementer des relations économiques, culturelles, voire même politiques que la situation internationale elle-même crée dans les Balkans, à cause avant tout du fait que tous ces Etats – et tous ces peuples – qu'ils le veuillent ou non – se voient obligés de vivre et d'exister les uns à côté des autres entre les trois mers! C'est la nature même, la géographie et l'histoire, qui ont placés tous ces peuples à habiter, les uns à côté des autres, ces Balkans montagneux. Les exigences de la vie elle-même leur ont imposés de réglementer les relations qui par la force même des choses et du développement de la civilisation, se forment de plus en plus entre eux. Il ne faut pas oublier que l'approche territoriale est non seulement un fait; elle est aussi un facteur décisif, même aujourd'hui, à l'époque des transports accélérés.

La pratique a prouvé, surtout dernièrement, que toutes les entraves que des gouvernements aient voulu mettre entre les peuples, ne servent plus à grande chose à cause des moyens perfectionnés de communication et de transport qui n'ont pas toujours besoin (et souvent pas du tout) d'autorisation et de visas pour atteindre les habitants, même dans les coins les plus éloignés du territoire. Ceci aussi a contribué à inciter ces gouvernements à ne pas éviter de recourir aux moyens que le droit international offre pour la réglementation des relations qui se créent ainsi, même malgré les gouvernements, entre les habitants, entre les peuples, entre les producteurs, transporteurs, commerçants, etc. De sorte qu'on arrive à constater, de tous les côtés, que tous les pays balkaniques s'orientent de plus en plus vers une réglementation internationale, vers des contacts et des accords par lesquels c'est le droit – le droit international – qui donne sa contribution à l'établissement de la paix dans une région jusqu'à présent assez troublée, comme c'est la région des Balkans.

Entre Etats balkaniques dans le passé – même le passé assez reculé – on a eu parfois recours à la conclusion d'accords et même de traités internationaux: des accords commerciaux, douaniers, ferroviaires. On a vu à certains moments même la conclusion de conventions militaires, de traités, le plus souvent secrets. Il y en a eu qui portaient même les signatures et les sceaux des rois et des princes, mais que ces mêmes rois et ces princes étaient les premiers à ne pas observer ou même à violer!

En dehors de ces traités secrets (dans la conclusion desquels certaines des Grandes puissances extrabalkaniques ne furent pas toujours étrangères), les accords que concluaient les Etats balkaniques entre eux dans le passé ne se rapportaient donc qu'aux domaines traditionnels, assez restreints d'ailleurs, dans lesquels alors se développaient les échanges entre les Etats balkaniques.

La vie cependant, surtout après la deuxième guerre, imposa aux Etats balkaniques à conclure des accords se rapportant à des domaines tout à fait nouveaux que le progrès technique, économique ou culturel imposait à tous. De cette façon le droit international s'est surtout manifesté avec ses conventions, déclarations, traités, etc. dans ces domaines nouveaux. Ces domaines nouveaux méritent à être examinés de plus près pour voir comment a dû procéder le droit international pour réglementer des situations qui jusqu'alors étaient abandonnées pleinement à la politique seule et à ses aléas.

3. On doit commencer par mentionner les accords réglant les questions frontalières des divers Etats balkaniques. Presque tous les Etats balkaniques se sont vus obligés de recourir à la conclusion d'accords réglant les questions se rapportant au tracé des frontières avec les Etats voisins, au passage des frontières, à la situation juridique des terrains traversés par la ligne frontalière, à la procédure pour la liquidation des conflits qui pourraient surgir au sujet des frontières, etc. On peut citer

un très grand nombre de tels accords frontaliers. D'une façon générale on peut dire qu'à l'heure présente, grâce aussi à la conclusion de ces accords frontaliers, la paix règne sur toutes les frontières des Balkans; on a vu aussi s'organiser des fêtes communes pittoresques et des foires communes, des deux côtés des frontières, comme c'est le cas, par exemple, entre la Yougoslavie, la Roumanie et la Bulgarie. Dans le passé on n'avait jamais assisté à de tels spectacles. On a enregistré aussi un autre progrès dans ce domaine: par des accords conclus entre la Yougoslavie, la Roumanie, la Bulgarie, les citoyens de ces Etats peuvent aujourd'hui traverser la frontière commune et se rendre chez le voisin sans avoir besoin de visa préalable. Dans les Balkans c'est une nouveauté très significative mais aussi très importante qui marque un changement notoire dans les relations entre Etats balkaniques.

4. Avec les temps nouveaux, surtout après la deuxième guerre mondiale, ont surgi pour les Etats balkaniques des problèmes tout à fait nouveaux, inconnus jusqu'alors, dans les différents domaines économiques et culturels. Tout d'abord la liste des produits qui faisaient l'objet traditionnel du commerce balkanique a quelque peu changé. On a commencé à produire dans les pays balkaniques et à exporter dans les Etats voisins des marchandises qui n'ont jamais figuré, dans le passé, sur la liste des produits à exporter et en premier lieu des produits industriels de toutes espèces; on est arrivé même à exporter de pays balkanique à pays balkanique des installations industrielles complètes, ce qui était dans le passé, encore récent, un privilège et „chasse gardée" uniquement pour les Etats d'Occident. Il en est de même pour l'exportation des brevets d'invention, pour l'aide technique, etc. Toutes ces affaires et tous ces échanges sont réglementés aujourd'hui par divers accords conclus entre les Etats balkaniques. C'est vraiment un fait tout à fait nouveau sur le fond balkanique et il marque un changement significatif survenu dans cette partie de l'Europe. Il est même question, pour certains Etats balkaniques à passer entre eux des accords en vue d'assurer une collaboration commerciale et une répartition des marchés lointains, etc. Certains ont prononcé, au sujet des Balkans, les mots: „Comecon (Balkanique)" ou „marché commun" (balkanique). Bien entendu les conditions pour ces organismes économiques sont tout à fait différentes, mais en tout cas la question de créer des organismes économiques adéquats se trouve déjà posée. L'appartenance des Etats balkaniques à des organismes économiques différents, comme le „Comecon" et le „Marché commun" n'a pas empêché certaines Etats balkaniques à conclure des accords économiques importants entre eux

et ne semble pas les empêcher dans l'avenir à parvenir à des combinaisons économiques plus importantes et à des aiffares commerciales et industrielles sur une échelle plus vaste. La vie et la proximité territoriale imposent aux Etats balkaniques, dans les conditions techniques nouvelles, des solutions nouvelles.

Il est vrai que le commerce entre les Etats balkaniques, qui a toujours était insignifiant par rapport au commerce qu'ils entretenaient avec les Etats industriels; mais il est non moins vrai que le pourcentage du commerce interbalkanique, par rapport au commerce extérieur global de chaque Etat balkanique, s'est sensiblement élevé depuis quelques années et que des perspectives très larges s'ouvrent devant les milieux économiques balkaniques dans cette direction. Ici les accords conclus, ou à conclure entre les Etats balkaniques sont d'une importance réelle et méritent l'attention des observateurs étrangers.

5. Un domaine dans lequel les accords conclus entre les Etats balkaniques ont eu un succès spectaculaire, c'est le tourisme. Tous les Etats balkaniques se sont appliquées assidûment depuis quelques années – et non sans un succès notoire – à développer le tourisme chez eux et à attirer une masse de touristes étrangers. Et ils ne se sont pas contentés uniquement de construire des hôtels confortables près les plages, ou de chalets romantiques dans les montagnes, mais aussi ont-ils jugé utile de se mettre d'accord pour la construction de routes pour automobile, pour créer toute espèce de facilités au transport des voyageurs par voiture automobile ou par le chemin de fer et les avions. Une convention importante au sujet du tourisme vient d'être signée entre la Turquie, la Bulgarie et la Yougoslavie. Dans un avenir proche on pourrait s'attendre aussi à la participation grecque dans les affaires et les initiatives communes du tourisme balkanique. Tout cela, grâce aux accords ainsi conclus, crée une ambiance propice pour la réalisation d'autres initivatives interbalkaniques, surtout du domaine culturel.

En rapport avec le développement du tourisme interbalkanique se trouve aussi le problème d'ouverture de nouveaux points de passage des frontières. Jusqu'à il n'y a pas longtemps, le nombre de ces points de passage était tout à fait minime – un ou tout au plus deux pour chaque Etat et ce fut surtout pour le passage des lignes de chemin de fer. L'apparition du transport par autobus et par camions a imposé à tous les Etats balkaniques à conclure des accords en vue de l'ouverture de nouveaux points de passage des frontières. On a convenu toutes espèces de facilités pour les autobus qui traversent les territoires de plusieurs Etats balkaniques. Les camions chargés de marchandises, et surtout de produits agricoles et alimentaires commencent à traverser par centaines tous les jours les frontières de tous les Etats balkaniques pour atteindre des marchés plus lointains. Leur circulation qui exige une célérité accrue, a été l'objet de nombreux accords au sujet des facilités à fournir, des fournitures en route, droit de péage, responsabilité en cas d'accidents, etc. Dans les Balkans, comme partout ailleurs, le pneu chasse de plus en plus le rail et amène bien de changements dans les relations entre les Etats.

6. Un des problèmes nouveaux pour les Balkans, et qui présente un intérêt tout particulier pour le droit international, se rapporte aux rivières internationales qui traversent les territoires de plus d'un Etat. Pendant des siècles ces rivières coulaient tranquillement à travers les terres des pays balkaniques et réunissaient par leurs vallées les diverses provinces du vaste Empire ottoman. A la place de cet Empire vinrent, plus tard, s'ériger des petits Etats libres, tous jaloux de leur indépendance; ils fixèrent des frontières rigides; mais les rivières continuèrent à traverser ces frontières sans attendre de visas. La technique et la science ont cependant apporté de même certains changements dont aussi bien la politique que le droit devaient tenir compte et les prendre en considération, respectivement sous leur réglementation.

Grâce au progrès technique dans la construction, les eaux de ces rivières, même des petites, pouvaient être dorénavant utilisées pour la production d'énergie électrique, soit par détournement des cours d'eau, soit par l'établissement de barrages réservoirs; ces barrages réservoirs sont aménagés aussi en vue de l'irrigation de vastes terrains secs. On a entrepris dans tous les pays balkaniques, après la seconde guerre mondiale, la construction de très grands barrages, usines électriques, systèmes de canaux d'irrigation, etc. Mais tous ces travaux amenèrent souvent des changements importants dans le courant des eaux internationales à la suite de la construction de nombreux et très grands barrages, à la suite aussi du percement de longs tunnels et des dérivations importantes de rivières qui changeaient souvent complètement le caractère du pays, des cours d'eau et le système des irrigations.

On s'est préoccupé dans tous les pays balkaniques des nouveaux problèmes que soulevaient ces constructions hydrauliques, d'autant plus qu'une grande partie des rivières balkaniques, les plus importantes, s'avèrent être des rivières internationales et le terrain montagneux de la Péninsule était tout à fait propice à l'utilisation des eaux des rivières par la construction des barrages et des canaux de dérivation. Tout cela imposa aux Etats balkaniques à chercher des contacts et à arriver à des accords internationaux pour sauvegarder leurs intérêts en rapport avec les eaux des rivières internationales. C'est un domaine tout à fait nouveau pour la réglementation internationale non seulement dans les Balkans, mais aussi en Europe.

Le plus intéressant de tous les accords relatifs à l'utilisation des eaux des rivières internationales est l'accord conclu entre la Bulgarie et la Grèce – deux Etats qui pendant plusieurs décennies étaient en querelle entre eux à cause des diverses difficultés que leur avaient laissé en héritage les luttes et les guerres du passé. Il est curieux de constater que la conclusion de l'arrangement auquel ces deux Etats sont arrivés en juillet 1963 a été facilité en grande partie par un accord au sujet de l'utilisation de leurs rivières communes: Maritsa, Strouma, Mesta et surtout Arda. De cette façon on est parvenu à liquider en même temps tout ce contentieux qui empoisonnait lourdement et dangereusement les relations entre ces deux voisins balkaniques. L'accord ainsi conclu en 1963 contenait entre autre une clause en vertu de laquelle la Bulgarie, qui avait déjà construit sur la rivière Arda (dans les Rhodopes), pour ses propres besoins, de très grands barrages-réservoirs retenant de grandes masses d'eau, s'obligea à „vendre" (ou à fournir) annuellement à la Grèce – pour ses besoins d'irrigation en Thrace occidentale, 186 000 000 mètres cubes d'„eau régularisée" – c'est en partie en échange des réparations que la Bulgarie devait à la Grèce à la suite des guerres! Par la construction de ces grands barrages sur son propre territoire la Bulgarie avait procuré aussi un autre avantage – très important – à la Grèce: Elle préservait de cette façon une vaste partie de la Thrace grecque de ces inondations qui, périodiquement, presque chaque année, dévastaient de vastes régions dans la vallée inférieure du fleuve Arda. Cet arrangement qui utilisa la réglementation des eaux des fleuves internationaux constitue vraiment un „miracle diplomatique" par lequel on instaura enfin la paix entre ces deux Etats balkaniques en querelle depuis si longtemps. C'est peut-être la première fois dans l'histoire diplomatique, où, par un accord international au sujet de l'utilisation des eaux internationales et par la „vente" d'eau, que l'on est parvenu à régler une situation si pleine de périls.

En parlant d'accords internationaux dans les Balkans se rapportant à des fleuves il faut mentionner aussi l'accord conclu entre la Yougoslavie et la Roumanie au sujet de l'aménagement du Danube par les grandes constructions hydrauliques aux „Portes de fer," ainsi que l'accord intervenu entre la Roumanie et la Bulgarie au sujet de la construction éventuelle d'un barrage sur le Danube, entre Somovit (en Bulgarie) et Islaz (en Roumanie). Ce barrage servira non seulement à la production d'énergie électrique, mais aussi à assurer largement l'irrigation des terrains agricoles de la Bulgarie du Nord où sont déjà installées plusieurs très grandes pompes pour pomper les eaux de ce fleuve international. Ces deux constructions hydrauliques sur le Danube et les conventions bilatérales qui s'y rapportent, font surgir déjà des questions très importantes d'ordre international dont la solution exigera dans l'avenir prochain la conclusion de nouveaux accords avec d'autres Etats riverains du Danube.

En ce qui concerne la production et le transport de l'énergie électrique il faut mentionner aussi les accords conclus entre plusieurs Etats balkaniques en vue de la jonction de leurs réseaux électriques. Par ces accords on parvenait, en transportant d'une façon régularisée l'énergie électrique d'un Etat dans l'autre – et en „vendant" de telle énergie – à utiliser plus rationnellement l'énergie électrique produite dans chaque Etat, et dans chaque région.

Il faut mentionner aussi, parlant de l'utilisation des eaux des fleuves internationaux des Balkans, l'apparition d'un autre problème, tout à fait nouveau, sur le fond des relations internationales entre les Etats balkaniques et dont la solution exigerait de même l'intervention du droit international – c'est le problème de la pollution des eaux des fleuve internationaux qui passent de territoire en territoire. Ce problème devient chaque jour plus grave, car les eaux de ces fleuves sont de plus en plus polluées à la suite de leur utilisation directe par une industrie qui se trouve en épanouissement dans tous les Etats de la péninsule. Ce problème n'a pas encore été objet de réglementation par des accords entre Etats balkaniques. Mais de tels accords internationaux s'imposeraitent à être conclus, plus spécialement pour la pollution des eaux du Danube, surtout à cause de la radiation que causerait un jour ou autre la construction d'usines pour la production d'énergie atomique à des fins pacifiques.

7. La dernière question qui se présente quand on envisage l'intervention du droit international – de ses accords, déclarations et traités – pour la réglementation de situations compliquées, créées par la politique dans les Balkans, c'est la question de la conclusion d'un accord pour la proclamation de toute la région des Balkans – entre les trois mers: Noir, Egée, Adriatique – comme zone désatomisée, zone de la paix. Evidemment c'est une question très vaste, devenue très compliquée, à la suite des compétitions diplomatiques dans cette région de la part de certaines puissances, et à la suite aussi, de l'appartenance des

Etats balkaniques à deux blocs politiques différents. Mais si ici il n'est pas possible d'exposer en toute sa plénitude cette question, si contreversée d'ailleurs, on pourrait, du moins, par souci de systématisation de l'exposé, la mentionner avec quelques traits pour la situer dans le réalité balkanique. En éclairant les traits généraux de cette question on contribuerait sans contredit à parachever l'édifice juridique que le droit international est déjà en train d'élever dans les Balkans en aidant à transférer lui aussi, cette contrée de „baril de poudre," qu'elle était sensée jusqu'à la dernière guerre, en une vraie zone de paix, à laquelle aspirent tous les peuples balkaniques.

C'est une idée qui n'est pas tellement chimérique comme certains le laissent croire, car, dans leur for intérieur, tous ceux qui habitèrent les pays des Balkans et qui, tous, connaissant bien les horreurs de la guerre, veulent ardement sa réalisation. Mais, n'est-ce pas ce que peuple veut, Dieu veut? Il n'est pas impossible que sous la pression aussi des masses populaires des Balkans, les dirigeants balkaniques se voient un jour contraints, malgré les conseils contraires (et intéressés) qu'on leur prodigue, d'arriver à un accord aussi à ce sujet. Les derniers mécomptes avec le transport de la bombe nucléaire aussi bien à Palomares (Espagne), qu'en Océan Atlantique (près de Porto Rico) ne sont pas de nature à calmer les craintes des populations balkaniques à être imbriquées dans la course des armements des Grandes puissances nucléaires, ni de diminuer leur insistance pour les laisser en paix et en dehors des compétitions nucléaires des Grandes puissances nucléaires. D'autant plus que, comme l'a constaté dernièrement la „Revue de droit international public" (1966, No. 2) c'est pour la quatorzième fois qu'un avion militaire américain laisse tomber une telle bombe!

Il est vrai que dernièrement, du moins dans les conventions internationales, la question des zones dénucléarisées semble-t-il a cédé le pas à une nouvelle question – celle de la non dissémination des armes nucléaires. Mais au point de vue juridique strict, quand on envisage de près les obligations qui vont être imposées ainsi, à la suite d'une proclamation d'une contrée comme zone dénucléarisée, aussi bien aux Etats situés dans cette zone, qu'aux autres Etats, et surtout à ceux qui possèdent déjà des armes nucléaires, on se rend compte que les obligations en vue de la non dissémination des armes nucléaires créent, au fond, une atmosphère tout à fait favorable, avant tout, pour la réalisation de telles zones désatomisées. En rapport avec cela il faut attirer plus spécialement l'attention des observateurs sur la résolution qu'a été approuvée par la Commission politique de l'ONU d'inviter les puissances nucléaires à donner des assurances qu'elles n'employeraient pas ou ne menaceraient pas d'employer les armes atomiques contre des Etats qui ne possèdent pas d'armes atomiques ou qui se trouvent situés dans les limites des *zones désatomisées*. Comme on le sait, il n'y a que l'Albanie seule qui ait voté, à l'ONU, contre cette résolution, mais cette solution a bien de chances à s'imposer en fin de compte. L'acceptation définitive de cette résolution constituerait un point de départ très important aussi pour la solution de la question de la proclamation des Balkans comme zone désatomisée.

IV

Ainsi on arrive à la conclusion suivante:

La vie, les nouveaux besoins ressentis par les masses populaires des pays balkaniques d'un côté, le progrès technique qui s'est opéré ces dernières années, les nouveaux moyens de communication entre les peuples et entre les habitants, les nouveaux moyens aussi de transport et de production, tout cela, que l'on le veuille ou non de la part de certains gouvernants dans les Etats balkaniques (mais aussi de certains gouvernements d'Etats plus éloignés) – a imposé son empreinte spéciale aux relations nouvelles qui se créaient entre les Etats, entre les peuples balkaniques, entre leurs habitants eux-mêmes. On peut dire d'une façon certaine, que l'apparition de ces relations nouvelles, la création des liens nouveaux entre les Etats et les peuples balkaniques, et de nouvelles possibilités de communication et d'échange entre eux devanceraient indubitablement, par la force même des choses, la réglementation de ces relations et de ces liens et échanges. De cette façon se révélèrent clairement et se sont établis dans les Balkans certaines situations, ou pour mieux dire, certains *faits* indiscutables. Les gouvernants des Etats balkaniques, pendant une certaine période, qui fut souvent pour certains d'entre eux assez prolongée, se voyaient en face de *situations de fait*, qu'ils n'avaient pas l'audace de renier, puisqu'ils ne pouvaient ne pas voir, en fin de compte, que c'est la vie nouvelle elle-même qui les imposait; ils ne se sentaient pas non plus de taille à les surmonter, puisqu'ils voyaient bien que les peuples eux-mêmes, avec tout le poids de leur masses et de leurs passions y étaient derrière – ils tolérèrent donc dans ces nouvelles situations, ces nouvelles relations qui se créaient en dehors d'eux, souvent même contre eux. De la sorte, petit à petit, une série de telles situations de fait et des relations, une série aussi *d'arrangements tacites* (dont l'effet se prolongeait) se transformaient souvent en coutume – en droit coutumier – pour devenir très souvent plus tard objet d'un accord international en dûe forme entre les Etats. Le droit international écrit venait donc tout simplement en ce cas à entériner ce que les peuples avaient déjà établi entre eux – entériner le droit coutumier.

De cette sorte on a pu établir aussi bien dans les Balkans un phénomène d'ordre international très curieux qui a été objet ces dernières années d'études intéressantes dans la doctrine du droit international: on assiste ici aussi, comme d'ailleurs, à bien d'autres endroits dans le monde, sur le terrain international, à une transformation des *situations de fait* en vraies relations internationales réglementées par le droit.

Le besoin, ressenti profondément et sincèrement, par tous les habitants des Balkans, d'une surêté et d'une tranquillité garanties, explique aussi, entre autre, le succès indéniable de l'idée d'une entente et d'une collaboration entre les peuples balkaniques. A l'heure actuelle aucun gouvernement balkanique ne se risquerait à prendre ouvertement partie contre cette idée, tellement elle est enracinée dans le cœur de toutes les générations balkaniques, dans tous les Etats balkaniques. Il se peut que certains dirigeants dans quelques Etats balkaniques, d'après leur orientation politique, vers l'un ou l'autre bloc d'Etats, formulent certaines réserves ou posent certaines conditions (ou s'adonnent à certaines tergiversations), mais, il n'est plus possible dans les Balkans de nier catégoriquement la possibilité de réaliser une certaine collaboration aussi bien entre les peuples qu'entre les Etats.

Il y a donc ici aussi, une *changement* indéniable qui s'est opéré dans cette partie de l'Europe. Ici on a mis enfin un terme à l'ancienne „balkanisation" et à l'ancienne „Question d'orient" – du moins dans ce coin du Sud-Est. C'est une page définitivement tournée, qu'il serait difficile, même aux Grandes puissances et à leurs diplomates et agents de toute espèce, de rétourner.

Mais les peuples balkaniques ne comptent pas s'arrêter là. Ils s'apprêtent à ouvrir une autre page – à passer bien en avant dans ce mouvement par lequel on transforme la politique internationale et les situations de fait du domaine des relations internationales, en droit – en droit international, en relations internationales, réglementées par le droit – et assurer, de cette façon, durablement la paix dans les Balkans en transformant réellement et définitivement cette péninsule en zone de paix. Les relations de plus en plus étroites qui se créent entre ces Etats et les contacts de plus en plus intimes qui se succèdent entre les peuples de la Péninsule, vont sûrement faciliter aussi cette transformation.

Il est vrai que les traités et les accords internationaux par lesquels les situations de fait prennent le chemin vers le droit international et se transforment en situations juridiques réglementés par des normes juridiques internationales écrites, se présentent jusqu'à présent presque exclusivement sous la forme bilatérale. Mais avec le temps on peut espérer que ces accords bilatéraux créeraient une atmosphère propice pour des combinaisons plus vastes dans les différents domaines des relations internationales dans les Balkans; il ne faut pas désespérer de voir dans un avenir plus éloigné – mais certain – se conclure de traités multilatéraux qui vont englober plusieurs Etats balkaniques dans leurs stipulations.

On ne puit pas encore dire d'une façon catégorique que toutes les questions controversées entre les Etats balkaniques sont solutionnées et toutes les dicordes sont liquidées, quoique, il est d'autre part aussi indéniable, qu'une grande, très grande partie de ces points litigieux ne ternissent plus l'horizon des Balkans. Il importe cependant de noter qu'à la suite de l'intervention et de l'intégration du droit dans les relations entre les Etats balkaniques on est parvenu à trouver le meilleur chemin et la base la plus sûre pour la solution des questions litigieuses qui sont encore restées en suspens entre les Etats balkaniques. On a trouvé de cette sorte le meilleur moyen à mettre en avant et à valoriser de plus en plus ce qui est de commun intérêt des peuples balkaniques et qui aussi l'approche géographique elle-même a contribué à créer. Les épreuves du passé et la conscience que les peuples ont prise de l'inutilité et de la nuisibilité des luttes fratricides du passé, ont fait accélérer ce processus d'amélioration de l'atmosphère politique des Balkans. Mais il faut insister surtout sur ce que, à la différence de ce qu'étaient les Balkans dans le passé et même avant la deuxième guerre mondiale, l'atmosphère politique de la Péninsule n'est plus explosive comme elle l'était auparavant. Et cela est d'une importance capitale – non seulement pour la paix des Balkans, mais aussi pour la paix générale.

HAMED SULTAN

The Special Function of the Principle of Restrictive Interpretation

The principle of restrictive interpretation serves authoritative interpreters as an indispensable complement to the principle of effectiveness. It embodies considerably more than a vague preference for "narrow interpretation" or the fundamental policy that in a free society agreements should not be made for or imposed upon parties. It is the special function of the principle of restrictive interpretation both to point to the factors in the context of an agreement, such as the varying responsibilities of the Parties as Governments or private associations, which experience has established as valid indices of limits upon the expectations of the Parties as to the extent of commitment, and to prescribe that the implementing inference of an interpreter in remedying ambiguities or gaps or contradictions in the agreement should be confined to what is necessary to achieving the essential purposes of the Parties and should not be extended to imposing new purposes and unnecessary detailed obligations upon the Parties. The authoritative role of the principle, is, in other words, to preserve the integrity of agreement as an instrument for ordering human affairs; without such limit upon interpretative inference it would be impossible for Parties to enjoy stability in their expectations form agreement, and a social order purportedly built upon their expectations would be utterly subverted. The fundamental policies underlying the principle of restrictive interpretations have seldom been better stated than by the late Judge Hudson, in commenting upon certain extravagant interpretations of the United Nations Charter. He wrote:

> It is difficult to conceive of the possibility of making substantial progress in the development of international law unless a scrupulous respect obtains for the integrity of international instruments. Yet a tendency now seems to prevail in some quarters to undermine that respect by torturing the meaning of great international instruments and by forcing them to serve purposes for which they

were never designed, purposes at variance with the desires entertained by Governments when the instruments were brought into force.[1]

Judge Hudson added:

If Governments cannot have confidence that the instruments by which they bind themselves will not be made to serve unintended purposes, if respect is not paid to the terms and tenor of the obligations imposed by such instruments, the result may be a reluctance to assume further commitments and the progressive development of international law may be seriously retarded. An important function of the United Nations might thus be frustrated.[2]

One of the most careful formulations of the principle, though he curiously describes it as a "subsidiary interpretative finding," is that of Sir Gerald Fitzmaurice. After having noted that the principle of effectiveness is "subject to limitations which insure that the language of the instrument is not strained and the interpretative function is not exceeded"[3] Sir Gerald expounds his "finding" as follows:

Positive and active obligations – as also definite exceptions to, or derogations from such obligations – cannot be left to arise as a mere inference from a text or provision. They must be expressed in terms. In other words, positive obligations, or exceptions thereto, cannot be read into a treaty. If not actually expressed, they must at least be a *necessary* (and not merely a *possible*) inference from what is expressed.[4]

He comments:

Necessity to give definite expression to positive rights and obligations, or to specific derogations therefrom. This is perhaps not strictly speaking a rule of interpretation, but it usually arises in that form, and (as a rule of interpretation) might be stated as follows: that definite rights and obligations, or specific derogations therefrom, cannot be read into treaty provisions by a process of inference, unless this is a necessary and not merely a possible consequence of the language used.

He adds:

In the Peace Treaties (2nd phase) and South-West Africa cases, at any rate, the Opinions of the dissenting Judges had, in general, been based on the view that certain interpretation was required in order to give the treaty its fullest effect and prevent certain objects from being frustrated. Since this interpretation was in their view a possible one, which would not do actual violence to the language employed, they thought it ought to be adopted. The Court's view is therefore authority for the proposition that in fact violence is done to the terms of a treaty (and consequently to major principle II) "– that is the Principle of the

---

1 Manley O. Hudson, "The Integrity of International Agreements," *42 American Journal of International Law*, p. 105 (1948).

2 *Ibid.*, p. 108.

3 28 *British Year Book International Law*, p. 8.

4 Sir Gerald italicizes the words "necessary" and "possible". 28 *B.Y.B.I.L.* (1951) p. 9.

Natural Meaning –" whenever the existence of a right, obligation, procedure, etc., not expressly provided for in the treaty or prima facie contemplated by it, and not a necessary consequence of the terms employed, is nevertheless read into it as not being actually incompatible with those terms, while tending to promote the objects of the treaty. The guidance given by the Court on this matter cannot fail to be of value. All those concerned with the interpretation of texts know how difficult is the type of case where something is neither included nor excluded, or where it is possible but not a necessary inference from the text. In such cases there are two modes of approach. According to one, if the matter in question is not actually excluded and if a useful purpose would be served by infering it, and the text affords a possible basis for drawing such an inference, then it may legitimately be drawn. According to the other approach, if a thing is not expressed, it is not, generally speaking, permissible to infer it as merely not being inconsistent; it must follow from the language used, as a necessary consequence of the terms of the treaty. The Court clearly favours the second of these approaches.[1]

By way of footnote to the last sentence he adds:

It is evident that while the first method may sometimes be legitimate in particular cases, any general tendency to adopt it would necessitate the insertion in treaties of many more restrictive and limiting clauses than they are normally thought to require so long as the position holds good that in principle nothing that is not actually contained in a treaty can be regarded as forming part of it.

An effect very similar to that resulting from the Court's approach would often be produced if, in considering how far a given inference is legitimate, the text were transposed into the sort of form that it would have had to take if the terms to be inferred had actually been expressed. It will then usually be much clearer whether the inference is a legitimate one or not.

Further statements are offered below, including a statement by Lord McNair appraising the North Atlantic Coast Fisheries Arbitration. Lord McNair:

Leaning against Restrictions on Liberty of Action.

When after applying relevant rules of interpretation there remains a genuine doubt as to the real meaning of a word or a phrase, some authority exists for the view that the interpertation should be adopted which is favourable to the freedom of States and places the lesser restriction upon its liberty of action. In the British written Argument in the North Atlantic Coast Fisheries Arbitration, Great Britain adopted and put forward a passage occurring in Hall's International Law from which the following may be extracted: 'Wherever, or insofar as, a state does not contract itself out of its fundamental legal rights by express language, a treaty must be so construed as to give effect to those rights. Thus, for example, no treaty can be taken to restrict by implication the rights of sovereignty, or property, or self-preservation. Any restriction of such rights must be effected in a clear and distinct manner.'

... a view which the Tribunal by the answer given to Question I in the Award substantially adopted. Again, in the British Case in the same Arbitration it is urged that, 'if it had been intended to derogate from British sovereignty, express provisions would have been introduced, such, for instance, as are to be found in the treaties with Eastern Powers which confer extra-territorial rights.[2]

[1] *Ibid.*, pp. 23 and 24.

[2] McNair, *The Law of Treaties* (1938), p. 211.

Grotius expounds the principle in terms of modern revelance:

On the other hand words are to be taken even more strictly than the proper meaning demands if such an interpretation shall be necessary in order to avoid injustice or absurdity. And even if there be no such necessity, but there is manifest fairness or advantage in the restriction, we ought to confine ourselves to the narrowest limits of the proper meaning unless circumstances persuade to the contrary.[1]

There is also another kind of interpretation from conjectures outside of the meaning of the words in which the promise is contained. This, again is of two sorts, either broadening the meaning or narrowing it.

Now the interpretation which broadens the meaning proceeds with greater difficulty; that which narrows the meaning proceeds more easily. For as in all other things the absence of a single one of the causes is sufficient to prevent the result, and all causes need to concur that the effect may be produced, so also in the case of an obligation, a conjecture which extends the obligation ought not rashly to be admitted. The difficulty here is much greater than in the case of which we were speaking above, where the words admit of a rather broad interpretation, though one less generally accepted; for here we are in search of a conjecture outside of the words of the promise. Such a conjecture ought to be very certain in order to create an obligation; and a similar reason is not sufficient, but an identical reason is required. Again, it is not always sufficient for us to affirm that the extension ought to be made in accordance with reason; for as we were just saying, reason often moves in such a way that the will nevertheless may be a sufficient cause in itself even without reason. That such an extension, then, may be rightly made, it must be agreed that the reason, under which comes the case that we wish to include, is the sole effective cause which influenced the promissor, and that the reason was considered by him in its general sense, because otherwise the promise would have been unfair and useless.[2]

The full statement by Professor Hall which includes his interpretation of the North Atlantic Fisheries case is:

Whenever, or in so far, as a state does not contract itself out of its fundamental legal rights by express language a treaty must be so construed as to give effect to those rights. Thus, for example, no treaty can be taken to restrict by implication the exercise of rights of sovereignty or property or self-preservation. Any restriction of such rights must be effected in a clear and distinct manner. A case illustrative of this rule is afforded by a modern dispute between Great Britain and the United States. By the Treaty of Washington of 1871, it was provided that the inhabitants of the United States should have liberty, in common with the subjects of Great Brtain, to take fish upon the Atlantic coasts of British North America. Subsequently to the conclusion of the treaty, the Legislature of Newfoundland passed laws with the object of preserving the fish off the shores of the colony; a close time was instituted, a minimum size of mesh was prescribed for nets, and a certain mode of using the seine was prohibited. These regulations were disregarded by fisherman of the United States; disturbance occurred at Fortune Bay between them and the colonial fishermen; and the matter became a subject of diplomatic correspondence in the course of which the scope of the treaty came under discussion. It was argued by the United States that the

[1] Grotius, *De Jure Belli ac Pacis*, Book II, Ch. XVI.
[2] *Ibid.*, p. 421.

fishery rights conceded by the treaty were absolute, and were to be 'exercised wholly free from restraints and regulations of the Statutes of Newfoundland now set up as authority over our fishermen, and from any other regulations of fishing now in force or that may hereafter be enacted by that government'; in other words, it was contended that the simple grant to foreign subjects of the right to enjoy certain national property in common with the subjects of the state carries with it by implication an entire surrender, in so far as the property in question is concerned, of one of the highest rights sovereignty, viz., the right of legislation. That the American Government should have put forward the claim is scarcely intelligible. There can be no question that no more could be demanded than that American citizens should not be subjected to laws or regulations, either affecting them alone, or enacted for the purpose of putting them at a disadvantage.[1]

The principle of effectiveness and the principle of restrictive interpretation are but two sides of the same fundamental policy – the policy of securing and preserving the integrity of agreements. The one principle is a positive formulation that general provisions, ambiguities, gaps, and contradictions should be completed and remedied in a way to promote the essential purposes of the parties; the other principle is a negative formulation that implementing inferences should be made to stop short of shocking the expectations of the parties and of imposing unassumed burdens either of general purpose or detailed obligation.

"Restrictive interpretation is," as Lord Phillimore wrote, "the reverse of Extensive Interpretation, but founded upon the same principle of making the language correspond with the intention of the parties to the convention."[2] It is only in the domain of logic unrelated to the facts of particular cases and the process of interpretation in time that the two principles can be regarded as incompatible with each other; and as Professor Bourquin, in the discussions of the Institute of International Law, remarked, it is "impossible and dangerous to pronounce in a general way and a priori to employ one of the two methods of interpretation." "It is necessary," Professor Bourquin added, "in order to choose between them – that is, the two principles – to take account of the legal ties existing between the two parties, the object of the treaty, and the circumstances under which it has been concluded." Though in any particular case the two principles, as outlined above, point to different aspects of the relevant facts and policies, all such aspects are parts of the same total context, and whether the two principles reinforce or compete with each other in indicating decision of the case depends upon the whole constatation of facts and policies, in the case.

---

[1] W. E. Hall, *A Treaties on International Law,* (8th ed. 1944, Higgins, pp. 394 and 395)
[2] 2 Phillimore, *Commentaries upon International Law,* 3rd ed., 1879–1889 p. 113.

In this, as in other cases, the principles are best regarded as Siamese twins, who cannot be severed without destroying the full and rational scrutiny of relevant factors and policies.

It may be added that the article by Sir Hersh Lauterpacht, "Restrictive Interpretation and the Principle of Effectiveness in the Interpretation of Treaties,"[1] is not supported by authority. Sir Hersh mistakes the deeper basis of the principle of restrictive interpretation when he writes:

> The main explanation of the prominence of the rule of restrictive interpretation in the international sphere is that it has been restored to by reference to and on account of the sovereignty of independent states. It is not only that in case of doubt the contractual obligation must be interpreted in favour of the debtor; it is because states are sovereign that a restrictive interpretation must be put upon their obligations.

Even with respect to agreements between states the most fundamental policy underlying the principle of restrictive interpretation is, as we have seen, not irrational derivation from possibly absolutist notions of sovereignty, but rather a very rational effort to secure and preserve the integrity of agreements, to protect parties against having unanticipated obligations imposed on them. This deeper policy is indirectly recognised by Sir Hersch when he writes that "it is reasonable to assert that, in the absence of proof to the contrary, a party cannot be presumed to have undertaken an obligation or agreed to a restriction" (p. 59), or that "In particular, no principle of effectiveness can properly endeavour to give legal efficacy to clauses or instruments which were not intended to produce such results," illustrating by rejected interpretations of various multilateral agreements (pp. 74 and 75). When one of the parties to an agreement is a Government, responsible to a whole body politic, and the other party is a private association operating within the territorial domain of such Government, the "sovereignty," that is, the comprehensive responsibility, of the one party is but an additional factor, and a factor from the beginning within the expectation of the parties suggesting restraint upon the inference of unexpressed obligations. Sir Hersch's criticism of absolutist notions of sovereignty and of the principle of restrictive interpretation, mistakenly linked to such notions, obviously derive from a deep humanitarian desire to hold states, in an effort to promote a higher degree of order between them, to as extensive agreement and as broad customary international law as possible. Such considerations are not likely to affect

[1] 26 *British Yearbook of International Law* (1949), p. 48.

the fundamental policy, itself indispensable to a world order based on agreement, underlying the principle of restrictive interpretation as applied to agreements between states and certainly have little relevance to the interpretation of an agreement between a state and a private association. The lack of authority to support his general position, Sir Hersch himself indicates at the beginning of his article, citing distinguished authors from many different parts of the world who support the principle of restrictive interpretation. It may be noted, further, that when Sir Hersch presented his views to the Institute of International Law he met with so much difference of opinion in that distinguished body, with such members as Messrs. Fitzmaurice, Guggenheim, Paul de la Pradelle, Bourquin, Basdevant, and Rolin leading the criticism, that the Reporter of the discussion begins his resumé with the simple words "Désaccord complet! ....," that is "complete discord."[1]

The principle of restrictive interpretation has been formulated in various ways but the clear import of all formulations is relentlessly consistent in its demand for the clear consent of parties to the assumption of olbigation. Thus, in its broadest sense the principle directs that the burden of an obligation on a party to an agreement be limited to what has been expressly accepted, without expansions and implications of meanings. As Phillimore put it: "Restrictive is the reverse of Extensive Interpretation but founded upon the same principle of making the language correspond with the intention of the parties to the convention."

This broad formulation of the principle is also implicitly endorsed by Sir Hersch Lauterpacht when he states: "It is reasonable to assert that, in the absence of proof to the contrary, a party cannot be presumed to have undertaken an obligation or agreed to a restriction."[2]

Fiore declares: "Provisions entailing a burden must likewise be understood in a restrictive sense, when the words used do not clearly express what the party has engaged to undertake or do."[3]

The same objective of conforming to the consensus of the parties underlies the formulation by Sir Gerald Fitzmaurice that positive and active obligations "must be expressed in terms. In other words, positive obligations or exceptions thereto, cannot be read into a treaty. If not

[1] *Annuaire*, (1954) Tome I, p. 230.
[2] 26 *British Yearbook of International Law* 48, 59 (1949).
[3] *Fiore's International Law Codified*, Borchard's Translation, 1918, p. 345.

actually expressed, they must at least be a necessary (and not merely a possible) inference from what is expressed."[1]

Other, more particular, formulations emphasize the importance of the facts and responsibilities of sovereignty when a State is a party to an agreement of disputed meaning. When one of the parties to an agreement is a Government, responsible to a whole body-politic, and the other party is a private association operating within the territorial domain of such Government, the "sovereignty," that is, the comprehensive responsibility, of the one party is but an additional factor suggesting restraint upon the inference of unexpressed obligation. Thus Hall states:

> ..... no treaty can be taken to restrict by implication the exercise of rights of sovereignty or property or self-preservation. Any restriction of such rights must be effected in a clear and distinct manner.[2]

Oppenheim likewise stresses the importance of the State as a party:

> The principle in dubio mitius must be applied in interpreting treaties. If, therefore, the meaning of a term is ambiguous, that meaning is to be preferred ..... which interferes less with the territorial and personal supremacy of a party...[3]

The opinions in the cases decided by international tribunals sometimes emphasize the more general sense of restrictive interpretation by pointing to the necessity for respecting the intentions of the Parties or to the requirement of the consent of the Party burdened. In other cases the more particular formulation of restrictive interpretation is stressed, calling attention to the fact that the State is alleged to have accepted a restriction upon its sovereign rights. But whatever the formulation employed in a particular case, all the cases form a body of authoritative precedent stressing two particular factors of determinative importance in interpreting agreements: (1) that the Party alleged to have accepted restrictions is a State; and (2) the nature of the language alleged to establish a restriction on State freedom of action must be such that acceptance of the obligation is "convincing," "unequivocal," "explicit," or "beyond a reasonable doubt." If the alleged restriction on State sovereignty does not necessarily follow from the language used, the interpretation is doubtful and must be resolved in favour of the State.

In the Wimbledon case before the Permanent Court the primary

---

[1] 28 *British Yearbook of International Law* 9 (1951).
[2] Hall, *International Law* 394 (8th edition 1944, Higgins).
[3] 1 Oppenheim, *International Law* (Lauterpacht ed. 8th edition, 1955, p. 954).

emphasis in the Court's dictum was upon the sovereign rights of the State:

the fact remains that Germany has to submit to an important limitation of the exercise of sovereign rights which no one disputes she possesses over the Kiel Canal. This fact constitutes a sufficient reason for the restrictive interpretation, in case of doubt, of the clauses which produced such a limitation.[1]

Later, in the Mavrommatis case, in making application of the principle, the Permanent Court stressed the larger requirement of intention in the passage earlier quoted.

Again in the Free Zones case, Second Phase, the Court noted the requirement that it must respect French rights of sovereignty. A restriction on such sovereignty does:

not necessarily follow from the obligation contracted by France under the provisions of treaties of 1815 and the other supplementary instruments relating to the free zones, and as, in case of doubt, a limitation of sovereignty must be construed restrictively.[2]

Thus the Court asserts that "doubt" is signified if the restriction on sovereignty does not necessarily follow from the language creating an obligation. In the Third Place of the Free Zone case the Permanent Court dealt with the same point in somewhat broader language:

It follows from the principle that the sovereignty of France is to be respected in so far as it is not limited by her international obligations, and, in this case, by her obligations under the treaties of 1815 together with supplementary acts, that no restriction exceeding those ensuing from those instruments can be imposed on France without her consent.[3]

In this connection, the Court observes that no such limitation necessarily ensues from the old provisions relating to the free zones; that in case of doubt a limitation of sovereignty must be construed restrictively.[4]

The requirements of restrictive interpretation have been fully recognized by the International Court of Justice. In the 1949 case, Reparations for Injuries Suffered in the Service of the United Nations (1949) International Court of Justice Reports 174, the Court noted that the Charter did "not expressly confer upon the Organization the capacity to include in its claim for reparation, damage caused to the victim or to persons entitled through him" but stated that it was permissible to imply such a power "as being essential to the performance of its duties." (p. 182). The Court stressed, throughout its discussion, that

[1] Series A, No. 1, p. 24.
[2] Series A, N . 24, p. 12.
[3] Series A/B, No. 46, p. 166.
[4] *Ibid.*, p. 167.

the interpretation suggested was essential to the functioning of the Organization for its stated purposes.

In its Advisory Opinion in the case of Interpretation of Peace Treaties (second phase) (1950) International Court of Justice Reports 221 the Court observed that even an "essential" inference must be in accordance with the expectations of the Parties. The Court declared that:

the text in its literal sense does not completely exclude the possibility of the appointment of the third member before the appointment of both national Commissioners.....

but the Court went on to state:

the Secretary-General's power to appoint a third member is derived solely from the agreement of the Parties as expressed in the disputes clause of the Treaties; by its very nature such a clause must be strictly construed and can be applied only in the case expressly provided for therein.

Again in 1950 the Court refused to imply a particular unilateral competence, relating to qualification of diplomatic asylum, from the terms of the Havana Convention on Asylum of 1928.[1] The Court declared that:

A competence of this kind is of an exceptional character. It involves a derogation from the equal rights of qualification which, in the absence of any contrary rule, must be attributed to each of the States concerned; it thus aggravates the derogation from territorial sovereignty constituted by the exercise of asylum. Such a competence is not inherent in the institution of diplomatic asylum. Thus institution would perhaps be more effective if a rule of unilateral and definitive qualification were applied. But such a rule is not essential to the exercise of asylum.

These considerations show that the alleged right of unilateral and definitive qualification cannot be regarded as recognized by implication in the Havana Convention. (p. 275).

The Court further recognized the limitation on implication of rights in the Case Concerning Rights of Nationals of the United States of America in Morocco.[2] There the Court stated:

In these circumstances, the Court cannot adopt a construction by implication of the provisions of the Madrid Convention which would go beyond the scope of its declared purposes and objects. Further, this contention would involve radical changes and additions to the provisions of the Convention.

The Court, in its opinions,[3] stated: "It is the duty of the Court to interpret the treaties, not to revise them." (p. 196).

[1] Columbian-Peruvian Asylum Case (1950), *International Court of Justice Reports*, p. 266.

[2] (1951) *International Court of Justice Reports*, p. 176.

[3] Interpretation of Peace Treaties (second phase), *International Court of Justice Reports* 1950, p. 229.

The arbitral decisions are similarly unequivocal and instructive in emphasizing the factors in the context to which we point as decisive in interpreting agreements. Thus, the North Atlantic Fisheries Case, which we will discuss in detail later, stresses the importance of the fact that the restriction alleged by the United States was upon one of the most important of sovereign rights – the right to legislate.

The Board of Arbitrators in the case of RCA v. China[1] stated that China would be held to obligations "legally accepted" but that "as a sovereign government, on principle free in its action for the public interest as it sees it, it cannot be presumed to have accepted such restriction of its freedom of action, unless the acceptance of such restriction can be ascertained distinctly and beyond reasonable doubt." (p. 1627). The Board called particular attention to the fact that anyone dealing with a Government by negotiating an Agreement "will have borne ... in mind" that such agreements will "be construed liberally in favour of the public."[2]

The case of RCA v. China is appropriately important in that it directs attention to the point that here, too, is a private association which seeks to burden a Government with a restriction on its sovereignty. The Board's emphasis on the dissimilar interests of the Parties, that of the Government being necessarily far more comprehensive than that of a Company, has particular relevance. In the case of RCA versus China R.C.A. claimed an exclusive right with respect to certain communications. R.C.A. failed to establish a clear intent of the Parties to create an exclusive right and the Tribunal applied the principle of restrictive interpretation in favour of the Government to hold R.C.A.'s claim unfounded.

Turning now to the Kronprinz Gustav Adolf case,[3] we may recall that this case also has been seen to stress the importance of the fact that the obligation allegedly accepted in an agreement involves an abandonment of the sovereignty of a State and that such alleged obligations must be shown to have been "clearly and unequivocally agreed to" by the Parties, doubt being resolved in favour of the State.[4]

Moreover, the Arbitrator, Professor Eugene Borel, there pointed out that with respect to provisions of an "exceptional nature" the principle of restrictive interpretation applied "with special emphasis."[5]

[1] 3 U.N.R.I.A.A. 1623.
[2] *Ibid.*
[3] 2 U.N.R.I.A.A. 1241.
[4] *Ibid.* at p. 1254.
[5] *Ibid.*, at p. 1287.

The relevant United States Supreme Court cases also emphasise, in connection with interpreting the language of a grant by a State to a private group, the decisive significance of a claimed diminution of government powers. As these cases indicate, it has been the uniform rule of the Supreme Court that such grants must be most restrictively construed. Language taken from some of these cases furnished ample illustration of the Court's view on problems of interpretation and indicates that the Court's view is even more strongly, if possible, in favour of restrictive interpretation than the international decisions just cited. In Turnpike Company v. Illinois[1] the Court declared that "grants of franchises and special privileges are always to be construed most strongly against the donee, and in favour of the public."[2] Two years later the Supreme Court made the same point even more emphatically:

> Exclusive rights to public franchises are not favoured. If granted, they will be protected, but they will never be presumed. Every statute which takes away from a legislature its power will always be construed most strongly in favour of the State. These are elementary principles.[3]

The Court, still later, asserted:

> It is also a familiar rule of construction that where a statute operates as a grant of public property to an individual, or the relinquishment of a public interest, and there is a doubt as to the meaning of its terms, or as to its general purpose, that construction should be adopted which will support the claim of government rather than that of the individual. Nothing can be inferred against the State.[4]

Of the many authoritative pronouncements, it is particularly suitable to call attention to the following:

> In Charles River Bridge v. Warren Bridge[5] [– that is the classic old case in the United States –] the doctrine announced was that government, possessing powers that affect the public interests, and having entered into a contract involving such interests, is not, by means merely of implications or presumptions, to be disarmed of powers necessary to accomplish the objects of its existence; that any ambiguity in the terms of such a contract 'must operate against the adventurers and in favour of the public, and the plaintiffs can claim nothing not clearly given by the act'; that 'it can never be assumed that the Government intended to diminish its power of accomplishing the end for which it was created'; and that those who insist that the Government has surrendered any of its powers or agreed that they may be diminished, must find clear warrant for such a contention before it can be heeded. 'Grants of franchises and special privileges are

[1] 96 United States 63 (1877).
[2] *Ibid.*, at p. 68.
[3] Wright v. Nagle, 101 United States 791, 796 (1879).
[4] Slidell v. Grandjean, 111 United States 412, 437 (1883).
[5] 11 Pet. 420, 544, 547, 548.

always to be construed most strongly against the donee, and in favour of the public.'

... If by contract or otherwise the governmental unit may, in particular circumstances, restrict the exercise of its public power, the intention to do so must be manifested by words so clear as not to admit of two different or inconsistent meanings.[1]

[1] Water Company v. Knoxville, 200 United States, 22, 34 (1906).

ISTVÁN SZÁSZY
Membre de l'Académie Hongroise des Sciences,
Associé de l'Institut de Droit International,
Ancien juge à la Cour d'Appel de Budapest et aux Tribunaux Mixtes d'Egypte,
Ancien membre de la Cour Permanente d'Arbitrage de La Haye

*La règle juridique, le droit subjectif et le sujet de droit en droit international**

Essai d'une nouvelle théorie

I

E. A. Korovin dans le livre classique sur le droit international public publié en 1960 en traduction allemande par l'Institut de droit de l'Académie des Sciences de l'U.R.S.S. sous la rédaction du Professeur F. I. Kochevnikov signale qu'au cours de l'histoire de la science du droit des gens les systèmes d'exposition les plus divers ont été proposés.[1] Le premier système était le système de Hugo Grotius qui avait divisé le droit international en droit de paix et droit de guerre. Ce système avait trouvé surtout dans la littérature anglaise et américaine la plus

* Les concepts fondamentaux du droit des gens ont été étudiés d'une manière détaillée par les divers ouvrages excellents du professeur Juraj Andrassy, parmi lesquels je veux mentionner surtout les suivants: *Epikontinentalni pojas* (Zone épicontinentale). Zagreb, Jugoslavenska akademija znanosti i umjetnosti, 1951. 107 str.; *La souveraineté et la Société des Nations*. Paris, 1938. 120 p.; „Les rapports de frontière et voisinage entre la Yougoslavie et les Etats limitrophes," *Jugoslovenska revija*, 3 (1), 1956, 45–53; *Les relations internationales de voisinage*, Paris, 1954, 80 p.; *Liga naroda* (Société des Nations), Zagreb, 1951. 232 str.; „Les Traités d'Arbitrage et de Conciliation conclus par la Yougoslavie." *Annuaire*, 1. 1931. p. 75–95; *Medjunarodno pravo* (Droit international public). Zagreb, Školska knjiga, 1954, XI – 351 str.; *Medjunarodno pravosudje – ustrojstvo i postupak* (Juridiction internationale – organisation et procédure), Zagreb, Jugoslavenska akademija znanosti i umjetnosti, 1948, 227 str.; „Najnoviji razvoj medjunarodnoga prava" (Le plus récent développement du droit international), *Mjesečnik*, 54(1), 1929, p. 13–27: „O objavi rata" (La déclaration de guerre), *Jugoslovenska revija*, 3(3), 1956, p. 399–413; „Odnos izmedju političkih organa Ujedinjenih naroda" (Relations between the political organs of the United Nations), *Medjunarodni problemi*, 5(3), 1953, p. 15–31; „Pokušaji integracije Zapadne Evrope" (Essais d'intégration de l'Europe Occidentale), *Jugoslovenska revija*, 1(1), 1954, p. 14–56; „Razvitak medjunarodnih odnosa nove Jugoslavije" (Le développement des relations internationales de la nouvelle Yougoslavie), *Nova Jugoslavija*, 1954, p. 175–196; „Règlement des questions de frontières entre la Yougoslavie d'une part et l'Italie, l'Autriche et l'Hongrie d'autre part," *Annuaire*, 2, 1934, p. 115–135; „Revizija Povelje i univerzalnost Ujedinjenih Naroda" (La révision de la Charte et l'universalité des Nations Unies), *Zbornik Pravnog fakulteta u Zagrebu*, 3, 1933, 6–15; Vanjski poslovi u novom saveznom ustavnom zakonu" (Les affaires étrangères selon la Loi constitutionnelle de la RPFY), *Naša zakonitost*, 7(2), 1953, p. 91–99; „Zajednička akcija za mir," (Union pour le maintien de la Paix), *Medjunarodni problemi*, 3/4 1951, p. 24–53; *Život i rad Alfonza Domina Petruševečkoga* (La vie et l'œuvre de A. D. Petruchevetz), Zagreb, 1939, 46. str.

[1] *Völkerrecht*, Akademie der Wissenschaften der UdSSR, Rechtsinstitut, Berlin, 1960. Verantwortlicher Redakteur Prof. F. I. Kozhewnikov, p. 18.

grande extension. Quelques auteurs ont construit le système du droit international à l'exemple de la science du droit pénal (droit matériel et droit formel), d'autres au modèle de la science du droit civil (sujets, objets, protection des droits) ou de la science du droit public (le pouvoir, la population, le territoire, les organes de l'Etat etc.). Dans la littérature russe Martens faisait une distinction entre l'ordre international et l'administration internationale, Ivanovski entre l'organisation du commerce international et l'activité de la communauté internationale, Kasanski entre l'ordre et l'administration de commerce international, Kapustin et Kamarovski entre la communauté internationale, les organisations internationales et leur activité. M. Korovin affirme que tous ces systèmes étaient arbitraires, car ils ne prenaient pas en considération les particularités des rapports de droit internationaux. Il soutient que la science soviétique du droit des gens ne permet pas la division du droit international en droit de la paix et en droit de la guerre, car c'est l'idée de la paix qui est la base de la politique extérieure de l'U.R.S.S. et que le système du droit international doit être basé sur l'idée de la coexistence pacifique des Etats avec des systèmes sociaux différents.

Je pense que M. Korovin a complètement raison quand il prend parti contre la réception, contre l'emprunt par la science du droit international des systèmes d'autres branches de la science juridique. Je suis convaincu moi aussi que les particularités des rapports de droit internationaux doivent être prises en considération, lorsqu'on établit le système de la science du droit des gens, et que cette science doit avoir son système propre qui est conforme à sa nature juridique. Pour cette raison, afin de pouvoir établir un tel système, il faut étudier tout d'abord les concepts fondamentaux généraux, sur lesquels ce système est basé,[1] et il faut examiner ensuite comment ces concepts généraux se présentent dans le domaine du droit international.[2]

Ces trois concepts fondamentaux sont: le concept de la règle juridique, le concept du droit subjectif et le concept du sujet du droit.

II

La *règle juridique* est une norme sociale ordonnant, interdisant, per-

[1] Voir aussi: М. М. Агарков, Обязательство по советскому гражданскому права. Ученые труды ВИЮН вып. III р. 70; С. Н. Братусь, Юридические лица в советском гражданском праве. Юриздат. 1947; О. С. Йоффе, Правоотношение по советскому гражданскому праву, изд-во Ленинградского Государственного университета. 1949.

[2] В. М. Корецкий, Общие принципы в международном праве. 1957.

mettant une attitude, une conduite extérieure humaine ou punissant son auteur. „*Legis virtus haec est*: – dit Modestinus – *imperare, vetare, permettere, punire.*" (D.1.3, fr. 7).[1] La règle juridique *complète* est un ordre de conduite (norma agendi) pourvue d'une sanction de contrainte physique. Cet ordre de conduite peut être *général* (*abstrait*) et *individuel* (*concret*) suivant qu'il établit une obligation de conduite pour toute une série des cas qui peuvent se présenter à l'avenir ou seulement pour un seul cas déterminé. Des ordres individuels (concrets) sont le privilège, la décision de justice, l'acte juridique unilatéral et le contrat. L'ordre de conduite peut être *hypothétique* ou *catégorique* suivant qu'il fait dépendre ou non la réalisation de l'effet juridique de l'ordre de l'accomplissement de certaines conditions. Il peut être *impératif* ou *facultatif* suivant que son application peut être ou non écartée par les parties. Il peut être rédigé, libellé (écrit ou formulé en voix vif) ou *non rédigé, non libellé* (coutumier). Il peut être *régulier, normal, ordinaire, usuel* (ius commune, conforme aux principes fondamentaux du droit) et peut être *exceptionnel, d'exception, spécial* (ius singulare, dérogeant aux principes fondamentaux du droit). Il peut être *universel* (norma universalis, obligeant sans exception tout le monde), *général* (norma generalis, obligeant en général les personnes), *régional* (norma regionalis, s'étendant sur un territoire plus étendu) ou *particulier* (norma particularis n'obligeant qu'une ou plusieurs personnes déterminées).

Pas toutes les règles juridiques sont *complètes*, pas toutes contiennent un ordre de conduite. Il existe des règles juridiques *partielles* et *mutilées, inachevées*, lesquelles ne contiennent pas un ordre de conduite. Ces dernières sont destinées à compléter d'autres règles juridiques (règles partielles)ou bien elles-mêmes demandent d'être complétées (règles mutilées, inachevées). Des règles incomplètes sont: les règles destinées à définir des concepts, les règles limitant une interdiction, les règles modifiant une règle de conduite ou faisant cesser son effet, les règles interprétatives, les règles établissant une présomption, les règles renvoyant à d'autres règles. Elles peuvent renvoyer à des règles metajuridiques qui se trouvent hors du domaine du droit (à des règles

[1] I. Szàszy, *A magyar magánjog általános része különös tekintettel a külföldi magánjogi rendszerekre.* (La partie générale du droit civil hongrois avec référence spéciale aux systèmes étrangers de droit civil), t. I, 1947, p. 85 et suiv.; (Cet ouvrage de I. Szászy sera cité dans la suite par le seul nom de l'auteur); L. Tóth, *Magyar magánjog. Általános rész* (Droit civil hongrois. Partie générale) 2nd éd., 1922, p. 1 et suiv.; Bierling, *Juristische Prinzipienlehre*, t. I, 1944, p. 71 et suiv.; Burckhardt, *Methode und System des Rechts*, 1936; Gy. Moór, *A jogrendszer tagozódásának problémája* (Le problème de la structure dy sustème juridique) 1937; **Н. Г. Александров: Юридическая норма и правоотношение, Юриздат. 1947.**

morales et sociales, à la bonne foi, aux convenances, à l'équité, à la conception de la vie, etc.). Elles peuvent renvoyer à des règles juridiques du même système juridique (les règles de droit extensives, les fictions), à des règles juridiques d'un autre système juridique (les règles de conflits internationales, interterritoriales, interpersonnelles et intertemporales). Enfin sont des règles incomplètes les règles organisatrices aussi.

Parmi les règles juridiques incomplètes les règles juridiques organisatrices, les *normae constituendi* sont les plus importantes. Ce sont elles qui déterminent l'organisation du droit objectif et subjectif. Les règles organisatrices du droit objectif donnent réponse à la question de savoir par qui, dans quelles limites et au moyen de quelle procédure peuvent les règles de conduite être créées et appliquées. Ce sont les règles qui établissent l'organisation de la législation de l'administration publique, de la procédure judiciaire, de l'exécution des jugements. Les règles organisatrices du droit subjectif, par contre, répondent à la question, qui, dans quelles limites et au moyen de quelle procédure peut acquérir, modifier, faire cesser et faire valoir des droits subjectifs. Telles sont, par exemple, les règles du droit civil concernant la capacité, la forme des contrats, la capacité d'ester en justice, et les droits subjectifs sont également basés sur des règles pareilles.

Les questions de la règlementation de l'organisation et celles de la règlementation des conduites humaines sont deux questions distinctes. C'est une autre question, comment faut-il construire et faire fonctionner, monter la machine, et une autre question quel travail doit-elle fournir. Les règles organisatrices correspondent aux règles relatives à la construction et au maintien du fonctionnement de la machine, les règles de conduite aux règles relatives au fonctionnement de la machine.

Au point de vue logique, le droit organisateur est le droit primaire et le droit de conduite le droit secondaire, car les règles organisatrices, lesquelles ont trait à la création, à la mise en œuvre, à l'application, à la mise à exécution du droit, précèdent, devancent les règles de conduite, car ces dernières présupposent l'existence du pouvoir qui crée et met en application le droit.

Appliquer, mettre à exécution on ne peut que les règles de conduite. On ne peut pas parler de l'application et exécution des règles organisatrices.

Les règles organisatrices, au sens strict du mot, ne peuvent pas être *violées* non plus. Si le destinataire de la règle organisatrice ne procède pas conformément à la règle, la conséquence n'en est pas l'exécution et la punition, mais l'invalidité de la conduite opposée à la règle organisatrice, l'invalidité de la conduite dépassant les limites de la compétence ou accomplie dans une forme inadéquate.

Il peut arriver que la règle organisatrice oblige aussi l'organe intervenu à exercer sa compétence. Cette obligation peut être violée par l'organe. Il faut, cependant, remarquer que ce n'est pas la règle organisatrice qui établit cette obligation, mais une règle de conduite spéciale qui est en rapport avec la règle organisatrice, mais diffère tout-de-même de celle-ci.

Les règles organisatrices ne sont pas des règles complètes, mais des règles partielles. Considérées isolément, elles n'ont pas une importance juridique, elle ne l'ont qu'en connexion avec les règles de conduite. Elles sont destinées à compléter les règles de conduite. Elles font partie des règles de conduite, car elles règlementent les conditions de la création, de la modification, de l'application et de l'exécution des règles de conduite, elles font partie du contenu de ces dernières.

Bien que, surtout à la fin du siècle dernier, il y ait eu des auteurs (Austin, Somló etc.) qui ne tenaient pas le droit international pour un droit véritable, cette doctrine „nihiliste" – comme Kozhevnikov l'appelait – a été complètement abandonnée par les auteurs modernes et, à l'heure actuelle, tout le monde reconnaît que le droit international doit être considéré comme un droit véritable.

Il s'en suit que tout ce que nous avons dit concernant les règles juridiques vaut pour les règles du droit international aussi.[1]

---

[1] Krilov, „Les notions principales du droit des gens," *Recueil des Cours*, t. 70.; Kelsen, *Das Problem der Souveränität und die Theorie des Völkerrechts*, 1920; Politis, *Les nouvelles tendances du droit international*, 1923; Verdross, „Le fondement du droit international," *Recueil des Cours*, t. 16; Spiropoulos, *Théorie générale du droit international*, 1930; Salvioli, „La règle de droit international," *Recueil des Cours*, t. 73; Ch. de Vischer, *Théories et réalités en droit international public*, 1953; I. Herczeg, „A nemzetközi jog jellege és fejlődési perspektivái" (La nature juridique du droit international et les perspectives de son développement), *Jogtudományi Közlöny*, 1952, N° 7; Gy. Hajdu, *Külpolitika és nemzetközi jog* (Politique extérieure et droit international), 1958; L. Buza et Gy. Hajdu, *Nemzetközi jog* (Droit international), 3ème éd. 1961, p. 5 et suiv.

Parmi les Traités classiques du droit des gens il faut mentionner surtout les suivants: Liszt, *Das Völkerrecht systematisch dargestellt*, 1925 (12ème éd.); Stier-Somlo, *Handbuch des Völkerrechts*, 1928; Strupp, *Grundzüge des positiven Völkerrechts*, 1928 (3ème éd.); Strupp, *Wörterbuch des Völkerrechts*, 1924–1929; Verdross, *Völkerrecht*, 1950; Guggenheim, *Lehrbuch des Völkerrechts unter Berücksichtigung der internationalen und schweizerischen Praxis*, 1947–1949; Fauchille, *Traité de droit international public*, 1921–26; Scelle, *Précis de droit des gens*, 1932–34; Mirkine-Guetzevich, *Droit constitutionel international*, 1933; Le Fur, *Précis de droit international pyblic*, 1937 (3ème éd.); Accioly, *Traité de droit international public*, 1940; Redslob, *Traité de droit des gens*, 1950; Sibert, *Traité de droit international public*, 1951; Rousseau, *Droit international public*, 1953; Anzilotti, *Corso di diritto internazionale*, 1928 (3ème éd.); Cavaglieri, *Corso di diritto*

Les règles du droit international sont donc des *règles juridiques*. Elles sont également en partie des *règles complètes de conduite*, en partie des *règles incomplètes*: des règles *mutilées* ou *inachevées*. Les règles complètes de conduite créent entre les personnes du droit international des obligations de conduite, à faire ou à ne faire quelque chose. Elles peuvent être également des règles *générales* (la plupart des règles de la coutume internationale et les traités-lois) et elles peuvent être *individuelles, concrètes* (les traités-contrats et les décisions des cours internationales). Elles peuvent être des règles *hypothétiques* (la plupart des règles internationales générales sont de ce genre) et elles peuvent être *catégoriques* (la plupart des règles internationales individuelles sont telles). Elles peuvent être *impératives* (telle est, par exemple, le principe: *pacta sunt servanda* ou la règle que la mer libre ne saurait être transformée par aucun Etat en son territoire et ne saurait être fermée devant les autres Etats) et elles peuvent être *facultatives* (la majorité des règles internationales est de cette nature). Elles peuvent être „rédigées," „libellées" (les traités internationaux et les décisions des cours internationales) et elles peuvent être non-rédigées, *non-libellées* (nombreuses règles coutumières). Elles peuvent être *régulières, normales, ordinaires, usuelles* (ius commune) (par exemple les règles déterminant la personnalité internationale de l'Etat), et elles peuvent être *exceptionnelles, d'exception, spéciales* (ius singulare) (par exemple: la règle déterminant la personnalité internationale de l'individu). Elles peuvent être *universelles* (par exemple les règles relatives à l'immunité des chefs d'Etat, des agents diplomatiques et des consuls) et *régionales* (par exemple la Doctrine de Monroe) et *particulières* (par exemple: les traités d'assistance judiciaire conclus entre deux Etats).

---

internazionale, 1934 (3ème éd.); Oppenheim, *International law*, 1948–52 (7ième éd.); Hall, *International law*, 1924 (8ième éd.); Lawrence, *The principles of international law*, 1924; Brierly, *The law of nations*, 1949 (4ième éd.); Schwarzenberger, *International law as applied by national courts and tribunals*, 1949 (2nd és.); Hyde, *International law, chiefly as interpreted and applied by the United States*, 1945 (2nd éd.); Fenwick, *International law*, 1948 (3ème éd.); Jessup, *A modern law of nations*, 1948; Kelsen, *Principles of international law*, 1952; Ross, *A text-book of international law*, 1947; Lord McNair, *International law opinions*, 1956; Sereni, *Diritto internazionale*, 1958–60; von der Heydte *Völkerrecht*, 1958; Alvarez, *Le droit international nouveau*, 1958; Jenks, *The common law of mankind*, 1958; Berber, *Lehrbuch des Völkerrechts*, 1960; Korowicz, *Introduction to international law*, 1959.

Parmi les Traités du droit des gens dans la littérature soviétique il faut mentionner les Traités de Дурденевский-Крылов (1947). Кожевников (1947), Вышинский (1949–1953), Коровин (1951), Тункин (1956), Моджорян и Собакин (1956), Корецкий (1957) et la traduction allemande du Traité rédigé par Кожевников (1960). (Ce dernier Traité sera cité dans la suite par *Völkerrecht*).

Parmi les Traités dans la littérature hongroise il faut mentionner les Traités de I. Kiss (1876), I. Apáthy (1888), J. Csarada (1901), A. Irk (1929), Gy. Teghze (1930), L. Buza (1935), F. Faluhelyi (1936), L. Gajzágo (1942) et L. Buza et Gy. Hajdu (3ème éd. 1961).

Il existe ici aussi des règles juridiques *incomplètes*: des règles destinées à définir des concepts (p.ex.: celles définissant le concept de l'Etat ou du domaine de l'Etat), des règles limitant une prohibition (p.ex.: les règles internationales de légitime défense), des règles modifiant ou abrogeant des règles de conduite (p.ex.: les règles des traités qui avaient abrogé le régime des Capitulations), des règles établissant une *présomption* (p.ex.: la règle relative à la reconnaissance tacite d'un Etat étranger) et les *règles organisatrices*. Ces dernières jouent ici un rôle beaucoup plus considérable que dans le domaine du droit civil. Ce sont elles qui déterminent le domaine des compétences personnelle, territoriale, temporelle, objective et relative aux services publics.

III

Le droit objectif, la règle juridique fait naître des rapports juridiques, des relations de droit entre deux ou plusieurs personnes. Ces rapports juridiques, ces relations de droit peuvent être ramener à certaines situations juridiques fondamentales subjectives.[1]

Ces situations juridiques fondamentales subjectives des personnes créées par la loi se divisent en deux groupes. Il y en a qui ne créent pas un lien juridique entre plusieurs personnes déterminées, elles ne font qu'assurer pour la personne une possibilité légale, une faculté d'entrer en rapport juridique avec d'autres personnes. Contrairement, il y a des situations juridiques qui établissent des liens juridiques entre personnes déterminées.

Au premier groupe appartiennent: les capacités juridiques (capacité de jouissance des droits, capacité d'exercer des droits, capacité de commettre un délit), et les états juridiques (âge, faiblesse d'esprit ou de corps, sexe, nationalité, qualité de citoyen, état de famille, réligion, domicile, état d'héritier).

Les situations juridiques du deuxième groupe établissent des liens juridiques entre plusieurs personnes déterminées, de sorte que ces personnes se trouvent dans des situations réciproques et corrélatives. Les deux situations sont mutuellement liées dans le rapport juridique, l'une à l'autre. Séparément elles ne font qu'un seul côté du rapport. L'un des deux côtés représente le côté actif, le côté dominant, l'autre le côté passif, le côté servant. En appelant le sujet du côté actif *Dominus* et celui du côté passif *Servus*, on pourrait dire que *le Dominus de chaque*

[1] I. Szászy, *op. cit.*, t. I, p. 133 et suiv.; Kocourek, *Jural Relations 1927–1928* et *An Introduction to the Science of Law*, 1930; B. Horváth, *Angol jogelmélet* (Théorie anglaise de droit) 1943, p. 596 et suiv.

relation exerce un pouvoir sur le Servus, car il peut déterminer l'attitude de ce dernier. Ce *„pouvoir juridique" du Dominus sur le Servus, reconnu et protégé par la loi, c'est ce qu'on appelle droit subjectif.* La force du droit se manifeste donc dans des relations de pouvoir, et le droit même n'est que le système des limitations imposées aux divers pouvoirs. Le pouvoir, de son côté, est la possibilité d'influencer la conduite d'autrui par une action déterminée; „la cause pas encore en opération" (Hobbes).

Du côté du Dominus, on trouve des autorisations, du côté du Servus, des limitations, les diverses formes de la contrainte juridique. Voici *les quatre situations fondamentales* qui établissent ces relations:

a) Le sujet actif est autorisé à requérir, à exiger une attitude déterminée, une conduite d'autrui (*exigence,* revendication, réclamation, prétention; en anglais: claim; en allemand: Forderung), et le sujet passif y est tenu (*obligation,* devoir; en anglais: duty; en allemand: Verpflichtung).[1]

b) Le sujet actif est autorisé à arrêter une attitude déterminée, à déployer une certaine conduite vis-à-vis d'autrui, de créer, transformer ou faire cesser le droit d'une autre personne (*puissance,* en anglais: power; en allemand: Gestaltungsrecht), et le sujet passif est livré, abandonné à la conduite d'autrui, il est contraint de subir, de tolérer, de souffrir, de supporter les effets de la conduite d'une autre personne (*assujettissement,* en anglais: liability; en allemand: Ausgeliefertsein).[2]

c) Le sujet actif est autorisé à refuser d'accomplir la conduite requise (*droit d'objection ou de contradiction,* en anglais: privilege, en allemand: Gegenrecht, Einrede), et le sujet passif est contraint de s'abstenir de requérir la conduite du sujet actif (*manque de droit de requérir une conduite d'autrui*; en anglais: disability; en allemand: Mangel der Möglichkeit der Geltendmachung).[3]

---

[1] Si nous marquons le Dominus de la situation juridique de la lettre D et le Servus de la lettre S, et la direction de la conduite, objet de la situation juridique, donc que la conduite du Servus se dirige vers le Dominus, d'une flêche, nous pouvons désigner cette situation juridique de la manière suivante

$$D \xleftarrow{\pm} S$$

Les signes + et — veulent indiquer que la conduite du Servus peut être positive et négative, elle peut être un facere et un non facere.

[2] L'illustration de la situation juridique: puissance – assujettissement peut être:

$$D \xrightarrow{\pm} S$$

car la conduite du Dominus est dirigée vers le Servus, et elle aussi peut être positive ou négative.

[3] L'illustration de cette situation juridique, si nous désignons le fait que le Dominus peut refuser la conduite requise par le Servus par le signe], serait

$$D] \xrightarrow{\pm} S$$

d) Le sujet actif est autorisé à s'opposer à la conduite d'autrui (*immunité*; en anglais: immunity; en allemand: Immunität) et le sujet passif est impuissant d'accomplir sa conduite (*impuissance*; en anglais: inability; en allemand: Unfähigkeit).[1]

Dans chacune de ces situations fondamentales, le sujet actif est individuellement déterminé. Il n'en est pas de même du côté passif. Dans des relations: droit de requérir une conduite d'autrui – olbigation, et puissance – assujettissement, le sujet passif peut être ou non individuellement déterminé. S'il l'est, le rapport juridique possède deux poles: celui du Dominus et celui du Servus. (*Rapport polarisé, bipolaire*). Mais il peut arriver que c'est seulement le côté actif où le rapport est polarisé, tandis que le côté passif englobe tout le monde comme sujet passif: ce sont les rapports entre un sujet actif déterminé et toutes les autres personnes en nombre illimité comme sujets passifs (*Rapport non polarisé, monopolaire*).

Les rapports monopolaires sont destinés à protéger les situations déjà existantes, les positions déjà acquises, ils représentent *la statique du droit*. Le but des rapports bipolaires est, au contraire, le règlement de l'acquisition, du transfert et de la perte de ces positions, de la circulation des biens, des changements des droits, c'est à dire, le *dynamisme* de la vie juridique.

Droits de requérir une conduite d'autrui non polarisés sont: le droit de la personnalité, les droits réels, les propriétés incorporelles, le droit d'auteur, la propriété industrielle, le droit de chasse, de pêche, des mines, certains droits de famille (p.ex. actio de liberis ducendis, le droit du mari sur le patrimoine de la femme et celui des parents sur celui des enfants).

Droits de requérir une conduite d'autrui polarisés sont: les créances, les obligations, la plupart des droits de famille, etc.

Des puissances sont: le droit de dénonciation, de renonciation des contrats, de pré- et réemption, de représentation, de disposition des droits, etc.

Des *droits d'objection* sont: le droit de compensation (dans les systèmes juridiques p.ex. allemand ou hongrois, où la compensation des créances ne s'opère pas *ipso jure*) l'exception de la prescription, le droit de rétention, etc.

---

[1] L'illustration de la situation juridique: immunité – impuissance serait:

$$\mathrm{D}] \xleftarrow{\;\pm\;} \mathrm{S}$$

car le Dominus peut s'opposer à la conduite du Servus.

Des *immunités* sont: les exemptions d'exécution, la déclination de l'exercice d'un droit de rétention au moyen de la consignation de la dette, etc.

Chaque relation juridique remonte à une de ces situations.

Chaque situation fondamentale a son *expectative* (en anglais: expectancy, reversion; en allemand: Anwartschaft).

Les situations fondamentales n'exercent des effets juridiques qu'après l'entrée de certains faits déterminés. Jusqu'à ce que les faits nécessaires à l'entrée des effets juridiques ne se sont pas encore entièrement réalisés, il n'existe qu'un *espoir* aux effets légaux dont l'intensité s'augmente au fur et à mesure que la réalisation successive des faits s'avance. Ces situations juridiques sont des *droits d'expectative* (Anwartschaftsrechte). Elles possèdent une certaine valeur de probabilité; c'est pourquoi ni la vie, ne l'ordre juridique ne sauraient les ignorer. On peut donc parler de l'expectative de la créance, de la puissance, du droit d'objection, de l'immunité, si le développement de ces positions n'est pas encore complet. Telle est p.ex. la position de l'héritier réservataire, du successeur appelé, du donataire conditionnel avant l'arrivée de la condition, etc.

Il semble peut-être étrange que nous appelons en général „droits non polarisés" des „claims," des „Forderungen," des créances, le droit de la personnalité, les droits réels (la propriété, les servitudes, l'hypothèque) et les autres droits „absolus." Mais il ne faut pas oublier que ces droits ne sont, au fond, au point de vue de leur structure juridique, que des „claims," des „Forderungen," des créances pour ainsi dire „condensés." Les„ claims," les „Forderungen," les créances monopolaires ou non polarisées se composent, en dernière analyse, des millions et des millions de droits polarisées: le débiteur n'est pas déterminé individuellement, mais débiteur est tout le monde. Tout le monde est obligé de ne pas faire quelque chose, de s'abstenir de tout acte qui pourrait mettre un obstacle à l'exercice du droit de la propriété ou des autres droits absolus en général.

Il faut remarquer que chacune de ces situations fondamentales, chacune de ces relations juridiques fondamentales est composée de *quatre éléments*. Comme la matière, chaque chose dans le monde matériel est composée des atomes, et les atomes des protons, des électrons et d'autres particles élémentaires, chaque institution juridique est composée de situations, de relations juridiques fondamentales. Celles-ci, à leur tour, sont composées de quatre éléments: *sujet*, *contenu*, *objet immédiat*, *direct*, et *objet médiat*, *indirect*. Les *sujets* sont le Dominus et le Servus. Le *contenu* de ces relations fondamentales est formé par les effets juridiques de la situation, de la relation, par les droits du Dominus et par les limitations du pouvoir du Servus. L'*objet immédiat, direct,* c'est l'attitude, la conduite humaine extérieure (acte ou abstention) du Servus ou du Dominus. (Dans les relations claim-duty et privilége-disability: celle du Servus; dans les relations puissance-assujettissement et immunité-impuissance: celle du Dominus.) L'*objet médiat, indirect* est l'objet de l'objet immédiat, direct de l'attitude, de la conduite du sujet du droit. Il peut-être une chose, une personne, un droit, une attitude ou conduite de quelqu'un ou un rapport juridique.

Il faut remarquer ensuite que le concept de ces situations juridiques fondamentales, de ces droits subjectifs doit être distingué d'une manière décisive du concept de la *liberté*. La liberté signifie le cercle des conduites humaines laissées „libres," le domaine de ces conduites qui ne sont ni prohibées, ni ordonnées, qui sont considérées comme permises, qui sont indifférentes, neutres, impassibles au point de vue du législateur.

Enfin il faut remarquer que chacune de ces situations, de ces relations juridiques fondamentales, et chaque expectative est protégé par une institution juridique particulière: la *possession*.[1]

La possession est un pouvoir de fait exercé sur la personne d'autrui. Ce pouvoir de fait apparît dans la forme extérieure d'un *„pouvoir juridique,"* c'est-à-dire d'*un droit subjectif* ou d'*une expectative*. Il est exercé par le Dominus du rapport possessoire sur le Servus du même rapport. *Par le droit positif le Dominus est autorisé* – en dehors de quelques d'autres effets juridiques déterminés – *provisoirement, relativement, et dans certains limites, à exercer le droit subjectif ou l'expectative en question*. Le droit subjectif apparaît sous des formes différentes: droit polarisé ou non polarisé de requérir une certaine conduite d'autrui, puissance, droit d'objection ou immunité. *La possession est donc un pouvoir de fait sur la personne d'autrui dont la forme extérieure ressemble à un droit subjectif* (*Forderung, puissance, droit d'objection ou immunité*) *ou à un expectative*. Le droit positif y attache un droit subjectif provisoire, limité et subjectif, ayant pour base le pouvoir de fait sur la personne d'autrui.

L'élément essentiel de la possession, c'est ce que le droit positif reconnaît et protège le pouvoir de fait exercé par le Dominus du rapport possessoire sur le Servus du même rapport. Cette reconnaissance et

[1] I. Szászy, *op. cit.*, t. I, p. 258 et suiv.

protection, toujours provisoire, limitée, et relative, est basée sur l'exercice réelle du dit pouvoir, sans considération de l'autorisation de la loi. Celui qui profite d'une attitude, d'une conduite réellement accomplie par une autre personne dans son propre intérêt – dans ce cas la possession apparaît sous la forme d'une Forderung polarisée ou non polarisée – celui peut exiger provisoirement que le Servus continue à arrêter la même attitude, à accomplir la même conduite, même si aucune Forderung ne l'y autorise. Celui qui arrête, en fait, une attitude, qui accomplit une conduite entraînant un changement dans les droits d'autrui, – dans ce cas la possession apparaît sous la forme d'une puissance, – celui peut changer la situation juridique du Servus, même si la puissance en question n'existe pas en sa faveur. Celui qui, en fait, refuse l'attitude, la conduite demandée par autrui, – dans ce cas la possession apparaît sous la forme d'un droit d'objection ou de contradiction – celui peut refuser provisoirement la conduite demandée, même si ce droit ne lui a été pas attribué par la loi. Celui qui, en fait, empêche l'exercice d'une puissance – dans ce cas la possession apparaît sous la forme d'une immunité – celui peut l'empêcher provisoirement, même en absence de l'immunité invoquée. Enfin, celui qui exerce sur autrui un pouvoir de fait correspondant à un expectative, – dans ce cas la possession apparaît sous la forme d'un expectative – celui est provisoirement autorisé à l'excercer, même si cet expectative ne lui appartient pas.

La possession est un rapport juridique qui protège les droits autorisant à requérir une certaine conduite d'autrui, les puissances, les droits d'objection, les immunités, et les expectatives. Ses sujets, objets et son contenu sont les mêmes que ceux des rapports juridiques respectifs. La différence entre le rapport possessoire et les autres rapports juridiques consiste dans leur origine et dans leur protection. Les conditions nécessaires à la naissance d'une possession sont moins nombreuses, et sa protection est plus faible: elle n'est que *provisoire, limitée,* et *relative. Provisoire,* parce que la possession n'est protégée par la loi que jusqu'au moment où un droit définitif ou une possession plus forte ne s'y oppose. *Relative,* parce qu'elle ne produit des effets juridiques que pour celui qui a le titre le plus fort. Le rang des possessions ne peut donc être établi à l'avance. *Limitée,* parce que le pouvoir du possesseur n'est reconnu par la loi que dans les cadres de l'utilité économique. Le possesseur ne peut donc ni détruire, ni endommager la chose, ni l'utiliser contre la bonne économie.

Le fait qu'un pouvoir de fait est exercé sur autrui, est protégé par la loi, et ce sans considération de ce que le pouvoir en question appartient légalement ou non à celui qui l'exerce. Ce pouvoir est donc protégé, en soi-même, sans considération de son origine. Mais la protection juridique n'est accordée à la possession que provisoirement, sous condition qu'un droit définitif ou un titre plus fort de possession ne s'y oppose. Le jugement dans le procès pétitoire fait cesser la protection légale, si le demandeur prouve que le possesseur n'était pas autorisé au pouvoir exercé. Par ces dispositions la loi accorde à la possession un moyen rapide de protection: c'est seulement l'exercice en fait du pouvoir et le trouble ou la dépossession *vi*, *clam* ou *precario* qui y est à prouver. La protection pétitoire n'opère pas si simplement. Ici, le demandeur a à prouver qu'il a été légalement autorisé à l'exercice du pouvoir. La *legis ratio* de la protection spéciale accordée à la possession consiste en ce que la loi ne veut pas troubler les faits existants par l'attitude arbitraire qu'on se fait à soi-même. Puis, la possession a une valeur d'apparence, étant bien probable que la situation de fait correspond à la situation légale. L'expérience de la vie a démontré que, dans la plupart des cas, le résultat des actions possessoires était juste. Dans des cas exceptionnels où il ne l'était pas, il peut être toujours corrigé par le procès pétitoire.

Etant donné – ainsi que nous l'avons vu – que le droit international public doit être considéré comme un droit véritable, il s'ensuit que tout cela aussi que nous avons dit à propos des droits subjectifs et des situations juridiques fondamentales vaut également pour le droit international public.

Les règles du droit international public créent ici aussi des rapports subjectifs, des relations de pouvoir, des droits subjectifs entre les sujets de droit du droit des gens. Les droits subjectifs sont ici aussi des „claims," des „Forderungen," c'est à dire des droits, polarisés ou non polarisés, de pouvoir requérir une certaine conduite d'autrui; ensuite des puissances polarisées ou non polarisées, des droits autorisant le titulaire à refuser une certaine conduite requise, des immunités, des expectatives et des diverses formes de la possession.

On est en présence d'un *„claim,"* d'une *„Forderung "polarisée,* par exemple, lorsque l'Etat est autorisé à requérir d'un autre Etat l'extradition des criminels ou l'accomplissement des obligations résultant d'un traité d'alliance. Des *„claims,"* des *„Forderungen" non-polarisées* sont, par exemple, les droits fondamentaux des Etats[1]: les compétences ter-

[1] Ф. И. Кожевников, Советское государство и международное право. p. 31.

ritoriales, personnelles et relatives aux services publiques attribuées à l'Etat par le droit international pour réaliser les fins qui sont sa raison d'être, la souveraineté territoriale, les servitudes internationales, le droit de l'Etat d'exiger qu'aucun autre Etat intervienne dans ses affaires intérieures.[1]

Sont des *puissances polarisées*, par exemple, le droit de l'Etat suzerain de représenter l'Etat vassal ou le droit de l'Etat protecteur de diriger et contrôler les affaires extérieures de l'Etat protégé, le droit de l'Etat de dénoncer un traité international, etc.

Des *puissances non polarisées* sont le droit de disposition de l'Etat concernant son territoire, le droit de renonciation à sa souveraineté absolue, etc.

Les puissances peuvent se présenter dans des formes diverses. Les puissances en droit international, tout comme dans le droit interne de l'Etat, peuvent être *des puissances créatrices des droits* (Begründungsrechte, creative powers), comme les droits d'appropriation d'un territoire nullius (Aneignungsrechte), les droits de réaliser la condition potestative pour acquérir le droit dépendant de la condition. Ensuite elles peuvent être des *puissances altératrices* des droits (Änderungsrechte, alterative powers), comme le droit de choix dans le cas des obligations alternatives, *la facultas alternativa*, etc. Et elles peuvent être des *puissances destructives* (Aufhebungsrechte, destructive powers), comme le droit d'expulser les étrangers, le droit de demander le rappel des représentants diplomatiques étrangers, l'action en nullité dans les procès devant les juridictions internationales, le droit de dénoncer, de résilier les traités internationaux, etc. Il y a des puissances dont l'exercice se fait au moyen des actes juridiques, et il y en a dont l'exercice se fait autrement. Il y a des puissances qui provoquent un changement dans les effets d'un droit autorisant le sujet à requérir une certaine conduite d'autrui, et il y en a qui provoquent un changement dans les effets d'une autre puissance. Il y a des puissances qui engendrent un changement également dans le cercle des droits du sujet de la puissance, et il y en a qui engendrent un changement uniquement dans le cercle des droits d'autres personnes. Il y a des puissances qui sont basées sur un droit et il y en a qui sont basés sur une situation de fait. Il y a des puissances qui provoquent un changement dans le contenu d'un seul droit et il y en a qui provoquent un changement dans le contenu d'un rapport juridique entier. Il y a enfin des puissances qui reviennent dans

[1] K. B. Lewin et G. P. Kaljushnaja, Völkerrecht Lehrbuch, 1967, p. 153 et suiv.

un rapport juridique au titulaire du droit et il y en a qui reviennent à la personne chargée d'une obligation.[1]

En dehors des droits autorisant le titulaire a requérir une certaine conduite d'une autre personne et en dehors des puissances on trouve en droit international des *droits d'objection* autorisant le titulaire à refuser la conduite requise par une autre personne, par exemple, le droit d'intervention des Nations Unies dans les affaires intérieures des Etats en vertu du Chapitre VII. de la Charte (Art. 7., point 7), parce que les Nations Unies sont autorisées à écarter le droit des Etats en vertu duquel il peuvent exiger que personne n'intervienne dans leurs affaires intérieures.[2] Sont également des droits d'objection les autres cas des interventions licites[3]: a) lorsque l'Etat intervient en vertu d'un droit lui appartenant, à savoir lorsqu'il peut invoquer un traité spécial (p.ex.: art. 3. du traité permanent du 22 mai 1903 entre les Etats-Unis et Cuba, abrogé par le traité du 29 mai 1934; art. 6. du traité du 26 février 1921 entre l'Iran et l'U.R.S.S.) ou une règle abstraite (p.ex.: art. 33 et 61 du traité de Berlin du 13 juillet 1878); b) lorsqu'il y a demande formelle d'intervention par le gouvernement d'un autre Etat (en 1849 l'Autriche réclama le secours de la Russie contre la Hongrie, en 1918 la Finlande demande l'aide de l'Allemagne contre l'U.R.S.S., la Grèce demanda l'aide américaine après 1945); c) lorsque l'Etat peut invoquer un intérêt légitime, tel que la protection de ses nationaux ou de ses biens, pourvu que l'intervention ne soit pas disproportionnée avec sa cause originaire (p.ex.: démonstrations navales dirigées en 1902 par l'Angleterre, l'Allemagne et l'Italie contre le Venezuela à la suite des manquements financiers; l'occupation provisoire de l'île de Mitylène en 1902 par la France à la suite de dettes ottomanes impayées); d) dans certaines hypothèses où l'Etat agit dans l'intérêt général de la communauté internationale (intervention de police internationale, surtout intervention d'humanité: pratique particulière dirigée contre la Turquie au bénéfice de ses sujets chrétiens, notamment des Arméniens, dans le but d'empêcher les cruautés et atrocités turques, et dont la théorie juridique a été présentée en 1910 par le professeur A. Rougier).[4]

Parmi les interventions licites, il y a lieu de réserver une place spéciale aux interventions financières. Les contrôles financiers internationaux sont apparus au XIXe siècle, lorsque les défaillances de certains Etats

[1] I. Szászy, *op. cit.*, t. I, p. 238 et suiv.
[2] Buza et Hajdu, *op. cit.*, p. 100 et suiv.; *Völkerrecht*, p. 107 et suiv.
[3] Rousseau, *op. cit.*, p. 324. Lewin, *op. cit.* p. 221-299.
[4] A. Rougier, „La théorie de l'intervention d'humanité," *Revue générale de droit international public*, 1910, p. 468–526.

emprunteurs ont contraint les créanciers à établir un contrôle destiné à les protéger contre la mauvaise foi de leurs débéteurs et à instituer une organisation de surveillance et de gestion. Le développement de ces contrôles financiers est fonction de la puissance de l'Etat débiteur, de sa capacité économique de paiement, de la nature (privée ou publique) de la créance garantie, de l'organe compétent pour exercer le contrôle, etc.[1]

On trouve en droit international également des *immunités*, par exemple, les immunités des chefs d'Etat, les immunités des agents diplomatiques, des consuls, des fonctionnaires internationaux, le droit d'exterritorialité, etc.[2] Et on trouve également des *expectatives*: par exemple, la France a en vertu de l'art. 3. du traité du 17 juillet 1918 une expectative pour obtenir le protectorat sur la principauté de Monaco en cas de la vacance de la Couronne.[3]

L'institution de la *possession* en tant qu'un pouvoir de fait sur un sujet de droit dont la forme extérieure ressemble à un droit subjectif,[4] se trouve aussi en droit international. Peut-être qualifiée de possession la situation juridique du gouvernement de fait.[5] En outre, l'idée de la possession se présente dans le domaine du droit international partout où le droit international attribue au point de vue de l'efficacité une importance décisive, par exemple, lorsqu'on fixe les frontières, lorsque la naissance d'un Etat est en cause, lors de l'occupation d'un territoire. Le droit international attache également certains effets juridiques à l'exercice en fait par l'Etat des droits polarisés ou non-polarisés, autorisant le titulaire à requérir une certaine conduite d'autrui, à l'exercice en fait des puissances polarisées ou non-polarisées, à l'exercice en fait des droits autorisant le titulaire à refuser la conduite requise par une autre personne, à l'exercice en fait des immunités, des expectatives même au cas où ces droits ne lui appartiennent pas. L'importance de la possession dans le droit international ainsi entendue n'a pas encore été suffisamment étudiée par les spécialistes du droit des gens.

Il faut remarquer que les rapports de droit international sont constitués *des mêmes éléments* que les rapports juridiques établis par le droit interne de l'Etat. Les *sujets* sont ici aussi le Dominus et le Servus du

[1] Voir Andréadès, „Les contrôles financiers internationaux," *Recueil des Cours*, 1924, t. IV, p. 5–108, et Strupp, „L'intervention en matière financière," *ibid.*, 1925, t. III, pp. 5–124; Alvares Correa, *The international control of public finances*, Amsterdam, 1926, L. Sauvaire, Procédures employées en droit international public contre les Etats qui ne remplissent pas leur engagements financiers (thèse Bordeaux, 1932); Rousseau, *op. cit.*, p. 325.

[2] I. Szászy, *op. cit.*, t. I, p. 244 et suiv.; Buza-Hajdu, *op. cit.*, p. 212 et suiv.

[3] Szászy, *op. cit.*, t. I, p. 253 et suiv.

[4] Szászy, *op. cit.*, t. I, p. 258 et suiv.

[5] Rousseau, *op. cit.*, p. 307 et suiv.

rapport juridique, lesquels – comme nous le verrons – sont ici en général des Etats.

Le *contenu* du rapport juridique consiste ici aussi des effets juridiques que le droit international attache au rapport. L'*objet direct* du rapport est ici aussi l'attitude, la conduite extérieure des sujets de droit, du Dominus et du Servus. L'*objet indirect* est ici aussi l'objet de l'attitude, de la conduite du Dominus et du Servus.

On retrouve également dans le droit international le concept de la *liberté*. C'est la liberté de l'Etat qui a ici une grande importance et qui signifie ici aussi le domaine des conduites laissé libre eux Etats par le droit des gens; le domaine des conduites qui sont ni prohibées, ni ordonnées, mais permises; le domaine des conduites indifférentes. On a l'habitude de faire une distinction entre la liberté intérieure de l'Etat d'une part, ce qui signifie l'autonomie législative de l'Etat et son autonomie concernant l'application du droit, l'autonomie de l'Etat sur son territoire entre les limites tracées par le droit international, et entre la liberté extérieure d'autre part, ce qui veut dire la liberté de l'Etat hors de son territoire.

IV

Dans le droit interne des Etats on a l'habitude de distinguer les concepts du *sujet du droit*, de *la personne*, de *la capacité de jouissance des droits* (Rechtsfähigkeit, правоспособность)[1] et de *la capacité d'exercer des droits* (Handlungsfähigkeit, дееспособность).[2]

Sujet de droit est tout ce qui est *doué, investi* des droits subjectifs (des droits de requérir une conduite d'autrui, des puissances de déployer une conduite déterminée, des droits d'objection (de contradiction), des immunités, des expectatives, d'une certaine forme de la possession et tout ce qui est chargé d'une certaine forme de la contrainte juridique (des obligations, de l'assujettissement, du manque de droit de requérir une conduite d'autrui, de l'impuissance). „Субъекты гражданского права" – ecrit S. N. Bratous, – это люди (граждане) и юридические Лица-общественные образования (коллективные субъекты)[3].

---

[1] С. Н. Братусь: Субъекты гражданского права. 1950, p. 32 et suiv.; *A magyar magánjog alapintézményei* (Les institutions fondamentales du droit civil hongrois) [Cours d'études universitaires de professeur Szászy rédigés par T. Asztalos et I. Tiba] 1949, p. 56 et suiv.

[2] С. Н. Братусь, *op. cit.*, p. 64 et suiv.

[3] С. Н. Братусь, *op. cit.*, p. 5.

La *personne* est tout ce qui *peut avoir* des droits subjectifs, des expectatives, la possession ou qui peut être chargé d'une certaine forme de la contrainte juridique. *La personne est donc un sujet de droit potentiel.*

La capacité de jouissance des droits signifie la capacité d'acquérir des droits subjectifs, des expectatives, de la possession et la capacité d'être chargé d'une certaine forme de la contrainte juridique, „возможность иметь гражданские права и принимать на себя гражданские обязанности" – écrit Bratous.

La capacité d'exercer des droits signifie la capacité de conclure des contrats ou établir des actes juridiques unilatéraux et la capacité de commettre des délits, à savoir la capacité de la personne de pouvoir acquérir des droits subjectifs, des expectatives, de la possession ou de se charger d'une des formes de la contrainte juridique par ses propres faits. „Способность своими действиями приобретать гражданские права и создавать для себя гражданские обязанности" – écrit Bratous. La personne peut faire des déclarations juridiques en son propre nom, et elle peut être la destinataire d'une déclaration juridique adressée à elle, et elle peut être rendue coupable pour sa conduite illicite.

La capacité de jouissance des droits et *la personnalité juridique* sont donc des notions identiques.

L'homme s'imagine derrière toute conduite humaine une substance, un sujet qui est l'auteur de cette conduite. C'est pourquoi le droit doit attribuer, imputer toute conduite extérieure humaine à une personne ou à une chose. Cette personne ou cette chose à qui cette attitude est attribuée, imputée, c'est le *sujet de droit.* C'est lui qui sera atteint, par suite de cette imputation, par les effets, les conséquences juridiques de la conduite.

Tous les systèmes juridiques positifs attribuent en premier lieu les conduites extérieures humaines à un *homme vivant* qui avait effectivement déployé la conduite en question. La raison de cela se trouve dans notre conception morale, car notre conception morale reconnaît la responsabilité individuelle et elle exige que les conséquences de l'acte atteignent l'auteur de l'acte. Le droit positif, cependant, peut attribuer, imputer une conduite extérieure humaine à d'autres hommes aussi, pas à ceux qui avaient déployé l'acte. Enfin le droit peut attribuer, imputer les conduites extérieures humaines également à une chose qui *n'est pas un homme,* donc à un animal, à une plante, à un objet inanimé sans vie à un fœtus, à un embryon, à une personne pas encore conçue, à une image conceptuelle, de fantaisie, forgée par l'imagination, à un concept abstrait ou à une organisation juridique (à une association, fondation ou corporation). Cette dernière peut être constituée d'hommes aussi (par ex.: une association), mais elle est tout de même quelque chose de distincte des hommes qui la constituent. Dans ce dernier cas nous avons l'habitude der parler des personnes juridiques au sens strict du mot, des personnes morales.

Les droits étatiques positifs internes considèrent comme des sujets de droit, comme des personnes: 1. *l'homme vivant*, notamment tous les hommes vivants à partir de leur naissance jusqu'à leur mort (al. 1. de l'art. 8. du Code civil hongrois); 2. *l'homme de l'avenir*: le fœtus (le nasciturus iam conceptus) et l'homme pas encore conçu (nondum conceptus); 3. *l'homme mort*; 4. certaines *organisations juridiques* (les corporations, les associations, les fondations); 5. *les organes* de ces organisations juridiques et 6. *les membres* de ces organisations. Correctement toutes ces personnes sont des *personnes juridiques*, car la personnalité (qu'ils peuvent avoir des droits et peuvent être chargés des diverses formes de la contrainte juridique) leur est accordée par le droit objectif, par la règle juridique.

Il faut remarquer tout-de-même que s'il est vrai que toutes ces personnes possèdent la personnalité juridique, il n'est pas moins vrai que la nature de leur personnalité est différente.

Les *hommes vivants* sont les sujets de droit de premier ordre, car, ainsi que le dit l'art. 9. du Code civil hongrois, „la capacité juridique appartient à la personne née vivante." Dans les pays socialistes, ainsi que le dit l'al. 2. de l'art. 8. du Code, „la capacité juridique est égale pour tous les hommes sans distinction d'âge, de sexe, de nationalité ou de confession." Cette capacité est *illimitée.*

Le *nasciturus iam conceptus* est également une personne juridique, car, ainsi que l'art. 9. du Code civil hongrois stipule, „la capacité juridique appartient à la personne née vivante, dès la date de sa conception." *Nasciturus pro iam nato habetur quoties de commodis eius agitur.* La capacité du nasciturus est donc *limitée.*

Le *nondum conceptus* est également une personne juridique, car il peut avoir certains droits; il peut être nommé par le testateur héritier ou légataire substitué, il peut avoir des expectatives inter vivos, on peut assurer la vie en sa faveur. La capacité du nondum conceptus est *partielle.*

L'homme mort est également une personne juridique, car le droit lui impute également des droits. Suivant l'art. 268. du Code pénal hongrois „les outrages contre la personne ou la mémoire d'un mort" entrainent les peines définies par les articles 266. et 267. du Code, et dans le cas d'un tel outrage, l'auteur peut-être condamné à des dommages-intérêts. L'art. 424. de l'ancien Projet du Code civil hongrois de 1928 et l'art. du Décret hongrois No 10.470/1945.M.E. ordonnent que l'autorité titulaire désigne un curateur pour le mort, si cela est nécessaire dans l'intérêt de la protection du droit de la personnalité du mort. Ensuite l'offre reste valable même si l'offrant est mort après l'expédition de l'offre. (L'art. 951. de l'ancien Projet du Code civil hongrois.) Dans ce cas donc le mort peut-être considéré comme sujet de l'offre. Le mort est sujet, à mon avis, également, du *hereditas iacens* et c'est en son nom que les parents du mort disposent de l'exhumation, du cadavre, de la pierre funéraire, du cercueil, etc. La capacité du mort est également *partielle.*

Les corporations, les associations, les fondations, donc les personnes morales sont également des personnes juridiques, des sujets de droit, et, à notre avis, doivent être considérés comme sujets de droit les *organes des personnes morales* aussi, mais ces derniers possèdent une capacité spéciale, la *capacité d'organe,* et enfin doivent être considérés comme sujets de droit également *les membres des associations, des corporations et les bénéficiaires des fondations,* mais leur capacité est une *capacité réflexe,* de sorte que les droits et les obligations des personnes morales créent indirectement, sous la forme d'un effet réflexe, une situation juridique dont ils profitent et dont ils sont les sujets.

La *capacité de jouissance des droits* peut-être *générale* (par ex.: la capacité de l'homme vivant, du nasciturus, de l'association, de la fondation), c'est-à-dire en principe elle peut s'étendre sur tous les droits ou sur toutes les formes de la contrainte juridique qui par leur nature même peuvent revenir au sujet de droit ou peuvent le charger respectivement, et elle peut-être *partielle* (par. ex.: la capacité de la personne pas encore conçue ou de l'homme mort) qui ne s'étend que sur certains droits déterminés d'une manière taxative et sur certaines formes de la contrainte juridique. La capacité générale à son tour peut-être *illimitée,* comme celle de l'homme vivant, et elle peut-être *limitée,* laquelle ne s'étend pas sur l'acquisition de certains droits déterminés d'une manière taxative. Telle est la capacité du nasciturus iam conceptus, de l'association, de la fondation. Dans la capacité de jouissance des droits on peut donc découvrir plusieurs degrés.

Il existe une capacité de jouissance de droits *absolue, inconditionnelle,* laquelle revient à la personne indépendamment de toutes conditions (telle est dans le domaine du droit civil la capacité de toutes les personnes, sauf la capacité d'organe et la capacité réflexe des membres de l'association ou du bénéficiaire de la fondation), et il existe une capacité de jouissance de droits *conditionnelle*, laquelle ne revient à la personne que sous certaines conditions (telle était suivant l'art. 4. de l'ancien Code civil de la RSFSR la capacité de jouissance de toutes les personnes privées, car suivant cet article la capacité de jouissance des droits ne revenait à la personne privée que sous cette condition que la personne en profitait dans l'intérêt du développement des forces productrices du pays).[1]

Au fond, la capacité d'organe des organes de la personne morale et la capacité réflexe des membres de l'association ou du bénéficiaire de la fondation est une capacité conditionnelle aussi, car son existence dépend de l'existence de la capacité de la personne morale, ou de l'association et de la fondation respectivement.

Il existe également une capacité de jouissance des droits *définitive* et une capacité de jouissance des droits *provisoire*. Cette dernière (p.ex.: la capacité du nasciturus iam conceptus et du nondum conceptus) n'est que d'une nature provisoire, car elle cesse d'exiter, avec un effet rétroactif, s'il devient certain que la naissance ne s'accomplira, ne surviendra pas.

La capacité de jouissance des droits ne saurait jamais être *complète*, c'est-à-dire elle ne s'étend jamais sur tous les droits et sur toutes les formes de la contrainte juridique, parce qu'il n'existe aucune personne qui pourrait être sujet de *tous* les droits: l'association et la fondation par ex. ne sauraient avoir des droits de famille, une femme ne saurait être sujet des droits qui reviennent au mari. La capacité de jouissance des droits ne signifie donc rien d'autre que quelqu'un peut-être sujet d'un certain droit ou d'une certaine forme de la contrainte juridique. Il s'ensuit que doit être considéré comme personne juridique celui aussi qui ne saurait avoir qu'un seul droit, ou qui ne saurait être chargé que d'une seule obligation.

On peut également faire une distinction entre la capacité de jouissance des droits *directe* et la capacité de jouissance des droits *indirecte*, la personnalité *directe* et *indirecte*. La capacité directe veut dire que la personne comme telle peut avoir des droits et peut-être chargée des diverses formes de la contrainte juridique directement en vertu des règles du droit objectif. La capacité indirecte, au contraire, est une capacité dérivée, laquelle ne revient pas à la personne directement, sur la base du droit objectif, de la règle juridique, mais elle lui revient seulement indirectement, par l'intermédiaire d'une autre personne, qui

[1] Cet article a été abrogé par l'art. 9 du nouveau Code civil de la RSFSR.

possède la capacité directe et avec laquelle elle se trouve dans un rapport juridique déterminé.

Cette capacité *indirecte*, à son tour, peut-être de deux sortes: la *capacité d'organe* et la capacité de jouissance des droits *réflexe*.

La *capacité d'organe* veut dire que la personne n'a pas une capacité de jouissance des droits comme telle, mais seulement en tant que l'organe d'une autre personne, par exemple, comme un organe d'une organisation, d'une association ou d'une fondation, président, membre du comité, gérant de la fondation, etc. L'association, la fondation pour pouvoir exercer ses droits, pour pouvoir s'acquitter de ses obligations, a besoin des organes, et ces organes possèdent également une capacité de jouissance des droits, et cette capacité doit être distinguée de la capacité directe de l'homme qui figure comme l'organe en question. Cette capacité n'est qu'une capacité *indirecte*, car elle ne s'étend que sur ces droits et obligations qui résultent de la qualité d'organe de la personne.

Enfin on peut distinguer de la capacité d'organe la *capacité réflexe* aussi. Celle-ci est également une capacité *indirecte*. Une telle capacité revient, par exemple, aux membres de l'association en leur qualité de membre. Ceux-ci n'ont pas une capacité directe, leur capacité n'est pas basée directement sur des règles juridiques de l'Etat, car c'est l'association qui possède la capacité directe en tant que personne morale. Ils ne possèdent non plus une capacité d'organe, car ils ne sont pas des organes de l'association, ils possèdent pourtant une certaine capacité, car les droits et les obligations juridiques de l'association créent indirectement, pour ainsi dire dans la forme d'un effet réflexe, une situation juridique dont ils sont les sujets. La capacité réflexe n'assure d'aucune manière à la personne ni la jouissance de disposer d'un droit ou d'une obligation acquis, ni la qualité de demandeur, ni l'action en justice, mais elle assure la *jouissance* de cette position juridique qui lui est assurée par le droit objectif en conséquence du fait que le droit objectif limite, restreint à son encontre la compétence personnelle d'un autre sujet de droit.

Il existe des degrés dans la *capacité d'exercice des droits* aussi. La capacité d'exercice des droits peut également être *illimitée* et *limitée, restreinte*. Une *capacité illimitée* revient, par exemple, dans la plupart des systèmes juridiques, à l'homme majeur qui n'est pas privé de sa raison, et n'est pas frappé d'interdiction, par contre, une capacité *limitée, restreinte* revient au mineur et à ce majeur qui a été frappé d'interdiction.

Seul *l'homme vivant* peut-être munie d'une capacité d'exercice des droits, les autres personnes n'en sauraient pas l'être, car celles-ci ont besoin en vertu de la loi d'un représentant. Pourtant, au sens large du mot, nous appelons capable également cette personne humaine non vivante (p.ex.: l'association) qui est le représentant d'une autre personne morale (d'une autre association ou fondation).

La personne qui possède une capacité de jouissance des droits directe, générale, définitive, inconditionnelle et illimitée peut-être dénommée *personne de premier ordre*; qui possède une capacité de jouissance des droits directe, générale, définitive, inconditionnelle, mais limitée, *personne de second ordre*; qui possède une capacité indirecte d'organe, *personne de quatrième ordre*; et enfin qui ne possède qu'une capacité indirecte réflexe, *personne de cinquième ordre.*

Les concepts du sujet de droit, de la personne, de la capacité de jouissance des droits et de la capacité d'exercer des droits peuvent être distingués dans le droit international aussi.[1]

Sujet de droit est ici aussi qui a des droits subjectifs internationaux, des expectatives internationaux, la possession des droits et est chargé de certaines formes de la contrainte juridique. *La capacité de jouissance des droits* est ici aussi la capacité d'acquérir des droits subjectifs internationaux, la capacité d'être chargé des diverses formes de la contrainte internationale, la capacité d'acquérir des expectatives internationaux et la possession des droits internationaux, donc la *personnalité. La capacité d'exercer des droits* signifie ici aussi que la personne internationale peut acquérir au moyen de ses propres actes des droits sub-

[1] L. Buza te Gy. Hajdu, *op. cit.*, p. 85 et suiv.; Gy. Hajdu. *Schuman terv és szuverenitás* (Le Plan Schuman et souveraineté) 1953; Gy. Hajdu, *Franciaország a fasizmus utján. Harc a békéért és törvényességért.* (La France sur la voie de fascisme. Lutte pour la paix et la légitimité) 1953; Knubben, *Die Subjekte des Völkerrechts*, 1928; Kunz, *Die Anerkennung der Staaten*, 1928; Kelsen, *Das problem der Souveränität und die Theorie des Völkerrechts*, 1920; J. Szabó, *Szuverenitás-elméletek* (Des théories de la souveraineté) 1937; Thomas, *Nonintervention*, 1936; Charpentier, *Reconnaissance internationale et évolution du droit des gens*, 1956; Suontauste, *La souveraineté des Etats*, 1955; O'Connel, *The Law of State Succession*, 1956; Blühorm, *Internationale Beziehungen*, 1956; Elrich, „La naissance et la reconnaissance des Etats," *Recueil des Cours*, t. 13; Kunz, *Die Staatenverbindungen*, 1929; Burckhardt, *Die völkerrechtliche Verantwortlichkeit der Staaten*, 1924; Dumas, *Responsabilité internationale des Etats*' 1930; Reck, *Die Völker rechtssubjevitität der Deutschen Demokratischen Republik*, Berlin, 1960; Giuliano, *I dirritti e gli obblighi degli stati*, Padova, 1956.

Dans la littérature soviétique il faut mentionner les ouvrages suivants: *Völkerrechit*, *op. cit.*, p. 86 et suiv.; **Ф. И. Кожевников: Советское государство и международное право. 1948, p; 27-64; международная организация и международное право (Советское государство и право. 1948. № 1); Вопросы международного и международной политики. 1949, 1951, 1952, 1953; Левин: Суверенитет 1948; междув-Субъект международного права. 1957; Казаровещ: Воиросы признания новых государствь и правительсть в современном международном праве. 1957.**

jectifs et des expectatives internationaux, et la possession des droits et des expectatives.

La capacité de jouissance des droits internationaux peut également être *illimitée, limitée* (restreinte) et *partielle.* Elle peut être *directe* et *indirecte,* une *capacité d'organe* et une *capacité réflexe.*

La capacité d'exercer des droits internationaux peut également être *illimitée* et *limitée* (restreinte).

Ont une capacité de jouissance des droits directe, générale, définitive, inconditionnelle et *illimitée* en droit international les Etats souverains. Ce sont les *personnes de premier ordre* du droits des gens. Ont une capacité de jouissance directe, générale, définitive, inconditionnelle, mais *limitée* les Etats vassaux, les Etats membres de certains Etats fédérés, les Etats sous le régime des Capitulations. Ce sont les *personnes de second ordre* du droit des gens. Ont une capacité directe, définitive ou provisoire, inconditionnelle ou conditionnelle, mais toujours *partielle* les confédérations d'Etats, certaines organisations internationales, la Société des Nations, l'Organisation des Nations Unis, les institutions spécialisées rattachées à l'O.N.U., les insurgés, les personnes naturelles et morales privées. Ce sont les *personnes de troisième ordre.* Ont une capacité *indirecte d'organe* certaines organes centraux et extérieurs des Etats qui peuvent être qualifiés de représentantes des Etats dans les affaires étrangères; ensuite divers organes collectifs de la communauté des Etats; puis les forces armées, les forces irrégulières, la levée en masse, les commandants des forces armées, les parlementaires, l'armée ennemie d'occupation, les navires de guerre, les blessés et les malades, les prisonniers de guerre, etc. Ce sont les *personnes de quatrième ordre.* Ont une capacité *indirecte* et *réflexe* les individus et les personnes morales privées qui jouissent de la condition juridique que le droit des gens leur assure quand il limite la compétence personnelle des Etats. Ce sont les *personnes de cinquième ordre.* N'ont aucune capacité de jouissance, par exemple, les provinces autonomes, les tribus nomades, les compagnies colonisatrices, les colonies, etc.[1]

Ont une *capacité illimitée d'exercer des droits* les Etats souverains et les confédérations d'Etats (ceux-ci correspondent dans le droit étatique aux personnes majeures). Ont une capacité *limitée, restreinte* d'exercer des droits les Etats membres des confédérations d'Etats, des unions personnelles et réelles, les Etats sous protectorat. Ceux-ci correspondent dans le droit étatique aux personnes frappées d'interdiction et aux mineurs.

[1] **Н. В. Черноголовкин: Формы колоннальной зависимости. 1956.**

Certains auteurs considèrent comme des personnes investies d'une capacité de jouissance des droits restreinte ou d'une capacité d'exercer des droits limitée les *Etats perpétuellement neutres* aussi (actuellement la Suisse et l'Autriche).[1] C'est, à mon avis, une erreur, car ni la capacité de jouissance, ni la capacité d'exercer des droits de ces Etats n'est pas limitée, seulement la *liberté* de leur conduite, c'est-à-dire ils sont chargés d'une obligation internationale assumée par eux librement, d'une obligation de s'abstenir de faire la guerre offensive et d'une obligation d'impartialité de tenir la balance égale entre toutes les Puissances. C'est une obligation comme toute autre obligation assumée par l'Etat dans un traité ou basée sur le droit international coutumier. La preuve en est que lorsque l'Etat perpétuellement neutre viole son obligation, il commet un acte international illicite.

Entre les personnes de premier ordre du droit international les Etats souverains, d'une part, et les personnes de second, troisième, quatrième et cinquième ordre, d'autre part, il existe cette différence que la personnalité, la capacité de jouissance des droits des premières résulte de la constitution, des règles fondamentales du droit des gens, donc du concept même du droit international, qui est un droit entre les Etats souverains, la capacité de jouissance des dernières personnes, par contre, est une pure question du droit positif, car la personnalité des dernières est basée sur la volonté des premières, étant donné que la décision de la question de savoir qui doit être considéré comme personne de second, troisième, quatrième ou cinquième ordre, dépend uniquement des personnes de premier ordre du droit des gens.

Les personnes de premier ordre sont les membres de la communauté juridique internationale. La communauté juridique internationale signifie la communauté de ces sujets de droit du droit des gens qui se trouvent sous la domination du droit international et sont en même temps les législateurs dans le domaine de ce droit, ce sont eux qui créent, modifient et abrogent les règles du droit international.

La différence essentielle entre la capacité de jouissance *limitée* des sujets de droit de second ordre et la capacité de jouissance *partielle* des sujets de droit de troisième ordre consiste en ce que dans le cas des sujets de droit de second ordre, puisque nous sommes en présence de la limitation de la capacité, la présomption milite en faveur de l'existence de la capacité, dans le cas des sujets de droit de troisième ordre, puisque nous ne sommes en présence que d'une capacité n'ayant trait qu'à certains droits déterminés d'une manière taxative, la présomption milite

[1] *Völkerrecht*, p. 89; Rousseau, *op. cit.*, p. 147; Buza et Hajdu, *op. cit.*, p. 129.

en faveur de l'absence de la capacité. Il s'ensuit qu'au cas de la capacité limitée la capacité de jouissance doit être interprétée d'une manière extensive, au cas de la capacité partielle, par contre, d'une manière restrictive.

Il s'ensuit également de ce que nous venons de dire, que nous voyons dans les Etats souverains les sujets de droit de premier ordre, les sujets les plus importants du droit international, mais pas des sujets uniques du droit des gens. Par contre, l'opinion dominante dans la littérature des pays socialistes considère les Etats souverains comme les sujets uniques du droit international. La raison en est que la majorité des auteurs socialistes définit autrement la notion de la personnalité internationale. Ils considèrent le pouvoir législatif comme un élément constitutif essentiel du contenu de la notion du sujet de droit. Si l'on définit la notion du sujet de droit de cette manière, il n'y a aucun doute que les Etats souverains *seuls* peuvent être qualifiés comme des sujets du droit des gens. Mais si l'on définit comme nous le faisons, conformément au concept général du sujet de droit, dans ce cas il faut admettre à côté des Etats souverains d'autres sujets aussi, bien que ces sujets ne soient que de second, troisième, quatrième et cinquième ordre à côté des Etats souverains.

Il faut remarquer, en outre, que même les auteurs les plus récents des pays socialistes n'excluent pas complètement la possibilité que le droit des gens ait à côté des Etats souverains d'autres sujets aussi. Ainsi Kozhevnikov appelle l'Etat le sujet „principal," „régulier" du droit des gens et reconnaît la personnalité internationale des insurgés et la personnalité indirecte des individus aussi. „Носителем прав обязанностей в международной жизни — субектом права выступаем ныне, *главным образом*, государство как юридическая личность."[1] De plus, il reconnaît pas seulement ce que les individus puissent également avoir des droits et des obligations internationaux directs (p.ex.: la répression des crimes commises contre le droit international), mais aussi que les nations puissent être des sujets potentiels du droit des gens. C'est l'opinion également de Krylov qui écrit d'une manière expresse „qu'il est possible que la compétence personnelle du droit international s'étende dans l'avenir sur d'autres sujets aussi," et ainsi, par exemple, l'alliance mondiale des syndicats professionnels soit également sujet du droit des gens. Suivant Krylov la nation dans une période déterminée de sa lutte pour son indépen-

[1] Ф. И. Кожевников: Советское государство и международное право. 1948. p. 30.

dance peut être sujet du droit des gens déjà avant d'être constituée comme Etat. C'était la situation selon lui dans le cas de la Pologne et de la Tchécoslovaquie en 1918. Krylov considère comme sujet du droit des gens les nations des colonies aussi. M. Yevgeniev dans le manuel publié en traduction allemande sous la direction de Kozhevnikov en 1960, reconnaît également que „les organisations internationales .... possèdent quelquefois la qualité du sujet de droit," et que „les personnes naturelles peuvent acquérir vis-à-vis des Etats étrangers certains droits et peuvent être chargées de certaines obligations."[1] G. I. Tunkin dans son excellent ouvrage sur les questions de la théorie du droit international publié en russe en 1962, et en traduction hongroise en 1963, parlant des sujets des rapports juridiques internationaux au point de vue de la responsabilité de l'Etat en droit international, explique que „suivant l'ancien droit international, au cas d'une infraction internationale, des rapports juridiques n'étaient surgis qu'entre l'Etat qui avait commis l'infraction et l'Etat qui avait subi un préjudice dans son droit subjectif par suite des actes illicites de l'Etat l'auteur de l'infraction."[2] „Sous ce rapport la situation est changée à l'heure actuelle et change toujours."[3] „C'est une particularité de ces rapports juridiques que dans eux même les organisations internationales peuvent figurer en tant que parties."[4]

Il faut remarquer également que M. Wengler dans son grand ouvrage dont l'importance est de tout premier ordre, expose une doctrine qui diffère essentiellement de la doctrine dominante dans la littérature occidentale et de la doctrine soviétique aussi.[5] Il explique que l'expression du sujet de droit international a plusieurs sens. Elle désigne plusieurs concepts. Suivant Wengler on entend par sujet de droit en premier lieu les hommes qui observent et violent les règles du droit des gens, et qui sont affectés dans leurs intérêts par l'observation et la violation de ces règles.[6] On entend ensuite „la base personnifiée d'une responsabilité collective effective comme contrainte juridique," donc une collectivité d'hommes personnifiée, et on entend enfin comme sujets d'imputation (*Zurechnungssubjekte*) des associations d'hommes (*Menschenverbände*).[7]

---

[1] *Völkerrecht*, p. 86. Lewin, *op. cit.* p. 110.

[2] **Г. И. Тункин: Вопросы теории международного права. 1962.** (Traduction hongroise 1963, p. 286.)

[3] **Г. И. Тункин,** *op. cit.*, p. 289.

[4] **Г. И. Тинкин,** *op. cit.*, p. 291.

[5] W. Wengler, *Völkerrecht*, 1964, t. I, p. 153–168; t. II, p. 1216 et suiv.

[6] W. Wengler, *op. cit.*, t. I, p. 154.

[7] W. Wengler, *op. cit.*, t. I, p. 154–155, 157.

En ce qui concerne les divers ordres des sujets de droit du droit des gens, on peut constater ce qui suit.

1. Ont une capacité de jouissance des droits directe, générale, définitive, inconditionnelle et *illimitée* dans le droit international, ainsi que nous l'avons dit, les Etats souverains, et seulement les Etats souverains. Ils sont les sujets les plus importants du droit international; ils correspondent donc dans le droit interne de l'Etat aux hommes vivants. Ils sont les *personnes de premier ordre* du droit internationale. Leur capacité d'exercer des droits est en général également illimitée, ils correspondent à cet égard aux hommes majeurs qui ne sont pas privés de leur raison et ne sont pas frappés d'interdiction. A l'heure actuelle la souveraineté coïncide avec la qualité de membre de la communauté internationale, car tous les Etats souverains sont membres de la communauté internationale. Cela n'a pas été toujours ainsi, car dans le passé cette communauté n'avait compris que les Etats chrétiens de l'Europe.

A côté des Etats souverains la plupart des auteurs – comme M. V. V. Yevgeniev aussi[1] – sont d'avis que la *confédération d'Etats* peut être elle aussi un sujet du droit international. A notre avis, elle peut être qualifiée quelquefois, mais pas toujours, de personne du droit des gens, mais selon nous, seulement de personne de troisième ordre et non pas de personne de premier ordre, car sa capacité de jouissance n'est jamais illimitée, mais d'ordinaire partielle. A l'heure actuelle, il n'y a pas de confédérations d'Etats, seul le British Commonwealth ressemble à une confédération d'Etats.

L'union personnelle n'est jamais un sujet du droit international, l'*union réelle*, par contre, l'est toujours, mais en général également un sujet de troisième ordre.

Ce que nous venons de dire des confédérations d'Etats, vaut également pour les *organisations internationales* en général et particulièrement pour la *Société des Nations* et l'*O.N.U.* ainsi que pour les „*institutions spécialisées*" rattachées à l'O.N.U., bien que leur condition juridique soit très discutée, même à l'heure actuelle, en doctrine. A notre avis, elles ne sont pas des sujets de droit de premier ordre, car leur capacité de jouissance n'est pas illimitée, mais des sujets de troisième ordre, car elles ne possèdent que les droits qui leur sont accordés dans des traités signés par les Etats qui les avaient constituées.

En ce qui concerne la *S.D.N.* et l'*O.N.U.*, il existe des auteurs (par

---

[1] *Völkerrecht*, p. 88.

ex.: Anzilotti, Schücking-Wehberg, Verdross, Faluhelyi) qui les qualifient des confédérations d'Etats ordinaires; il existe d'autres (Buza, Oppenheim) qui les appellent des union d'Etats sui generis; et il existe (Makovski) qui les qualifient d'union administratives. Suivant les auteurs socialistes, elles ne sont pas des sujets du droit des gens, mais des organes collectifs des sujets de droit sur un domaine délimité (le maintien de la paix et de la sécurité).[1]

Les *organisations internationales* peuvent être *temporaires* (les congrès, conférences, etc.) ou *permanentes* (des organisations spéciales et les organisations d'un caractère universel, comme la S.D.N. et l'O.N.U.).[2]

Certains auteurs occidentaux modernes considèrent, sur la base des traditions historiques, comme des communautés *souveraines*, comme des sujets de droit de premier ordre, le *Saint Siège* ou *l'Eglise catholique* et la *Cité du Vatican* respectivement, ainsi que *l'Ordre des Chevaliers de Malte*, bien que leur capacité de jouissance des droits ne soit pas illimitée, ni générale, ni absolue, et qu'ils ne sauraient être considérés comme des Etats souverains.

A nôtre avis, ils ne sauraient être qualifiés de sujets de droit de premier ordre, tout au plus seulement de sujets de droit de troisième ordre.

La situation juridique du Saint Siège, de l'Eglise catholique et, depuis la convention de Lateran du 11 février 1929, de la Cité de Vatican est d'ailleurs très discutée dans la littérature. Certains auteurs (p.ex.: Liszt et Csarada) n'ont pas considéré ni le Pape, ni l'Eglise comme des sujets de droit du droit international. D'autres (p.ex.: Heilborn, Geffcken) considèraient seul le Pape comme personne juridique du droit des gens qui devait être traité, suivant eux, comme les chefs d'Etat, lorsqu'ils se trouvent à l'étranger. Suivant d'autres auteurs, l'Eglise catholique seule est une personne du droit international et au Pape ne revient pas la capacité de jouissance des droits internationaux qu'en tant qu'au chef de l'Eglise. La Cité de Vatican est selon certains auteurs (p.ex.: Verdross) l'Etat vassal de l'Eglise; selon d'autres (p.ex.: Hold-Ferneck) un simulacre de l'Etat; selon certains (p.ex.: D'Avack, Penini) à côté de l'Eglise, un sujet du droit à part; selon d'autres (p.ex.: Guggenheim) l'Eglise et l'Etat de Vatican constituent une union personnelle; suivant d'autres un union réelle.

Les rapports entre le Pape et les Etats sont régis sur la base de la pratique par les règles du droit international. Au Saint-Siège appartient le droit de légation actif et passive, il peut conclure des concordats.

---

[1] Buza et Hajdu, *op. cit.*, p. 128.

[2] *Völkerrecht*, p. 320; Buza et Hajdu, *op. cit.*, p. 268 et suiv.

En vertu de l'art. 24. du Traité de Latéran le Saint Siège avait déclaré qu'il s'abstiendrait des débats du monde entre les Etats et de leurs conférences.

L'Ordre des Chevaliers de Malte maintient des missions diplomatiques près le Vatican, l'Angleterre, la France et avant la seconde guerre mondiale en Hongrie aussi. Sa situation juridique diffère de celle du Saint-Siège en ce que la situation du Saint-Siège repose sur le droit international coutumier général, et celle de l'Ordre des Chevaliers de Malte seulement sur un droit international particulier.

2. Tandisque seul les Etats souverains peuvent être considérés comme les personnes de premier ordre du droit international, doivent être considérés comme des *personnes de seconde ordre* les sujets de droit qui n'ont qu'une capacité de jouissance directe, générale, définitive et inconditionnelle, comme les Etats souverains, mais limitée, restreinte. La souveraineté de ces sujets de droit est également limitée, restreinte. Leur capacité de jouissance des droits ressemble donc dans le droit interne à la capacité du nasciturus et de certaines organisations juridiques, laquelle est également limitée, restreinte. M. Yevgeniev classe parmi ces personnes les Etats vassaux, les Etats sous le régime des Capitulations, les Etats sous protectorat, les territoires sous mandat; les territoires sous tutelle et les territoires sans gouvernement réglementés par l'art. 73. de la Charte de l'O.N.U. Lénine appelle ces formes de la limitation de la souveraineté des „formes transitoires de la dépendance étatique."[1]

La *vassalité* avait engendré dans le passé deux sortes d'obligations, les unes (tribut financier et assistance militaire) à la charge de l'Etat vassal, les autres (aide militaire) à la charge de l'Etat suzerain. En Europe étaient des Etats vassaux jusqu'en 1878 la Roumanie et la Serbie, jusqu'à 1908 la Bulgarie, en Asie jusqu'à 1946/47 les principautés fédérales indonésiennes, les principautés des Indes, et jusqu'à la Grande Révolution d'Octobre Chiva et Buchara en Russie. A l'heure actuelle il n'existe qu'un seul Etat vassal: Andorra.[2]

Le *régime des Capitulations* consistait dans l'ensemble des droits particuliers et des privilèges accordés d'une manière unilatérale par un Etat aux personnes naturelles et morales d'autres Etats.[3] Ce régime est né au Xème siècle entre les villes italiennes Gênes, Pise, Amalfi et Venise d'une part et Byzance et les principautés chrétiennes de la

---

[1] W. W. Lenin, *Ausgewählte Werke*, 1951, t. I, p. 836.
[2] Rousseau, *op. cit.*, p. 139 et suiv.; *Völkerrecht*, p. 96; Buza et Hajdu, *op. cit.*, p. 120.
[3] *Völkerrecht*, p. 97.

Palestine et de la Syrie d'autre part. La Turquie après la conquète de Byzance confirma les privilèges de Venise et de Gênes et en 1535 elle octroya des privilèges semblables à la France et plus tard à d'autres Etats aussi. A la fin du 18ème siècle on avait établi un régime analogue en Perse et au milieu du 19ème en Chine, au Japon, en Corée et au Siam. L'U.R.S.S. annula ces traités à la fin de la première guerre mondiale et la Turquie s'en affranchit en 1923, le Siam en 1925, la Perse en 1928, l'Egypte en 1937/1949, la Chine en 1943. Le 4 novembre 1946 les Etats Unis signèrent un nouveau traité avec la Chine qui fit renaître le régime des Capitulations, de sorte que ce ne fut qu'en 1949 que la Chine se débarassa d'une manière définitive de ce régime. A l'heure actuelle le régime des Capitulations dans sa forme ancienne n'existe plus, mais il renaquit dans une forme nouvelle, ce que prouvent les deux traités conclus entre les Etats Unis et la Turquie en été 1954, et les traités conclus sur l'exemption de la juridiction des membres des armées étrangères stationnant sur le territoire de l'Etat (Voir, par exemple, la loi adoptée en 1952 par le Parlement britannique).

L'essence du *protectorat* international consiste en ce que l'Etat protégé transmet par une convention expresse la direction des affaires extérieures à l'Etat protecteur et l'Etat protégé accepte un résident général par l'intermédiaire duquel s'établissent les rapports diplomatiques avec les Etats tiers. A mon avis, l'Etat sous une protection internationale n'est pas une personne de second ordre, mais une personne de premier ordre, car ce n'est pas la capacité de jouissance des droits internationaux de l'Etat protégé qui est limitée, restreinte, mais seulement sa capacité d'exercer des droits internationaux.

Le protectorat est toujours un régime conventionnel basé sur un traité contenant des droits inégaux portant atteinte au droit des peuples de disposer d'eux-mêmes et employé par la classe dominante de l'Etat protecteur pour l'exploitation de la population de l'Etat protégé. Souvent il conduit à l'annexion complète de l'Etat protégé (par exemple: l'annexion de Madagascar par la France en 1890, de la Corée par le Japon en 1910). A l'heure actuelle quelques Etats de l'Arabie et de l'Afrique se trouvent toujours sous le protectorat de l'Angleterre et jusqu'à 1956 le Maroc et la Tunisie se trouvaient sous le protectorat de la France. Après la France l'Espagne avait également reconnu l'indépendance du Maroc. La Principauté de Liechtenstein est sous le protectorat de fait de la Suisse et la Principauté de Monaco sous celui de la France.

Le *régime des mandats*, ainsi que M. Rousseau l'explique d'une manière brillante, a été institué en 1919 par l'article 22 du Pacte de la S.D.N. Son protagoniste était le général Smuts, qui fut pendant une quinzaine d'années premier ministre de l'Union sud-africaine. Politiquement, ce régime se présentait comme un compromis entre les partisans de l'annexion pure et simple des colonies allemandes et de certains territoires turcs, et ceux qui préconisaient une administration internationale de toutes les possessions coloniales. Juridiquement, on pouvait y voir, remarqua M. Rousseau, „une tentative pour concilier deux données importantes du droit public moderne: le droit des peuples à disposer d'eux-mêmes et le principe de la continuité des services publics."[1]

L'essentiel du système des mandats se ramenait à l'idée suivante. Au lieu d'être annexées par les Puissances alliées ou placées sous leur protectorat, les colonies allemandes et certaines parties de l'Empire ottoman étaient confiées à certaines de ces Puissances, qualifiées de „Puissances mandataires," qui exerçaient cette administration au nom et sous le contrôle de la S.D.N.[2]

Les auteurs soviétiques ne voyaient dans les mandats que le camouflage de l'annexion des territoires mis sous mandat. L'Union Soviétique condamna le régime des mandats et en 1934, lors de son adhésion à la S.D.N., elle déclara que le régime des mandats était inacceptable pour elle.[3]

L'article 22 du Pacte distinguait trois catégories de mandats. Le mandat A) était appliqué à certaines „communautés" détachées de l'Empire ottoman, dotées d'une existence politique propre, avec vocation à l'indépendance plénière et provisoirement soumises à l'administration de la Puissance mandataire, celle-ci ayant surtout un rôle de guide et de conseiller. Ce régime concernait la Syrie et le Liban (placés sous mandat français), la Palestine, la Transjordanie et l'Irak (placés sous mandat britannique). Le mandat B) visait uniquement certains „peuples" de l'Afrique centrale. La Puissance mandataire assumait l'administration du territoire sous réserve d'observer certaines obligations et de satisfaire à certaines garanties d'ordre général. Ce régime concernait le Togo et le Cameroun (chacun de ces deux territoires étant partagé entre les administrations française et britannique), le Tanganyka (placé sous mandat britannique) et le Ruanda-Urundi (placé sous

---

[1] Rousseau, *op. cit.*, p. 160; Buza et Hajdu, *op. cit.*, p. 121.
[2] Rousseau, *op. cit.*, p. 160.
[3] *Völkerrecht*, p. 101.

mandat belge). Le mandat C), enfin, s'appliquait à certains „territoires," appellation significative si on la compare aux „communautés" placées sous mandat A) et aux „peuples" faisant l'objet du mandat B), territoires qui, en raison de la faible densité de la population, de leur contiguïté géographique au territoire du mandataire, avaient semblé ne pouvoir être mieux administrés que sous les lois de la Puissance mandataire, comme une partie intégrante de son territoire. Equivalant à une cession déguisée, cette modalité avait été imaginée pour donner partiellement satisfaction au gouvernement sudafricain, qui, par un singulier paradoxe, après avoir été le promoteur de l'institution, réclamait pour son propre compte l'annexion de Sud-Ouest africain allemand. Le mandat C) fut ainsi appliqué au Sud-Ouest africain (placé sous mandat de l'Union sud-africaine et aux anciennes possessions allemandes du Pacifique: Samoa occidental (mandat de la Nouvelle-Zélande), Nauru (mandat de l'Empire britannique), Nouvelle-Guinée (mandat de l'Australie), îles Carolines, Mariannes et Marshall (mandat du Japon).[1]

Le fonctionnement du régime des mandats était lié à l'existence de la S.D.N.: celle-ci disparaissant, une réadaptation du système de 1919 s'imposait. D'où l'établissement en 1945 par la Charte des Nations Unies d'un régime différent, le régime du trusteeship ou de la tutelle – encore que la filiation soit évidente entre les deux institutions.[2]

Prévu par le chapitre XII de la Charte (art. 75 à 85), ce régime était applicable à trois sortes de territoires: aux territoires sous mandat, aux territoires détachés des ex-Etats ennemis, aux territoires qui viendraient à être volontairement placés sous ce régime par les Etats responsables de leur administration.

Suivant la technique déjà instaurée pour les mandats, des accords particuliers, les accords de tutelle déterminaient quels territoires, entrant dans les catégories précitées, étaient placés sous ce régime et à quelles conditions. En dépit de leur dénomination, ces prétendus „accords" de tutelle n'avaient aucun caractère conventionnel, c'étaient en réalité des actes unilatéraux, habituellement élaborés par la Puissance administrante et approuvées par l'Assemblé de l'O.N.U.

Le régime de tutelle s'appliqua en premier lieu aux territoires qui se trouvaient encore placés sous le régime des mandats à la fin de la deuxième guerre mondiale, c'est-à-dire pratiquement aux territoires sous mandat B) et C). Neuf territoires étaient soumis à ce régime en vertu

[1] Rousseau, *op. cit.*, p. 161.
[2] Rousseau, *op. cit.*, p. 165–168; Buza-Hajdu, *op. cit.*, p. 122.

d'accords de tutelle approuvés par l'Assemblée générale des Nations Unies le 13 décembre 1946 pour les huit premiers et le 1er novembre 1947 pour le neuvième. C'étaient: 1° et 2° le Togo et le Cameroun sous mandat français (tutelle de la France); 3° et 4° le Togo et le Cameroun sous mandat britannique (tutelle de la Grande-Bretagne); 5° le Ruanda-Urundi (tutelle de la Belgique); 6° le Tanganyka (tutelle de la Grande-Bretagne); 7° la Nouvelle-Guinée (tutelle de l'Australie); 8° le Samoa occidental (tutelle de la Nouvelle-Zélande); 9° l'île de Nauru (tutelle collective de la Grande-Bretagne, de l'Australie et de la Nouvelle-Zélande). Quant aux anciennes îles du Pacifique sous mandat japonais, elles ont été placées sous la tutelle stratégique des Etats-Unis le 2 avril 1947. Seul parmi les anciens territoires sous mandat, le Sud-Ouest africain n'a pas été placé sous ce régime, le gouvernement de l'Union sud-africaine ayant obstinément refusé d'élaborer un accord de tutelle pour ce territoire et même d'adresser à l'Assemblée générale de l'O.N.U. des rapports sur sa gestion. Pour sortir de l'impasse, l'Assemblée des Nations Unies a finalement demandé, le 6 décembre 1949, à la Cour internationale de justice, un avis consultatif sur le statut juridique du Sud-Ouest africain, La Cour a émis son avis le 11 juillet 1950. La Cour en admettant que l'Assemblée générale des Nations Unies était fondée en droit à exercer les fonctions de surveillance qu'exerçait précédemment la S.D.N. en ce qui concerne l'administration du territoire et que l'Union sud-africaine avait l'obligation de se prêter à la surveillance de l'Assemblée générale et de lui soumettre des rapports annuels, puisqu' elle continuait à être soumise aux obligations internationales énoncées à l'article 22 du Pacte de la S.D.N., la Cour estima que „la Charte n'imposait pas à l'Union l'obligation de placer le Sud-Ouest africain sous le régime de la tutelle."

M. Rousseau remarque à juste titre que l'Italie était l'unique Puissance de l'Axe à posséder des colonies. Seule la Somalie italienne a été soumise à ce régime par l'accord de tutelle de 2 décembre 1950, l'Italie – assistée d'un Conseil consultatif de caractère international – étant désignée, bien que non-membre de l'O.N.U., comme Puissance administrante pour une période de dix ans. Quant à la Lybie, formée par les trois régions de la Cyrénaïque, de la Tripolitaine et du Fezzan, elle est devenue le 1er janvier 1952 un Etat unitaire, indépendant et souverain (résolution de l'Assemblée de l'O.N.U. en date du 21 novembre 1949). Enfin, l'Erythrée constitua une unité autonome fédérée avec l'Ethiopie sous la souveraineté du Négus, l'ancienne colonie italienne conservant la pleine direction de ses affaires intérieures au sein de la

Fédération (résolution de l'Assemblée de l'O.N.U. en date du 2 décembre 1950 et Constitution du 11 août 1952).

En ce qui concerne les territoires volontairement placés sous le régime de tutelle, cette disposition est restée jusqu'ici théorique, son application étant subordonnée à l'appréciation discrétionnaire des Puissances intéressées. Il n'est pas inutile de rappeler à ce sujet que, dans une résolution du 1er novembre 1947, l'Assemblée générale des Nations Unies a nettement spécifiée que le régime international de tutelle n'était pas applicable de plein droit aux territoires coloniaux.

Enoncées à l'article 76 de la Charte, les fins essentielles du régime de tutelle sont: l'affermissement de la paix et de la sécurité internationales, le respect des droits de l'homme et des libertés fondamentales, l'égalité économique et commerciale. Ces fins, ainsi que M. Rousseau l'explique, rappellent de très près celles du régime des mandats. Pas plus que la Puissance mandataire, la Puissance administrante ne possède la souveraineté, bien que tous les accords de tutelle de 1946, à l'exception de celui relatif au Tanganyka, stipulent que le territoire sera administré par elle comme „partie intégrante" de son propre territoire.

En comparaison avec le système des mandats, *le régime de la tutelle* a certains avantages. La Charte de l'O.N.U. écarte la divison des peuples sous tutelle en trois catégories. Le but principal objectif de la tutelle est de veiller à ce que les peuples acquièrent le droit de se gouverner eux-mêmes et l'indépendance. La Charte proclame le respet des droits de l'homme et les libertés fondamentales, et accorde certains droits à l'O.N.U. concernant le contrôle de l'application des principes du régime de la tutelle. Il faut admettre cependant que l'opinion publique a été déçue dans ses espérances attachées à ce système. Les auteurs des pays socialistes soulignent que dans les accords de tutelle les territoires sous tutelle sont considérés souvent comme une partie de territoires des Etats responsables de leur administration.[1] Ces Etats refusent de fixer le terme de leur administration et la date quand ces territoires obtiendront l'indépendance. Ces territoires sont souvent exploités dans l'intérêt du capital monopoliste. On ne reconnaît pas les droits politiques de la population et les discriminations sont multiples au préjudice de la population indigène dans le domaine de l'activité politique et économique, de l'éducation, du travail.

A mon avis, parmi les sujets de droit mentionnés par M. Yevgeniev

---

[1] *Völkerrecht*, p. 105.

et la plupart des auteurs socialistes, seulement les Etats vassaux, les Etats sous le régime des Capitulations et les Etats sous le mandat A), ainsi que certains Etats-membres des Etats fédérés peuvent être considérés comme des sujets de droit de *second ordre* et les territoires sous mandat B) et C) et ceux sous tutelle ne sauraient être considérés comme des sujets de droit de second ordre, car il est difficile de les considérer comme des Etats dont la souveraineté est limitée. Si on veut leur reconnaître une capacité de jouissance des droits internationaux, ce qui est d'ailleurs très contestable, ils ne sauraient être qualifiés tout-au-plus que des sujets de droit de *troisième ordre.* Les auteurs soviétiques ne voient dans les mandats qu'une forme de la dépendance coloniale, ce qui veut dire qu'ils n'ont aucune capacité juridique.[1]

Des personnes de second ordre du droit international sont quelques fois les *Etats-membres de l'Etat fédéral* (Federal State, Bundesstaat) si la constitution de l'Etat fédéral leur accorde une certaine capacité internationale. Dans la plupart des Etats fédéraux les Etats-membres n'ont aucune capacité de jouissance des droits internationaux. C'est ainsi dans le cas des Etats Unis d'Amérique depuis 1778, du Mexique, de la Colombie, de l'Argentine, du Venezuela, du Brésil, de l'Union Sud-Africaine, de l'Australie, de Canada, etc. Par contre, certains Etats-membres de l'ancienne Empire allemande possédaient entre 1871 en 1918 une personnalité limitée, et les cantons Suisses en possèdent également une personnalité très restreinte. Les Républiques fédérées de l'Union Soviétique, au contraire, sont des Etats souverains, des personnes de *premier ordre* du droits des gens. (Loi du 1er février 1944), tout aussi bien que l'Union elle-même.[2]

3. Tandis que la capacité des sujets de droit de second ordre est limitée, restreinte, bien que générale, inconditionnelle, définitive et directe, il existe des personnes du droit des gens dont la capacité de jouissance des droits internationaux est absolue, inconditionnelle et directe, mais quelque fois *provisoire* et autre fois *définitive*, et toujours *partielle*, car elle ne s'étend que sur certains droits et certaines formes de la contrainte juridique déterminées d'une manière taxative. Ces personnes sont des *sujets de droit de troisième ordre.* Peuvent être qualifiés de tel les *insurgés, les gouvernements de fait locaux*, qui ont une capacité *provisoire* et *partielle*, et les personnes naturelles et morales du droit civil, à savoir les *individus* et les *personnes morales privées* qui ont une capacité *définitive* et *partielle.* Leur capacité correspond à la

[1] *Völkerrecht*, p. 101; Buza et Hajdu, *op. cit.*, p. 122. Lewin. *op. cit.* p. 130 et suiv.
[2] *Völkerrecht*, p. 88. Lewin. *op. cit.* p. 111

capacité du *nondum conceptus* et de l'homme mort dans le droit interne.

Doivent être qualifiées, en outre, de sujets de droit de troisième ordre les *confédérations d'Etats, certaines organisations internationales, la S.D.N.* et *l'O.N.U.*

Tandis que les personnes du droit international de premier et second ordres sont toutes des Etats, des communautés juridiques souveraines ou demi-souveraines, les personnes du droit international de troisième ordre ne sont ni des Etats, ni des communautés juridiques souveraines ou demi-souveraines. Et tandis que la capacité de jouissance des droits internationaux résulte du *concept* même du droit international, de ce que le droit international est un droit entre des Etats souverains, la capacité des personnes du droit international de troisième ordre n'est qu'une institution du *droit positif*, car elle est basée sur la volonté des personnes de premier ordre et, partant, elle peut être retirée à n'importe quel moment par ces dernières.

La capacité de jouissance des droits des personnes de troisième ordre est donc une institution *exceptionnelle*, laquelle va à l'encontre de la constitution classique du droit international, car suivant la constitution classique du droit international seul les Etats pouvaient être considérés comme des sujets de droit du droit international. Dans la reconnaissance de la personnalité des sujets du droit international de troisième ordre les germes de l'idée de l'Etat mondial se révèlent. Pourtant la reconnaissance de ces sujets comme des personnes du droit des gens – précisement à cause de leur caractère exceptionnel, à savoir qu'ils ne constituent qu'un *ius singulare* contre le *ius commune* international – ne signifie point le changement total des bases de la constitution présente du droit international, mais ne révèle qu'une modification lente dans le contenu des règles positives de celle-ci.

D'une *insurrection* nous parlons au sens du droit international, lorsque dans un Etat s'est constituée une telle organisation d'opposition, un tel *gouvernement local de fait* lequel sur une certaine partie du territoire de l'Etat domine d'une manière effective et dans sa lutte contre le gouvernement central est capable de se maintenir. D'un tel gouvernement local de fait a été qualifié par certains Etats le mouvement français libre, dirigé par de Gaulle en 1940, car il est resté dans la possession effective des colonies françaises pendant la seconde guerre mondiale. Ces insurgés peuvent être reconnus soit par leur propre Etat, soit par des Etats tiers comme des belligérants, et en conséquence l'insurrection peut être qualifiée d'une guerre régulière au point de vue du droit des gens, gouvernée par les règles du droit de la guerre et de la neutralité.

Les insurgés peuvent conclure certains traités internationaux, par exemple, au sujet de la protection des étrangers. La capacité des insurgés reconnus comme belligérants est *provisoire* et *partielle,* car elle n'excède pas les limites du droit international de la guerre et des droits subjectifs leur assurés par les traités conclus avec eux. Il faut encore remarquer qu'il est sujet à discussion dans la littérature moderne, si la reconnaissance des insurgés comme belligérants est un acte déclaratif ou constitutif. Je pense que la reconnaissance est de nature déclarative en ce sens que les insurgés sont autorisés à exiger qu'on ne les traite pas comme une bande de guerilla, une bande de malfaiteurs, s'ils exercent un pouvoir effectif dans une partie considérable du territoire de l'Etat, s'ils sont en guerre avec le gouvernement central et observent les règles du droit international de la guerre. Sous d'autres rapports, la reconnaissance a une importance constitutive aussi, car ce n'est qu'après la reconnaissance que les insurgés peuvent être considérés comme des belligérants, leur insurrection comme une guerre.

La question de savoir si l'*individu* et la *personne morale privée* sont ou non des sujets du droit international, a été fréquemment discutée par la doctrine. M. Rousseau remarque à juste titre que deux grandes théories s'opposent sur ce point: a) La *conception positiviste* (Triepel, Oppenheim, Hold-Ferneck, Verdross, Puente, Anzilotti etc.) et *socialiste* se refusent en général à voir dans l'individu et la personne morale privée un sujet direct du droit international, car ce droit régit les relations entre les Etats: l'individu et la personne morale privée sont des sujets du droit interne, ils ne sont affectés par les règles du droit des gens que si et dans la mesure où ils passent par l'intermédiaire du droit interne. b) A l'encontre de cette analyse traditionnelle, qui continue de voir dans l'Etat le sujet unique ou du moins principal du droit des gens, dans la littérature occidentale moderne une théorie nouvelle fait place à l'individu, soit à côté de l'Etat, soit à l'exclusion de celui-ci. C'est surtout la *doctrine réaliste* (Duguit, Scelle, Politis etc.) qui a développé de manière radicale ce point de vue à l'époque contemporaine. Pour ces auteurs, l'Etat n'est qu'un procédé technique de gestion des intérêts collectifs, le droit – interne ou international – ne pouvant s'adresser, en définitive, qu'à des individus (gouvernants et gouvernés) dotés d'intelligence et de volonté. La société internationale est, par suite, une société humaine composée d'individus et rien que d'individus.[1]

Ont reconnu la capacité directe et immédiate de l'individu déjà

[1] Rousseau, *op. cit.*, p. 214; Buza et Hajdu, *op. cit.*, p. 113.

Heffter, Martens, Kohler, et d'autres auteurs, comme Guggenheim. Suivant Strupp les individus ne possèdent que virtuellement la capacité de jouissance des droits internationaux. Selon les auteurs soviétiques les personnes naturelles, sans être des sujets du droit des gens, peuvent acquérir vis-à-vis des Etats étrangers des droits déterminés et ils peuvent être chargés d'obligations aussi, notamment principalement au moyen des traités internationaux conclus par les Etats.[1]

A mon avis, il faut reconnaître la capacité de jouissance directe et immédiate, en droit international, des personnes naturelles, des individus et des personnes morales du droit civil, mais seulement concernant certains droits déterminés par les règles du droit international d'une manière taxative, et ils peuvent être chargés de certaines formes de la contrainte juridique, également définies d'une manière taxative. Cette capacité juridique des individus et des personnes morales est une capacité tout-à-fait *restreinte* et d'une nature très *exceptionnelle*, une capacité *partielle*, mais néanmoins *directe*, *immédiate*, sur la base de laquelle les individus et les personnes morales privées peuvent acquérir des droits en vertu du droit international objectif. Ils ne sont donc pas des sujets de droit de premier ordre, mais de *troisième ordre*, comme les insurgés, les confédérations d'Etats et certaines organisations internationales. Ensuite – comme je l'ai mentionné – les individus et les personnes morales ont une capacité de droit international *indirecte*, *médiate aussi*, car ils jouissent de cette situation juridique que le droit international leur assure en limitant à leur égard la compétance personnelle de l'Etat dans les questions de la nationalité, de la condition des étrangers et du heimatlosat. Cette capacité est une capacité réflexe. Les individus et les personnes morales sont donc pas seulement des sujets de *troisième* ordre, mais aussi de *cinquième* ordre du droit international.

En ce qui concerne les règles du droit international directement applicable aux individus et aux personnes morales privées, on peut mentionner les règles sur la prohibition de la piratrie, sur l'interdiction des gaz asphyxiants ou toxiques, sur la prévention et répression du génocide, les règles instituant l'organisation du travail, sur la prohibition de la traite des noirs et des femmes, sur l'interdiction de l'esclavage, sur la réglementation de la production et du trafic des stupéfiants, sur la répression de la circulation des publications obscènes, sur la Déclaration universelle des droits de l'homme, etc. Il faut mentionner aussi

[1] *Völkerrecht*, p. 87. Lewin, *op. cit.* p. 109 et suiv.

que le droit conventionnel a reconnu aux individus un droit d'action directe devant les instances internationales: devant la Cour internationale des prises (1907), la Cour de justice centre-américaine (1907–1917), les tribunaux arbitraux mixtes (1919), et la Cour de justice prévue par le traité du 18 avril 1951 instituant la communauté européenne du charbon et de l'acier. Depuis 1919 deux régimes juridiques spéciaux ont été organisés par le droit conventionnel, l'un au profit des minorités, l'autre au profit des apatrides et des réfugiés. Ce dernier seul subsiste aujourd'hui.

4. S'il faut reconnaître que seul les Etats possèdent la personnalité directe du droit des gens découlant de la nature particulière du droit international, et que la personnalité directe ne revient que d'une manière exceptionnelle, dérivée, en second lieu, aux autres sujets de droit, néanmoins il faut considérer comme des personnes du droit des gens – et non pas comme des objets ainsi que l'Oppenheim le fait – les *organes* dont les sujets de droit qui possèdent une personnalité directe ont besoin afin qu'ils puissent exercer leur capacité d'exercer des droits. S'il est vrai que la personnalité de ces personnes – la personnalité d'organe – est le produit du droit interne des sujets de droit du droit des gens munis d'une personnalité directe (en premier lieu des Etats), il n'est pas moins vrai que le droit international attache à ces produits ses propres effets juridiques, ce qui fait d'eux des organes internationaux, de leur condition juridique interne une condition juridique internationale et d'eux-mêmes des personnes du droit des gens, si non des personnes de premier ordre, mais des *personnes de quatrième ordre*, investies d'une capacité de jouissance des droits internationaux *indirecte*, d'une *capacité d'organe*.

Ces personnes de quatrième ordre sont, ainsi que nous l'avons vu, d'une part, certains organes de l'Etat: certains organes centraux (les chefs d'Etat, le président du Conseil, le ministre des Affaires étrangères) et certains organes extérieurs (les représentants diplomatiques, les consuls, les délégués aux conférences internationales); d'autre part, divers organes collectifs de la communauté des Etats, notamment des organes de législation (p.ex. le Conseil de Sécurité de l'O.N.U.), du gouvernement (p.ex. le gouvernement de Dantzig avant la seconde guerre mondiale), de l'administration publique (p.ex. les diverses unions internationales administratives), de médiation (les commissions d'enquête), et de jurisdiction (la Cour Permanente d'Arbitrage, la Cour Permanente de Justice Internationale, la Cour de Justice Internationale); ensuite les forces armées, les forces irrégulières, la levée en masse, les commandants des forces armées, les parlementaires, l'armée ennemie d'occupation, les navires de guerre dans les eaux territoriaux étrangers, les blessés et les malades, les prisonniers de guerre, etc.

La nature juridique des organes d'une personne morale est toujours discutée dans la doctrine. Ceux qui voient dans la personne morale une réalité d'ordre physique ou psychique, une réalité douée de la volonté (Gierke, Bernatzik, Jellinek, etc.) entendent par l'organe de la personne morale une partie constituante, un *membre* (*Glied*) d'elle, par l'intermédiaire duquel la personne morale agit. Ceux, par contre, qui nient la réalité psychique ou physique de la personne morale (Schlossmann, v. Thur, Kelsen, etc.), voient dans l'organe de la personne morale un *représentant* qui agit au lieu et place de la personne morale. Les partisans de la première conception invoquent que le représentant et le représenté sont deux sujets de droit distincts, la personne morale et son organe, par contre, ne sont pas des sujets distincts; puis que tandis que le représenté n'est pas responsable pour les actes illicites du représentant, la personne morale est responsable pour les actes de son organe. Les partisans de la seconde conception répondent à cela que la personne morale et son organe sont des sujets de droit différents et que ici aussi, comme dans le cas de la représentation, il s'agit de ce que la conduite d'un sujet de droit doit être imputée à un autre sujet.

Puisque la personne morale n'est ni une personne psychique, ni d'ordre physique, ni une réalité douée d'une volonté, l'organe de la personne morale, par contre, l'est, il est hors de doute que l'organe de la personne morale n'est pas membre, n'est pas partie constituante, mais représentant de la personne morale. On en a la preuve, que la personne morale peut être imaginée sans organe aussi; de plus, elle peut même acquérir, sans avoir des organes, certains droits, ceux pour l'acquisition desquels on n'a pas besoin de déployer une conduite humaine. La propriété de son immeuble, par exemple, peut s'accroître par suite d'une allusion. Ensuite entre la personne morale et ses organes il existe des rapports juridiques, or ceci n'est possible que si la personne morale et son organe sont deux personnes distinctes. Le fait que la personne morale est responsable même pour les actes illicites de son organe, n'exclue pas davantage ce que l'organe doit être considéré comme le représentant de la personne morale, car la question de savoir si le représenté est responsable pour les actes illicites de son représentant est une question du droit positif, vu qu'il dépend entièrement du droit positif, comment il veut réglementer la responsabilité de la personne représentée dans les divers cas de la représentation.

L'organe de la personne morale est donc un *représentant*. Il faut cependant remarquer que l'expression „représentant" est employée ici dans un sens plus large, car nous entendons par cette expression le fait que la conduite d'une personne est imputée à une autre personne. Au sens strict du mot, nous n'appelons représentants que ceux qui agissent au lieu et place d'autrui lors de la conclusion des contrats, et qui font ou reçoivent au nom d'autrui une déclaration juridique. Dans ce sens strict du mot, pas tous les organes de la personne morale sont des représentants, car la personne morale possède, en dehors des organes représentants, de tels organes aussi (par ex. l'assemblée générale de l'association) qui ne déploient aucune activité lors de la conclusion des contrats, qui ne jouent aucun rôle dans les relations extérieures de la personne juridique, mais seulement dans la gestion des affaires internes, dans la vie intérieure de la personne morale, qui n'ont pas un droit de représentation, mais seulement un pouvoir d'administration.

Il faut observer enfin qu'il faut faire une distinction nette entre l'organe (Organ) et le porteur de la qualité d'organe (Organträger). Cette dernière expression désigne l'homme vivant agissant en tant que organe. La qualité d'organe n'est pas quelque chose de permanente, mais elle n'existe juridiquement qu'à certains moments et jusqu'au moment où l'organe déploie son activité pour la personne morale.

Tous ce que nous venons de dire des organes de la personne morale, vaut également lorsqu'il s'agit des organes du droit international. Ceux-ci sont également des *représentants*, au sens large du mot, d'autres sujets du droit des gens. Ils possèdent eux aussi une capacité juridique leur accordée par le droit des gens, mais cette capacité est une capacité *indirecte*, une capacité *dérivée* qui leur revient par l'intermédiaire des autres sujets de droit qui possèdent une capacité directe. Ils n'ont la capacité que d'agir en tant que des organes, des représentants d'autres personnes du droit des gens.

5. Le droit international reconnaît à côté de la capacité de jouissance des droits internationaux de premier, second, troisième et quatrième ordre, la *capacité réflexe de cinquième ordre* qui est également *indirecte*, comme la capacité des organes du droit des gens, mais diffère néanmoins de cette dernière. Cette capacité revient aux individus et aux personnes morales privées. Ceux-ci ont donc une capacité de troisième ordre, c'est-à-dire une capacité *directe*, *partielle* et une capacité de cinquième ordre, une capacité *indirecte*, *réflexe*.

Les domaines de la compétence personnelle du droit des gens et de la compétence personnelle de l'Etat se délimitent réciproquement.

Déjà la personnalité juridique internationale des sujets de droit de premier, second, troisième et quatrième ordre assigne une limite à la compétence personnelle de l'Etat, car le droit international les en excepte entièrement ou en partie. Le droit des gens limite, cependant, la compétence personnelle de l'Etat au delà de cela, lorsqu'il empêche que l'Etat détermine, à son gré, comme bon lui semble, les conditions de l'acquisition de la nationalité, les droits des minorités nationales, la protection des droits de l'homme, la condition des étrangers, ou la situation juridique des apatrides. C'est pourquoi la condition, l'état de toutes ces personnes – bien que, comme individus et personnes morales privés, ils ne soient régis directement et en premier lieu que par le droit public interne – est assuré et protégé par le droit international aussi. Ainsi donc les sujets de droit du droit public interne acquièrent *indirectement* une condition internationale, et une personnalité du droit des gens. Il est vrai que cette personnalité n'est pas cette personnalité *originale, directe,* laquelle ne revient en règle générale qu'aux Etats souverains et exceptionnellement à d'autres sujets aussi, ni cette personnalité dérivée, secondaire qui caractérise les organes internationaux. Si nous considérons la *mise en oeuvre* des droits – *la qualité pour agir en justice* – dans ce cas l'Etat, qui suivant le droit actuel possède en principe seul cette qualité, la personnalité internationale de l'individu semble exclue. Mais si nous considérons la *jouissance* des droits, dans ce cas il faut que nous admettions que les individus jouissent de cette condition juridique que le droit international leur assure, lorsqu'il limite la compétence personnelle de l'Etat. A l'heure actuelle il est généralement reconnu que s'il est vrai quel'individu n'est *directement* sujet du droit des gens que d'une manière tout-à-fait exceptionnelle et dans un cercle très restreint, il n'est pas moins vrai que les droits et obligations internationaux des Etats créent *indirectement,* pour ainsi dire, à titre d'*effet réflexe* pour lui, une situation juridique dans le droit des gens dont il est le sujet.

Le fait que le droit des gens est aussi forcé, si seulement indirectement, de considérer comme sujet, comme personne, l'individu et la personne morale privée, trouve son explication en ce que la personnalité juridique, la qualité d'être sujet de droit est une catégorie juridique *générale,* et si le droit qualifie quelque chose de personne dans une des branches du système juridique, il ne saurait refuser cette qualité dans les autres branches du système non plus. La dernière explication de la personnalité dans toutes les branches du système juridique c'est qu'en définitif tous les droits sont des droits de l'homme, tous ils servent les intérêts des hommes (omne ius hominum causa constitutum est).

Cette idée a été mise en lumière d'une manière remarquable dans l'ouvrage magistrale de M. Wengler, que je considère comme une des œuvres les plus excellentes de notre époque: „Versteht man unter der Frage nach den „Völkerrechtssubjekten" die Frage, wer Befolger und Verletzer, durch Völkerrechtsbefolgung in seinen Interessen Begünstigter und durch Völkerrechtsgüterentziehung Betroffener ist, so können *Völkerrechtssubjekte in diesem Sinne nur Menschen sein.*"[1]

W. Wengler, *op. cit.*, t. I, p. 154.

STEPHAN VEROSTA
Professor für Völkerrecht und Rechtsphilosophie an der Universität Wien
Vorm. ao. und bev. Botschafter

Der Primat des Völkerrechts und die Vereinten Nationen

Zur Erörterung von Grundsätzen des Völkerrechts betreffend freundschaftliche Beziehungen und Zusammenarbeit zwischen den Staaten in Übereinstimmung mit der Satzung der Vereinten Nationen (Punkt 87 der Tagesordnung der XXI. Tagung der Generalversammlung – 1966)

Seit 1962 figuriert auf der Tagesordnung der Generalversammlung ein neuer Punkt, nämlich die „Erörterung von Grundsätzen des Völkerrechts betreffend freundschaftliche Beziehungen und Zusammenarbeit zwischen den Staaten in Übereinstimmung mit der Satzung der Vereinten Nationen." Im Jahre 1964 erörterte ein von der Generalversammlung auf Grund eines Vorschlages der sechsten (juristischen) Kommission eingesetzter Sonderausschuss, das sogenannte „1964 Special Committee on Principles of International Law concerning Friendly Relations and Co-operation among States" auf einer Tagung in Mexiko diese Grundsätze; die Ergebnisse der Beratung wurden in einem Bericht – UN Dokument A/5746 – zusammengefasst und im Jahre 1965 im Rahmen der sechsten Kommission durchdiskutiert, auf deren Vorschlag die XX. Generalversammlung mit Resolution 2103 A(XX) vom 20. Dezember 1965 den Spezialausschuss unter Zuziehung weiterer Mitglieder wieder einsetzte, um die Erörterung jener sieben Grundsätze, die in der Resolution der Generalversammlung 1815 (XVII) angeführt sind, zu vollenden.

Das sogenannte „1966 Special Committee," bestand aus Vertretern folgender 31 Mitgliedstaaten: Algerien, Argentinien, Australien, Burma, Camerun, Canada, Chile, Tschechoslowakei, Dahomey, Frankreich, Ghana, Guatemala, Indien, Italien, Japan, Kenya, Libanon, Madagaskar, Mexiko, Niederlande, Nigeria, Polen, Rumänien, Schweden, Syrien Sowjetunion, Vereinigte Arabische Republik, Vereinigtes Königreich von Grossbritannien und Nord-Irland, Vereinigte Staaten von Amerika, Venezuela und Yugoslawien. Das Ergebnis seiner Diskussionen, die vom 8. März bis 25. April 1966 in New York abgehalten wurden, ist im Bericht UN Dokument A/6230 vom 27. Juni 1966 zusammengefasst; Berichterstatter war W. Riphagen (Niederlande).

Dieser Bericht führt folgende sieben Grundsätze in nachstehender Reihenfolge und Formulierung an:

I. Der Grundsatz, dass Staaten sich in ihren internationalen Beziehungen der Drohung mit Gewalt oder der Gewaltanwendung enthalten sollen, die gegen die territoriale Unversehrtheit oder die politische Unabhängigkeit irgend eines Staates gerichtet oder sonst mit den Zielen der Vereinten Nationen unvereinbar ist (dieser Grundsatz entspricht wörtlich der Fassung des Art. 2 Punkt 4 der Satzung der Vereinten Nationen);
II. Der Grundsatz, dass Staaten ihre internationalen Streitfälle mit friedlichen Mitteln auf solche Weise regeln sollen, dass der Weltfriede und die internationale Sicherheit und die Gerechtigkeit nicht gefährdet werden (siehe Art. 2 Punkt 3 der Satzung);
III. Die Pflicht, in Übereinstimmung mit der Satzung nicht in Angelegenheiten der innerstaatlichen Zuständigkeit irgendeines Staates einzugreifen (siehe Art. 2 Punkt 7 der Satzung);
IV. Der Grundsatz der souveränen Gleichheit der Staaten (siehe Art. 2 Punkt 1 der Satzung);
V. Die Pflicht der Staaten, miteinander gemäss der Satzung zusammenzuarbeiten (siehe Art. 1 Punkt 3 der Satzung);
VI. Der Grundsatz der Gleichberechtigung und der Selbstbestimmung der Völker (siehe Art. 1 Punkt 2 der Satzung);
VII. Der Grundsatz, dass Staaten nach Treu und Glauben die von ihnen gemäss der Satzung übernommen Verpflichtungen erfüllen sollen (Art. 2 Punkt 2 der Satzung).

Diese Liste gibt also nur einige der in den Artikeln 1 und 2 der Satzung und ihrer Präambel angeführten Ziele und Grundsätze der Vereinten Nationen wieder. Jeder einzelne von ihnen ist aber durch weitere Definitionen und Untersätze näher umschrieben und präzisiert worden, ohne dass der Sonderausschuss von 1966 hinsichtlich der einzelnen Formulierungen hätte Übereinstimmung erzielen können. Bis zur Fertigstellung eines Entwurfes einer „Deklaration über die Grundsätze des Völkerrechts betreffend freundschaftliche Beziehungen und Zusammenarbeit zwischen den Staaten in Übereinstimmung mit der Satzung der Vereinten Nationen" werden wohl noch weitere Beratungen nötig sein.

Unter den bisher von der Generalversammlung grundsätzlich akzeptierten Sieben Prinzipien ist keiner der Achtung und Einhaltung des Völkerrechtes gewidmet. In meiner Einführung zur Satzung der Vereinten Nationen vom Jahre 1947 habe ich die Achtung des Völkerrechtes als einen wesentlichen Grundsatz der Satzung der Vereinten

Nationen bezeichnet[1] und auf die Präambel Abs.3 , auf Art. 1 Punkt 1 und Art. 13 Punkt 1 der Satzung als Beleg dafür hingewiesen. Im Rahmen der Organisation der Vereinten Nationen gibt es wohl nur einen Grundsatz der vor dem Grundsatz der Achtung des Völkerrechtes Vorrang hat, nämlich das primäre Ziel der Vereinten Nationen – die Aufrechterhaltung des Weltfriedens und der internationalen Sicherheit, den ich daher auch als ersten unter den Grundsätzen und Zielen der Vereinten Nationen angeführt habe. Die Achtung des Völkerrechtes ist überaus wichtig, jedoch nicht nur der Organisation der Vereinten Nationen eigentümlich. Trotzdem sollte der Grundsatz der Achtung des Völkerrechtes unter den „Grundsätzen des Völkerrechtes betreffend freundschaftliche Beziehungen und Zusammenarbeit zwischen den Staaten in Übereinstimmung mit der Satzung der Vereinten Nationen" unbedingt angeführt werden.

Da der Grundsatz der Achtung des Völkerrechtes unter den bisher von der Generalversammlung und den beiden Sonderausschüssen formulierten Grundsätzen nicht vorkommt, an sich aber als Grundsatz überaus wichtig ist, tritt in den bisherigen Erörterungen die „Achtung des Völkerrechts" als Untersatz bei der Definition anderer Grundsätze auf. Schon das „1964 Special Committee" hat interessanter Weise unter dem Prinzip der souveränen Gleichheit der Staaten folgende Hinweise auf die Achtung des Völkerrechts vorgeschlagen[2]:

„1. Alle Staaten geniessen souveräne Gleichheit. Als Subjekte des Völkerrechtes haben sie gleiche Rechte und Pflichten.

2. Im Einzelnen schliesst souveräne Gleichheit folgende Elemente ein:
   (a) Staaten sind juristisch gleich (juridically equal – gleichberechtigt);
   (b) Jeder Staat geniesst die der vollen Souveränität eigentümlichen Rechte;
   (c) Jeder Staat hat die Pflicht, die Persönlichkeit der anderen Staaten zu achten;
   (d) Die territoriale Unversehrtheit und politische Unabhängigkeit der Staaten sind unverletzlich;
   (e) Jeder Staat hat das Recht sein politisches, soziales, wirtschaftliches und kulturelles System frei zu wählen;
   (f) Jeder Staat hat die *Pflicht, seine internationalen Verpflichtun-*

---

[1] *Die Satzung der Vereinten Nationen und das Statut des Internationalen Gerichtshofes*, eingeleitet und übersetzt von Stephan Verosta, Oesterreichische Staatsdruckerei, Wien 1947, S. 8 ff.

[2] UN Dokument A/5746, Paragraph 339/1/I, auch wiedergegeben im Bericht des „1966 Special Committee" UN Dokument A/6230, Paragraph 356 (S. 161).

> *gen voll und in gutem Glauben zu erfüllen* und mit den anderen Staaten in Frieden zu leben."

Zu diesem Entwurf wurden im Rahmen der Frühjahrstagung des „1966 Special Committee" eine Reihe von Abänderungsvorschlägen eingebracht, die in unseren Zusammenhang hier nicht weiter interessieren. Bemerkenswert ist aber, dass Grossbritannien und Ghana getrennte Vorschläge eingebracht haben, nach denen Punkt (f) des Paragraphen 2 im obigen Text zu einem eigenen Paragraphen 3 erhoben werden soll. Damit hätte der Grundsatz der Achtung des Völkerrechts jedenfalls einen besonderen Platz erhalten, wenn auch noch immer unter der Etikette des Grundsatzes „souveräne Gleichheit der Staaten."

Der Vorschlag von Ghana im UN Dokument A/AC 125/L11 lautet: „3. Jeder Staat hat die Pflicht, seine Beziehungen mit anderen Staaten in Übereinstimmung mit dem Völkerrecht zu führen."

Dagegen kann der von Grossbritannien eingebrachte Abänderungsvorschlag in UN Dokument A/AC 125/L6 als sensationell bezeichnet werden; er lautet: „Jeder Staat hat die Pflicht, seine Beziehungen mit anderen Staaten in Übereinstimmung mit dem Völkerrecht und dem *Grundsatz zu führen, dass die Souveränität eines jeden Staaten dem Primat des Völkerrechts untersteht.*" Der englische Text lautet: „3. Every State has the duty to conduct its relations with other States in conformity with international law and with the principle that the sovereignty of each State is subject to the supremacy of international law."

Grossbritannien hat hier nicht nur den Grundsatz der Achtung des Völkerrechts wiederholt, sondern einen weiteren Grundsatz formuliert, dass die Souveränität eines jeden Staates nur im Rahmen der Überordnung des Völkerrechtes ausgeübt wird. Die Kühnheit des Vorschlages ist umso bedeutsamer, als es sich nicht um die Formulierung eines völkerrechtlichen Theoretikers, sondern um einen formellen Antrag des Vertreters eines Staates handelt, der ständiges Mitglied des Sicherheitsrates, also eine Grossmacht, ist.

Der britische Vorschlag begegnete, wie zu erwarten war, erheblichen Widerspruch im Sonderausschuss; so gut wie alle traditionellen Einwendungen wurden erhoben. Aus der im Bericht kurz zusammengefassten Debatte[1] lassen sich drei Gruppen von Argumenten unterscheiden, die hier kurz dargestellt und widerlegt seien.

Die *erste Einwendung* lautete dahin, dass der britische Vorschlag dem „wirklichen Verhältnis" zwischen Souveränität und Völkerrecht nicht

[1] UN Dokument A/6230 Paragraphe 383 bis 388 (S. 170 ff.).

entspreche und dahin ausgelegt werden könnte, dass das Völkerrecht ein überstaatliches Recht sei.

Diese Einwendung gibt Auffassungen wieder, die von Mitgliedern der Aussenministerien und auch von einzelnen Theoretikern etwa zwischen 1860 und 1918 vertreten wurden. Damals wurden der Staat, der Wille des Staates und die staatliche Souveränität überbetont. Aber diese Vertreter der Allmacht des Staates, des Machtstaates und der absoluten Souveränität des Staates sind angesichts der grossen Zahl von multilateralen Verträgen die seit 1864 – von den Genfer Konventionen, dem Weltpostvertrag über den Völkerbundpakt, die Satzung der Vereinten Nationen bis zu den Wiener Konventionen über diplomatische und konsularische Beziehungen – in die Lage des Wotan in Richard Wagners Nibelungen-Tetralogie geraten. Wotan ist der Schutzgott der Verträge, der Wächter der Vertragstreue und steht als solcher zunächst über der Norm „pacta sunt servanda." Als aber Wotan für sich und die Götter mit anderen Lebewesen, Riesen, Zwergen und Menschen, selbst Verträge schließt, wird er, nun nicht mehr Gott, sondern bestenfalls Übermensch, selbst Vertragspartner, Paziszent, der als solcher *unter dem Gebot der Vertragstreue* steht. Mit Recht läßt Wagner daher Wotan klagen „Der Verträge Herr, den Verträgen bin ich nun Knecht."

Auch für die Staaten, selbst wenn man sie als Übermenschen betrachtet, ist z.B. der Rechtsgrundsatz „pacta sunt servanda" eine übergeordnete Norm, sie gehört in der Stufenordnung des Rechts einer höheren Ebene an, eben der völkerrechtlichen, die über den einzelstaatlichen Rechtsordnungen steht. Einzelne dieser Normen können überdies, wie das die Völkerrechtskommission der Vereinten Nationen in ihrem kürzlich fertiggestellten Entwurf des Rechtes der Verträge[1] festgestellt hat, von den Staaten durch bilaterale oder multilaterale Verträge nicht abgedungen werden. Artikel 50, 61 und 67 des Entwurfes über das Vertragsrecht spricht hier von völkerrechtlichem Jus cogens, das für die Staaten nicht nur übergeordnet sondern auch unabänderlich ist. Der britische Vorschlag entspricht daher durchaus dem „wirklichen Verhältnis" von Völkerrecht und staatlicher Souveränität.

Die *zweite Einwendung* lautete dahin, „daß Souveränität ein Faktum und nicht eine vom Völkerrecht gewährte rechtliche Eigenschaft – a legal attribute granted by international law – sei." Es ist hier nicht der Ort, in eine Untersuchung des dornigen Problems einzutreten, wo die

---

[1] Reports of the International Law Commission on the second part of its seventeenth session and on its eighteenth session (4 May – 19 July 1966), General Assembly, Official Records: Twenty-First Session, Supplement No 9 (A/6309/Rev.1).

Tatsachen aufhören und das Recht beginnt. Es sei nur festgestellt, daß der britische Vorschlag nicht behauptet, daß die Souveränität vom Völkerrecht gewährt wird, sondern nur den Grundsatz formuliert, daß die Souveränität eines jeden Staates unter dem Primat des Völkerrechts steht. Daß dem aber „wirklich" so ist, kann an einem Beispiel leicht gezeigt werden. Als im Jahr 1776 die dreizehn britischen Kolonien in Neu-England sich zu souveränen Staaten konstituiert hatten, sich von Großbritannien unabhängig erklärten und zu einem völkerrechtlichen Staatenbund zusammenschlossen, erhielten sie Unabhängigkeit und Souveränität nicht durch das Völkerrecht, wohl aber standen sie nach ihrem Entstehen, das hier der Kürze halber als Tatsache aufgefaßt sei, unter dem Völkerrecht. Gemäß und unter der Sanktion des Völkerrechts bildeten sie zusammen einen völkerrechtlichen Staatenbund, gemäß dem Völkerrecht wurden sie als unabhängige neue Staaten anerkannt, von Frankreich und anderen Staaten bald, von Großbritannien später. Die Vereinigten Staaten, die sich 1786 zu einem Bundesstaat zusammenschlossen, konnten die Anwendung der völkerrechtlichen Normen des Kriegs- und Neutralitätsrechtes ihnen gegenüber erwarten und verlangen. Und tatsächlich wurden diese und andere völkerrechtliche Normen von den alten Staaten auf ihre Beziehungen zu den Vereinigten Staaten angewendet, die ab 1783 eine vorsichtige Politik zwar nur faktischer, aber durchaus dauernder Neutralität verfolgten. Auch dieser Einwand gegen den britischen Vorschlag ist daher nicht schlüssig.

Die *dritte* Einwendung führte aus, daß ein solcher Primat des Völkerrechts nur im Zusammenhang mit der Verfassung der einzelnen Staaten erörtert werden könne. In der Tat gibt es hier beträchtliche Schwierigkeiten verfassungsrechtlichen Charakters, die der alte Satz des angelsächsischen Rechtes andeutet, der besagt, daß Völkerrecht ein Teil des Landesrechtes sei. Viele Verfassungen suchen das Völkerrecht irgendwie in die Verfassung selbst einzubauen, es ihm anzugliedern.

Die heute geltende Verfassung der Republik Österreich vom Jahr 1920 hat in ihrem Artikel 9 die alte angelsächsische Regel in folgende vorsichtige Form gebracht: „Die allgemein anerkannten Regeln des Völkerrechts gelten als Bestandteile des Bundesrechts." Diese Lösung der österreichischen Verfassung ist in zweifacher Weise bemerkenswert. Die Normen des Völkerrechts *sind nicht* Verfassungsrecht, sie sind nur als solche anzusehen, sie gelten als solche. Ferner ist der Umfang der völkerrechtlichen Normen, die als Bundesrecht zu gelten haben, auf die allgemein anerkannten Regeln des Völkerrechts beschränkt. Da

Österreich ein Bundesstaat ist, wird schließlich noch normiert, daß die allgemein anerkannten Regeln des Völkerrechts als Bestandteil des Bundesrechts gelten, nicht aber auch des Landesrechts der einzelnen Bundesländer. Andere Verfassungen haben das Völkerrecht zur obersten Norm ihres Verhaltens nach innen und außen gemacht.

Nun überläßt das Völkerrecht die Anpassung des einzelstaatlichen Rechts an völkerrechtliche Verpflichtungen des einzelnen Staates etwa aus multilateralen oder bilateralen Verträgen grundsätzlich dem innerstaatlichen Rechtsverfahren. Der britische Vorschlag, der nur einen Grundsatz formuliert, nicht aber eine Rechtsverpflichtung, dürfte vermutlich nirgends eine Anpassung innerstaatlicher Normen erforderlich machen. Wenn in einzelnen Staaten solche Anpassungen doch erforderlich sein sollten, dürften die Juristen dieser Länder durchaus in der Lage sein, diese Schwierigkeiten verfassungsrechtlicher Art zu lösen.

Wohl ist es nicht sicher, ob der britische Vorschlag in die „Deklaration über Grundsätze des Völkerrechts betreffend freundschaftliche Beziehungen und Zusammenarbeit zwischen den Staaten in Übereinstimmung mit der Satzung der Vereinten Nationen" aufgenommen werden wird. Dennoch gebührt Großbritannien das Verdienst, den Primat des Völkerrechts vor den Vereinten Nationen klar und eindeutig vertreten zu haben.

Es wird aber auch noch zu prüfen sein, ob der Grundsatz der Achtung des Völkerrechts – ob darin der Primat des Völkerrechts erwähnt wird oder nicht – wegen seiner Bedeutung nicht als eigener Grundsatz in die derzeit in Beratung stehende Deklaration aufgenommen werden sollte.

Bibliographie des travaux scientifiques de Juraj Andrassy

Redigée par Vladimir Ibler

Abréviation:

Arhiv	– Arhiv za pravne i društvene nauke, Beograd
Z.ausl. öff. R. u. VR	– Zeitschrift für ausländisches öffentliches Recht und Völkerrecht, Heidelberg
JRMP	– Jugoslavenska revija za međunarodno pravo, Beograd
Zbornik	– Zbornik Pravnog fakulteta u Zagrebu

I. LIVRES, MONOGRAPHIES ET ÉTUDES

1. *Considérations critiques sur la théorie de la souveraineté nationale*, Zagreb 1927, 84 pages.
2. *La Société des Nations*, Zagreb 1931, 232 pages.
3. *La Constitution et la situation internationale de l'Ethiopie*, Zagreb 1935, 30 pages.
4. *L'arbitrage international comme moyen de règlement des conflits économiques*, Mémoire présenté à la Conférence permanente des hautes études internationales, polycopié, Paris 1939, 43 pages.*
5. *Jurisprudence internationale*, Zagreb 1948, 229 pages.
6. *Droit international*, 1er édition, Zagreb 1949, 304 pages; 2e édition, Zagreb 1954, 351 pages; 3é edition, Zagreb 1958, 397 pages; 4e édition, Zagreb 1961, 415 pages.
7. *Le plateau continental*, Zagreb 1951, 102 pages.

* Les travaux marqués par un astérisque * sont écrits en français. Les travaux écrits en anglais et en allemand sont cités sous leurs titres originaux. Tous les autres travaux sont écrits en langue croato-serbe et leurs titres ont été, dans cette bibliographie, traduits en français.

Cette bibliographie n'est pas complète, car elle ne comporte pas de nombreux comptes-rendus, articles nécrologiques, notes dans les revues, articles de journaux de caractère scientifique, parce que cela augmenterait beaucoup cette bibliographie.

8. *La technique juridique des contrats commerciaux*, Zagreb 1954, 61 pages.
9. *Application des Conventions de Genève de 1949 dans le code pénal yougoslave*, Belgrade 1956, 11 pages (a paru en même temps en anglais).*
10. *Utilisation des eaux internationales non maritimes*, Rapport préliminaire, Genève 1957, 57 pages.*
11. *La spécialisation dans le domaine du droit international exige des connaissances plus larges des problèmes économiques, politiques, techniques et autres*, Rapport fait à la Réunion de l'Université aujourd'hui, Dubrovnik 1958 (édition en plusieurs langues), polycopié, 15 pages.*
12. *Utilisation des eaux internationales non maritimes*, Rapport provisoire, Genève 1959, 139 pages.*
13. *Questions de frontière et de voisinage*, Université du Caire, Cours de doctorat (polycopié), Le Caire 1960, 211 pages (traduit en arabe).*
14. *Théorie et pratique du procès international*, Université du Caire, Cours de doctorat (polycopié), Caire 1961, 295 pages.*
15. *Les Nations Unies et la paix*, Zagreb 1962, 18 pages.
16. *Les frontières d'Etats*, Zagreb 1962 (cours pour le „Troisième cycle" d'études universitaires) 73 pages.
17. *Utilisation des eaux des bassins fluviaux internationaux*, Paris 1963 (Cours fait à l'Institut des hautes études internationales), édité par ledit Institut, polycopié, 46 pages.*
18. *Le Droit des organisations internationales*, Zagreb 1963 (Cours polycopiés pour le „Troisième cycle" d'études universitaires) 31 pages.
19. *La Charte des Nations Unies*, Zagreb 1963; la traduction et l'introduction sur l'origine de la Charte, 13 pages (pp. 7–19).
20. *L'Etat et la communauté internationale*, Belgrade 1964, publié par l'Académie serbe des sciences et des arts, 7 pages.
21. *Le processus de décolonisation*, Belgrade 1964, publié par l'Académie serbe des sciences et des arts, 11 pages.
22. *Le rôle des Universités et des institutions internationales dans la propagation de l'idée de paix et de la coopération internationale*, publié par l'Académie serbe des sciences et des arts, 5 pages.
23. *Le droit international et les organisations internationales*, cours de doctorat (polycopié), Le Caire 1966, 123 pages.

II. TRAVAUX PUBLIÉS DANS DIFFÉRENTS RECUEILS

1. „Les traités d'arbitrages et de conciliation conclus par la Yougoslavie," *Annuaire de l'Association yougoslave de droit international,* Belgrade-Paris 1931, I pp. 75–95.*
2. *Jurisprudence, ibid.*, pp. 230–288.*
3. „La légalité des règlements," Mémoire présenté au Congrès des juristes, *Travaux du Congrès,* Zagreb 1934, pp. 210–222.
4. „Règlement des questions de frontière entre la Yougoslavie d'une part et l'Italie, l'Autriche et la Hongrie, d'autre part," *Annuaire de l'Association yougoslave de droit international,* II, Belgrade-Paris 1934, pp. 115–135.*
5. „Les périodiques juridiques en Yougoslavie," Supplément au *Travaux du Congrès* des juristes à Zagreb 1934, pp. 19–26.
6. „Pacta conventa et leurs conséquences," *Livre commémoratif du journal „Obzor" 1860–1935,* p. 6–7.
7. „Le droit constitutionnel yougoslave," *ibid.*, pp. 109–111.
8. „La souveraineté et la Société des Nations," *Recueil des cours de l'Académie de Droit International de la Haye,* 1937, Vol. 61, pp. 5–128.*
9. „La France du Second Empire vue par les témoins croates," *Annales de l'Institut français de Zagreb,* 1937, pp. 15–34.*
10. „Jurisprudence des tribunaux et des autorités yougoslaves en matière de droit international" (ensemble avec M. Bartoš), *Annuaire de l'Association yougoslave de droit international,* III, Belgrade-Paris 1937, pp. 237–257.*
11. „Vie et œuvre d'Alphonse Domin Petruševečki," *Travaux* (Rad) *de l'Académie yougoslave des sciences et des beaux-arts* 266, Zagreb 1939, pp. 171–216.
12. „La législation électorale en Croatie et le suffrage universel," *Numéro commémoratif du quatre-vingtième anniversaire du journal „Obzor,"* Zagreb 1940.
13. „Les relations internationales de voisinage," *Recueil des cours de l'Académie de Droit international de la Haye,* 1951, Vol. 79, pp. 75–112.*
14. „Le développement des rapports internationaux de la Yougoslavie," *Recueil Nouvelle Yougoslavie,* Zagreb 1954, pp. 175–196.
15. „Die Triester Frage," *Jahrbuch für internationales Recht,* Göttingen 1955, pp. 216–238.
16. Collaboration pour le fascicule „La Yougoslavie et les Nations Unies," Belgrade 1955, surtout pp. 152–161.

17. „Quelques observations de principe concernant la réglementation internationale de l'utilisation des eaux," International Law Association, Dubrovnik Conférence, London 1956, pp. 8–11.*
18. „Review of the United Nations Charter," International Law Association, Second Report, London 1956, pp. 74–78.
19. *Some observations on the Revision of the United Nations Charter, A Symposium*, publié par l'Indian Council of World Affairs, New Delhi 1956, pp. 131–144.
20. „L'individu en droit international humanitaire," *Festschrift für Jean Spiropoulos*, Bonn 1957, pp. 1–11.*
21. „Réconsidération des principes du droit de la guerre." *Annuaire de l'Institut de droit international*, 1957, I, pp. 395–404, 534–541.*
22. „L'utilité des connaissances acquises à l'école secondaire pour le droit international," *Recueil du Lycée classique à Zagreb*, 1957, pp. 79–81.
23. „Une contribution au renforcement de la paix par les Nations Unies," *Annuaire de l'Association des Auditeurs et Anciens Auditeurs de l'Académie de Droit Internationale de la Haye*, La Haye 1957, pp. 103–108.*
24. „Les tendances nouvelles de l'expansion de l'autorité des états vers la haute mer," *Recueil des travaux de Droit maritime de l'Académie yougoslave des sciences et des beaux arts*, Zagreb 1957, pp. 51–63.
25. „Utilisation des eaux internationales non maritimes, Rapport définitif," *Annuaire de l'Institut de droit international*, Bâle 1959, I, pp. 319–339.*
26. „Nachbarrecht und Wassernutzung", *„Völkerrecht und rechtliches Weltbild," Festschrift für Verdross*, Wien 1960, str. 55–66.
27. „Jurisprudence," *Mémoire de l'Académie yougoslave des sciences et des beaux arts à l'occasion du 40tième anniversaire de la fondation du Parti communiste*, Zagreb 1960, I, pp. 59–64.
28. „Le principe de l'humanité et le principe de la nécessité militaire," *Recueil des materiaux et des textes*, Belgrade 1960, I, pp. 5–16.
29. „In Erwartung der zweiten Genfer Konferenz," *Festschrift für Walter Schätzel*, Düsseldorf 1960, str. 1–7.
30. „Nécessité militaire et le droit de guerre," *Travaux* (Rad) *de l'Académie yougoslave des sciences et des beaux arts*, 321, Zagreb 1961, pp. 163–200.
31. „Le développement des Conventions de Genève et leurs dispositions générales," Recueil: *Les Conventions de Genève et la Croix rouge*, Belgrade 1963, pp. 25–37.

32. „La responsabilité juridique internationale des Etats concernant les dommages nucléaires," Recueil: *Problèmes juridiques de l'utilisation pacifique de l'énergie nucléaire*, Belgrade 1964, pp. 13–16.

III. ARTICLES ET ÉTUDES

1. „Autrefois et maintenant," *Hrvatska Njiva*, Zagreb 1919.
2. „Les autonomies administratives," *Pravni savjetnik*, Zagreb 1927, pp. 1–3.
3. „La protection des droits d'auteur et les traités de paix," *Mjesečnik* 1928, pp. 546–552.
4. „Considération de principe sur le pouvoir discrétionnaire," *Arhiv*, 33, 1928, pp. 101–108.
5. „Les Slaves en Espagne d'il y a mille ans," *Narodna starina* 1928, pp. 85–94.
6. „La protection internationale de la propriété scientifique," *Nova Evropa*, Zagreb 1929, pp. 327–337.
7. „Le développement récent du droit international," *Mjesečnik* 1929, pp. 13–27.
8. „Société des Nations et la solution pacifique des différends internationaux," *Mjesečnik* 1929, pp. 97–109.
9. „Tacna et Arica," *Mjesečnik*, pp. 504–524.
10. „Les Anglais en tant que nation politique," *Nova Evropa*, Zagreb 1930, pp. 88–100.
11. „Le Pacte de Paris et le Pacte de la Société des Nations," *Mjesečnik* 1931, pp. 97–110.
12. „Quelques mots sur l'organisation de la Société des Nations," *Liga naroda*, Zagreb 15.5.1931, pp. 8–12.
13. „Les rapports entre l'Organisation internationale du travail et la Société des Nations," *Radnička zaštita*, Zagreb 1931, pp. 385–387.
14. „Que sont les minorités et qu'est-ce qu'est la protection des minorités," *Liga naroda*, Zagreb 1.8.1931, pp. 23–25.
15. „La conférence pour le désarmement (sa nature juridique et ses perspectives pour le succès)," *Liga naroda*, 1.10.1931, pp. 20–24.
16. „Le conflit sino-japonais," *Mjesečnik* 1932, pp. 207–216.
17. „Les Etats-Unis et la Cour permanente de la justice internationale," *Liga Naroda*, 1.11.1932, pp. 18–24.
18. „Différents points de vue sur le désarmement," *Nova Evropa*, Zagreb 1932, pp. 572–575.

19. „Un nouvel organisme pour résoudre les différends internationaux économiques," *Privreda*, Zagreb januar 1933, pp. 7–10.
20. „Plébiscite de Sarre," *Liga naroda*, Zagreb 1935, pp. 66–70.
21. „Les équilibres et le droit constitutionnel," *Revue internationale de sociologie*, Paris 1938, pp. 115–118.*
22. „Les principes politiques et le droit international," *Arhiv*, Beograd 36, 1938.
23. „La réforme de l'Etat," *Mjesečnik*, 1939, pp. 385–388.
24. „Le cas 'City of Flint' à la lumière du droit international," *Ekonomist*, Zagreb 1939, pp. 528–535.
25. „La nouvelle organisation constitutionnelle en Croatie," *Mjesečnik* 1940, pp. 226–240.
26. „L'organisation intérieure du Banat de Croatie," *Zadruga*, Zagreb 1941, pp. 51–61.
27. Articles pour *l'Encyclopédie croate* I dont les plus importants: Constitution d'Athènes, Autriche, Autriche-Hongrie.
28. „Une question juridique concernant la restitution de l'or yougoslave," *Djelo*, Zagreb 1948, pp. 308–309.
29. „La déclaration universelle des droits de l'homme," *Naša zakonitost*, Zagreb 1951, pp. 103–105.
30. „L'action en commun pour la paix," *Međunarodni problemi*, Beograd 1951, br. 4, pp. 24–53.
31. „Le problème du plateau continental en pratique," *Naša zakonitost* 1952, pp. 297–302.
32. „Völkerrechtliche Elemente im jugoslawischen Strafrecht," *Z.ausl. öff.R.u.VR*, 1952, pp. 549–560.
33. „Les affaires étrangères dans la nouvelle loi constitutionnelle fédérale," *Naša zakonitost* 1953, pp. 91–99.
34. „Le Commonwealth et les dominions," *Naša zakonitost* 1953, pp. 193–201.
35. „Les rapports entre les organes politiques des Nations Unies," *Međunarodni problemi* 1953, br. 3, pp. 15–31.
36. „Der Balkan-Entente-Pakt von Ankara vom 28. Februar 1953," *Z. ausl. öff. R. u. VR.* 1953, pp. 133–139.
37. „La revision de la Charte et l'universalité des Nations Unies," *Zbornik* 1953, pp. 5–15.
38. „Les essais d'intégration de l'Europe Occidentale," *JRMP* 1954, No 1, pp. 24–56.
39. *Blocus*, article dans *l'Encyclopédie maritime* (*Pomorska enciklopedija*) I, pp. 490–492.

40. „Une proposition pour la revision de l'article 109 de la Charte des Nations Unies," *JRMP* 1954, No. 2, pp. 73–74.
41. Articles dans *l'Encyclopédie maritime* (*Pomorska enciklopedija*) II dont les plus importants: Commonwealth, Croix rouge, Extrême Orient, Dardanelles, Danube.
42. „La revision de la Charte et les mesures collectives," *JRMP* 1955, No. 2, pp. 197–204.
43. „Le dixième anniversaire des Nations Unies," *Naša zakonitost* 1955, pp. 401–405.
44. „Le droit de la guerre de nouveau à l'ordre du jour," *JRMP* 1955, pp. 417–420.
45. „Les Nations Unies en tant qu'une forme nouvelle de l'organisation internationale," *Međunarodni problemi* 1955, No. 3–4, pp. 42–50.
46. „Les rapports entre les organes des Nations Unies," *Naša zakonitost* 1956, pp. 1–7.
47. „Les rapports de frontière et de voisinage entre la Yougoslavie et les Etats limitrophes," *JRMP* 1956, pp. 45–53.*
48. „Uniting for Peace," *American Journal of International Law*, 1956, pp. 563–582.
49. „Un précurseur de la codification du droit international," *JRMP* 1956, pp. 170–173.*
50. „Sur la déclaration de la guerre," *JRMP* 1956, pp. 399–413.
51. Articles dans *l'Encyclopédie maritime* (*Pomorska enciklopedija*) IV dont les plus importants: Colonies, Contrebande, Consuls.
52. „Quelques mots sur la suspension des hostilités," *JRMP* 1957, pp. 79–81.
53. Articles dans *l'Encyclopédie maritime* (*Pomorska enciklopedija*) V dont les plus importants: Biens ennemis, Neutralité, Armement, Haute mer.
54. „Betrachtungen über die Zuständigkeit des Internationalen Geichtshofes," *Z. ausl. öff. R. u. VR.* 1958 (Festgabe für Makarov), pp. 1–23.
55. Articles dans *l'Encyclopédie militaire* (*Vojna enciklopedija*) I, dont le plus important: Arbitrage.
56. „L'utilisation des eaux d'après la résolution de l'International Law Association à New York," *Zbornik* 1959, pp. 236–242.
57. „Ultima ratio," *JRMP* 1959, pp. 186–193.
58. „Le travail de l'ILA sur la question de l'utilisation des eaux," *JRMP* 1959, pp. 429–432.
59. Articles dans *l'Encyclopédie maritime* (*Pomorska enciklopedija*) VI dont les plus importants: Butin de guerre, Envoyés, Fleuves.

60. „Utilisation des eaux des bassins fluviaux internationaux, *Revue Egyptienne de droit international,* 16 Le Caire 1960, pp. 28–40.*
61. „L'accord sur les eaux du Nil," *JRMP* 1960, pp. 244–248.*
62. „Le droit des peuples à l'auto-détermination." L'article a paru en traductions dans le No. 272–273 de *la Revue de la politique internationale, Review of International Affairs, Mezdunarodnaja politika et Internationale Politik.*
63. „Les aspects juridiques de l'organisation de la communauté internationale d'après guerre," paru dans *Nove tendencije u razvoju međunarodnog prava,* Beograd 1961, pp. 16–23 (Le nouveau droit yougoslave, New Yugoslav Law).
64. Articles dans *l'Encyclopédie maritime* (*Pomorska enciklopedija*) VII dont les plus importants: Canal de Suez, Nations Unies, Les mers intérieurse.
65. „Cinquantième session de l'Institut de droit international," *Revue Egyptienne de droit international,* 17, 1961, pp. 54–66.*
66. „La session récente de l'Institut de droit international," *JRMP* 1961, pp. 420–434.
67. „L'interdiction de la guerre et la solution pacifique des différends," *JRMP* 1962, pp. 2–8.
68. „Mesures conservatoires concernant l'évacuation des matières radioactives," *JRMP* 1962, pp. 206–210.*
69. „The Role of the University in Promoting the Idea of Peace and International Cooperation," rapport pour la réunion „Université d'aujourd'hui" à Dubrovnik 1963. Traduit en plusieurs langues. La traduction croato-serbe a paru dans la revue *Univerzitet danas* 1963, pp. 298–302.
70. „Vingt ans des Nations Unies," *Pregled* XVII (LV), livre II, No 10, Sarajevo 1963, pp. 273–282.
71. „L'organisation de l'unité africaine," *Odvjetnik* 1963, pp. 185–191.
72. „Le renforcement de la juridiction de la Cour Internationale de Justice," *JRMP* 1964, pp. 84–88.*
73. „La sentence du tribunal japonais sur le bateau Santa Fé," *Uporedno pomorsko pravo i pomorska kupoprodaja,* 26, Zagreb 1965, pp. 78–82.
74. Jurisprudence (Croatie), article dans *l'Encyclopédie yougoslave,* VI, Zagreb 1965, pp. 585–586.
75. „La nécessité de continuer la codification du droit international," *JRMP* 1965, pp. 163–171.
76. „Les progrès techniques et l'extension du plateau continental," *Z. ausl. öff. R. u. VR.* 1966, pp. 698–704.

MIX
Papier aus verantwortungsvollen Quellen
Paper from responsible sources
FSC® C105338

If you have any concerns about our products,
you can contact us on
ProductSafety@springernature.com

In case Publisher is established outside the EU,
the EU authorized representative is:
Springer Nature Customer Service Center GmbH
Europaplatz 3, 69115 Heidelberg, Germany

Printed by Libri Plureos GmbH
in Hamburg, Germany